रामविलास शर्मा

# रामविलास शर्मा

**नामवर सिंह**

सम्पादन

ज्ञानेन्द्र कुमार सन्तोष

राजकमल प्रकाशन

ISBN : 978-93-88183-23-9

**मूल्य** : ₹695



**पहला संस्करण** : 2018

**प्रकाशक** : राजकमल प्रकाशन प्रा. लि.
1-बी, नेताजी सुभाष मार्ग
दरियागंज, नई दिल्ली-110 002

**शाखाएँ** : अशोक राजपथ, साइंस कॉलेज के सामने, पटना-800 006
पहली मंजिल, दरबारी बिल्डिंग, महात्मा गांधी मार्ग, इलाहाबाद-211 001
36 ए, शेक्सपियर सरणी, कोलकाता-700 017

वेबसाइट : www.rajkamalprakashan.com
ई-मेल : info@rajkamalprakashan.com

**मुद्रक** : बी.के. ऑफसेट
नवीन शाहदरा, दिल्ली-110 032

RAMVILAS SHARMA
*by* Namvar Singh
*Edited by* Gyanendra Kumar Santosh

# भूमिका

## नामवर सिंह की दृष्टि में रामविलास शर्मा

आचार्य रामचन्द्र शुक्ल और आचार्य हजारीप्रसाद द्विवेदी के समान रामविलास शर्मा हिन्दी बौद्धिक मनीषा के अविस्मरणीय हस्ताक्षर हैं। और रोचक तथ्य यह है कि आचार्य शुक्ल और आचार्य द्विवेदी को साहित्य में यथोचित स्थान और प्रतिष्ठा दिलाने में जो भूमिका क्रमशः रामविलास शर्मा और नामवर सिंह की है, वही निमित्त भूमिका रामविलास शर्मा को हिन्दी साहित्य में स्थापित और प्रतिष्ठित करने में नामवर सिंह की प्रतीत होती है।

आज रामविलास शर्मा के महत्त्व को स्थापित करने की जो भी होड़ की जाए, पर वास्तविकता तो यही है कि आज भी हम रामविलास शर्मा की प्रासंगिकता और योगदान के लगभग उन्हीं अंशों को जानते हैं, जितना नामवर सिंह ने '...केवल जलती मशाल', 'हिन्दी के हित का अभिमान वह, दान वह' आदि स्थापनापरक निबन्धों और व्याख्यानों में साहित्य-जगत के समक्ष प्रस्तुत किया है।

रामविलास शर्मा के कृतित्व और महत्त्व को साहित्य और बौद्धिक-जगत में स्वीकृति दिलाने और उनको पाठकों से परिचित कराने में नामवर सिंह की बहुस्तरीय और बहुकोणीय भूमिका रही है। नामवर सिंह ने न केवल रामविलास शर्मा के असाधारण, विपुल, विस्तृत और बहुमुखी बौद्धिक व्यक्तित्व की पहली बार यथोचित स्वीकृतिपरक और प्रशंसात्मक समीक्षा की बल्कि उन्होंने रामविलास शर्मा को पाठकों के लिए सुलभ भी बनाया। नामवर सिंह ने न केवल साहित्य जगत में रामविलास शर्मा के महत्त्व को रेखांकित किया, बल्कि उनको विश्वविद्यालयों के पाठ्यक्रम का अनिवार्य भाग बनाने का भी ऐतिहासिक और प्रासंगिक कार्य सम्पन्न किया। नामवर सिंह ने न केवल रामविलास शर्मा को विश्वविद्यालयों के हिन्दी विभाग में स्थापित किया और मान्यता दिलाई, बल्कि अपने देशव्यापी व्याख्यानों से भी बुद्धिजीवियों और आम पाठकों के बीच रामविलास शर्मा की अपरिहार्यता को प्रचारित और प्रसारित किया। इसके साथ ही रामविलास शर्मा को 'राजकमल प्रकाशन' से जोड़कर नामवर सिंह ने रामविलास शर्मा की रचनाओं की पहुँच और उपलब्धता को सुलभ बनाया। आज जो भी दावा किया जाए, ऐतिहासिक तथ्य यही है कि हिन्दी साहित्य, हिन्दी विभाग और हिन्दी पाठकों में

रामविलास शर्मा के महत्त्व को स्थापित करने में नामवर सिंह की अपरिहार्य भूमिका रही है।

और तसवीर का दूसरा रोचक पक्ष यह है कि रामविलास शर्मा के कृतित्व की सीमाओं को रेखांकित करने में भी केन्द्रीय भूमिका नामवर सिंह की ही है! सच तो यही है कि रामविलास शर्मा की उपलब्धि, प्रासंगिकता और सीमाओं का बोध साहित्य-जगत को लगभग उतना ही है, जितना नामवर सिंह ने अपने विवेचन से प्रस्तुत किया है। तथ्य यह है कि आज भी हम रामविलास शर्मा के कृतित्व को '...केवल जलती मशाल' और 'इतिहास की शव-साधना' के दो ध्रुवान्तों के मध्य ही विश्लेषित करने को मजबूर हैं। रामविलास शर्मा के सन्दर्भ में नामवर सिंह की समीक्षा की अपरिहार्यता और केन्द्रीयता का यह दुर्निवार तथ्य और प्रमाण है।

दिलचस्प यह भी है कि सम्भवतः नामवर सिंह के लेखन में '...केवल जलती मशाल' जैसा अविवादित, निर्विरोध और सर्वस्वीकृत निबन्ध दूसरा नहीं है, वहीं 'इतिहास की शव-साधना' जैसा विवादित और दुष्प्रचारित निबन्ध भी दूसरा प्रतीत नहीं होता है! चूँकि '...केवल जलती मशाल' विवादरहित और स्वीकृत प्रतीत होता है, अतः उसकी चर्चा यहाँ अप्रासंगिक है। अतः हम यहाँ 'इतिहास की शव-साधना' के उत्स और निष्पत्तियों के विकास-क्रम को समझने की कोशिश करेंगे।

रामविलास शर्मा के सन्दर्भ में नामवर सिंह के दोनों निबन्ध '...केवल जलती मशाल' और 'इतिहास की शव-साधना' अन्तर्विरोधपूर्ण असम्बद्ध ध्रुवान्त नहीं हैं, बल्कि ये रामविलास शर्मा की कृतित्वपूर्ण वैचारिक-यात्रा के समानान्तर चलनेवाली नामवर सिंह की समीक्षा-यात्रा का क्रमिक, सहज और तार्किक सोपान प्रतीत होते हैं।

दुष्प्रचारित है कि नामवर सिंह ने रामविलास शर्मा की मृत्यु के बाद व्यक्तिगत पूर्वग्रहों और महत्त्वाकांक्षाओं के कारण 'इतिहास की शव-साधना' को प्रस्तुत किया, मानो नामवर सिंह ने रामविलास शर्मा की मृत्यु से पहले सिर्फ '...केवल जलती मशाल' ही लिखा हो! रामविलास शर्मा और नामवर सिंह परस्पर संवाद को प्रस्तुत 'हमराही' प्रतीत होते हैं। तमाम स्वीकृतियों, परस्पर प्रशंसा, स्नेह तथा श्रद्धा के बावजूद दोनों में आद्यन्त वैचारिक मतभेद और निष्कर्षगत भिन्नता रही है। जो लोग '...केवल जलती मशाल' (1982) में अभिव्यक्त स्वीकृति और प्रशंसा को याद रखते हैं, उन्हें 'कबीर', 'हिन्दी नवजागरण', 'छायावाद', 'आचार्य शुक्ल', 'आचार्य द्विवेदी', 'नई कविता' और दूसरे तमाम मुद्‌दों पर नामवर सिंह द्वारा रामविलास शर्मा की प्रशंसा और कटु आलोचना को स्मरण रखना चाहिए। नामवर सिंह में रामविलास शर्मा के विपरीत साहित्य, रचनाकार और विचारधारा के प्रति अन्ध-श्रद्धा या अन्ध-विरोध की प्रवृत्ति लक्षित नहीं होती है। नामवर सिंह में रामविलास शर्मा की तरह अपने प्रतिमानों, मान्यताओं और निष्कर्षों के प्रति हठधर्मिता दिखाई नहीं देती है। इसी कारण बदलते परिप्रेक्ष्य में नामवर सिंह अपने प्रतिमानों और पूर्व

निष्कर्षों की आत्म-समीक्षा करते रहे हैं। एक समीक्षक के रूप में अपने ही औजारों, पद्धतियों और निष्कर्षों से सतत आत्मसंघर्ष नामवर सिंह को विशिष्ट, प्रासंगिक और नूतन बनाता है। एक समीक्षक के रूप में नामवर सिंह की सतत अपरिहार्यता का यही मूल कारण है कि वे अपने किसी सर्जित 'मुहावरे' में आत्ममुग्ध होकर कैद नहीं हुए।

रामविलास शर्मा के विपरीत नामवर सिंह अपनी समीक्षा में 'असंगतिरहित और अन्तर्विरोधहीन' सीधा-सादा सपाट विश्लेषण और स्थायी निष्कर्ष देते प्रतीत नहीं होते हैं। सतत परिष्कार, पुनर्विचार और आत्म-समीक्षा की तनावपूर्ण प्रक्रिया से गुजरने के कारण नामवर सिंह न सिर्फ रामविलास शर्मा बल्कि रीतिकाल, छायावाद, आचार्य शुक्ल, आचार्य द्विवेदी, अज्ञेय और निर्मल वर्मा आदि का पुनर्मूल्यांकन बार-बार करते प्रतीत होते हैं।

रामविलास शर्मा की मृत्यु के पश्चात् उनकी नामवर सिंह द्वारा की गई आलोचना साहित्य की कोई अकेली और अनहोनी दुर्घटना नहीं है। यदि मृत्यु के बाद 'आलोचना' पाप है तो सारी मृतात्माएँ महान प्रतीत होंगी और इतिहास और समालोचना 'श्रद्धांजलि स्थल' में रूपान्तरित हो जाएँगे। रामविलास शर्मा ने भी मुक्तिबोध, राहुल और आचार्य द्विवेदी को केवल 'मृत' हो जाने के कारण 'क्षमा' नहीं कर दिया था। महत्त्व जीवन-काल या मृत्यु-पश्चात् प्रशंसा या आलोचना का नहीं है, महत्त्व है—प्रशंसा या आलोचना के आधार, दृष्टि और तथ्य का।

रामविलास शर्मा के सन्दर्भ में नामवर सिंह का निबन्ध 'इतिहास की शव-साधना' न तो पूर्वग्रहपूर्ण आकस्मिक वैचारिक विस्फोट है, न ही यह रामविलास शर्मा के सम्पूर्ण कृतित्व पर नामवर सिंह की अन्तिम टिप्पणी है। 'इतिहास की शव-साधना' नब्बे के दशक के पश्चात् परिवर्तित, रूपान्तरित और कायान्तरित प्रतीत होते रामविलास शर्मा के कृतित्व पर नामवर सिंह की टिप्पणी है।

'इतिहास की शव-साधना' के पहले पैराग्राफ को ठीक से पढ़ने पर ही स्पष्ट हो जाता है कि नामवर सिंह की दृष्टि में रामविलास शर्मा की वैचारिक यात्रा अखंडित और अपरिवर्तित नहीं है। नामवर सिंह की दृष्टि में कम-से-कम रामविलास शर्मा की तीन क्रमिक छवियाँ हैं : पहली है—'प्रगतिशील लेखक संघ और आन्दोलन' में शामिल होने से पूर्व 'चकल्लस' तथा 'उच्छृंखल' मिजाज के साथ 'प्रगतिवाद' के विरोधी की छवि, दूसरी है—'प्रगतिशील लेखक संघ और आन्दोलन' के मशालवाहक 'रहबर' की छवि और तीसरी या अन्तिम छवि है—'वैदिक ऋषि' की।

और 'इतिहास की शव-साधना' सिर्फ रामविलास शर्मा की तीसरी छवि 'वैदिक ऋषि' की आलोचना है—रामविलास शर्मा के सम्पूर्ण कृतित्व एवं व्यक्तित्व की नहीं! रामविलास शर्मा की 'वैदिक ऋषि' की छवि से नामवर सिंह के साक्षात्कार की शुरुआत रामविलास शर्मा के जीवनकाल में ही हो चुकी थी। 'इतिहास की शव-साधना'

(2001) प्रकाशित हुई पर उसकी नींव, बहुत पहले, 1986 में लिखित निबन्ध 'साहित्य में प्रगतिशील आन्दोलन की ऐतिहासिक भूमिका' में डाली जा चुकी थी।

1936 में स्थापित 'प्रगतिशील लेखक संघ' की स्वर्ण-जयंती से ठीक पहले प्रकाशित रामविलास शर्मा की पुस्तक 'मार्क्सवाद और प्रगतिशील साहित्य' के 'प्रगतिवाद' विरोधी निकषों के सन्दर्भ में नामवर सिंह ने टिप्पणी की थी कि 'यह देखकर दुःख होता है कि जो किसी समय प्रगतिशील साहित्य के मार्गदर्शक माने जाते थे, वही आज उसके इतिहास का अवमूल्यन करने पर तुले बैठे हैं।'

हंसराज रहबर भी शुरू में 'प्रगतिवाद' से सम्बद्ध थे और 1966 में अचानक उन्हें 'प्रगतिवाद : पुनर्मूल्यांकन' की जरूरत महसूस हुई, जब प्रलेस पुनर्जीवित होने की कोशिश कर रहा था। हंसराज रहबर ने प्रगतिवाद का पुनर्मूल्यांकन करते-करते 'ग़ालिब, गांधी, नेहरू आदि में से एक-एक को 'बेनकाब' करते हुए, अन्ततः विवेकानन्द और तिलक के क्रान्तिकारी हिन्दुत्व की मंजिल पर पहुँचकर ही दम लिया।' और नामवर सिंह के अनुसार, रामविलास शर्मा अपनी पुस्तक 'मार्क्सवाद और प्रगतिशील साहित्य' के द्वारा 'प्रगतिशील आन्दोलन के बारे में ऐसी ही बातें कह रहे हैं। रास्ता वही है, कहने के ढंग में फर्क है तो इसलिए कि डॉ. शर्मा आन्दोलन के 'रहबर' थे, जबकि रहबर सिर्फ राही या हमराही। आज डॉ. शर्मा प्रगतिशील आन्दोलन की बुनियाद को ही चुनौती दे रहे हैं।'

रामविलास शर्मा की समकालीन प्रगतिशीलता और रचनाशीलता से क्रमशः और उत्तरोत्तर निःसंग और विमुख होती जाती दृष्टि की आलोचना करते हुए नामवर सिंह ने कहा है कि 'परम्परा पर डॉ. शर्मा की श्रद्धा कुछ अधिक होगी तभी तो वे इसके लिए बुद्धिवाद तो क्या, समूचे प्रगतिवाद को ही खारिज करने के लिए तैयार हैं।' और 'विडम्बना यह है कि जिस प्रगतिशील धारा से उन्हें परम्परा को देखने की दृष्टि मिली है, उसी का आज वे निषेध कर रहे हैं। आज की प्रगति का तिरस्कार और कल की परम्परा की जय-जयकार परम्परा-प्रेम नहीं, परम्परा-पूजा है। परम्परा की रक्षा के नाम पर यह नया परम्परावाद है। वर्तमान के प्रगति के प्रयत्नों से निःसंग होने पर ही ऐसे परम्परावाद का उदय होता है। आज प्रगतिशील शिविर में भी परम्परावाद का नया उभार स्पष्ट दिखाई पड़ रहा है—साहित्य में भी, राजनीति में भी। इतिहास बनानेवाले इतिहास लिखने में व्यस्त हैं। दृष्टि आगे की ओर नहीं, पीछे की ओर है। अतीत की रक्षा में ही भविष्य की आशा दिखती है। भविष्य इतना अनिश्चित हो चला है कि आस्था टिकाने के लिए अतीत का ही आधार रह गया है। लोग भूलते जा रहे हैं कि परम्परा की रक्षा प्रगति से ही सम्भव है। क्या यह आज वामपंथ के गहरे संकट का संकेत नहीं?'

रामविलास शर्मा के सन्दर्भ में 'इतिहास की शव-साधना' का 'रूपक' पहली बार इसी निबन्ध में अभिव्यक्त हुआ है। रामविलास शर्मा के क्रमशः प्रगाढ़ होते जाते

'अतीत प्रेम' को रूपक में रूपान्तरित करते हुए नामवर सिंह ने कहा है कि 'किसी समय डॉ. रामविलास शर्मा ने हजारीप्रसाद द्विवेदी की 'शव-साधना' पर टिप्पणी की थी कि 'शव-साधना' में शव के स्थान पर साधक के ही मुँह के उलट जाने का खतरा है। वह वाक्य आज स्वयं डॉ. शर्मा के सामने पूरी विडम्बना के साथ प्रश्न बनकर खड़ा है। इतिहास भी कितना क्रूर है?'

1985 के बाद से नामवर सिंह को रामविलास शर्मा 'प्रगतिवादी' से ज्यादा 'परम्परावादी' प्रतीत होते हैं। अपने इस संशय और प्रतीति के तनाव को लेकर नामवर सिंह ने रामविलास शर्मा से साक्षात्कार भी किया था। नब्बे के दशक के दौरान रामविलास शर्मा का न केवल चिन्तन और अध्ययन क्षेत्र परिवर्तित प्रतीत होता है, बल्कि उनकी पद्धति और निष्कर्ष भी स्थापित मार्क्सवादी चिन्तकों से भिन्न प्रतीत होते हैं।

नब्बे के दशक के दौरान रामविलास शर्मा के चिन्तन क्षेत्र एवं निष्कर्षों में आए बदलावों और उसके परिणामों को समेटते हुए नामवर सिंह ने रामविलास शर्मा से 'इतिहास की शव-साधना' के समान ही प्रश्न पूछा है कि 'मेरी पीढ़ी के लोगों और नवयुवकों—सभी की तरफ से मैं यह जानना चाहता हूँ कि आपका एजेंडा और उन लोगों का एजेंडा जिन्होंने बाबरी मस्जिद गिराई थी, एक ही दिखाई पड़ता है, क्यों?' क्योंकि 'दरअसल सांस्कृतिक राष्ट्रवाद का एक लम्बा प्रोग्राम है, जिसमें शिक्षा-नीति में परिवर्तन, इतिहास का पुनर्लेखन—मुख्य कार्यक्रम है। ये सारी-की-सारी चीजें जहाँ जाती हैं, उसमें लोगों को लगता है कि परोक्ष रूप से ही सही, आपकी पुस्तकों से उन्हें समर्थन मिलता है।'

और क्या यह महज संयोग है कि किसी भी दूसरे मार्क्सवादी चिन्तक के विपरीत सम्भवतः केवल रामविलास शर्मा को संघ परिवार से स्वीकृति और ऋषि योग्य 'श्रद्धा' प्राप्त हुई है?

इसी पृष्ठभूमि में नामवर सिंह ने 'इतिहास की शव-साधना' में नब्बे के दशक में रामविलास शर्मा के कायान्तरण की प्रक्रिया को विश्लेषित करते हुए पुनः कहा कि 'और अन्त में रामविलास शर्मा भी पहुँचे ऋग्वेद पर। अपने 'अन्तिम अरण्य' में। प्रगति के पथ पर चलते-चलते। शताब्दी का अन्त होते-होते। अन्तिम दशक की प्रायः सभी पुस्तकें ऋग्वेद से ही शुरू होती हैं। पहले पुस्तकों के शीर्षक में मार्क्सवाद होता था या मार्क्स। कभी आगे, कभी पीछे। अब उस जगह ऋग्वेद है या वैदिक। पश्चिम एशिया और ऋग्वेद (1944)। तो ऋग्वेद साफ ही है। लेकिन जहाँ ऐसा नहीं है, प्रस्थान बिन्दु ऋग्वेद ही है, जैसे इतिहास दर्शन (1995) में। पहला अध्याय है—'ऋग्वैदिक आर्य और उनका परिवेश' और अन्तिम अध्याय 'इतिहास दर्शन और राहुल सांकृत्यायन'। मुख्य प्रयोजन है राहुल जी के इतिहास दर्शन से निपटना। इसी प्रकार 'भारतीय नवजागरण और यूरोप' (1996) का आरम्भ 'भारतीय नवजागरण

और ऋग्वेद' से होता है। इस क्रम में 'भारतीय साहित्य की भूमिका' (1996) को तो 'ऋग्वेद के कवि और काव्य-शिल्प' से शुरू होना ही था। फिर 'भारतीय संस्कृति और हिन्दी प्रदेश' (1999) के केन्द्र में भले ही हिन्दी प्रदेश हो, भारतीय संस्कृति का गोमुख ऋग्वेद है।'

अतः 'इतिहास की शव-साधना' का लेखन न तो आकस्मिक है और न व्यक्तिगत पूर्वग्रह या महत्त्वाकांक्षा से परिचालित प्रतीत होता है। यह निबन्ध रामविलास शर्मा के सन्दर्भ में 1986 से कुछ पहले से ही शुरू नामवर सिंह के मूल्यांकन का क्रमिक और तार्किक परिणति प्रतीत होता है—भले ही हम संस्कृति और साहित्य की नामवर सिंह की अवधारणा से सहमत हों या न हों।

परम्परा, प्रगति, संस्कृति, सांस्कृतिक राष्ट्रवाद, धर्मनिरपेक्षता और हिन्दू-मुस्लिम समस्या पर नामवर सिंह का एक पक्ष रहा है, और दूसरे को भी अपना पक्ष चुनने की स्वतंत्रता है। इस कारण रामविलास शर्मा के सन्दर्भ में नामवर सिंह की समीक्षा को केवल 'इतिहास की शव-साधना' के सन्दर्भ में सीमित नहीं करना चाहिए। रामविलास शर्मा और नामवर सिंह में सहमति-असहमति के दूसरे भी कई महत्त्वपूर्ण मुद्‍दे हैं, जिनको इस पुस्तक से गुजरते हुए महसूस किया जा सकता है।

संस्कृति, साहित्य, राजनीति और जीवन से जुड़े रामविलास शर्मा और नामवर सिंह के विचारों की अपरिहार्यता असन्दिग्ध प्रतीत होती है और इस पर विमर्श और चिन्तन की बहुस्तरीय सम्भावना है। आशा है, इस पुस्तक के प्रकाशन से हिन्दी आलोचना और विमर्श में एक नया अध्याय जुड़ेगा और नये विचारों की सम्भावना भी बनेगी।

प्रस्तुत पुस्तक में यथासम्भव रामविलास शर्मा से सम्बन्धित नामवर सिंह के समस्त निबन्धों, व्याख्यानों, साक्षात्कारों और टिप्पणियों को सम्मिलित करने का प्रयास किया गया है। 'निबन्धों' और 'व्याख्यानों' को कालक्रम की जगह विषयवस्तु के अनुसार संयोजित करने का प्रयास किया गया है। अतः, आशा है, पुस्तक सुलिखित एवं सुचिन्तित 'मोनोग्राफ' सा ही प्रतीत होगी।

माँ और पत्नी प्रीति के सहयोग के बिना पुस्तक सम्भव नहीं थी। श्री अशोक महेश्वरी को धैर्य और सहयोग के लिए धन्यवाद देना औपचारिकता होगी।

**—ज्ञानेन्द्र कुमार सन्तोष**

नई दिल्ली
26.7.2018

# अनुक्रम

# ...केवल जलती मशाल*

डॉ. रामविलास शर्मा 10 अक्टूबर, 1982 को अपने अनवरत सक्रिय और संघर्षशील जीवन के सत्तर शरद् पूरे करके इकहत्तरवें वर्ष में प्रवेश कर रहे हैं। आज वे अपनी साहित्य-साधना के सर्वोच्च शिखर पर हैं। जो उनकी सभी मान्यताओं से पूरी तरह सहमत नहीं हैं। वे भी यह स्वीकार करेंगे कि डॉ. शर्मा अपने संघर्ष और साधना में अप्रतिम हैं। प्रगतिशील आलोचना के अग्रदूत होने के साथ ही वे हिन्दी जाति के प्रतिनिधि समालोचक हैं और इस हैसियत से समूचे भारतीय साहित्य के विकास में उनका योगदान अन्यतम है। उनके संघर्ष और साधना हमारे लिए सतत प्रेरणा के स्रोत हैं और अतुलनीय उपलब्धियाँ अभिनन्दनीय। इस अवसर पर आलोचना परिवार समस्त हिन्दी जाति के साथ अपने इस वरेण्य विचारक के सम्मुख प्रणत है।

डॉ. रामविलास शर्मा की दृष्टि में उनके सबसे प्रिय कवि निराला ऐसे हैं, 'जैसे अठारह सौ सत्तावन का कोई वीर सेनानी युद्ध छोड़कर साहित्य के मैदान में चला आया हो!' ज्यादा सही यह है कि वह वीर सेनानी रामविलास शर्मा स्वयं हैं। योद्धा के रूप में उनकी ख्याति तो है ही, विशेष रूप से उल्लेखनीय है सत्तावन के स्वाधीनता-संग्राम में उनका गहरा लगाव। सन् सत्तावन जैसे उनकी समस्त चिन्तन की धुरी है और है उनके वैचारिक संघर्ष का बीजभाव।

'घर की बात' गदर से शुरू होती है : 'मेरे पितामह लालताप्रसाद गदर में आठ-दस साल के रहे होंगे। गदर के पहले उनके पिता जवाहर फौज में भर्ती हुए थे, गदर के कुछ साल बाद वह भी उनके पास पहुँच गए और फौज में भर्ती हुए।' हिन्दी में नवजागरण भी डॉ. शर्मा की दृष्टि में गदर से ही शुरू हुआ। 'महावीरप्रसाद द्विवेदी और हिन्दी नवजागरण' नामक ग्रन्थ की भूमिका का पहला ही वाक्य है : 'हिन्दी प्रदेश में नवजागरण 1857 के स्वाधीनता संग्राम से शुरू होता है।'

गदर की शताब्दी आई तो सारा काम-काज छोड़कर डॉ. शर्मा ने 'अठारह सौ सत्तावन की राज्य क्रान्ति' नामक पुस्तक लिखी—हिन्दी में अकेले। शायद जी नहीं भरा, इसलिए फिर 'भारत में अंग्रेजी राज और मार्क्सवाद' लिखा। दो खंडों में साढ़े ग्यारह सौ पृष्ठों का विशाल ग्रन्थ। इनकी भी धुरी वही है : अठारह सौ सत्तावन।

* 'आलोचना' पत्रिका में प्रकाशित सम्पादकीय

दरअसल जैसाकि इस ग्रन्थ में कहा गया है : '1857 की लड़ाई में अंग्रेजों ने जिस क्रूरता से काम किया, भारतीय जनता के हृदय पर उसकी अमिट छाप है। उस क्रूरता की याद साम्राज्यविरोधी भावना को ताजा रखती है। भावी सामाजिक परिवर्तनों के लिए यह भावना महत्त्वपूर्ण है।' (खंड दो, पृ. 221-22) जब 'मार्क्स और एंगेल्स 1857 की लड़ाई को कभी भूले नहीं' (वही, पृ. 294) तो रामविलास जी भला उसे कैसे भूल सकते हैं? बार-बार याद करने और याद दिलाने के मूल में शायद यह शंका है कि या तो लोग भूल गए हैं या भूल जाना चाहते हैं। जातीय 'पराजय' को आखिर कौन याद रखना चाहेगा? लेकिन यहीं डॉ. शर्मा की मौलिक दृष्टि प्रकट होती है। लिखते हैं : 'मार्क्स और एंगेल्स के लेखों में कहीं इस बात की ओर संकेत नहीं है कि सन् सत्तावन की लड़ाई में भारत की पराजय अनिवार्य थी। 1853 में मार्क्स ने लिखा था, पराजित होना भारत की नियति है, प्रश्न यह है कि वह ब्रिटेन से पराजित होता है या किसी अन्य देश से। चार साल में यह धारणा बदल गई थी। लड़ाई की घटनाओं के दौरान जैसे-जैसे वे भारतीय प्रतिरोध का विवेचन करते गए, वैसे-वैसे वह धारणा और भी बदलती गई।' (वही, पृ. 222) पराजय के बावजूद 'मार्क्स और एंगेल्स का विश्लेषण पराजयवाद से कोसों दूर है। विद्रोह के समाप्त हो जाने के बाद भी वे भविष्य की ओर देखते हैं और आशा करते हैं कि भारतवासी अपना यह अनुभव भूलेंगे नहीं और आने पर फिर लड़ेंगे।' (वही, पृ. 223)

और फिर लड़ने का वह समय डॉ. शर्मा के लिए आया 1946 में, नौसेना-विद्रोह के रूप में। सन् सत्तावन का इतिहास जैसे फिर दुहराया गया। सेना में वैसा ही विद्रोह और अंग्रेजों में वैसी ही घबराहट। लेकिन 'बदली हुई अन्तर्राष्ट्रीय परिस्थितियों में वे दूसरे अठारह सौ सत्तावन का सामना करने को तैयार न थे। इसलिए उन्हें भारत छोड़कर विदा होना पड़ा।' अन्तर स्पष्ट है और महत्त्वपूर्ण भी। सफलता तो मिली लेकिन जैसे आधी-अधूरी। डॉ. शर्मा के खयाल में '1845-46 में अन्तर्राष्ट्रीय परिस्थिति भारतीय क्रान्ति के अनुकूल थी।...फिर भी क्रान्ति न हुई।' दुःख इसी बात का है– खास तौर से इसलिए कि '1857 में भारतीय क्रान्तिकारी अभी मार्क्सवाद से अपरिचित थे; 1946 में भारतीय क्रान्तिकारी मार्क्सवाद से सुपरिचित थे। इन सुपरिचितजनों में कम्यूनिस्ट पार्टी के नेता ही नहीं, कांग्रेस-सोशलिस्ट पार्टी के नेता जयप्रकाश नारायण और कांग्रेस के नेता जवाहरलाल नेहरू भी थे। इसलिए जो काम 1857 में मुश्किल था, वह 1946 में आसान था। पर वह काम हुआ नहीं।' (पहला खंड, पृ. 411)

डॉ. शर्मा की दृष्टि में '1857-58 के बाद 1945-47 का समय भारतीय इतिहास का अतिशय महत्त्वपूर्ण कालखंड है।' (खंड दो, पृ. 19) इतना महत्त्वपूर्ण कि 'भारत के कम्यूनिस्ट आन्दोलन में जिन महत्त्वपूर्ण विषयों पर बहस हुई है, उनका सम्बन्ध किसी-न-किसी तरह 1945-47 की क्रान्तिकारी परिस्थिति से है। उस परिस्थिति का विवेचन किए बिना हम समस्याओं को हल नहीं कर सकते।' (वही, पृ. 555)

ऐन 1946 में डॉ. शर्मा के क्या भाव थे, इसका अन्दाजा उन्हीं दिनों लिखी जा रही 'निराला' शीर्षक पुस्तक के अन्तिम पैराग्राफ के इन शब्दों में लगाया जा सकता है : 'देश के जीवन में एक ओर भाई-भाई की मारकाट और गृहयुद्ध की लपटें फैल रही हैं तो दूसरी ओर मजदूर वर्ग के नेतृत्व में एक महान क्रान्तिकारी ज्वार आया है। निराला जी के विकास की समूची परम्परा हमें सिखाती है कि इस ज्वार के साथ बढ़कर परिवर्तन की शुभ घड़ी लाने के लिए हिन्दी लेखकों और कवियों को आगे बढ़ना है। उनके अदम्य जीवन और अनवरत साहित्य-साधना का यही सन्देश है कि हम देश को आज के इस घोर संकट से मुक्त करें और वही स्वाधीनता के वातावरण में फिर खुलकर साँस ले सके।'

इस उत्साह और विश्वास के लिए सन् '47 का देश-विभाजन कितना बड़ा आघात रहा होगा, इसका अनुमान सहज ही लगाया जा सकता है! डॉ. शर्मा के लिए यह आघात किसी 'ट्रेजेडी' से कम नहीं है, और जैसाकि बाद की रचनाओं से पता चलता है, अठारह सौ सत्तावन के घाव को ताजा करनेवाली यह घटना है, जिसे वे कभी भूल न पाए।

दिलचस्प बात यह है कि इस प्रसंग में उन्हें मार्क्स और एंगेल्स के समान अनुभव याद आते हैं। लिखते हैं : '1848 के क्रान्तिकारी उभार की असफलता के बाद देश में फैली हुई पस्ती को दूर करने के लिए एंगेल्स ने (सोलहवीं सदी के) 'महान किसान युद्ध' के 'अनगढ़ किन्तु जबर्दस्त जीवटवाले वीरों' का चित्रण किया था। 1856 में इसी किसान युद्ध को स्मरण करते हुए मार्क्स ने एंगेल्स को लिखा था—जर्मनी में सब कुछ इस सम्भावना पर निर्भर है कि सर्वहारा क्रान्ति की पिछली पाँति की रक्षा किसान युद्ध के दूसरे संस्करण से हो पाती है या नहीं।' (खंड दो, पृ. 10) इस प्रकार डॉ. शर्मा के लिए 1946 का वही महत्त्व है जो मार्क्स और एंगेल्स के लिए 1848 का था और वे भी मार्क्स और एंगेल्स के समान ही वर्तमान क्रान्ति के विफल होने पर इतिहास की दृष्टि और प्रेरणा पाने के लिए अतीत की वैसी ही विफल क्रान्ति के विश्लेषण की ओर प्रवृत्त होते हैं। मार्क्स और एंगेल्स सोलहवीं सदी के 'महान किसान युद्ध' की ओर मुड़े तो डॉ. रामविलास शर्मा अठारह सौ सत्तावन के गौरवशाली गदर की ओर।

समानता एक और बात में दिखती है। कहते हैं, 1848 की क्रान्ति की विफलता के बाद मार्क्स कुछ और अध्ययन करने के लिए 'ब्रिटिश-म्यूजियम' की ओर मुड़े और डॉ. रामविलास शर्मा नौसेना-विद्रोह तथा तेलंगाना की किसान क्रान्ति के दमन के कुछ समय बाद प्रगतिशील आन्दोलन की सक्रिय गतिविधियों से अलग होकर एकान्त साहित्य-साधना में जुट गए। 'राम की शक्ति-पूजा' जैसे अपने ही जीवन में उतर आई। गोया भीतर बैठे किसी जाम्बवान ने कहा : 'छोड़ दो समर जब तक न सिद्धि हो रघुनन्दन।' और रामविलास जी 'आराधन का दृढ़ आराधन से उत्तर' देने के लिए

शक्ति की 'मौलिक कल्पना' करके उसकी पूजा में प्रवृत्त हुए। लेकिन जैसाकि उन्होंने निराला के प्रसंग में कहा है, वे 'साधक हैं, पूजक नहीं। साधना रणभूमि से अलग एकान्त ध्यान करने में नहीं है, रणभूमि में शत्रु से जूझते हुए साधना सम्भव है।' (राग-विराग, भूमिका, पृ. 39) मार्क्स के समान ही डॉ. शर्मा की साधना संघर्ष से सन्नद्ध रही है।

मोटे तौर से डॉ. शर्मा के इस साधनात्मक संघर्ष की शुरुआत 'आचार्य रामचन्द्र शुक्ल और हिन्दी आलोचना' (1955) नामक पुस्तक से होती है और जिसकी अगली कड़ी है 'आस्था और सौन्दर्य', किन्तु इस दौर की सबसे महत्त्वपूर्ण उपलब्धियाँ हैं : 'भारत और समाज' (1961), 'निराला की साहित्य-साधना' (1969-72), 'महावीरप्रसाद द्विवेदी और हिन्दी नवजागरण' (1977), 'भारत के प्राचीन भाषा परिवार और हिन्दी' (1979-81) तथा 'भारत में अंग्रेजी राज और मार्क्सवाद' (1982)। इन्हीं के साथ 'भारतीय साहित्य का इतिहास' नाम से प्रस्तावित पुस्तक के दो अध्याय (1976-77) और 'नाटककार भवभूति' (1970) जैसे निबन्ध भी उल्लेखनीय हैं। इसका अर्थ यह नहीं कि 'भारतेन्दु युग' (1942) और 'प्रेमचन्द और उनका युग' (1952) जैसी पूर्व प्रकाशित पुस्तकों का महत्त्व कुछ कम है। सच तो यह है कि वे दोनों पुस्तकें आज भी हिन्दी में अपने विषय की सर्वश्रेष्ठ कृतियाँ हैं और उनमें वही ताजगी है। फिर भी परवर्ती रचनाएँ अपेक्षाकृत अधिक प्रौढ़ता या एहसास कराती हैं। जैसाकि 'आचार्य रामचन्द्र शुक्ल और हिन्दी आलोचना' के तृतीय संस्करण की भूमिका (1973) में कहा गया है, उनकी 'अधिकांश आलोचना-पुस्तकों का सम्बन्ध हिन्दी साहित्य के अन्तर्विरोधों से सामान्यतः और प्रगतिशील साहित्य के अन्तर्विरोधों से विशेषतः है।' 'निराला की साहित्य-साधना' के द्वितीय खंड में एक पूरा अध्याय 'हिन्दी साहित्य : आन्तरिक संघर्ष' शीर्षक से है। स्पष्ट ही यह द्वन्द्ववादी पद्धति के विकास की दिशा है जिसे अब डॉ. शर्मा 'अनेकान्तवाद' कहना पसन्द करते हैं। कहने की आवश्यकता नहीं कि उपर्युक्त कृतियों में से कोई भी एक अमर होने के लिए पर्याप्त है, फिर जहाँ भाषा, साहित्य, राजनीतिक इतिहास आदि सभी क्षेत्रों में एक से एक बढ़कर कीर्तिमान स्थापित किए गए हों—ऐसी अभूतपूर्व उपलब्धि के बारे में तो कहना ही क्या!

हो सकता है, कुछ शुद्ध साहित्य-प्रेमी सोचते हों कि भाषाविज्ञान और राजनीतिक इतिहास जैसे साहित्येतर विषयों को इतना समय देकर डॉ. शर्मा अपनी प्रतिभा का अपव्यय कर रहे हैं। किन्तु वस्तुतः भाषाविज्ञान और राजनीतिक इतिहास की पुस्तकें साहित्यिक समस्याओं के विश्लेषण के बीच से उन्हीं समस्याओं के समाधान-स्वरूप पैदा हुई हैं। विचार करें तो यह अपनी समालोचना की गौरवशाली परम्परा को ही विकास है, जिसकी नींव महावीरप्रसाद द्विवेदी-जैसे समर्थ आचार्य ने डाली है और जो डॉ. शर्मा के शब्दों में 'सीमित अर्थ में साहित्यकार नहीं हैं। उनका उद्देश्य हिन्दी

प्रदेश में नवीन सामाजिक चेतना का प्रसार करना है। इस उद्देश्य की सिद्धि के लिए वह समाजविज्ञान, प्रकृतिविज्ञान, दर्शनशास्त्र और साहित्य—इन सभी के विकास के लिए प्रयत्न करते हैं। साहित्य उनमें से एक है; शिक्षा-प्रसार के लिए आवश्यक अन्य विषय उसके अन्तर्गत नहीं हैं।' 'महावीरप्रसाद द्विवेदी और हिन्दी नवजागरण' नामक पुस्तक, जिसमें यह स्थापना की गई है, इस प्रकार की व्यापक अर्थोंवाली समालोचना का उत्कृष्ट उदाहरण है। हिन्दी के जो विद्वान अभी तक राजा राममोहन राय और बंगाल पुनर्जागरण के विचारों से आधुनिक साहित्य के इतिहास के पन्ने रँगते आ रहे थे, उनकी आँखों में अँगुली डालकर पहली बार बताया गया कि स्वयं अपने ही यहाँ वैज्ञानिक दृष्टि से सम्पन्न नवजागरण की एक महान परम्परा है जिससे हिन्दी के सर्जनात्मक साहित्य का सीधा सम्बन्ध है। क्या यह कार्य साहित्येतर है? और क्या यह प्रतिभा का अपव्यय है? इस पुस्तक से पहले कितने लोगों को पता था कि महावीरप्रसाद द्विवेदी ने 1908 में 'सम्पत्तिशास्त्र' नामक पुस्तक लिखी थी, जिसके निष्कर्ष क्रान्तिकारी हैं?

'भारत में अंग्रेजी राज और मार्क्सवाद' नामक विशाल ग्रन्थ एक तरह से हिन्दी नवजागरण की सामाजिक पृष्ठभूमि को स्पष्ट करते हुए इस नवजागरण बाद वाली मंजिलों की राजनीतिक-ऐतिहासिक व्याख्या है। इस ग्रन्थ के अन्तर्गत भारत के इतिहास के विषय में ऐसी क्रान्तिकारी मान्यताएँ प्रस्तुत की गई हैं जो इतिहास का परिचित नक्शा ही बदल देंगी। इसके अतिरिक्त यह ऐतिहासिक ग्रन्थ साहित्य और संस्कृति के लिए भी प्रासंगिक है, जैसाकि द्वितीय खंड की भूमिका के इस कथन से अन्दाजा लगाया जा सकता है : 'हमारी सांस्कृतिक स्थिति के एक छोर पर करोड़ों आदमियों की निरक्षरता है, दूसरे छोर पर हजारों बुद्धिजीवियों पर अमेरिकी संस्कृति का प्रभाव है। क्या संगीत और फिल्में, क्या अर्थशास्त्र और भाषाविज्ञान, मनुष्य को नैतिक पतन और प्रगतिविरोधी मार्ग की ओर ले जानेवाली प्रवृत्तियाँ सब तरफ दिखाई देती हैं।...अर्थतंत्र से लेकर भाषा और संस्कृति तक स्वदेशी को धुरी बनाकर एक शक्तिशाली साम्राज्यविरोधी राष्ट्रीय संयुक्त मोर्चे का निर्माण किया जा सकता है। ऐसा मोर्चा जनवादी क्रान्ति के शेष कर्तव्य पूरे कर सकता है।' (पृ. 24)

इस साम्राज्यविरोधी राष्ट्रीय मोर्चे के निर्माण का आधार भाषा के स्तर पर 'भारत के प्राचीन भाषा परिवार और हिन्दी' नामक लगभग तेरह सौ पृष्ठों के ग्रन्थ में भाषावैज्ञानिक तथ्यों और तर्कों के द्वारा तैयार किया गया है। भाषाविज्ञान को इतना समय—लगभग दस वर्ष—देने की जरूरत इसलिए पड़ी कि 'परम्परागत ऐतिहासिक भाषाविज्ञान मगध, कोसल, कुरु आदि इतिहास प्रसिद्ध गणसमाजों की भाषायी विशेषताएँ पहचानने नहीं देता, वह द्रविड़ भाषाओं में आर्य भाषाओं के बहुमुखी सम्बन्धों को विजित और विजेता के एकमुखी सम्बन्ध बना देता है, वह पड़ोसी क्षेत्रों से हमारे भाषायी सम्बन्ध विकृत रूप में प्रस्तुत करता है, आधुनिक

भाषाओं के समस्त विकास को ह्रास का इतिहास बना देता है। ऐतिहासिक भाषाविज्ञान ने भाषा-समुदायों के बारे में जिन धारणाओं का प्रचार किया है, उनका गहरा असर भारतीय जनता के सामाजिक जीवन पर पड़ा है। विभिन्न राजनीतिक दलों की कार्यवाही उक्त धारणाओं से प्रभावित होती है। राजनीतिक ऐतिहासिक भाषाविज्ञान से असंपृक्त नहीं है, न ऐतिहासिक भाषाविज्ञान राजनीतिक से असंपृक्त है। वैज्ञानिक चिन्तन की प्रगति के लिए और भारतीय जनता की सामाजिक-सांस्कृतिक प्रगति के लिए आवश्यक है कि हम पूँजीवादी भाषाविज्ञान की रूढ़ियों से मुक्त हों।' (तृतीय खंड, पृ. 355) इस उद्देश्य की सिद्धि के लिए भाषाविज्ञान से प्रचलित उस 'रूपवाद' (फार्मलिज्म) का सप्रमाण खंडन किया गया है जो संरचनावाद तथा परिणामी व्याकरण-पंथ में दिखाई पड़ता है। इस प्रकार, जैसाकि डॉ. शर्मा ने स्वयं कहा है : 'भारत के वर्तमान सामाजिक सन्दर्भ में भाषा-वैज्ञानिक कार्य एक राजनीतिक कर्तव्य की पूर्ति भी है।'

और नहीं तो सिर्फ भाषिक तथ्यों की दृष्टि से यह ग्रन्थ भारत के समस्त भाषा-परिवारों का अभूतपूर्व विश्वकोश है—ऐसा भाषा-कोश हिन्दी में तो है ही नहीं, किसी अन्य देशी या विदेशी भाषा में भी होगा या नहीं, हमें नहीं मालूम। महत्त्वपूर्ण बात तो यह है कि जो कार्य भारत के इतने सारे सुविधासम्पन्न भाषाविज्ञान विभाग मिलकर भी न कर पाए, डॉ. शर्मा ने तनहा अपने बूते पर उसे सम्पन्न कर दिखाया। भय है कि 'भारत में अंग्रेजी राज और मार्क्सवाद' के समान ही 'भारत के प्राचीन भाषा परिवार और हिन्दी' जैसा युगान्तरकारी ग्रन्थ भी सिर्फ हिन्दी में लिखे जाने के कारण अपेक्षित मान्यता से वंचित रह जाएगा, क्योंकि दुर्भाग्य से इन विषयों में मान्यता देनेवाले बौद्धिक वर्ग के ज्ञान की खिड़की अब भी अंग्रेजी ही है। यहाँ डॉ. शर्मा मजे से भवभूति की 'उत्पत्स्यते हि मम कोऽपि समानधर्मा...' गुनगुना या बुदबुदा सकते हैं।

इन साहित्येतर समझने जानेवाले कार्यों के कारण ठेठ साहित्य-मीमांसा में कोई कमी आई हो, ऐसा भी नहीं। प्रमाण है : 'निराला की साहित्य-साधना'। इस ग्रन्थ की और बातें छोड़ भी दें तो उदाहरण के लिए 'राम की शक्ति-पूजा' के स्थापत्य का जैसा सूक्ष्म विवेचन हुआ है, वह चालू फैशन के शैलीविज्ञान वाले भाषिक विश्लेषकों के लिए भी चुनौती है! हिन्दी में किसी आधुनिक कवि के कला-सौन्दर्य की ऐसी सूक्ष्म और समग्र समीक्षा कहाँ हुई है?

इसी प्रकार हिन्दी साहित्य के इतिहास के पुनर्लेखन की जहाँ इतनी चर्चा है, जो चर्चा-भर है, डॉ. शर्मा ने 'भारतेन्दु-युग', 'महावीरप्रसाद द्विवेदी और हिन्दी नवजागरण', 'निराला की साहित्य-साधना', 'नई कविता और अस्तित्ववाद'—जैसी पुस्तकों के द्वारा अनेक नये ऐतिहासिक तथ्यों के प्रकाश में क्या आधुनिक हिन्दी साहित्य का एक नया इतिहास प्रस्तुत नहीं कर दिया है? और यदि 'आचार्य

रामचन्द्र शुक्ल और हिन्दी आलोचना' को भी इसके साथ जोड़ दें तो शुक्ल जी के इतिहास के पुनर्मूल्यांकन के द्वारा समूचे हिन्दी साहित्य का एक सुसंगत और अभिनव इतिहास हमारे सामने नहीं आ जाता? यह सही है कि डॉ. रामविलास शर्मा ने 'हिन्दी साहित्य का इतिहास' नाम से कोई ग्रन्थ नहीं लिखा, और जो नाम से ही 'इतिहास' को पहचानने के आदी हैं, उन्हें जरूर निराशा होगी, लेकिन उपर्युक्त कृतियाँ समग्रतः साहित्य का इतिहास नहीं हैं तो क्या हैं? साहित्य का इतिहास और होता और क्या है?

फिर जो लोग मार्क्सवादी आलोचक रामविलास शर्मा से मार्क्सवादी सौन्दर्यशास्त्र और मार्क्सवादी साहित्य-सिद्धान्त जैसे किसी ग्रन्थ की अपेक्षा रखते हैं, उन्हें भी शिकायत हो सकती है। ये लोग उसी जाति के हैं जो मार्क्स के सुप्रसिद्ध ग्रन्थ 'पूँजी' में द्वन्द्वात्मक भौतिकवाद और ऐतिहासिक भौतिकवाद शीर्षक अध्याय खोजती है और न पाकर मार्क्स को दोष देती है। सम्भवतः ऐसे ही लोगों को ध्यान में रखकर डॉ. शर्मा ने लिखा है : 'जो महत्त्व ऐतिहासिक भौतिकवाद के लिए इतिहास का है, वही आलोचना के लिए साहित्य की परम्परा का है। इतिहास के ज्ञान से ही ऐतिहासिक भौतिकवाद का विकास होता है। साहित्य की परम्परा के ज्ञान से ही प्रगतिशील आलोचना का विकास होता है। ऐतिहासिक भौतिकवाद के ज्ञान से समाज में व्यापक परिवर्तन किए जा सकते हैं और नई समाज-व्यवस्था का निर्माण किया जा सकता है। प्रगतिशील आलोचना के ज्ञान से साहित्य की धारा मोड़ी जा सकती है और नये प्रगतिशील साहित्य का निर्माण किया जा सकता है। ऐतिहासिक भौतिकवाद कुछ अमूर्त सिद्धान्तों का संग्रह नहीं है, वह मानव-समाज के इतिहास का मूर्त ज्ञान है। वैसे ही प्रगतिशील आलोचना किन्हीं अमूर्त सिद्धान्तों का संकलन नहीं है, वह साहित्य की परम्परा का मूर्त ज्ञान है। और यह ज्ञान उतना ही विकासमान है जितना साहित्य की परम्परा।' (परम्परा का मूल्यांकन, पृ. 9)

यदि इस विषय में अपनी परम्परा से ही ठोस प्रमाण चाहिए तो 'शुक्ल जी ने अपने साहित्य सिद्धान्त हवा में नहीं बनाए। उन्होंने भारतवर्ष के चार महाकवियों–वाल्मीकि, कालिदास, भवभूति और तुलसीदास–को अपना आदर्श और आधार बनाया।...साहित्य में सदियों से प्रतिष्ठित शृंगार रस को एक कोने में ठेलते हुए उन्होंने 'भावमूर्ति भवभूति' के महामंत्र 'एको रसःकरुण एव' का फिर पाठ किया।...आलोचना के क्षेत्र में भवभूति के समानधर्मा आचार्य शुक्ल हैं, जैसे काव्य में उनके समानधर्मा महाकवि निराला हैं।' (आचार्य रामचन्द्र शुक्ल और हिन्दी आलोचना, पृ. 10) यह है आचार्य शुक्ल का अपना 'रस सिद्धान्त', जिसके अनुसार 'हमारे यहाँ के कवियों ने लोकरक्षा के विधान में करुणा को ही बीजभाव रखा है।' लक्ष्य लोकरक्षा है तो विरोधीभाव होते हुए भी क्रोध का करुणा के साथ समन्वय आवश्यक हो जाता है। इस प्रकार 'करुणा का नाम पुराना है' लेकिन डॉ. शर्मा के

अनुसार 'शुक्ल जी ने उसे एक नये अर्थ से दीप्त कर दिया है।' (वही, पृ. 11) लेकिन सच पूछिए तो स्वयं डॉ. शर्मा ने शुक्ल जी की करुणा को नये अर्थ से दीप्त किया। स्वयं आलोचक विनयवश यहाँ अपने विषय में भले ही चुप रहे, लेकिन यह प्रभाव व्यंजित हुए बिना नहीं रहता कि निराला की तरह शुक्ल जी के समकालीन न होते हुए भी डॉ. रामविलास शर्मा उनके समानधर्मा हैं या होने की आकांक्षा रखते हैं। यह साहित्य सिद्धान्त 'निराला की साहित्य-साधना' में ही निहित है। निराला-सम्बन्धी व्यावहारिक समीक्षा वस्तुतः डॉ. रामविलास शर्मा के साहित्य-सिद्धान्त का भी दस्तावेज है—किसी भी सैद्धान्तिक निबन्ध से अधिक जीवन्त और सर्वांग सम्पूर्ण। एक शब्द में यह 'ट्रैजेडी' है डॉ. शर्मा की मनपसन्द।

अकारण नहीं है कि डॉ. शर्मा की दृष्टि में 'ट्रैजेडी' ही सर्वश्रेष्ठ काव्य है और 'ट्रैजिक' कवि ही उनके सबसे प्रिय कवि हैं—आधुनिक कवियों में 'निराला' हैं तो आगे के कवियों में 'तुलसीदास', जिनकी जड़ें संस्कृत में भवभूति से होती हुई आदिकवि वाल्मीकि तक जाती हैं। उल्लेखनीय है कि निराला के बाद सबसे ज्यादा लेख डॉ. शर्मा ने तुलसीदास पर ही लिखे हैं और उनके लेखों में 'आदिकाव्य' शीर्षक निबन्ध आरम्भिक दिनों का होते हुए भी मौलिक अन्तर्दृष्टि में अन्यतम है। और 'नाटककार भवभूति' शीर्षक निबन्ध तो 'ट्रैजेडी' और 'ट्रैजिक' कवि की अवधारणाओं के विवेचन की अभावपूर्ति के लिए लिखा हुआ 'पुनश्चः' है। इस विषय में किसी प्रकार के भ्रम की गुंजाइश न रहे, इसलिए उनका स्पष्ट कथन है : ''ट्रैजिक' कवि केवल दुःख के कवि नहीं होते। दुःख और पराजय के अनुभव के साथ-साथ जहाँ मनुष्य पूरी शक्ति के साथ संघर्ष करता है वहीं उदात्त की सृष्टि होती है।' (परम्परा का मूल्यांकन, पृ. 27)

क्या डॉ. शर्मा के इस 'ट्रैजिक' काव्यानुभव में अठारह सौ सत्तावन और उन्नीस सौ सैंतालीस के जातीय संघर्ष और पराभव की उदात्त वेदना का बीजभाव नहीं है?

'ट्रैजेडी' मार्क्स को भी अत्यन्त प्रिय थी। ईस्खुलुस और शेक्सपियर इतने पसन्द गोया हर साँस के संघाती हो गए हों! 1848 की क्रान्ति की असफलता का आघात उन्हें भी लगा था। फिर 1871 के पेरिस-कम्यून के टूटने का सदमा। हार पर हार, फिर भी अन्त तक क्रान्ति की आशा न गई और न छूटी संघर्ष की आदत। क्या यह सादृश्य संयोग मात्र है?

क्रान्ति से ट्रैजेडी का क्या सम्बन्ध है? मार्क्सवादी चिन्तन में इस प्रश्न का क्या स्थान है? डॉ. रामविलास शर्मा के अलावा हिन्दी में किसी अन्य मार्क्सवादी ने यह प्रश्न क्यों नहीं उठाया?

आज हिन्दी में 'क्रान्तिकारी' मार्क्सवादियों की कमी नहीं है। सभी रणबाँकुरे हैं, योद्धा का बाना बाँधे। और कमी भले हो, वाणी में न वीरता कम है, न क्रोध। लगता है, क्रान्ति होने ही वाली है और होगी तो उन्हीं के नेतृत्व में। उधर जनता

असंगठित है, वामपंथी दल एक-दूसरे को तोड़ने की कोशिश में स्वयं अप्रासंगिक होने लगे हैं, अवसरवादी संसदीय राजनीति का बोलबाला है, व्यवस्था का ढाँचा अपने ही पापों के भार से चरमरा उठा है, फासिस्ट शक्तियाँ जहाँ-तहाँ फिर से सिर उठाने का मौका पा गई हैं, परमाणु युद्ध की काली छाया अब झुकी कि तब झुकी, अप्रतिबद्ध बुद्धिजीवी कभी अपनी गुहा की ओर झाँकते हैं, कभी पश्चिम की ओर—हमेशा की तरह; ये सभी मिलकर अन्धकार को और गाढ़ा कर रहे हैं।

इस वातावरण में 'भारत में अंग्रेजी राज और मार्क्सवाद' का प्रकाशन एक ऐतिहासिक घटना है। अपने सत्तरवें जन्मदिवस पर डॉ. रामविलास शर्मा का हिन्दी को अप्रत्याशित उपहार।

'राम की शक्ति-पूजा' का वह बिम्ब अपने समूचे अर्थगौरव के साथ मूर्तिमान हो रहा है : ...भूधर ज्यों ध्यानमग्न, केवल जलती मशाल!

*[1982]*

# हिन्दी के हित का अभिमान वह, दान वह

'आचार्य महावीरप्रसाद द्विवेदी और हिन्दी नवजागरण' नामक पुस्तक में डॉ. रामविलास शर्मा ने लिखा है : 'वे सीमित अर्थों में साहित्यकार नहीं थे।' मैं कहना चाहूँगा कि आचार्य महावीरप्रसाद द्विवेदी, आचार्य रामचन्द्र शुक्ल और आचार्य हजारीप्रसाद द्विवेदी जैसे चिन्तक-आलोचक-साहित्यकारों की परम्परा में ही स्वयं डॉ. रामविलास शर्मा भी सीमित अर्थों में आलोचक नहीं हैं। आलोचकों की यह महान परम्परा, साहित्य और उसका माध्यम भाषा और इन दोनों के आधार समाज, उसकी संस्कृति आदि तमाम चिन्ताओं से युक्त एक समग्र और व्यापक दृष्टि रखनेवाले चिन्तक, विचारक और समालोचकों की परम्परा है। शायद ही कोई क्षेत्र ऐसा बचा होगा जो उनके चिन्तन का विषय न रहा हो और जिसे उन्होंने अपना कार्यक्षेत्र न बनाया हो।

साहित्य-चिन्तन के क्षेत्र में शायद ही हिन्दी में कोई दूसरा आलोचक हो जिसने भाषा पर इतनी गम्भीरता से विचार किया हो। सेठ गोविन्ददास से लेकर अनेक दासों की परम्परा है, जो हिन्दी का गौरवगान करती रही हैं। लेकिन अकेले डॉ. रामविलास शर्मा ने वैज्ञानिक आधार पर हिन्दी के स्वरूप और राष्ट्रीय जीवन में उसके स्थान पर विचार किया। उन्होंने राष्ट्रभाषा हिन्दी की समस्याओं पर 'भाषा और समाज' तो लिखी ही, उसके बाद 'भारत के प्राचीन भाषा परिवार और हिन्दी' जैसा लगभग दो हजार पृष्ठों का, तीन खंडों में विशाल कार्य भी किया है।

उन्नीसवीं सदी में जिन लोगों ने ऐतिहासिक भाषाविज्ञान की शुरुआत की थी, उनमें ज्यादातर विदेशी थे, उनकी परम्परा में देखा जाए तो डॉ. रामविलास शर्मा का भाषा सम्बन्धी कार्य, विश्व कोटि की प्रकृति का कार्य होगा। दस वर्षों के अथक परिश्रम से तैयार हुआ 'भारत के प्राचीन भाषा परिवार और हिन्दी' नामक यह ग्रन्थ केवल हिन्दी के बारे में नहीं है। डॉ. रामविलास शर्मा ने तथाकथित भारोपीय भाषा परिवार, द्रविड़ भाषा परिवार, नाग परिवार और चीनी-तिब्बती परिवार की भाषाओं के बीच हजारों वर्षों के आपसी सम्बन्धों को इस ग्रन्थ में विश्लेषित करने का कार्य किया। विडम्बना यह है कि इस विशाल ग्रन्थ के लिए हिन्दी में ऐसा कोई समीक्षक सुलभ नहीं है, जो इसमें दिये गए तथ्यों की जाँच-पड़ताल कर सके और उसका मूल्यांकन कर सके। यह हिन्दी की वर्तमान भाषावैज्ञानिक स्थिति पर तो टिप्पणी

है ही, स्वयं इस ग्रन्थ के बारे में भी टिप्पणी है। विद्वानों का कहना है कि हिन्दी या किसी अन्य भारतीय भाषा में ही नहीं, बल्कि अंग्रेजी में भी ऐसा कोई अन्य ग्रन्थ नहीं है जिसमें भारोपीय भाषाओं के उद्गम से जुड़ी हुई भाषिक, सांस्कृतिक और ऐतिहासिक समस्याओं को लेकर भारत की भाषा समस्या पर विचार किया गया हो।

अनेक लोगों का खयाल है कि साहित्य के एक अच्छे-खासे समालोचक ने अपने जीवन में दस वर्ष ऐसे काम में खपा दिये, जिसकी वैसी उपयोगिता नहीं है। लेकिन जैसे कि डॉ. रामविलास शर्मा ने उस ग्रन्थ की भूमिका में लिखा है कि आज भाषाविज्ञान के क्षेत्र में किया जानेवाला कार्य भी राजनीतिक महत्त्व रखता है। इस देश में भाषा समस्या जिस तरह से जटिल रूप लेती जा रही है, वह भाषाविज्ञान की ही चिन्ता का विषय नहीं रह गई है, वह स्वयं साहित्यकारों, राजनेताओं और सांस्कृतिक कर्मियों के लिए भी उतनी ही ज्वलन्त समस्या है। इस बात को बहुत पहले से ताड़ते हुए डॉ. रामविलास शर्मा ने केवल राष्ट्रभाषा हिन्दी की समस्या पर ही नहीं, बल्कि भारत की जटिल पेचीदा भाषा समस्या पर भी वैज्ञानिक ढंग से विचार किया है।

इस गरीब हिन्दी में कुछ गहरे चिन्तक हैं, जो साहित्य के सम्बन्ध में बात करते समय निरन्तर भाषा-भाषा का जाप करते हैं। इनका खयाल है कि साहित्य के बारे में बात करते समय केवल समाज की ही चिन्ता नहीं करनी चाहिए, बल्कि साहित्य के माध्यम भाषा के औजार को अधिक सुधारने, सँवारने और उसे संस्कार देने के लिए भाषा की चिन्ता की जानी चाहिए। एक रचनाकार और सर्जक के नाते इन लोगों की चिन्ता समझ में आने लायक और सराहनीय है। लेकिन ब्रह्म के समान भाषा-भाषा का आठों याम, पुनरुक्ति से बिना डरे जाप करनेवाले इन लोगों ने स्वयं भाषा की प्रगति के लिए कोई विचार नहीं किया। यह विडम्बना ही है कि जो आदमी समाज की चिन्ता करनेवाला कहा जाता है, उसे भाषा की इतनी चिन्ता है और जो लोग भाषा का नाम लिया करते हैं, उनके लिए भाषा कोई निर्गुण और अमूर्त वस्तु है। वे समझते हैं कि प्रगतिशील चिन्तक, जो समाज की चिन्ता से अधिक ग्रस्त होते हैं, भाषा पर कम विचार करते हैं। जरा देखें, अकेले हिन्दी साहित्य में किस दूसरे साहित्यकार ने भाषा और हिन्दी भाषा के प्रति इतना विचार किया है जितना डॉ. शर्मा ने किया। दशक लगेंगे स्वयं इस ग्रन्थ के क्रान्तिकारी महत्त्व का आकलन करने में और तब पता चलेगा कि इसका मूल्य और महत्त्व हमारे राष्ट्रीय जीवन के लिए तो है ही, स्वयं साहित्यकारों के लिए भी है। इसलिए मैं कहता हूँ कि डॉ. रामविलास शर्मा व्यापक अर्थ में समालोचकों की उस परम्परा में हैं जिन्होंने भाषा पर भी काम किया है। जिन लोगों का यह खयाल है कि प्रगतिशील आलोचक केवल विचारों की आलोचना

करते हैं या साहित्य और समाज के सम्बन्धों पर ही विचार करते हैं, उन लोगों के लिए डॉ. शर्मा चुनौती की तरह खड़े हैं।

डॉ. रामविलास शर्मा का दूसरा और बड़ा कार्यक्षेत्र इतिहास है। इतिहास का भाषा और साहित्य, दोनों से ही गहरा सम्बन्ध है। भाषा और साहित्य, आसमान से टपकने वाली, अद्वैत ब्रह्म के समान विभूतियाँ नहीं हैं। वे निर्गुण, निराकार वस्तुएँ नहीं हैं बल्कि उनका जन्म किसी देश और किसी जाति के सम्पूर्ण सामाजिक जीवन से होता है। जरूरी नहीं कि साहित्य के क्षेत्र में काम करनेवाला प्रत्येक शोधकर्ता और विद्वान स्वयं राजनीतिक और सामाजिक इतिहास के बारे में शोध करे। किन्तु हम अक्सर द्वितीय और तृतीय श्रेणी के इतिहासकारों से मोटी-मोटी बातें लेकर काम चला रहे हैं। इसी आधार पर साहित्य की सामाजिक पृष्ठभूमि की चर्चा होती रही है। ऐसा करते हुए हम भूल जाते हैं कि सामाजिक पृष्ठभूमि की ऐसी गलत समझ साहित्य के बारे में हमारी समझ को भी दूर तक गुमराह करती है। साहित्य और समाज की सामान्य चर्चा सरल है, किन्तु जब भी आप एक विशिष्ट समाज की चर्चा करना चाहेंगे तो उसमें अनेक सामान्य सिद्धान्त अक्सर सहायक नहीं होते।

डॉ. रामविलास शर्मा ने देखा कि स्वयं मार्क्सवादी इतिहासकार भी मार्क्स द्वारा बताए हुए इतिहास के नियम और परिवर्तन की मान्यताओं को लेकर जिस प्रकार अग्रसर हो रहे हैं, उन सामान्य सिद्धान्तों और मान्यताओं से भारत के इतिहास की विशिष्टता का निरूपण ठीक-ठीक नहीं हो पा रहा है। डॉ. शर्मा ने मार्क्स और लेनिन की मूल स्थापनाओं से प्रेरणा ग्रहण करते हुए कहा है कि ऐतिहासिक भौतिकवाद अपने-आपमें मूल नियमों का एक मॉडल है। मार्क्स का पूँजीवाद किसी एक देश का पूँजीवाद न होकर एक मॉडल है। स्वयं इंग्लैंड का पूँजीवाद मार्क्स की कैपिटल के ढाँचे में नहीं आता। वह एक मॉडल या पैराडाइम है जिसकी सीमा में विचार करते हुए स्वयं मार्क्स ने कहा कि जिस कैपिटलिज्म पर मैं विचार कर रहा हूँ, वह कैपिटलिज्म कहीं नहीं है। कालिदास के युग का भारतीय सामन्तवाद, यूरोपीय सामन्तवाद से भिन्न है। यूरोप में भी स्वयं जर्मन सामन्तवाद फ्रांसीसी सामन्तवाद से भिन्न है। फ्रांसीसी सामन्तवाद ब्रिटिश सामन्तवाद से भिन्न है। इटैलियन सामन्तवाद इन सबसे भिन्न है।

भारत में पूँजीवाद का विकास एक ऐसी स्थिति है जिसके बारे में मार्क्स की सामान्य मान्यताएँ बहुत दूर तक नहीं जाती हैं। जब तक हम भारतीय समाज की विशिष्टता को नहीं समझेंगे, तब तक इसमें निर्मित साहित्य की व्याख्या भी नहीं कर सकते। यदि हमें वाल्मीकि, कालिदास, भवभूति, तुलसीदास, प्रेमचन्द, निराला के साहित्य की विशिष्टता को समझना है, तो जरूरी है कि हम समाज के उस विशिष्ट रूप को समझें, जिसमें इनका निर्माण हुआ था। इसीलिए डॉ. रामविलास शर्मा इस

भारतीय इतिहास, भारतीय संस्कृति और भारतीय समाज की अपनी ऐतिहासिक और जातीय विशिष्टता की खोज में प्रवृत्त हुए।

निश्चय ही दूसरे मार्क्सवादी इतिहासकार भी इस ओर प्रवृत्त हुए हैं। दामोदर धर्मानन्द कोसम्बी ने प्राचीन भारतीय इतिहास के बारे में काम किया है। इरफान हबीब और नूरुल हसन जैसे लोगों ने मुगलकाल और मध्ययुगीन भारत के बारे में काम किया। आधुनिक काल के इतिहास के बारे में महान विचारक रजनी पामदत्त ने 'इंडिया टुडे' जैसा ग्रन्थ प्रकाशित किया। इसके बाद की परम्परा में दूसरे इतिहासकारों में साहित्य क्षेत्र का कोई आदमी नहीं है। जहाँ तक मेरी जानकारी है, समूचे भारतीय इतिहास में ऐसा कोई साहित्य समालोचक नहीं है जो इन इतिहासकारों से संवाद की स्थिति में हो, जो इनकी खोज से प्राप्त तथ्यों को साहित्य की कसौटी पर जाँच सकता हो। किसी भी अन्य भारतीय भाषा में ऐसा कोई समालोचक मेरी नजर में नहीं आता।

यह हिन्दी के लिए गौरव की बात है कि हिन्दी के क्षेत्र में, अखिल भारतीय प्रगतिशील आन्दोलन में, एक साहित्यकार समालोचक ऐसा है जो भारतीय इतिहास और भारतीय समाज के विकास और परिवर्तनों के बारे में मौलिक चिन्तन कर रहा है। डॉ. रामविलास शर्मा का यह मौलिक चिन्तन किसी भी शोधकर्ता और मार्क्सवादी आधुनिक इतिहासकार के लिए चुनौती है। डॉ. रामविलास शर्मा का यह काम यदि अंग्रेजी में होता तो शायद उसका महत्त्व आँका जाता। क्योंकि मान्यता देनेवाले लोग आज भी अपनी भाषा में नहीं, उसी भाषा में लिखना-पढ़ना पसन्द करते हैं। डॉ. रामविलास शर्मा को यह भी श्रेय देना चाहिए और हिन्दी के ही लोगों ने उन्हें यह नहीं दिया।

डॉ. रामविलास शर्मा चाहें तो अंग्रेजी में लिख सकते हैं और अच्छी अंग्रेजी में लिख सकते हैं। वे अंग्रेजी के ही अध्यापक हैं। यदि वे यशलोलुप होते तो अपना सारा कृतित्व अंग्रेजी में ही लिखते। बहुत से मूल ग्रन्थ अंग्रेजी में ही उपलब्ध हैं। लेकिन उन्होंने अंग्रेजी के इन ग्रन्थों का हिन्दी में अनुवाद करना, उन पर हिन्दी में विचार करके हिन्दी में ही टिप्पणी करना, यह एक लम्बा, कष्टसाध्य रास्ता अपनाया। मानो उन्होंने हठ कर रखा हो कि मैं अपनी भाषा गें ही लिखूँगा। आज यह जनता निरक्षर है, इन ग्रन्थों का महत्त्व नहीं समझ रही है। कल जब जनता पढ़ेगी-लिखेगी, समाजवाद की ओर अग्रसर होगी, देश में समाजवाद कायम होगा, कदाचित् तब लोग समझेंगे कि हिन्दी का एक लेखक था, गरीब, हठी, दृढ़प्रतिज्ञ, जिसने अंग्रेजी का तिरस्कार करके अपना सारा का सारा बहुमूल्य साहित्य हिन्दी में लिखा। आज नहीं तो कल इसका महत्त्व समझा जाएगा। जो हिन्दी के त्रिपुंडधारी, टीकाधारी, धुरन्धर हिन्दी प्रेमी, हिन्दी-हिन्दुत्व की चर्चा करनेवाले लोग हैं, वे इस अकेले हिन्दी साधक के आगे नतमस्तक हो जाएँगे। इस लेखक की यह हिन्दी साधना, राहुल की परम्परा

में है। राहुल ने भी अपना सारा काम चाहे वह पालि सम्बन्धी हो या प्राकृत, अपभ्रंश या संस्कृत सम्बन्धी, अपने सारे ज्ञान को निचोड़कर हिन्दी को दिया था। निराला के शब्दों में कहें तो 'हिन्दी के हित का अभिमान वह, दान वह।' हिन्दी को जो यह दान इन मनीषियों ने दिया है, वह हिन्दी का अभिमान है।

डॉ. रामविलास शर्मा ने तीसरा बड़ा और महत्त्वपूर्ण काम किया, वह है समूचे भारतीय साहित्य की परम्परा और उसके इतिहास का लेखन। डॉ. शर्मा ने 'हिन्दी साहित्य का इतिहास' नाम का कोई ग्रन्थ नहीं लिखा। इस तरह के ग्रन्थ के लेखक हिन्दी में बहुत हैं। कहीं संक्षिप्त, कहीं सुबोध, कहीं आलोचनात्मक तो कहीं विवेचनात्मक। हिन्दी साहित्य का इतिहास लिखने वाले लोग गली-गली में पाए जाते हैं। इस विशाल परम्परा में डॉ. रामविलास शर्मा नहीं हैं। लेकिन उन्होंने क.मा. मुंशी हिन्दी विद्यापीठ से प्रकाशित होनेवाले अनियतकालीन जरनल में डेढ़-डेढ़ सौ पेज के, रॉयल साइज में, भारतीय साहित्य का इतिहास नाम से दो अध्याय लिखे हैं। इन अध्यायों में ईसा पूर्व चार-पाँच सौ वर्ष से, जब से तमिल का उद्भव हुआ और जब यहाँ उत्तर वैदिक-कालीन साहित्य का उदय हो रहा था, तब तक के भारतीय साहित्य के इतिहास का विवेचन उन्होंने किया है। मुझसे एक बातचीत के दौरान उन्होंने बताया था कि वे इन अध्यायों को लेकर भारतीय साहित्य का इतिहास लिखने वाले हैं। उस ग्रन्थ का नाम है : 'भारतीय साहित्य का इतिहास और तुलसीदास'। आप उनके अनेक ग्रन्थों में देखेंगे कि इस 'और' के साथ वे जो जोड़ते हैं, वह अधिक संकेतपूर्ण हुआ करता है। डॉ. रामविलास शर्मा द्वारा जो यह समूचे भारतीय इतिहास का पुनर्लेखन प्रस्तावित है, यह मद्यप के संकल्प के समान नहीं जो रात्रि में संकल्प करे और प्रातःकाल भूल जाए। यह एक सजग, सतर्क और सचेत व्यक्ति का संकल्प है, जो पूरा होता है।

'हिन्दी साहित्य का इतिहास' लिखने वाले पेशेवर लोगों के लिए हिन्दी साहित्य दसवीं शताब्दी के आसपास वीरगाथाकाल से शुरू होता है और आज तक, जहाँ तक उनकी जानकारी है, अकवितादि तक पहुँच जाते हैं। कुछ नामों की सूची उन्हें मिल जाती है। वे भूल जाते हैं कि इस महादेश में यह बेमिसाल हिन्दी भाषा-भाषी जाति दसवीं शताब्दी में ही अस्तित्व में नहीं आई। दसवीं शताब्दी में ही इसे ईश्वर ने बनाकर अवतरित नहीं किया कि चलो, अब तुम हिन्दी साहित्य लिखो। इसके पहले भी यहाँ समाज था, जाति थी, जहाँ वाल्मीकि ने रामायण लिखी, जहाँ नैमिषारण्य में सूत और शौनक ने वेद कथाएँ कहीं, जहाँ व्यास ने महाभारत लिखी। यह वही प्रदेश है, समूचे मध्य प्रदेश को भी इसके साथ लें, जहाँ कालिदास नाम का कवि था। इसी प्रदेश में आगे चलकर तुलसी, कबीर, जायसी, भारतेन्दु आदि कवि हुए। हिन्दी संस्कृत से अलग नहीं है। संस्कृत, प्राकृत, अपभ्रंश की परम्परा हिन्दी की परम्परा है, हिन्दीभाषी जाति की अपनी विरासत है। आचार्य महावीरप्रसाद द्विवेदी, आचार्य रामचन्द्र शुक्ल और आचार्य हजारीप्रसाद द्विवेदी की परम्परा के इस दृष्टिकोण को

ध्यान में रखते हुए बहुत पहले डॉ. रामविलास शर्मा ने 'आदिकाव्य' नाम से वाल्मीकि के रामायण पर लिखा। साहित्य के शाश्वत और स्थायी मूल्यों की समस्या को लेकर कालिदास पर लिखा। नाटककार भवभूति पर उन्होंने एक लम्बा लेख लिखा और उसके बाद 'आचार्य रामचन्द्र शुक्ल और हिन्दी आलोचना' नाम की पुस्तक में आचार्य शुक्ल के इतिहास के बहाने समूचे हिन्दी साहित्य के इतिहास पर टिप्पणी करते हुए उसका पुनर्निर्माण किया। इसके बाद आधुनिक काल में भारतेन्दु हरिश्चन्द्र, महावीरप्रसाद द्विवेदी, प्रेमचन्द, निराला और नई कविता तथा अस्तित्ववाद के बहाने मुक्तिबोध पर चर्चा करते हुए लगभग समूचे हिन्दी साहित्य के इतिहास का विस्तृत विवरण उन्होंने प्रस्तुत किया है। यह है भाषा और साहित्य का इतिहासकार, जिसने इस प्रसंग में हिन्दी साहित्य को एक ओर संस्कृत से जोड़ा है, प्राकृत, अपभ्रंश से जोड़ा है और दूसरी ओर 'भारतीय साहित्य का इतिहास' लेख में तमिल, मराठी, कन्नड़, मलयालम, बंगला, गुजराती के साहित्य के साथ हिन्दी के अन्तरावलम्बन पर विचार किया है। भारतीय साहित्य के इस विशाल परिप्रेक्ष्य में हिन्दी के साहित्य को देखना अपने-आपमें एक महान विचारक होने की ओर संकेत करता है।

इतिहास लेखन के परिप्रेक्ष्य में, आप क्या देखते हैं, यह तो महत्त्वपूर्ण है ही, यह और भी महत्त्वपूर्ण है कि आप कहाँ से देखते हैं। कदाचित् स्टालिन ने लेनिन के बारे में यह कहा था कि वे माउंटेन ईगल के समान जिस ऊँचाई से और जितनी दूर तक देख सकते थे, जमीन पर रेंगने वाले लोग उतनी दूर तक नहीं देख सकते। जो व्यक्ति उस विशाल गरुड़ के समान ऊँचाई से, व्यापक परिप्रेक्ष्य में किसी साहित्य की या किसी समाज की समस्या को देखता है, वह इतिहास विधाता होता है। डॉ. रामविलास शर्मा की इस गरुड़धर्मा दृष्टि के सम्मुख बहुत से आलोचक तीर-तुक्का चलाने वाले बौने दिखाई देते हैं।

बहुत से लोगों को यह शिकायत हो सकती है कि डॉ. रामविलास शर्मा, जो भारी आलोचक हैं, प्रगतिशील आलोचक हैं, उन्होंने मार्क्सवादी सौन्दर्यशास्त्र और मार्क्सवादी आलोचना के मानदंड नाम से कोई ग्रन्थ नहीं लिखा। मानो यह बड़ा भारी अनर्थ हो गया! अब मार्क्स ने 'दास कैपिटल' नाम की किताब लिखी, 'थियरी ऑफ सरप्लस वैल्यू' वगैरह लिखी लेकिन उन्होंने 'मार्क्सवादी' नाम की कोई किताब नहीं लिखी, द्वन्द्वात्मक भौतिकवाद पर कोई किताब नहीं लिखी। अतः डॉ. रामविलास शर्मा का यह अपराध स्वयं मार्क्स की ही परम्परा है।

मित्रो, यह अभाव वस्तुतः अभाव नहीं बल्कि सही दिशा है। डॉ. रामविलास शर्मा ने 'परम्परा का मूल्यांकन' में ऐतिहासिक भौतिकवाद की व्याख्या करते हुए कहा है कि ऐतिहासिक भौतिकवाद अमूर्त सिद्धान्तों का पिटारा नहीं है बल्कि इतिहास का मूर्त ज्ञान ही ऐतिहासिक भौतिकवाद है। इसी तरह मार्क्सवादी आलोचना या प्रगतिशील आलोचना किन्हीं अमूर्त सिद्धान्तों और अमूर्त मान्यताओं का संचयन नहीं है बल्कि साहित्य की

परम्परा का मूर्त ज्ञान ही वह मानदंड है, सिद्धान्त है। 'निराला की साहित्य-साधना' के प्रथम और द्वितीय भाग—दोनों में डॉ. रामविलास शर्मा ने एक कवि की व्यावहारिक आलोचना के माध्यम से जो मूल सिद्धान्त स्थापित किए हैं, वे मार्क्सवादी आलोचना के मानदंडों और मार्क्सवादी सौन्दर्यशास्त्र का सर्वोत्तम निरूपण भी हैं।

हिन्दी की प्रगतिशील आलोचना का सबसे दुर्बल पक्ष वह है जहाँ 'चाहिएवादी' शैली में आलोचना की जाती है। कवियों को जनता के लिए लिखना चाहिए। कवियों को जनता के पास जाना चाहिए। इस 'चाहिए शैली' में लोग सर्वहारा साहित्य का निर्माण कर रहे हैं। उसी के आधार पर 'जनवादी' साहित्य का आदर्श रखा जा रहा है। कुछ लोग इस आधार पर 'प्रगतिशील' साहित्य का आदर्श भी रख रहे हैं। यह बड़ा सरल काम है। कोई भी आदमी बैठे-बैठे 'चाहिएवादी' शैली में मार्क्स, एंगेल्स, लेनिन आदि के उद्धरण देते हुए मार्क्सवादी सौन्दर्यशास्त्र पर ग्रन्थ लिख सकता है। मार्क्सवादी आलोचना के मानदंड भी लिख सकता है। डॉ. रामविलास शर्मा पहले कभी-कभी ऐसा काम कर लिया करते थे। तब वे प्रगतिशील लेखक संघ के महासचिव थे। महासचिव की अपनी मजबूरियाँ होती हैं। मजबूरी के अधीन 'चाहिए शैली' में कभी-कभी उसको बोलना ही पड़ता है। कुछ दिनों तक उन्होंने ऐसा किया लेकिन भला हो कि ज्यादा दिनों तक वे महासचिव नहीं रहे। 'चाहिए शैली' उन्होंने छोड़ दी और व्यावहारिक आलोचनाओं के द्वारा उन्होंने दिखाया कि मार्क्सवादी आलोचना दरअसल व्यवहार में निहित होती है, सूत्रों में नहीं। जीवन में आचार सम्मिलित विचार ही सर्जनात्मक होते हैं।

हिन्दी का सौभाग्य है कि उसमें प्रगतिशील व्यावहारिक आलोचना की सुदृढ़ परम्परा है। तथाकथित नई कवितावादी, प्रयोगवादी और दूसरे लोगों के सामने प्रगतिशील आलोचना गौरव के साथ खड़ी हो सकती है तो इसलिए कि उन तमाम लोगों ने अपने अमूर्त निर्गुण सिद्धान्तों का जाप चाहे जितना किया हो, हिन्दी साहित्य के समूचे काल की बात तो दूर, आधुनिक काल के भी साहित्य की कोई व्यावहारिक आलोचना नहीं की। आलोचना इतिहास बदला करती है। अंग्रेजी में एफ.आर. लीविस ने किसी सिद्धान्त का निरूपण नहीं किया लेकिन ग्रेट ट्रेडिशंस, रिवोल्यूशन और न्यू वैल्यूज—इन तीन किताबों के द्वारा अंग्रेजी साहित्य के इतिहास को देखने की नई दृष्टि दी और पूरी परम्परा को बदल डाला। ठीक इसी तरह मार्क्सवादी आलोचना के सैकड़ों लेख जो काम नहीं कर सकते थे, अकेले डॉ. रामविलास शर्मा ने कर दिखाया।

डॉ. रामविलास शर्मा के सारे कार्य एक साधक के कार्य हैं। साधना और पूजा में अन्तर हुआ करता है। निराला की 'राम की शक्ति-पूजा' के सिलसिले में उन्होंने कहा है कि जैसे राम ने चलते हुए रण को रोककर शक्ति की आराधना की, उसी प्रकार कभी-कभी साहित्यकार को भी चलते हुए संघर्षों से अलग होकर साधना की आवश्यकता पड़ती है। विरत होकर बहुत से लोग संन्यास ले लेते हैं। डॉ. रामविलास

शर्मा यदि प्रगतिशील आन्दोलन से विरत हुए तो साधना में रत हुए और जैसे ही वह साधना पूर्ण हुई तो जैसे वे स्वयं रणभूमि के एक भाग रूप में उसके बीच हैं। उनकी साधना का महत्त्वपूर्ण भाग है उनका संघर्ष और उनका साहित्य। साहित्य क्षेत्र में संघर्ष आम तौर से विचारों पर केन्द्रित हुआ करता है। डॉ. रामविलास शर्मा न केवल विवादास्पद आलोचक रहे हैं बल्कि विवादजनक आलोचक भी रहे हैं। साहित्य में अनेक विवादों को उन्होंने जन्म दिया है। 'जैहों उतरि जब रथ चढ़ि आवा, निज भुजबल मैं रार बढ़ावा' को सार्थक करते हुए अपने भुजबल पर उन्होंने रार बढ़ाई। और जब उधर जवाब आया तो, उन्होंने 'रथ चढ़ि आवा' को 'जैहों उतरि' से उत्तर दिया। यह जो सारा का सारा संघर्ष है, वह हिन्दी साहित्य का विकास है।

जिस तरह समाज का विकास वर्ग-संघर्ष से होता है उसी तरह साहित्य का विकास वैचारिक संघर्ष से होता है। इस देश में दो हजार वर्षों तक अलंकारशास्त्र को लेकर एक लम्बा विवाद चला और कोई आदमी किसी से झुका नहीं, किसी बात का समझौता नहीं किया। अभिनवगुप्त, मम्मट, दंडी, भामह, आनन्दवर्धन से भरत के नाट्यशास्त्र की यह परम्परा पंडितराज जगन्नाथ तक चलती हुई आती है। भारतीय साहित्यशास्त्र का पूरा का पूरा इतिहास वैचारिक संघर्ष का इतिहास है। अलंकारशास्त्र मात्र बाल की खाल निकालने वाला ही शास्त्र नहीं है, बल्कि वह शास्त्र है जिस पर भारत को गर्व है। डॉ. रामविलास शर्मा ने इन संघर्षों के इतिहास के द्वारा हिन्दी आलोचना की अनेक समस्याओं पर विचार करने की ऐतिहासिक भूमिका निभाई है।

आचार्य महावीरप्रसाद द्विवेदी, पंडित रामचन्द्र शुक्ल और हजारीप्रसाद द्विवेदी की ही परम्परा में डॉ. रामविलास शर्मा ने जो वैचारिक संघर्ष किया है, वह निराशा और पलायन के साहित्य के विरुद्ध है। यह संघर्ष रीतिवाद, रीतिकाल, रहस्यवाद, प्राचीन रूढ़ितंत्र के विरुद्ध संघर्ष है। वह साहित्य, जो शुद्ध सौन्दर्यवाद पर बल देता है, जो समाज-विमुख व्यक्तिवाद पर बल देता है, जो बाहरी जीवन को छोड़कर अन्तर्मुखी होना चाहता है, साहित्य में यह शुद्ध सौन्दर्य, कला, रूप का उपासक, व्यक्तिवादी, अस्तित्ववादी, रूढ़िवादी घातक परम्परा साहित्य के विकास में आड़े आती है। डॉ. रामविलास शर्मा ने साहित्य की इन गतिरोधक शक्तियों के खिलाफ अनवरत संघर्ष किया। उन्होंने लिखा कि हिन्दी साहित्य का विकास संघर्षों के माध्यम से हुआ है।

जब संघर्ष होता है और आदमी लाठी चलाता है तो कभी-कभी वह अपनों पर भी पड़ जाती है। शत्रुओं पर प्रहार करते समय कभी-कभी एकाध हाथ मित्रों पर भी पड़ जाया करता है। कभी-कभी शत्रु-मित्र का भेद भी मिटने लगता है। स्वयं डॉ. रामविलास शर्मा ने स्वीकार किया है कि एक युग था, जब इस संघर्ष में उग्रता थी और अंशतः व्यक्तिवादिता भी थी। बड़ा समीक्षक वह है जो आत्मसमीक्षक भी होता है। डॉ. शर्मा अपनी आत्मसमीक्षा के द्वारा अपनी सीमाओं को स्वीकार कर सके,

यह इस बात का सूचक है कि वे जड़ नहीं हुए, रुके नहीं, गतिरुद्ध नहीं हुए, बल्कि निरन्तर विकास करते रहे हैं। इस विकास में उन्होंने अपनी सीमाओं का परिष्कार भी किया।

हम लोग मुक्तिबोध के आत्मसंघर्ष की बड़ी बात करते हैं। आजकल इस शब्द से बेहद सतर्क रहने की आवश्यकता है। यह शब्द भी अब क्रमशः जड़, फूहड़ और सिनिसिज्म होता जा रहा है। जो आदमी बड़ा बनना चाहता है, वह कहता है—यह मेरा आत्म-संघर्ष है। यह आत्मसंघर्ष करनेवाले भूल जाते हैं कि बाहर से भी संघर्ष करना पड़ता है वरना अपना ही सीना फाड़कर रह जाओगे। इस आत्मसंघर्ष में आत्मसमीक्षा जरूरी है। आत्मसमीक्षा में ही आत्मसंघर्ष है। यदि आत्मसंघर्ष में आत्मसमीक्षा नहीं है तो वह मार्क्सवाद नहीं है। मार्क्सवाद के अधिकांश ग्रन्थों में अधिकांश क्रिटिक लिखे गए। दूसरों की आलोचना करने के साथ-साथ अपनी आलोचना भी करते चलना मार्क्सवादी आत्मसंघर्ष है। यह आत्मसंघर्ष मुक्तिबोध में दिखाई पड़ता है। एक रचनाकार विचारक के रूप में यही संघर्ष डॉ. रामविलास शर्मा में भी दिखाई पड़ता है।

जो रामविलास शर्मा 1955-56 तक साहित्य को आर्थिक समस्याओं का प्रतिबिम्बन मानते थे, वे ही बाद में साहित्य की सापेक्ष स्वतंत्रता की बात करने लगे। जो आदमी आरम्भिक दिनों में साहित्य को विचारधारा का अभिन्न अंग मानता था (और कभी-कभी तो विचारधारा मात्र मानता था), वही आदमी आगे चलकर अपने दमखम के साथ कह सका कि साहित्य का विचार केवल विचारधारा नहीं है। डॉ. रामविलास शर्मा ने निर्मम आत्मसमीक्षा के क्रम में स्वयं अपनी मान्यताओं के विरोध के साथ ही साथ पूरी हिम्मत और ताकत से स्वयं मार्क्स और मार्क्सवाद की कई मान्यताओं को चुनौती दी। आगे चलकर 'आर्ट अगेंस्ट आइडियोलॉजी' लिखने वाले बहुत लोग हुए (यह किताब 1968-69 में लिखी गई) लेकिन 1955 में डॉ. रामविलास शर्मा ने कहा कि कला और साहित्य को विचारधारा के रूपों में गिनना सही है। यह हिम्मत की बात थी। यह मान्यता विवादास्पद हो सकती है। लेकिन मार्क्सवादी डॉ. रामविलास शर्मा मार्क्सवाद की सारी मान्यताओं को अपनाते हुए मार्क्स और लेनिन को बाइबल नहीं मानते बल्कि उन्हें चुनौती भी दे सकते हैं।

केवल साहित्य और कला सम्बन्धी मान्यताएँ ही नहीं, डॉ. रामविलास शर्मा ने जरूरत पड़ने पर कम्यूनिस्ट पार्टियों की भी (चाहे वह भा.क.पा. हो या मा.क.पा.) आलोचना की है। उन्होंने इस बात की परवाह नहीं की कि लोग इसे कुफ्र समझेंगे। साहित्यकार के सचेत गौरव के साथ यह वही थे, जो लिख सके कि साहित्य पर बात करते समय कम्यूनिस्ट पार्टी के नेताओं को अपनी हैसियत समझकर बात करनी चाहिए। यह वही साहित्यकार लिख सकता है जो साहित्य की अपनी महान गौरवशाली परम्परा के स्वरूप को पहचानता है। तुलसीदास न शंकराचार्य के गुलाम थे, न

रामानुज और न रामानन्द के। निराला विवेकानन्द पर श्रद्धा रखते थे लेकिन उनके अनुचर नहीं थे। प्रेमचन्द के इस कथन को आजकल बहुत पीटा जाता है कि साहित्यकार राजनीति के आगे चलने वाली मशाल होता है। यही बातें कहने वाले लोग अक्सर राजनीतिक नेताओं के पीछे ही नहीं, राजनीतिक कार्यकर्ताओं के झोले ढोते हुए दिखाई देते हैं। इसके विपरीत डॉ. रामविलास शर्मा में 'करेज ऑफ कनविक्शन' है, उन्होंने अपनी आलोचनाओं को कायम रखा। जो लोग विचार-स्वातन्त्र्य का नारा लगाते हैं, उन्हें देवी के चरणचिह्नों पर झुकते देखा जा सकता है और जिसे स्वतंत्रता का विरोधी कहा जाता है, वह अपनी उस कम्यूनिस्ट पार्टी की खुलकर आलोचना करने की हिम्मत रखता है, जिसे उसने अपनी जवानी के सबसे महत्त्वपूर्ण क्षण दे डाले। कम्यूनिस्ट पार्टी को छोड़कर कोई दूसरी पार्टी नहीं अपनाई। वह आदमी अपनी ही पार्टी के नेताओं को चुनौती दे सकता है और बराबरी से बात कर सकता है। यह आत्मसम्मान है। यह आत्मसम्मान डॉ. रामविलास शर्मा में साधना और आत्मसंघर्ष से आया है। यह आत्मसम्मान अपनी जनता से उपजा है।

जनता का नाम लेनेवाले कई लोगों में जनता का कोई आचार-व्यवहार शायद ही दिखाई पड़े। डॉ. रामविलास शर्मा अनेक किसान संगठनों के नेताओं से कहीं अधिक किसान हैं, अनेक मजदूर संगठनों में काम करनेवालों से कहीं अधिक मजदूर हैं। वे जनता के दुःख-दर्द को उन सबसे कहीं अधिक समझते हैं इसलिए उनका मार्क्सवाद और मार्क्सवादी चिन्तन अमूर्त विचार नहीं है। यह भाव-सम्पदा है। यह भाव-सम्पदा इन्द्रिय-बोध और सौन्दर्य-बोध से पैदा हुई है। डॉ. रामविलास शर्मा के समूचे व्यक्तित्व से पैदा हुई है।

साहित्य के बारे में बात करते हुए मुक्तिबोध व्यक्तित्वांतरण की बात किया करते थे। जिस आदर्श का उदाहरण मुक्तिबोध ने रखा, उस व्यक्तित्वांतरण का मूर्तमान रूप डॉ. रामविलास शर्मा ने हमारे समक्ष रख दिया है। ऐसे महान विचारक आलोचक साथी डॉ. रामविलास शर्मा के महत्त्व के सम्मान का यह आयोजन कोई पूजा नहीं बल्कि एक जीते-जागते, भरे-पूरे, तमाम कमजोरियों से युक्त, एक सजीव मनुष्य का सम्मान है, अभिनन्दन है और इसीलिए प्रेरणाप्रद भी है।

*[मध्य प्रदेश प्रगतिशील लेखक संघ द्वारा 14-15 मई, 1983 को भोपाल में आयोजित 'महत्त्व : डॉ. रामविलास शर्मा' कार्यक्रम के उद्घाटन सत्र में डॉ. नामवर सिंह द्वारा दिये गए व्याख्यान के सम्पादित अंश। मध्य प्रदेश प्रगतिशील लेखक संघ के तत्कालीन मुखपत्र 'इसलिए' में मार्च, 1984 में पहली बार प्रकाशित। 'वसुधा' के रामविलास शर्मा पर केन्द्रित अंक-51, जुलाई-सितम्बर, 2001 एवं उसके पुस्तक संस्करण 'हिन्दी के प्रहरी', सं. विश्वनाथ त्रिपाठी, अरुण प्रकाश, वाणी प्रकाशन, नई दिल्ली, प्र.सं. 2001 में पुनः प्रकाशित]*

# परम्परा और मूल्यांकन का मार्क्सवादी पक्ष

सबसे पहला सवाल यह है कि परम्परा के मूल्यांकन का प्रश्न कब उठता है और सामान्यतः किन स्थितियों में उठा है? जब तक कुछ मान्यताएँ, कुछ धारणाएँ या कुछ मूल्य रिवाज के रूप में समाज में अविच्छिन्न रूप से चलते रहते हैं और वे एक जीवन्त समाज में अपने आचरित रूप में मौजूद होते हैं, तब तक कोई कठिनाई नहीं उपस्थित होती। तब तक वह अतीत नहीं बनता है, इतिहास नहीं बनता है। हर आदमी सदियों से चली आई बातों को मानता है, विश्वास करता है और उसके अनुसार आचरण करता है। जिस दिन वह विच्छिन्न होती है, रोक लगती है, वह टूट जाती है और सहसा जीवन में इस प्रकार के परिवर्तन आते हैं कि हम उन बातों को किसी समय की कही हुई, कुछ लोगों के द्वारा मानी हुई बातों के रूप में देखने और जानने लगते हैं, कदाचित् तब वह ठीक-ठीक इतिहास, अतीत या कभी-कभी परम्परा के रूप में गृहीत होती है।

इतिहास के कुछ पन्नों की ओर मेरा इशारा है। हमारे देश में लगभग उन्नीसवीं सदी के आसपास, जिसे हम लोग मोटे तौर पर कभी-कभी पुनर्जागरण कहते हैं, उस नवजागरण में जिस ढंग से हमारे यहाँ के पढ़े-लिखे बुद्धिजीवी अपने अतीत के पुनराविष्कार या संग्रह की ओर प्रवृत्त हुए, उसे देखकर अन्दाजा लगाया जा सकता है कि कोई नई बात घटित हुई है, जो कदाचित् सत्रहवीं सदी में नहीं थी, अठारहवीं सदी में नहीं थी, अंशतः सोलहवीं शताब्दी में भी न रही होगी। यह कहने की आवश्यकता नहीं कि सदियों से अविच्छिन्न रूप से हमारे यहाँ परम्परा जिस प्रवाह के रूप में चली आ रही थी, पहली बार पश्चिम के आधार के कारण और साम्राज्यवादी शक्तियों के कारण उस पर प्रहार हुआ और यहीं के रहने वाले और नई शिक्षा प्राप्त करनेवाले लोग स्वयं अपनी ही परम्परा से कट गए और उनको उसे नये सिरे से ढूँढ़ने की जरूरत पड़ी। इसीलिए हम उसे पुनर्जागरण या नवजागरण के रूप में जानते हैं। तब यह आकस्मिक नहीं है कि पुरातत्त्व विभाग की ओर से पुराने खँडहरों को ढूँढ़ना, ढूँढ़कर निकालना, पुरानी मूर्तियों को संग्रहालय में रखने की प्रवृत्ति बढ़ी। सहसा हम देखेंगे कि पुरानी पुस्तकों की खोज हो रही है, पुरानी पांडुलिपियाँ ढूँढ़ी जा रही हैं। जो साहित्य मौखिक परम्परा से सामान्य जनजीवन में जीवित था, वही तुलसी फिर पांडुलिपि के रूप में खोजे जाने लगे, सुरक्षित किए जाने लगे और फिर उन्हें सुसम्पादित

करने की जरूरत पड़ी। इसलिए उन्नीसवीं शताब्दी में ग्रन्थागारों का निर्माण या संग्रहालयों का निर्माण बढ़ा। पहले तमाम चीजों को खोजना, खोजकर संगृहीत करना, संगृहीत करके उसमें चयन करना और चुन करके फिर उसकी व्याख्या और टीका करके नये सिरे से उपस्थित करने का प्रयत्न होने लगा। ये सारे प्रयत्न इस बात के सूचक हैं कि अतीत की सारी-की-सारी चीजें ज्यों-की-त्यों हमारे सामान्य जीवन में, दैनन्दिन जीवन में जीवित नहीं रह गई थीं, वे आचरित रूप में नहीं रह गई थीं, रिवाज के रूप में नहीं रह गई थीं, बल्कि एक पूरी पीढ़ी ऐसी आ गई थी जो उनसे अपने को अलग समझने लगी थी, दूर समझने लगी थी। उस समय, शायद इस 'परम्परा' शब्द का प्रचलन बढ़ा होगा। हिन्दी में कोई ऐतिहासिक शब्दकोश मेरी जानकारी में नहीं बना है। लेकिन सचमुच ही ऐसा ऐतिहासिक शब्दकोश यदि कोई बनेगा तो इन शब्दों के प्रचलन का इतिहास ज्ञात होगा। इस समय मैं ठीक-ठीक नहीं कह सकता कि हिन्दी में 'परम्परा' शब्द का प्रचलन कब हुआ। उसका क्या इतिहास है, मैं नहीं जानता। लेकिन सामान्यतः मोटे तौर पर कहा जा सकता है कि लगभग उन्नीसवीं सदी के उत्तरार्द्ध में किसी समय इस शब्द का बड़े पैमाने पर हिन्दी में उस अर्थ में प्रचलन हुआ होगा, जिस अर्थ में आज हम इस शब्द को समझते हैं।

पुनर्जागरण के काल में उसी के दौरान एक और शब्द चला और वह था—रूढ़ि। रूढ़ि और परम्परा—इन दोनों शब्दों का प्रचलन हम साथ-साथ देखेंगे। मैं नहीं जानता कि किसी जमाने में रूढ़ि अच्छा अर्थ देनेवाला भी शब्द रहा होगा, लेकिन इस पुनर्जागरण काल में आकर लगा कि रूढ़ि ऐसी चीज है, जो जड़ है और त्याज्य है, इसके विपरीत परम्परा नाम की चीज ऐसी है, जो ग्रहण करने योग्य है, ग्राह्य है, वांछनीय है और जो रूढ़ि के विपरीत जीवन्त है, जो जड़ नहीं हो गई है। तब हमने अलग-अलग शब्दों से अन्तर करना शुरू किया। जब संग्रह और त्याग का प्रश्न उठा। समूचा इतिहास, जिससे सम्बन्ध टूट गया था; उस इतिहास में चयन का सवाल उठा। अर्थात् सारा का सारा इतिहास परम्परा नहीं है, बल्कि उसमें कुछ है जो ग्रहण करने योग्य है, और कुछ है जो छोड़ देने योग्य है। यह चयन की वृत्ति जब से शुरू हुई, इस चयन के साथ ही इतिहास ने एक नया अर्थ ग्रहण किया और इस नये अर्थ ग्रहण के साथ परम्परा केवल रिवाज नहीं रह गई, क्योंकि स्वयं इतिहास जब मौजूद ही नहीं है, तब वह रिवाज कहाँ रहा? इसलिए अतीत में से चुनते समय कई तरह की पद्धतियाँ अपनाई गईं, कई तरह की दृष्टियाँ अपनाई गईं, जिनमें एक थी कि अतीत में से कुछ कालों को चुन लो, कुछ ग्रंथों को चुनो, कुछ व्यक्तियों को चुनो—व्यक्तियों में से भी, या किसी कवि-विशेष में से भी सब कुछ नहीं बल्कि कुछ चुनो, सारा ग्रन्थ नहीं बल्कि ग्रन्थ का एक अंश चुनो जो ग्राह्य हो और इस तरह जैसे तमाम बूटियाँ इकट्ठा करके, उनको खरल में कूट-पीस करके और सारे तत्त्व निकालकर आप कभी भस्म के रूप में या रस के रूप में बनाएँ; सारा इतिहास कपड़-छान करके उनमें से

सार तत्त्व के रूप में निकाला गया। एक तो यह तरीका था, अर्थात् इतिहास का काल का निचोड़, और जो सर्वोत्तम सार-तत्त्व हो सकता है, वह परम्परा है। और इसमें कुछ कंकड़-पत्थर या गुठली बच जाए तो उसे फेंक दीजिए। इसीलिए इसमें इतिहास के प्रति एक प्रकार का सार-तत्त्ववादी दृष्टिकोण अपनाया गया और हम लोग देखेंगे कि उन्नीसवीं सदी में ऐसे बहुत सारे रसायनी लोग या तांत्रिक विचारक पैदा हुए जो परम्परा को निचोड़कर उसमें से कुछ तत्त्व, कुछ बूँदें टपका लिया करते थे। उसमें से कुछ को केवल अध्यात्म नाम की बूँद मिली कि सारी भारतीय परम्परा का निचोड़ क्या है, बोले—अध्यात्म। ऐसे ही कुछ लोगों ने तत्त्व निकाला और उस तत्त्व की बूँदों को अलग-अलग बोतलों में बन्द रखकर नाम दिया और कहा कि यह परम्परा है। और इसके अलावा बाकी चीजें कुछ नहीं, कुछ भौतिकवादी बातें करनेवाले दिखाई पड़े, बोले—यह रूढ़ि होगी, गुठली है, छोड़ दिया। लेकिन कुछ और भी लोग थे, जिन्होंने चयनधर्मी दृष्टि अपनाते हुए अतीत का कोई एक लोक, कोई काल, कोई कवि चुन लिया, जिसको उन्होंने स्वर्ण-युग नाम दिया। और उस काल में स्वर्ण-युग की बड़ी चर्चा थी। कोई वेदों में गया और वेदों में ही पालथी मारकर बैठ गया, फिर उससे आगे बढ़ा ही नहीं। कोई उपनिषदों में आया और कहा कि बस, उपनिषद् ही है। इतिहास के लोगों में तथाकथित 'गुप्ता-काल, गुप्ता-काल' बहुत चला था, कुछ लोग उस गुप्ता-काल में बैठे और स्वर्ण-युग लेकर उस अतीत के गौरव के नाम पर कि यह परम्परा है; अर्थात् पूरे इतिहास में से किसी एक काल को, एक प्रवृत्ति को चुन लेना—यह दूसरी चयन की दृष्टि थी और इस तरह अतीत में से या तो हम चयन करते रहे या उसका सार-तत्त्व निकालते रहे और गुठलियों को अलग करके हमने परम्परा को किसी रूप से जीवित रखने की कोशिश नहीं की।

यह जो पूरा का पूरा नवजागरण का या पुनर्जागरण का प्रयत्न है, इस पृष्ठभूमि में हम दो चिन्ताएँ विशेष रूप से देखते हैं, जो कमोबेश परम्परा के मूल्यांकन के साथ आज भी जुड़ी हुई हैं। एक तो यह है कि पहली बार यह अनुभव हुआ कि परम्परा को अर्जित करना पड़ता है। इसके पहले था कि परम्परा स्वतः विरासत में मिलनेवाली चीज है। जब परम्परा रिवाज के रूप में थी तो अपने आप मिलती थी। बाबा ने हमारे बाप को दिया और हमारे बाप ने हमें दिया, मानो ये मौरूसी जायदाद के रूप में थी, जो वंशानुक्रम से मिलती चली आ रही थी और सहज रूप से उसे हम प्राप्त समझा करते थे। उन्नीसवीं सदी में जब हमारी इस परम्परा पर पश्चिम की एक साम्राज्यवादी संस्कृति, सभ्यता और एक शक्ति के द्वारा आघात हुआ और हमारी ही परम्परा या इतिहास से जब हमारा सम्बन्ध टूटा, तब अनुभव हुआ कि नहीं, यह मौरूसी जायदाद—अपने-आप नहीं मिला करती है। उस समय लोगों ने देखा कि उस मौरूसी जायदाद के लिए भी मुकदमा लड़ना पड़ता है, कभी-कभी कचहरी में नहीं जाना होता है, बल्कि लाठी-डंडा से भी लड़ना पड़ता है; अर्थात् परम्परा स्वतः प्राप्त होनेवाली चीज

नहीं है, बल्कि परम्परा को अर्जित करना पड़ता है। यह एहसास आधुनिक युग में जब पहली बार हुआ तो यह भी तय हुआ कि अतीत की जरूरी चीजें यदि हम अपने हित, अपनी दृष्टि के अनुरूप खींच नहीं लेंगे, उसका अधिग्रहण नहीं कर लेंगे तो सम्भव है कि वे हमेशा-हमेशा के लिए लुप्त हो जाएँ। क्योंकि ऐसी शक्तियाँ मौजूद हैं जो उसको हमेशा-हमेशा के लिए हमसे छीन लें। इसीलिए एक बात तो यह हुई कि परम्परा सहज रूप में अपने-आप प्राप्त नहीं होती, बल्कि इसे अर्जित करना पड़ता है, प्रयत्न करना पड़ता है। प्रयत्न करने का अर्थ है कि इसके लिए संघर्ष करना पड़ता है और इस संघर्ष के पीछे एक बहुत बड़ी चिन्ता होती है कि उसमें से जो भी मूल्यवान है, यदि नहीं पा लेंगे तो ऐसी शक्तियाँ मौजूद हैं, हमारे यहाँ से बाहर भी जो उसे हमसे छीन लेंगी और इस कदर छीन लेंगी कि हम फिर उसे प्राप्त नहीं कर सकेंगे।

इतिहास के संघर्ष के दौरान हम भारतीयों ने, हमारे बुद्धिजीवियों ने एक और बात का अनुभव किया और यह वही थी जो एक मार्क्सवादी विचारक ने बड़ी संकट की घड़ी में अनुभव की थी और कहा था कि दुश्मनों के हाथों अब मृत भी सुरक्षित नहीं हैं और न ही रहेंगे। यह कथन जर्मन मार्क्सवादी विचारक वॉल्टर बेंजामिन का है और यह बात उन्होंने अपनी 'थीसिस ऑन द फिलॉसफी ऑफ हिस्ट्री', जो करीब सन् '38-39 के आसपास के नोट्स थे, उसमें कही थी। जब हिटलर जर्मनी में प्रभुत्वशाली हो गया था, नात्सी शक्तियाँ इतनी प्रबल हो गई थीं कि विश्वयुद्ध का संकट पैदा हो गया था। समूची जर्मन संस्कृति, सभ्यता और कला के लिए यह खतरा पैदा हो गया था। सारे अतीत के साहित्यकारों की इस तरह व्याख्या की जा रही थी कि जो नात्सी दर्शन में फिट बैठते हों। उस समय वॉल्टर बेंजामिन ने कहा था कि अब दुश्मनों के हाथों, जो मृत लोग हैं, वे भी सुरक्षित नहीं हैं और इसीलिए हमें केवल जीवित लोगों के लिए ही नहीं लड़ना है, बल्कि उनके लिए भी लड़ना है जो मर चुके हैं, अतीत के अंग बन चुके हैं, इतिहास के अंग हो चुके हैं। उनकी रक्षा का दायित्व भी हमारे ऊपर आ पड़ा है। कदाचित् मुझे ऐसा लगता है कि इसी कारण उन्नीसवीं सदी के उतरार्द्ध में जिसे पुनर्जागरण और नवजागरण कहते हैं, उस नवजागरण काल में भारत के बुद्धिजीवी, लेखक, विचारक, साहित्यिक तत्परता के साथ अपने अस्तित्व को खोज रहे थे, उसकी व्याख्या कर रहे थे। जब पहला छापाखाना खुला तो देखना चाहिए कि कौन-सी पुस्तकें सबसे पहले छपी हैं, और उसमें तुलसीदास की पुस्तकें सबसे पहली थीं। कलकत्ता में, हमारे मित्र आगरे के ही थे स्वर्गीय कृष्णाचार्यजी। उन्होंने 'हिन्दी के आदि मुद्रित ग्रन्थ' नामक पुस्तक प्रकाशित की। उन आदिमुद्रित ग्रन्थों में ध्यान से देख रहा था कि वे कौन-से ग्रन्थ हैं, जो छापाखाना खुलने पर सबसे पहले छपे। उसमें तुलसीदास की कृतियाँ बार-बार छपीं। कभी-कभी 'रामचरितमानस' का एक कांड 'अयोध्या कांड' ही छपा और वही ज्यादा छपता रहा। 'विनयपत्रिका' छपी। इससे उस काल के लोगों की मानसिक स्थिति का पता चलता है कि किस

प्रकार अतीत की हमारी जो मूल्यवान निधि थी, उसके लिए लोगों को खतरा मालूम हो रहा था। याद रखें आप कि भक्तिकाल की रचनाओं की एक विशेष प्रकार की व्याख्या की जा रही थी। 'क्रिस्टोमैथी' नामक ग्रन्थ लिखते हुए चाहे वे भाषावैज्ञानिक ग्रियर्सन ही रहे हों, जिन्होंने विद्यापति पर भी लिखा, तुलसी पर भी लिखा, जायसी की भी चर्चा की। सन्तों-भक्तों के बारे में बहुत लिखा गया और उन सन्तों-भक्तों की जो व्याख्या की जाती थी, एक ओर उन ग्रन्थों का सम्पादन, अंग्रेजी में अनुवाद और साथ ही उसकी टीका-टिप्पणी करते हुए समस्त सन्त और भक्ति साहित्य को एक तरह की ईसाइयत के प्रभाव से प्रभावित रचना के रूप में दिखाने की कोशिश बराबर की जाती थी। यह उस काल के लोगों के लिए स्वभावतः चिन्ता का विषय था। पुनर्जागरण का एक रंग विद्रोह धर्म का रूप लेकर भी प्रकट हुआ है। उस समय एक यह भी आयाम था। जब मैंने कहा कि दुश्मनों के हाथों अब मृत भी सुरक्षित नहीं हैं, यही नहीं कि सन्त साहित्य और भक्ति साहित्य आदि चीजें यदि केवल लुप्त होतीं तो एक प्रकार का खतरा था, आविष्कृत होकर उनके युग की दृष्टि में दूषित होकर अथवा विकृत व्याख्याओं के माध्यम से हमारे सामने आ रही थीं, यानी अतीत इस ढंग से उपस्थित किया जा रहा था, जो भारत के लिए बहुत गौरव की चीज नहीं हो सकती थी। हर प्राचीन चीज को दिखाया जाता था कि भारत की अपनी मौलिक मनीषा नहीं है, अपना चिन्तन नहीं है, बल्कि हर चिन्तन, हर उपलब्धि के मूल में दिखाने की कोशिश की जाती थी कि जो महान रोम, ग्रीक सभ्यता है अथवा जो महान ईसाई धर्म है, उसका प्रभाव है। कहीं-न-कहीं कोई विदेशी चीज है, और यही नहीं बल्कि जिन आर्यों को अपने आर्यावर्त कहने पर गर्व था, यह कहा गया कि ये भी बाहर से ही आए यानी भारत में जो कुछ परम्परा के नाम पर है, यह साबित करने की कोशिश की जाती रही कि सब अपना नहीं, पराया है। जो मूल्यवान है, बाहर का है। जो निकृष्ट है, अधम है—अन्धविश्वास आदि चीजें, भूतों-चुड़ैलों वगैरह की चीजें जो अथर्ववेद में हैं, कहा कि वे यहाँ की चीजें हैं। इसलिए जो कुछ अग्राह्य है, वह यहाँ का है। जहाँ भी कुछ जान दिखाई पड़ती है, वह सब बाहर का है। जहाँ इस प्रकार के प्रयत्न हो रहे थे, स्वभावतः लोगों ने अनुभव किया होगा कि मृत भी अब दुश्मनों के हाथों सुरक्षित नहीं है। इन दो चिन्ताओं के कारण परम्परा की खोज और परम्परा के मूल्यांकन की स्थितियाँ पैदा हुईं।

मैंने इसका उल्लेख किया कि आज भी या किसी भी काल में उन्नीसवीं सदी के बाद, बीसवीं सदी में अपने स्वाधीनता-संग्राम के दौरान, स्वाधीनता-संग्राम ने जब जनोन्मुख रूप धारण किया और उसमें किसानों, मजदूरों और आम जनता का दबाव बढ़ा, उसके हितों का संघर्ष जब प्रबल हुआ तब फिर परम्परा के बारे में बार-बार सवाल उठता रहा और आज की स्थिति में भी हम देखेंगे कि तब से परम्परा के मूल्यांकन का जो प्रश्न उठा, उसका दायरा बराबर यही रहा करता था; अर्थात् परम्परा

का प्रश्न एक तरह से संघर्ष का प्रश्न बना—दो विरोधी शक्तियों के बीच। परम्परा जिसे कहिए कि वर्ग संघर्ष का अखाड़ा बन गई, परम्परा एक तरह से राजनीतिक संघर्ष का रूप बन गई। आज यदि कोई कहे कि परम्परा शुद्ध बौद्धिक चिन्तन का प्रश्न है तो उसको उन्नीसवीं सदी की अपनी ही परम्परा याद रखनी चाहिए कि स्वयं उन्नीसवीं सदी में परम्परा का अन्वेषण और परम्परा का मूल्यांकन शुद्ध बुद्धि-विलास था या वह सच्चे अर्थों में राजनीतिक संघर्ष के अंग के रूप में उभरकर आया था, जहाँ सही अर्थ में साम्राज्यवाद विरोधी संघर्ष की नींव पड़ी और साम्राज्यवाद विरोधी ही नहीं, बल्कि एक दूसरे संघर्ष की भी बुनियाद पड़ी थी। सामन्तवाद के खिलाफ संघर्ष की नींव भी पड़ी, उसी उन्नीसवीं शताब्दी में। इसलिए परम्परा के मूल्यांकन का प्रश्न वस्तुतः राजनीतिक संघर्ष का प्रश्न बराबर रहा है, शुरू से रहा है। इसलिए समय-समय पर परम्परा क्या है, किसे हम परम्परा कहें और किसे हम रूढ़ि कहें—यह प्रश्न उठा। आगे चलकर इसके साथ दो और शब्द जुड़े—प्रगति और प्रयोग—अर्थात् परम्परा के मूल्यांकन का ही प्रश्न नहीं था, बल्कि परम्परा के साथ प्रगति और प्रयोग का प्रश्न भी जुड़ा।

बहुत दिनों तक प्रगति अथवा प्रयोग के उत्साह में ऐसे भी दौर आए हैं, क्षणिक और छोटे दायरे में, जब एक प्रकार का उच्छेदवादी दृष्टिकोण अपनाया गया और सम्पूर्ण अतीत को नकारकर सर्वथा प्रगति की एक नई-नई छलाँग लगाने की कोशिश हुई और सर्वथा नया प्रयोग करने का दावा भी किया गया। लेकिन अन्ततः कुछ ही दिनों बाद उस दायरे की भी भूलें मालूम हुईं और लगा कि प्रगति अथवा प्रयोग की दिशा में कोई भी नया कदम उठाने के लिए जरूरी है और उसमें यह निहित है कि नये सिरे से परम्परा का मूल्यांकन किया जाए, जब परम्परा का मूल्यांकन ही प्रगति की दिशा में एक नया कदम होगा और कदाचित् तथाकथित प्रयोग की दिशा में भी एक नया कदम होगा। इसलिए इस दिशा में जितने प्रयत्न हुए, उनमें विचारों की टकराहट और उन पद्धतियों की ओर हम ध्यान दें। जैसा मैंने कहा कि परम्परा के मूल्यांकन के मूर्तिमान रूप डॉक्टर रामविलास शर्मा यहाँ मौजूद हैं। पहले आचार्य महावीरप्रसाद द्विवेदी ने अपनी परम्परा के मूल्यांकन का प्रयास 'सरस्वती' के माध्यम से, अपने लेखों के माध्यम से बराबर किया। उसके बाद समूचा 'हिन्दी साहित्य का इतिहास' लिखकर आचार्य रामचन्द्र शुक्ल ने किया। आचार्य हजारीप्रसाद द्विवेदी ने 'हिन्दी साहित्य की भूमिका' और अन्य ग्रन्थों के द्वारा किया। इस दिशा में, परम्परा के मूल्यांकन के संघर्ष की इसी कड़ी में, लेकिन प्रगतिशील विचारकों की ओर से इस दृष्टि से किया जानेवाला सबसे सुसंगत प्रयास डॉक्टर रामविलास शर्मा ने किया। यद्यपि 'हिन्दी साहित्य का इतिहास' नाम की कोई पुस्तक डॉक्टर साहब ने नहीं लिखी, लेकिन हम सभी जानते हैं कि अकेले केवल हिन्दी साहित्य ही नहीं बल्कि सम्पूर्ण भारतीय साहित्य की परम्परा के मूल्यांकन की दिशा में किए गए प्रयासों की एक लम्बी कड़ी है, जो डॉक्टर साहब ने पेश की है।

बहुत पहले वाल्मीकि पर 'आदिकाव्य' नाम का निबन्ध डॉक्टर साहब ने लिखा था। शाश्वत् मूल्यों का प्रश्न उठाते हुए दूसरा निबन्ध कालिदास पर लिखा। बाद के दिनों में सन् '70-71 के आस-पास ट्रेजेडी पर विचार करते हुए भवभूति के नाटकों पर लिखा। वाल्मीकि, कालिदास, भवभूति और उसके बाद स्वयं जो ठेठ हिन्दी साहित्य है, उस हिन्दी साहित्य की परम्परा के बारे में एकत्र आप देखना चाहें तो 'आचार्य रामचन्द्र शुक्ल और हिन्दी आलोचना' में शुक्ल जी की आलोचना के मूल्यांकन और उसकी व्याख्या के बहाने से लेकर छायावाद तक के समूचे साहित्य पर केवल शुक्ल जी के विचार नहीं दिये गए हैं, बल्कि उन विचारों की परीक्षा करते हुए डॉक्टर साहब ने हिन्दी साहित्य की पूरी परम्परा का अपना एक मूल्यांकन प्रस्तुत किया है। इसके अतिरिक्त अकेले तुलसीदास पर डॉक्टर साहब ने जितना लिखा है, उसे संकलित कर दिया जाए तो एक पुस्तक से अधिक ही पड़ेगा। लेकिन इन लेखों और तमाम चीजों के अलावा भारतेन्दु, महावीरप्रसाद द्विवेदी, रामचन्द्र शुक्ल, निराला, प्रेमचन्द जैसे महत्त्वपूर्ण कृतिकारों को अपने मूल्यांकन के लिए चुनना और चुनकर विस्तार से उनका विवेचन उपस्थित करना समूचे हिन्दी साहित्य की परम्परा का मूल्यांकन नहीं तो और क्या है? डॉक्टर साहब का एक ग्रन्थ जिसके कुछ अंश छप चुके हैं, और स्वतंत्र पुस्तक के रूप में शीघ्र ही हम लोग देखेंगे, वह 'भारतीय साहित्य का इतिहास' है जो वैदिक काल से लेकर आज तक के उस व्यापक परिप्रेक्ष्य को उपस्थित करेगा, जहाँ हम भारतीय समाज के विकास के क्रम में समूचे भारतीय साहित्य के विकास की मुख्य रेखाओं को देख सकेंगे।

यह जो प्रयत्न है, ऐसा तो नहीं है कि इस प्रयत्न की जानकारी लोगों को हिन्दी में नहीं है। यह दूसरी बात है कि इस मूल्यांकन के रहते हुए भी हमारे यहाँ शिक्षा संस्थाओं में जो पढ़ाया जाता है, और औसत विद्यार्थी को जो कुछ दिया जाता है, वह वही पुराना माल है, जैसे यह सब कुछ प्रयास किया ही न गया हो। परम्परा के मूल्यांकन का यह रूप हमारे हिन्दी विभागों में विद्यार्थियों के सामने सुलभ नहीं है। और यह शिकायत नहीं है, बल्कि मैं कहना चाहूँगा कि यह प्रमाण है इस बात का कि परम्परा का मूल्यांकन वस्तुतः राजनीतिक संघर्ष का, वैचारिक संघर्ष का प्रश्न हुआ करता है। इसलिए यदि डॉ. शर्मा द्वारा किया हुआ परम्परा के मूल्यांकन का स्वरूप सुलभ नहीं है तो यह अकारण नहीं है, यह आकस्मिक नहीं है। यदि इन प्रयत्नों की ओर अपने अध्यापकों की उपेक्षा के बावजूद बहुत से सचेत विद्यार्थी आकृष्ट होते हैं तो यह भी संघर्ष का ही अंग है। इन सारी चीजों को हम देखें और इससे उठे हुए कुछ प्रश्नों को देखें, तो कुछ उल्लेखनीय बातें दिखाई पड़ेंगी।

आम तौर से शिकायतें आईं और कहा गया है कि डॉ. शर्मा भारतेन्दु को भी कम्यूनिस्ट साबित कर रहे हैं और महावीरप्रसाद द्विवेदी को भी साबित कर रहे हैं कि वह भी भौतिकवादी थे, रामचन्द्र शुक्ल को भी साबित कर रहे हैं, निराला के बारे

में कहने की हिम्मत जरा कम पड़ती है, क्योंकि निराला क्रान्तिकारी थे। लेकिन वेदान्त वाले निराला को भी खींचकर डॉ. शर्मा कहीं यथार्थवाद के सहारे, कहीं भौतिकवाद के समीप ले आते हैं। प्रेमचन्दजी की जो व्याख्या की, उस पर तो आज तक विवाद हो रहा है कि प्रेमचन्द तो गांधीवादी थे, इन्होंने उनको कम्यूनिस्ट और मार्क्सवादी साबित कर दिया है; अर्थात् परम्परा की व्याख्या के इस सन्दर्भ और विवाद में इन लेखकों की नई प्रतिमाएँ बनीं। हिन्दी के अनेक कवियों और लेखकों की एक विशेष प्रकार की प्रतिमा रही है। तुलसी की एक विशेष प्रकार की तसवीर है। भारतेन्दु, महावीरप्रसाद द्विवेदी, रामचन्द्र शुक्ल, प्रेमचन्द, निराला आदि सभी की एक विशेष तसवीर रही है। इस बनी हुई या स्थापित प्रतिमा को किस प्रकार एक प्रगतिशील आलोचक ने चुनौती दी और उसका खंडन नहीं किया, बल्कि दूसरी प्रतिमा निर्मित की। तुलसीदास के बारे में डॉक्टर साहब ने लिखा। तुलसी चौबीस घंटे छापा लगाकर राम-राम भजने वाले थे। उनमें अपने युग की, अपने समाज की, जनता के दुःख-दर्द की, उनके अभावों की, उनकी गरीबी की चेतना भी थी, इस रूप में तुलसी की एक दूसरी प्रतिमा आई, जो हिन्दी में जानी-पहचानी प्रतिमा नहीं थी। उनकी जैसी जयन्तियाँ मनाई जाती थीं और जैसी राम-धुन हुआ करती थी, उसके सम्मुख तुलसी की एक दूसरी प्रतिमा पहली बार सामने आई कि गरीबी के खिलाफ, दरिद्रता के खिलाफ और उसके अनुभव से इतना जूझने वाला कवि कोई नहीं था। यह जीवन तुलसी के काव्य का एक अंग है। इस पर किसी का ध्यान नहीं गया था। आधुनिक हिन्दी के जनक भारतेन्दु हरिश्चन्द्र की तसवीर हिन्दी में थी कि गद्य का प्रसाद निर्मित किया है। उन्नीसवीं सदी में इस देश की प्रखर राष्ट्रीय चेतना, निश्चय ही उनमें राज-भक्ति भी थी, लेकिन उसके साथ स्वदेशी का प्रचार करनेवाले और उसके साथ ही 'अन्धेर नगरी' जैसा नाटक लिखने वाले भारतेन्दु की एक नई प्रतिमा हिन्दी में आई। इससे पहले भारतेन्दु के विशेषज्ञ लक्ष्मीसागर वार्ष्णेय ही हुआ करते थे, जिन्होंने हिन्दी के दुर्भाग्य से उस काल पर कई पुस्तकें लिखीं, फोर्ट विलियम कॉलेज पर लिखा और लगा कि फोर्ट विलियम कॉलेज न कायम हुआ होता तो जो हिन्दी आप देख-पढ़ रहे हैं, वह हिन्दी आज होती ही नहीं। भला हो अंग्रेज बहादुर का कि उन्होंने फोर्ट विलियम कॉलेज बनाया और जिसके कारण आधुनिक हिन्दी का जन्म हो गया। फोर्ट विलियम कॉलेज की जय-जयकार करनेवाले लोग, भारतेन्दु की राज-भक्ति का गुणगान करनेवाले लोग और भारतेन्दु को एक आरम्भिक ढंग की खड़ी बोली का गद्य लेखक यही स्थापित करते दिखाई पड़ते थे। भारतेन्दु का आधुनिक हिन्दी के जनक का व्यक्तित्व जितना समाज-चेतन, जनजीवन से जुड़ा हुआ, राष्ट्रीय व्यक्तित्व होना चाहिए, ये भारतेन्दु की तसवीर थी ही नहीं। संयोग से डॉक्टर साहब ने दिखाया कि यह तसवीर आचार्य रामचन्द्र शुक्ल ने दिखाई थी। 'समुझि परें नहिं पंथ, जिमि पाखंड वाद ते लुप्त होंहि सद्ग्रन्थ', तो पाखंड-विवाद से,

यानी परम्परा के अन्वेषण से हम यह भी देखते हैं कि केवल भारतेन्दु की ही खोज नहीं हुई, भारतेन्दु की खोज करने के क्रम में हमने देखा कि भारतेन्दु बीच में खोजे गए थे, बाद में फिर लुप्त कर दिये गए। इसलिए हम परम्परा के मूल्यांकन के क्रम में परम्परा के मूल्यांकन की परम्परा का भी क्रम देखें। कब-कब नये सिरे से मूल्यांकन हुआ, उन मूल्यांकनों में कब-कब धोखाधड़ी हुई, कब-कब दुश्मनों ने उस पर परदा डाला। यह भी हम देखते हैं कि भारतेन्दु की नई प्रतिमा थी जिसकी स्मृति ताजा थी 1922 तक। भारतेन्दु की वह प्रतिमा तब धूमिल हुई, जब इन विश्वविद्यालयों में नई शिक्षा प्राप्त करके कुछ नये पी-एच.डी. और डी.लिट्. निकलने लगे, तो इस नये दौर में, और शिक्षा एक निश्चित राजनीतिक व्यवस्था का, सामाजिक व्यवस्था का अंग-सी रही है, उसमें हिन्दी की ऐसी पढ़ाई हुई कि शुक्ल जी द्वारा खोजे गए, प्रतिष्ठित किए गए और शुक्ल जी की स्मृति में जीवित भारतेन्दु भी भुला दिये गए, भारतेन्दु की एक नई प्रतिमा हमारे सामने आई।

महावीरप्रसाद द्विवेदी के बारे में दशकों से लोगों के सामने एक धारणा रखी जाती थी। केवल भाषा ठीक करनेवाले एक हेडमास्टर के समान उनकी प्रतिमा थी, घनी मूँछों वाले, टोपी वाले और डंडा वाले पंडित जी ऐसे दबंग हेडमास्टर थे जो लोगों की भाषा ठीक किया करते थे। द्विवेदी जी इसके अलावा जो कुछ थे, वह लोगों की स्मृति में नहीं था। 20 साल तक 'सरस्वती' में रहकर वे केवल प्रूफ रीडिंग नहीं करते रहे, और वे केवल कामता प्रसाद गुरु की तरह व्याकरण लिखने का तरीका नहीं बताते रहे, बल्कि उन लेखों के द्वारा, अपनी रचनाओं के द्वारा उन बीस वर्षों में महावीरप्रसाद द्विवेदी ने कुछ और काम किया था। आप लोगों ने डॉक्टर साहब का ग्रन्थ देखा होगा, उसका सारांश बताने की मुझे जरूरत नहीं है। उन्होंने इस देश में उस वैज्ञानिक चेतना का, विकासवाद से जुड़ी हुई चेतना का प्रसार किया। उन्होंने भारत की बुद्धिजीवी और विवेकवादी परम्परा की स्थापना की। रीतिकालीन रुचियों और संस्कारों का विरोध कर उन्होंने साहित्य में आधुनिक-बोध की प्रतिष्ठा की। और यही नहीं, उनकी यह खोज थी कि द्विवेदी जी ने अर्थशास्त्र की 'सम्पत्तिशास्त्र' नाम की पुस्तक लिखी थी, और यह अर्थशास्त्र की कोई ऐसी पुस्तक नहीं थी, जो एक अरसे तक विश्वविद्यालयों के अर्थशास्त्र के अध्यापक लिखा करते थे, बल्कि उसका गहरा सम्बन्ध भारत के औपनिवेशिक शोषण से था। इसमें किसानों की दुर्दशा और उसके कारणों पर प्रकाश डाला गया था। इस खोज से महावीरप्रसाद द्विवेदी की एक दूसरी प्रतिमा हमारे सामने आई और यहाँ वह क्रान्तिकारी खोज थी, जिस प्रतिमा की ओर संयोग से, और शायद अधिक निकट होने के कारण शुक्ल जी का ध्यान नहीं गया होगा। महावीरप्रसाद द्विवेदी का यह जो व्यक्तित्व था, इस व्यक्तित्व को हिन्दी में पहली बार प्रतिष्ठित करके भारतेन्दु से चली आती हुई परम्परा की अगली कड़ी को उन्होंने जोड़ा। महावीरप्रसाद द्विवेदी से स्पष्टतः आचार्य रामचन्द्र शुक्ल को जोड़ा।

शुक्ल जी को बहुत दिनों तक एक विशेष प्रकार के लोक-संग्रहवाद, मर्यादावाद के लिए जाना जाता रहा बल्कि हिन्दी में आचार्य रामचन्द्र शुक्ल को ब्राह्मणवादी मूल्यों के अधिष्ठाता के रूप में समझा जाता था और समझा जाता था कि आचार्य रामचन्द्र शुक्ल लोक-मंगल और लोक-संग्रह के द्वारा विशेष प्रकार के ब्राह्मणवादी मूल्यों की स्थापना करते हैं और यह प्रतिमा कुछ खराब यों भी थी कि उनके साथ यह भी जुड़ा था कि उन्होंने अपने जमाने की जो जीवन्त काव्यधारा थी—छायावाद—उसका उन्होंने विरोध किया था, इसलिए ऐसा प्रतिक्रियावादी आदमी जो अपने समय की जो महत्त्वपूर्ण साहित्यिक धारा है, उसका विरोध करता हो और लोक-संग्रह के नाम पर प्राचीन ब्राह्मणवादी मूल्यों की हिमायत करता हो, ऐसे आदमी के बारे में स्वभावतः बहुत श्रद्धा नहीं हो सकती थी। डॉक्टर रामविलास शर्मा ने 'रामचन्द्र शुक्ल' नामक पुस्तक के माध्यम से दिखाने की कोशिश की कि कुछ अन्तर्विरोधों, असंगतियों के बावजूद शुक्ल जी अपनी उसी गौरवशाली परम्परा के साथ जुड़े हुए थे, जो अधिक जनोन्मुख थी और जो उस समय के राष्ट्रीय स्वाधीनता संग्राम के विकसित मूल्यों के निकट थी।

बाद की कृतियों में प्रेमचन्द और निराला के बारे में बहुत कहने की जरूरत नहीं है। निराला को हिन्दी साहित्य में प्रतिष्ठित करने का प्रयत्न कुछ लोगों ने पहले भी किया था। आचार्य नन्ददुलारे वाजपेयी उनके बहुत निकट रहे हैं और उनके प्रयत्न हम लोगों के सामने हैं। वाजपेयी जी ने किन अर्थों में निराला को रखा था, आप सभी जानते हैं। उन पर टिप्पणी करने की आवश्यकता नहीं है। डॉक्टर शर्मा ने निराला को किस रूप में रखा और उसके द्वारा निराला के अन्तर्विरोध, असंगतियाँ और निराला का समूचा साहित्य उभरकर आया। तुलसीदास के बाद तुलसी की परम्परा में आधुनिक युग का ओजस्वी स्वर निराला में सुनाई पड़ा, ऐसा कहकर डॉक्टर साहब ने निराला के माध्यम से आधुनिक युग को ही नहीं बल्कि अतीत, मध्य युग और आधुनिक युग—तीनों की परम्परा को एक साथ जोड़ दिया। यह नई प्रतिमा थी।

पहले रूढ़िवादी लोगों ने और परम्परा के मूल्यांकन के संघर्ष में समाज को पीछे ले जाने की इच्छा रखनेवाले लोगों ने, जो समाज और साहित्य को रूढ़िवादी मूल्यों में बाँधे रखना चाहते हैं, स्वयं हिन्दी साहित्य की जो व्याख्या की थी, परम्परा की व्याख्या की थी, उसको चुनौती देनेवाला जब यह दूसरा मूल्यांकन आया तो इस मूल्यांकन के बारे में यह कहा गया कि यह तो मूल्यांकन नहीं है, बल्कि जबरदस्ती की व्याख्या है अर्थात् मार्क्सवादी आरोप है यानी वे जो कर रहे थे, वह परम्परा का वस्तुगत मूल्यांकन था और जो प्रगतिशील मूल्यांकन है, वह पूर्वग्रहग्रस्त है, विकृत है, आरोपण है और सबको जबरदस्ती ठेल-ठालकर प्रगतिशील बनाना है। इस प्रसंग में मैं कहना चाहता हूँ और कहने की जरूरत नहीं है कि कायदे से परम्परा का कोई भी मूल्यांकन, किसी भी समय तथाकथित वस्तुगत, वास्तविक, ज्यों-का-त्यों, परम्परा

जैसी थी वैसा ही, न किसी ने रखा है, न कोई रख सकता है। व्याख्या मात्र किसी-न-किसी पक्ष, किसी-न-किसी दृष्टि की हुआ करती है, और यह पक्ष या दृष्टि किसी-न-किसी वर्ग हित की ही हुआ करती है। इसलिए जो परम्परा को तथाकथित वस्तुगत रूप में ज्यों-का-त्यों रखनेवाले लोग थे, वह भी एक व्याख्या है, एक मूल्यांकन है; अर्थात् परम्परा का कोई भी मूल्यांकन, जैसा मैंने कहा कि यह उस व्यापक वर्ग संघर्ष का, या राजनीतिक संघर्ष का अंग है। किसी-न-किसी समुदाय की दृष्टि, उसके पक्ष, उसके हित से ही यह मूल्यांकन जुड़ा रहता है। कोई भी मूल्यांकन, कोई भी व्याख्या कभी भी इस मामले में बहुत वस्तुगत और तर्कसंगत नहीं हुआ करती। वस्तु के कौन अधिक से अधिक निकट है, आप दावा यह कर सकते हैं। और यह उस व्याख्या पर निर्भर है, जिसमें प्रश्न उठेगा उसकी वैधता का, उसकी प्रामाणिकता का।

परम्परा के मूल्यांकन के बारे में आम तौर से और दो शब्द चलते रहते हैं—एक इस मूल्यांकन के बारे में अंग्रेजी का शब्द है—'रेलिवेंस' या 'प्रासंगिकता'। हर दौर अपने अतीत को अपने लिए 'रेलिवेंट' बनाने की कोशिश करता है और चूँकि हर दौर सर्वसम्मत नहीं हुआ करता, इसलिए वह 'रेलिवेंस' भी सर्वसम्मत नहीं हुआ करती है, अतीत का रूप किसी के लिए एक अर्थ में 'रेलिवेंट है, दूसरे के लिए दूसरे अर्थ में 'रेलिवेंट' है। इसलिए 'प्रासंगिकता' की बात करते समय बहुत ठोस ढंग से बराबर यह सवाल उठाया जाना चाहिए कि किसके लिए 'रेलिवेंट'? प्रगतिशील ढंग से परम्परा की हुई व्याख्या किसके लिए 'रेलिवेंट' है? और दूसरी व्याख्या किसके लिए 'रेलिवेंट' है। क्या लक्ष्य है, क्या सिद्धि होती है? उदाहरण के लिए अतीत जिसके बारे में अज्ञेय जी ने बहुत कम लिखा है, लेकिन किसी काल में संयोग से 'केशव की कविताई' नाम का एक निबन्ध लिखा। सम्पूर्ण अतीत में उन्हें न तुलसी पर लिखने की जरूरत महसूस हुई, न कबीर पर लिखने की जरूरत महसूस हुई। उनको जरूरत महसूस हुई केशव पर लिखने की। 'ए री मेरी गोरी, मेरी गिरा की गुराई है।'—इस पंक्ति को उद्धृत करते हुए उन्होंने कहा कि केशव में व्यंग्य का बोध (और व्यंग्य उन्होंने 'आयरनी' के अर्थ में कहा है) दिखाई पड़ता है, जो अतीत के कवियों में बहुत कम दिखाई पड़ता है। 'कठिन काव्य के प्रेत' केशव की हिन्दी में दूसरे प्रकार की प्रतिमा रही है और शुक्ल जी उसे बनाकर गए थे, जिसे मिटाकर अभी तक कोई ठीक-ठीक दूसरी प्रतिमा तो नहीं बना सका, लेकिन वात्स्यायन जी ने कोशिश की। मैं ठीक नहीं जानता। वे डॉक्टर साहब के समकालीन हैं, इसलिए उनके बारे में और उनकी चिन्तन-प्रक्रिया के बारे में डॉक्टर साहब ज्यादा जानते होंगे। लेकिन मुझे ऐसा लगा कि जैसे अंग्रेजी में जब नई आलोचना चली और आधुनिकतावादी कविता चली, इलियट ने पूरी अंग्रेजी की परम्परा में से उन तथाकथित 'मेटाफिजिकल' कवियों को ढूँढ़ निकाला है, जिस पर नजर जरा कम ही जाया करती थी और इसलिए शेक्सपियर और मिल्टन को तो खैर उन्होंने ध्वस्त ही किया है। और डॉन हर्बर्ट और

मार्वेल को उन्होंने ढूँढ़ा और मार्वेल को तथा मेटाफिजिकल कवियों को लेकर उन्होंने कहा कि ये ही हर दृष्टि से महत्त्वपूर्ण हैं, क्योंकि इन्हीं में संवेदना का पृथक्करण नहीं हुआ था, और बाकी में शेली, कीट्स, बायरन आदि महत्त्वपूर्ण हैं, उसके पहले के भी कुछ कवि महत्त्वपूर्ण हैं। कदाचित् मुझे ऐसा लगता है कि वात्स्यायन जी ने ऐसा सोचा कि इलियट यदि सभी से उपेक्षित मेटाफिजिकल कवियों को और उसमें मार्वेल को सबसे ऊपर रख सकता है, तो मैं भी क्यों नहीं ढूँढ़कर इन कबीर, सूर, तुलसी आदि पर केशवदास को प्रतिष्ठित करूँ? अब अपना-अपना भाग्य है कि इलियट का सिक्का तो कुछ दिनों तक चला, लेकिन हिन्दीवाले इतने पिछड़े हुए हैं कि 'केशव की कविताई' का पुनर्मूल्यांकन दुर्भाग्य से नहीं चल सका। न हिन्दी विभागों की जड़ीभूत प्रणाली में, और न स्वयं तथाकथित प्रयोगवादी काव्य-परम्परा में ही। केशव के पुनर्मूल्यांकन की नौबत नहीं आई। मैंने यह उदाहरण केशव का इसलिए दिया है कि केशव कुछ लोगों को 'रेलिवेंट' लगे हैं।

प्रगतिशील आलोचकों ने जिस परम्परा का मूल्यांकन किया, उसमें स्वयं अपने स्वाधीनता संग्राम के लिए, जनवादी संघर्ष के लिए, सामान्य जनता के हितों के लिए, मूल्यों के लिए और यही नहीं, बल्कि इन तमाम मूल्यों में बाधा डालनेवाली, जो देश की पुरानी तथाकथित सामन्ती मूल्य प्रणाली है, उनके विरुद्ध, स्वदेशी विकास के मार्ग में आनेवाली पश्चिम की जो पतनशील प्रवृत्तियाँ हैं, उन पतनशील प्रवृत्तियों के विरुद्ध भी आगाह करते हुए इस 'रेलिवेंस' की स्थापना की थी। इसलिए परम्परा के मूल्यांकन के सिलसिले में जब भी 'रेलिवेंस' की बात उठाई जाती है, स्पष्ट है कि प्रगतिशील दृष्टि से परम्परा का किया मूल्यांकन इस मामले में अपनी प्रासंगिकता को अमूर्त, हवाई और अनिश्चित नहीं रखता, बल्कि उस प्रासंगिकता का एक निश्चित लक्ष्य मूल्य के स्तर पर, जनसमुदाय के स्तर पर रखता है और स्वयं अपने राष्ट्रीय जीवन के विकास की दृष्टि से उसकी प्रासंगिकता को रेखांकित करता है। जबकि दूसरे लोग केवल यही कहते हैं कि प्रासंगिक है—किसके लिए, कुछ पता नहीं। इसके बारे में वे चुप हैं। जो आदमी प्रासंगिकता के बारे में चुप रहे, समझना चाहिए कि वह या तो बताना नहीं चाहते हैं, या तो उसे साफ कहने की हिम्मत नहीं है या इतनी शर्म की बात होगी कि कदाचित् वह प्रासंगिकता भी बहुत प्रासंगिक नहीं होगी, बल्कि अप्रासंगिक का दर्जा ही हासिल करेगी।

दूसरी बात, इस पूरे विवेचन में और जहाँ हमारे सामने समस्या उपस्थित होती है; वह यह है कि मुख्य रूप से प्रगतिशील दृष्टि के द्वारा परम्परा का जो मूल्यांकन किया गया है, इसके अन्तर्गत स्वयं कुछ समस्याएँ पैदा होती हैं। चूँकि मार्क्सवादी दृष्टि से जब परम्परा का मूल्यांकन हम करते हैं तो उसके साथ इतिहास की एक मार्क्सवादी दृष्टि भी सामने है। अतीत का जो साहित्य है, उसकी रचना के पीछे कार्य कर रही निश्चित सामाजिक अवस्थाओं के बारे में मार्क्सवाद की अपनी एक दृष्टि

है। अतीत का इतिहास, वर्ग-संघर्ष का इतिहास है। आम तौर पर साहित्य के बारे में यह समझा जाता है कि वह विचार-प्रणाली और विचारधारा का अंग है। डॉक्टर साहब ने अपने अनेक ग्रन्थों में कहा है कि साहित्य विचारधारा से प्रभावित होता हो, लेकिन उसे विचार-प्रणाली या विचारधारा के अन्तर्गत गिनना सही नहीं है यानी वह विचार-प्रणाली मात्र नहीं है। तुलसीदास का 'रामचरितमानस' या 'विनय पत्रिका' उस युग की जो प्रभावशाली वर्ग की विचारधारा रही होगी, उस विचारधारा से कितनी प्रभावित हुईं? या कितनी प्रभावित नहीं हुईं? उस युग की विचारधारा में अनेक तरह की विचारधाराएँ रही होंगी और उनमें जो प्रभुत्वशाली विचारधारा रही होगी, उसमें असंगतियाँ भी रही होंगी; अर्थात् अतीत के साहित्य में और महान साहित्यिक कृतियों में हमने—आम तौर से मार्क्सवादी आलोचकों ने—अन्तर्विरोध या असंगतियाँ दिखाईं।

इन असंगतियों के निरूपण के क्रम में दो बातें दिखाई पड़ती हैं। एक बात गले नहीं उतरती है। डॉक्टर साहब ने तुलसीदास पर लिखते हुए कुछ ऐसी बातें लिखी हैं, जैसे—'ढोल गँवार सूद्र पसु नारी' एकदम ही तो नहीं, लेकिन इस प्रकार की कुछ बातें हैं, उन्हें क्षेपक मानना चाहिए। जब असंगति दिखाई पड़ती है, उस असंगति का विवेचन और इसका मूल्यांकन किस प्रकार किया जाए? उन लोगों के लिए यह काम बहुत आसान है कि जो किन्हीं कारणों से अतीत के किसी एक महान लेखक में असंगति नहीं देखते, अन्तर्विरोध नहीं देखते—या तो सर्वथा त्याज्य है या सर्वथा ग्राह्य है, लेकिन जहाँ महान कवियों में और तुलसीदास में ऐसे अन्तर्विरोध दिखाई पड़ें तो क्या किया जाए? स्वयं भारतेन्दु में एक ओर राष्ट्रभक्ति भी है, दूसरी ओर राजभक्ति भी है। स्वयं महावीरप्रसाद द्विवेदी में ऐसी चीजें दिखाई पड़ती हैं, रामचन्द्र शुक्ल में दिखाई पड़ती हैं, निराला में दिखाई पड़ेंगी। अतीत ही नहीं, हम देखते हैं कि वर्तमान का भी कौन-सा बड़े-से-बड़ा कवि या लेखक है जिसमें अन्तर्विरोध या असंगति नहीं है? बहुत बड़े जिगरे वाला कोई आदमी होगा, जो कहेगा कि मैं सुसंगत हूँ। ठोस हूँ। असंगतियाँ अवश्य होंगी, लेकिन बड़े साहित्यकार और छोटे साहित्यकार की असंगतियों में भी फर्क होता है। असंगतियों में जो संघर्ष होता है, उसकी तीव्रता और गहराई में फर्क होता है, उसके स्वर में फर्क हुआ करता है और उस असंगति और तनाव को दूर करने के लिए जो प्रयत्न करता है, संघर्ष करना होता है। उस प्रयत्न की गम्भीरता में भी अन्तर होता है। अनेक रूप हुआ करते हैं। कहीं यह दूसरा छोर तो नहीं है कि अतीत के साहित्यकारों को साधारण जनजीवन के लिए उपयोगी प्रमाणित करने की प्रक्रिया में हम आज की आवश्यकता के अनुरूप वे सारी बातें ढूँढ़ लेते हैं और उस ढूँढ़ने के प्रयास में जो असुविधाजनक अवांछनीय तत्त्व होते हैं, आम तौर से उन्हें या तो हम क्षेपक मान लेना चाहते हैं या हम उनका महत्त्व कम करके रखना चाहते हैं? उन तत्त्वों को हम ज्यादा उभारकर रखना चाहते हैं, जो तत्त्व हमारे लिए ज्यादा उपयोगी हैं?

कठिनाई इसमें तब होती है, जब अतीत के साहित्यकारों में जो कुछ गिनी-चुनी चीजें हैं, हम सबमें देखने लगते हैं। उस काल-विशेष के जितने मुख्य तत्त्व हैं अर्थात् जिन खोजा तिन पाइयाँ, जो हम खोजने निकलते हैं, वही-वही पाते हैं और वही लेकर निकलते हैं। नतीजा यह होता है कि तमाम साहित्यकारों की प्रतिमा एक-सी दिखाई पड़ती है। बहुत-कुछ एकरूपता का निर्माण होता है और दूसरी ओर उन असंगतियों या अन्तर्विरोधों का उल्लेख करते समय हम उनको गौण, महत्त्वहीन, उपेक्षणीय मानकर प्रायः प्रसन्नता की दृष्टि से कि ये ज्यादा महत्त्वपूर्ण हैं या मुख्य हैं, इसलिए मुख्यता के आधार पर हम उनकी एक ऐसी प्रतिमा निर्मित करते हैं, जो प्रतिमा हमें ज्यादा पसन्द होती है या हमारे लिए सुविधाजनक होती है।

कदाचित् परम्परा के मूल्यांकन का यह दूसरा छोर है, जो उच्छेदवादी दृष्टि का बिलकुल प्रतिरूप है। एक जो सम्पूर्ण परम्परा को प्रतिक्रियावादी मानता है कि सामन्ती युग का साहित्य सामन्ती है, पूँजीवादी युग का साहित्य पूँजीवादी है। दूसरे सामन्ती युग या पूँजीवादी युग के जितने महान साहित्यकार हैं, चूँकि वे महान हैं, इसलिए प्रगतिशील होना ही चाहिए और चूँकि वे प्रगतिशील हैं; इसलिए उनमें वे सारे मूल्य, जो आज दिखाई पड़ते हैं, वे सब कुछ हों। कभी-कभी ऐसा भी होता है कि वर्तमान में और अतीत में निरन्तरता लागू करने की प्रक्रिया में वह जो अन्तर है, वह मिट जाया करता है। वर्तमान को अतीत से जोड़ने के प्रयास में अतीत पूरा का पूरा वर्तमान हो उठता है और वर्तमान हो जाने की प्रक्रिया में यह तो सही है कि परम्परा की पूरी शक्ति, पूरी निधि, पूरी पूँजी आज के लिए हासिल करते हैं, लेकिन एक खतरा बराबर बना रहता है, क्योंकि अतीत के कवियों में अन्तर्विरोध होने के कारण उनके दूसरे पक्ष भी हैं और उन दूसरे पक्षों का दुश्मन प्रचार-प्रसार करके ज्यादा उपयोग करते हैं और किया करते हैं।

इसलिए तुलसी, भारतेन्दु, महावीरप्रसाद द्विवेदी, रामचन्द्र शुक्ल की एक प्रगतिशील प्रतिमा निर्मित करने के साथ ही यह चिन्ता होनी चाहिए कि उनकी यह प्रतिमा कितनी देर तक वर्तमान के आलोक में और कायदे से इतिहास के तथ्यों के आलोक में सुरक्षित रह सकेगी। इन प्रतिमाओं में नये अन्तर्विरोध चुनौती के रूप में कब-कब नहीं उभरकर आया करेंगे। आम तौर से यहाँ भी और बाहर भी मार्क्सवादी मूल्यांकन के सामने कई प्रकार के खतरे उपस्थित किए गए हैं। यह केवल किताबी या लेखकों और बुद्धिजीवियों तक बात रहती तब तो ठीक है। संयोग से तुलसी जयन्ती हर साल मनाई जाती है और तुलसीदास पर तरह-तरह के व्याख्यान हुआ करते हैं और हम लाख कहा करें, तुलसीदास को किसानों-मजदूरों तक अपनी दृष्टि से ले जाने के लिए जितनी दूर तक हम प्रयत्न करते हैं, इसके बावजूद दूसरी ओर से भी तुलसीदास का उपयोग करनेवाले लोग मौजूद हैं और काफी हैं और उनके नाम पर खास तरह से साधारण लोगों को संगठित भी कर लिया करते हैं और संगठित करके कभी-कभी

कार्यवाही भी कर बैठते हैं, जिसके रूप हमारे सार्वजनिक जीवन में दिखाई पड़ते हैं। ऐसी स्थितियों में क्या मूल्यांकन की यह स्ट्रैटजी सही है या हमको इस पर नये सिरे से विचार करने की जरूरत पड़ेगी?

इस तरह का विवाद यूरोप में फासिज्म के जमाने में भी हुआ था। एक ओर जॉर्ज लुकाच उपन्यास की महान परम्परा की व्याख्या करते हुए उन्नीसवीं सदी के महान उपन्यासकारों बाल्जाक, टॉल्स्टॉय वगैरह पर लेख लिखकर उन सबको फासिस्ट विरोधी संघर्ष के लिए इस्तेमाल कर रहे थे। उसी समय जर्मनी के दूसरे नाटककार बर्तोल्त ब्रेख्त ने नाटक लिखने के क्रम में परम्परा के मूल्यांकन के बारे में एक दूसरा सूत्र स्थापित किया। उसे विचार के लिए मैं रखना चाहता हूँ। उन्होंने यह विचार एक मार्क्सवादी की हैसियत से रखा और लुकाच के सिद्धान्त के ठीक विपरीत रखा। लुकाच ने बाल्जाक, टॉल्स्टॉय के तमाम प्रगतिशील तत्त्वों को उभारकर सामने रखा। लुकाच के विरुद्ध ब्रेख्त का प्रसिद्ध सिद्धान्त 'एलिएनेशन इफेक्ट' आया कि अतीत को समकालीन बनाकर उपस्थित करना गलत है यानी शेक्सपियर को समकालीन बनाकर उपस्थित करना शेक्सपियर के साथ तो अन्याय है ही, अपने साथ भी अन्याय है। अतीत को इस रूप में उपस्थित किया जाए कि अतीत और वर्तमान के बीच की दूरी बराबर बनी रहे। उसकी जो 'अदरनेस' है, वह बनी रहे; अर्थात् तुलसीदास तुलसीदास ही हैं, वह न निराला हैं, न निराला हो सकते हैं। तुलसीदास का महत्त्व, उनकी गरिमा और सार्थकता निराला होने में नहीं है, तुलसीदास बने रहने में है—समस्त असंगतियों, अन्तर्विरोधों के साथ। इसलिए उनकी जो अतीतता है, उनके अन्तर्विरोध हैं, उनकी असंगतियाँ—इनका सही-सही वास्तविक ज्ञान हम प्राप्त करें, यानी हम तात्कालिक उपयोग के लिए उनका इस्तेमाल नहीं करना चाहते हैं बल्कि उनको अधिक से अधिक उनके अपने सही ऐतिहासिक सन्दर्भ और उनके समस्त अन्तर्विरोधों के साथ उपस्थित करके देखें कि वे हमसे दूर हैं, अलग हैं, अपने समय की समस्याएँ उन्होंने हल की हैं। हमारी समस्याएँ उन्होंने हल नहीं कीं, लेकिन ऐसा न करके उन्होंने गलत काम नहीं किया। इस संघर्ष में, उनके अपने संघर्ष में, अपने अन्तर्विरोध में भी इतनी शक्ति है कि आज भी वे हमें बता सकते हैं।

इसलिए परम्परा का मूल्यांकन करते समय परम्परा के बारे में एक दृष्टि है—लगातार उसे समकालीन बनाते जाना, वर्तमान के लिए प्रासंगिक बनाते जाने का प्रयत्न, और इस तरह वर्तमान और अतीत के अन्तर को कम करना। दूसरा प्रयत्न है—अतीत की अतीतता को बराबर सुरक्षित रखते हुए वर्तमान और अतीत की, उस दूरी को रेखांकित करना, जिसमें वर्तमान की अपनी अस्मिता, अपनी विशिष्टता, अपनी समस्याएँ पूरी ज्वलन्तता के साथ मौजूद रहें, वे अतीत से अपना बराबर पार्थक्य समझते रहें। अगर ऐसा नहीं होगा तो हम लोग अपने आज के संघर्षों को वस्तुतः अतीत का पुराना संघर्ष मान लेंगे, जो राजनीतिक दृष्टि से भी गलत होगा।

इसलिए आज के ज्वलन्त संघर्षों में और अतीत के संघर्षों में जो ऐतिहासिक अन्तर है, उसे स्पष्ट रखना चाहिए; इनमें एक कड़ी है, एक रिश्ता है, एक नैरन्तर्य है, लेकिन एक पार्थक्य भी है। उस पार्थक्य को कायम रखना चाहिए। ब्रेख्त ने लुकाच पर यही आरोप लगाया था कि लुकाच उस दूरी को कम करना महत्त्वपूर्ण समझते हैं, मैं उस दूरी को कम नहीं करना चाहता, बल्कि जितनी है, ज्यों-की-त्यों उसे बनाए रखने में विश्वास करता हूँ और उन्होंने कहा कि वह ज्यादा जरूरी और क्रान्तिकारी काम है।

मुझे डॉक्टर साहब (रामविलास शर्मा) की पुस्तकों को पढ़ते हुए बार-बार यह लगा कि यह दूसरा तत्त्व डॉक्टर साहब के विवेचन में मौजूद है, किन्तु उतना उभरकर नहीं आता। वे तुलसीदास पर लिखते हुए, रामचन्द्र शुक्ल पर लिखते हुए, महावीरप्रसाद द्विवेदी पर लिखते हुए, उनके अन्तर्विरोधों पर बल देते हैं। कहीं अन्यत्र दूसरे प्रसंग में भी पढ़ा था कि डॉक्टर साहब की हर रचना एक निश्चित वैचारिक संघर्ष के दौर में लिखी गई है। इसलिए कभी-कभी उस सन्तुलन को ठीक करने के लिए ऐसी चीजों पर ज्यादा बल देना पड़ता है, जिनकी ओर लोगों का ध्यान नहीं जाता है। इसलिए महावीरप्रसाद द्विवेदी पर पुस्तक लिखते हुए कदाचित् महावीरप्रसाद द्विवेदी के ऐसे निषेधात्मक पक्ष थे, जिन पर उतना बल नहीं दिया गया है, क्योंकि दूसरे लोग उनसे ज्यादा परिचित हैं। जो उपेक्षित पहलू हैं, उन पर ज्यादा बल दिया गया है। किन्तु बराबर मुझे ऐसा लगा कि अपनी सर्वोत्तम समीक्षाओं और मूल्यांकन में डॉक्टर साहब (रामविलास शर्मा) अतीत और वर्तमान की इस दूरी और अन्तर की ओर, खास तौर से आज के राजनीतिक और सामाजिक संघर्षों की विशिष्टता की ओर संकेत करते चलते हैं।

मैं विधिवत् डॉक्टर साहब का शिष्य तो नहीं रहा, किन्तु बहुत-कुछ सीखा है डॉक्टर साहब से, और इसके नाते मैं कह सकता हूँ कि स्वयं जैसे परम्परा के वे अभिन्न जीवन्त अंग हैं, उनकी रचनाओं की भी जिस प्रकार की व्याख्या की जा रही है, उसमें आम तौर से इनका लेखन एक ऐसे प्रकार के लेखन को प्रोत्साहन देता है जो वर्तमान और अतीत की दूरी को कम करके ज्यादा से ज्यादा उसे समकालीन और वर्तमान बनाने को प्रेरित करता है, और दूसरा पक्ष, जो स्वयं इनकी रचनाओं में है, जब दूरी को बनाए रखने की ओर ध्यान कम दिया जाता है। दोनों में कौन सही रास्ता है या इन दोनों के अलावा भी कोई तीसरा रास्ता हो सकता है, मैं जानता हूँ कि डॉक्टर साहब यह बताने में भी समर्थ हैं और उस पर अपने विचार व्यक्त कर सकते हैं।

*प्रस्तुति : नन्द भारद्वाज*

*[आर.बी.एस. कॉलेज, आगरा की संस्था 'सहचिन्तन' द्वारा आयोजित संगोष्ठी में 21 नवम्बर, 1983 को डॉ. रामविलास शर्मा की उपस्थिति में दिया गया व्याख्यान। पहल-26 में प्रथम प्रकाशन]*

# समकालीन रचना और आलोचना की द्वन्द्वात्मकता

द्वन्द्वात्मकता की सही समझ के लिए पहली शर्त है समग्रता। इसलिए सबसे पहले हमारे सामने आचार्य शुक्ल के युग की रचना और आलोचना का पूरा मानचित्र होना चाहिए। शुक्ल जी के जमाने में रचना के रूप में सिर्फ छायावादी काव्य न था। छायावाद के अलावा श्रीधर पाठक, रामनरेश त्रिपाठी आदि की प्राक्-छायावादी कविताएँ भी थीं जिन्हें शुक्ल जी 'नैसर्गिक स्वच्छन्दतावाद' कहते थे। इनके साथ ही वह राष्ट्रीयतावादी काव्य भी था, जिसके प्रतिनिधि कवि मैथिलीशरण गुप्त थे। फिर रीतिकाल के अवशेष के रूप में पुरानी चाल का ब्रजभाषा काव्य भी था, जिसके सबसे समर्थ कवि रत्नाकर थे। इसी तरह आलोचकों में भी आचार्य शुक्ल अकेले न थे। पं. महावीरप्रसाद द्विवेदी, पं. पद्मसिंह शर्मा और मिश्र बन्धु जैसे वरिष्ठ और प्रभावशाली आलोचकों के अलावा शान्तिप्रिय द्विवेदी, नन्ददुलारे वाजपेयी और नगेन्द्र जैसे उदीयमान नये आलोचक भी शुक्ल जी के समकालीन थे।

द्वन्द्व सिर्फ रचना और आलोचना के बीच ही न था, रचनाकारों के बीच भी आपसी द्वन्द्व था और आलोचकों के बीच भी। सवाल यह है कि इस चौतरफा द्वन्द्वात्मकता के बीच आचार्य शुक्ल ही उस युग के सबसे बड़े आलोचक के रूप में क्यों उभरे?

यदि नई रचनाशीलता के समर्थन से ही आलोचक बड़ा होता तो कायदे से शान्तिप्रिय द्विवेदी, नन्ददुलारे वाजपेयी और नगेन्द्र को वह महत्त्व मिलना चाहिए था; क्योंकि उन्होंने छायावाद को खुला समर्थन दिया था। इसके विपरीत यदि नई रचनाशीलता के विरोध से ही बड़े आलोचक की पहचान बनती तो महावीरप्रसाद द्विवेदी ने छायावादी काव्य का ज्यादा उग्र विरोध किया था। स्पष्ट है कि आलोचक का महत्त्व नई रचनाशीलता के समर्थन या विरोध जैसे सतही स्तर से अधिक ऊँची भूमिका पर स्थित है।

शुक्ल जी के आलोचना-कर्म पर विचार करते हुए यह न भूलना चाहिए कि वे स्वयं भी कवि थे और समय-समय पर उन्होंने जो कविताएँ लिखीं, उनका सम्बन्ध उस जमाने की सभी काव्य-प्रवृत्तियों से है। 'बुद्ध चरित' पुराने ढंग की ब्रजभाषा में है तो 'मधु स्रोत' की कुछ कविताएँ द्विवेदीयुगीन खड़ी बोली के पद्यों की याद दिलाती

हैं, और कुछ प्रकृति-चित्र तथाकथित नैसर्गिक स्वच्छन्दतावाद का आभास देते हैं—यहाँ तक कि कहीं 'उठे तरल श्यामल दल गुंफित, अरुण दिगंचल से प्राची के' जैसे छायावादी भावबोध और शब्द-योजना वाले टुकड़े भी मिल जाते हैं। स्पष्ट है कि भावबोध की दृष्टि से शुक्ल जी अपने युग की विकसित रचनाशीलता से कुछ पीछे, बल्कि एक युग पहले के थे। फिर भी आश्चर्य है कि काव्य का मूल्यांकन करते समय वे प्रायः अपनी इस सीमा के अतिक्रमण का प्रयास करते हैं। उनका 'हिन्दी साहित्य का इतिहास' पढ़ते समय पाठक को इस विषय में तनिक भी सन्देह नहीं रहता कि पन्त, प्रसाद प्रभृति छायावादी कहे जानेवाले कवि रत्नाकर, मैथिलीशरण गुप्त और रामनरेश त्रिपाठी से बड़े कवि हैं। स्पष्ट है कि काव्य-सृजन के क्षेत्र में सार्थक और जीवन्त क्या है—इस विषय में आलोचक से चूक नहीं हुई। पहचान में अचूक यही वह काव्य-दृष्टि है जो आचार्य शुक्ल को महावीरप्रसाद द्विवेदी, पद्मसिंह शर्मा आदि अन्य छायावाद-विरोधी आलोचकों से अलग करती है।

अब शुक्ल जी को छायावाद-समर्थक शान्तिप्रिय द्विवेदी, नन्ददुलारे वाजपेयी, नगेन्द्र आदि आलोचकों के साथ रखकर देखें। इन आलोचकों ने छायावाद को सहानुभूति और समर्थन चाहे जितना दिया हो, स्वयं छायावादी कविताओं को समझने में वे ज्यादा मददगार साबित न हुए। कुछ कविताओं को लेकर भावोच्छ्वसित उद्गार इन्होंने चाहे जितना व्यक्त किया हो, किन्तु छायावादी कविता की सूक्ष्म अर्थ-छायाओं से जूझने का कठिन कार्य तो आचार्य शुक्ल ने ही किया—जिसका अप्रतिम उदाहरण 'हिन्दी साहित्य का इतिहास' है। कहने की आवश्यकता नहीं कि आलोचना में समझ का स्थान सहानुभूति से ऊपर है।

आचार्य शुक्ल के छायावाद-विरोध की चर्चा तो बहुत हुई है किन्तु इस वैचारिक मुठभेड़ में स्वयं शुक्ल जी की आलोचना ने छायावाद से जो कुछ लिया, वह प्रायः आँख से ओझल हो जाता है। कविता में अनुभूति पर बल और 'भावयोग' के रूप में कविता की परिभाषा, अपनी पुरानी शास्त्रीय शब्दावली के कारण यह भ्रम पैदा करती है कि उसका मूल स्रोत संस्कृत का रस सिद्धान्त है, बल्कि वस्तुतः वह छायावाद की 'स्वानुभूति' की देन है। वैसे, इस बात को यदि 'सन्देह का लाभ' दे भी दें तो 'बिम्ब विधान' संस्कृत काव्यशास्त्र के किस सिद्धान्त से आया? छायावादी काव्य के अलावा इसका स्रोत और कौन-सा हो सकता है? इसी प्रकार काव्य-भाषा का निरूपण करते समय 'लाक्षणिक वक्रता' और 'लाक्षणिक मूर्तिमत्ता' जैसी शब्दावली भले ही संस्कृत काव्यशास्त्र का आभास देती हो, किन्तु सहृदयों के सामने स्पष्ट है कि इन संकल्पनाओं का आधार वस्तुतः छायावादी काव्य ही है। इस प्रकार रचना और आलोचना के द्वन्द्वात्मक सम्बन्ध का एक रूप यह भी है जिसमें मुठभेड़ के दौरान आलोचना रचना से बहुत कुछ ग्रहण करती है और उसके आधार पर नई संकल्पनाएँ निर्मित करती है।

बड़ी भारी विडम्बना यह है कि अक्सर हम शुक्ल जी की साहित्यिक मान्यताओं से उलझने के दौरान आलोचना की उस भाषा को भूल ही जाते हैं जिसका निर्माण आचार्य शुक्ल ने किया और जिसकी सुदृढ़ तथा समृद्ध पीठिका पर आज हिन्दी आलोचना की भाषा खड़ी है। काव्य-भाषा के निर्माण में जो महत्त्व छायावादी कवियों का है द्विवेदीयुगीन पद्यों की खड़ी बोली के सम्मुख, उससे किसी तरह कम महत्त्व आलोचना की भाषा के निर्माण में आचार्य शुक्ल का नहीं। आचार्य शुक्ल की इस भाषा की विशेषता यह है कि एक ओर यदि वह महावीरप्रसाद द्विवेदी की सपाट भाषा से अधिक गम्भीर, प्रौढ़ और विचार क्षम है तो दूसरी ओर नन्ददुलारे वाजपेयी से अधिक सुनिश्चित और वागाडम्बर-मुक्त है। यह हिन्दी आलोचना का सौभाग्य है कि उसे उदयकाल में ही ऐसी समर्थ, व्यंजक और सर्जनात्मक भाषा मिल गई—यथातथ्यता में क्लासिकी और बोधगम्यता में लोकसामान्य! आचार्य शुक्ल का यह प्रयास क्या छायावादी कवियों के प्रयास के समतुल्य नहीं है?

इतना होते हुए भी आचार्य शुक्ल की आलोचना समकालीन रचना की अनुगामिनी होकर नहीं रह गई, बल्कि वह समकालीन रचनाशीलता का अतिक्रमण करती है और इस अतिक्रमण की प्रक्रिया में ही वह अपनी वास्तविक तेजस्विता प्रकट करती है। आलोचक के सम्मुख समकालीन रचनाशीलता को प्रोत्साहन देने से भी बड़ा दायित्व था—लोक-जीवन के प्रति और साहित्य की पूरी परम्परा के प्रति। यदि आलोचना इस दायित्व का निर्वाह नहीं करती तो फिर वह 'आलोचना' नहीं, कोई और चीज है।

आचार्य शुक्ल को लगा कि छायावादी काव्य केवल प्रेमगीतों तक सिमटकर रह गया है और इस प्रकार उसकी अर्थभूमि संकुचित हो रही है। इसलिए उन्होंने छायावाद की इस सीमा की आलोचना की। लेकिन बाद में प्रसाद की 'लहर' और 'कामायनी' जैसी कृतियाँ सामने आईं तो उन्होंने कवि को जीवन की व्यापक भूमि पर संचरण करते देखकर प्रसन्नता व्यक्त की। यहाँ आचार्य शुक्ल के इस विवेक की ओर ध्यान देना चाहिए कि प्रबन्ध काव्य को तरजीह देते हुए भी उन्होंने 'मानवता का रसात्मक महाकाव्य' 'कामायनी' को ही कहा, 'साकेत' या 'प्रिय प्रवास' को नहीं। इसी प्रकार निराला के काव्य में 'बहुजीवन की छवि' को देखकर आचार्य ने कवि की 'बहुवस्तु-स्पर्शिनी' प्रतिभा की मुक्त प्रशंसा की।

छायावादी काव्य की आलोचना का दूसरा बिन्दु है—कल्पना का अतिरेक। आचार्य शुक्ल काव्य में कल्पना के विरोधी नहीं, बल्कि समर्थक थे, किन्तु जब उन्होंने देखा कि कल्पना की प्रबलता के कारण कविता में अप्रस्तुत विधान सीमा पार कर रहा है तो उन्होंने स्पष्ट घोषणा की कि कल्पना काव्य में साधन-मात्र है, साध्य नहीं। साध्य तो अनुभूति ही है। इसी क्रम में आचार्य शुक्ल ने कलावाद के प्रभाव का जोरदार विरोध किया। हिन्दी कविता के इतिहास में लगभग ढाई सौ वर्षों के रीतिवादी दौर का जीवन-विरोधी रूप उनके सामने प्रत्यक्ष था और आधुनिक युग की छायावादी

कविता में उसकी पुनरावृत्ति देखने का धीरज उनमें न था। उन्हें कुछ ऐसा लगा कि यह पश्चिम के 'कलावाद' और क्रोचे के अभिव्यंजनावाद का प्रभाव है, इसलिए उन्होंने इस बात की तथ्यपरक जाँच करने की जगह उसके मूल स्रोत पर ही कुठाराघात करना जरूरी समझा। कहने की आवश्यकता नहीं कि आचार्य शुक्ल के आलोचनात्मक कृतित्व का एक बड़ा भाग कलावाद-विरोध से सम्बद्ध है, जिसकी प्रासंगिकता आज भी कम नहीं है।

छायावादी काव्य की आलोचना का तीसरा और सम्भवतः सबसे महत्त्वपूर्ण बिन्दु है रहस्यवाद। रहस्यवाद के विरोध में आचार्य शुक्ल ने 1929 में पूरी एक पुस्तक प्रकाशित की और इतने ही से सन्तुष्ट न होकर कुछ कविताएँ भी लिखीं। ऐसा प्रतीत होता है कि शुक्ल जी की दृष्टि में विचारधारा के रूप में रहस्यवाद समकालीन हिन्दी कविता के लिए सबसे घातक था। उल्लेखनीय है कि रहस्यवाद का विरोध करते समय उन्होंने रवीन्द्रनाथ ठाकुर से भी लोहा लिया और इस बात की परवाह न की कि नोबेल पुरस्कार ने उन्हें विश्वकवि का रुतबा दे दिया है। अपने खास लहजे में उन्होंने लिखा कि यदि रवि ठाकुर अनन्त की ओर ताका करें तो जरूरी नहीं कि हिन्दी के कवियों की टकटकी भी उसी ओर लग जाए। इस क्रम में शुक्ल जी ने काव्य के क्षेत्र में अध्यात्मवाद के प्रभाव को भी अवांछनीय बतलाया। निश्चय ही शुक्ल जी के अध्यात्मवाद-विरोध का ऐतिहासिक महत्त्व है किन्तु उसकी प्रासंगिकता आज भी कम नहीं हुई है क्योंकि इस बीच आत्मानुभूति के माध्यम से परोक्ष सत्तावाद को साहित्य में प्रतिष्ठित करने के प्रयास होते रहे हैं।

यह सोचना गलत है कि रचना पर आलोचना का प्रभाव नहीं पड़ता। स्वयं शुक्ल जी के जीवनकाल में ही सन् तीस के आसपास छायावादी कवि कलावाद और रहस्यवाद से एक हद तक मुक्त होकर जीवन की सामान्य भूमि पर काव्य रचना को प्रवृत्त करने लगे थे, जिस पर आचार्य ने अन्तिम दिनों सन्तोष भी व्यक्त किया। मेरा खयाल है कि पन्त, निराला यहाँ तक कि प्रसाद जैसे कवि अन्ततः जीवनोन्मुख यथार्थ के दबाव से प्रगतिशील चिन्ताधारा की ओर जो अग्रसर हुए, उस संक्रमण में आचार्य शुक्ल जी की आलोचना की निश्चित भूमिका है। हिन्दी में प्रगतिशील आन्दोलन के उदय में राष्ट्रीय-अन्तरराष्ट्रीय परिस्थितियों की चर्चा तो बहुत मिलती है किन्तु, जहाँ तक मुझे मालूम है, आचार्य शुक्ल के इस अवदान की कोई चर्चा नहीं हुई है, जबकि मेरे विचार से यह एक तात्कालिक और समर्थ कारण होना चाहिए।

किन्तु यहीं आचार्य शुक्ल के विचारधारात्मक संघर्ष की सीमा भी प्रकट होती है। वस्तुतः काव्यलोचन में घातक विचारधारा का विरोध तभी कारगर होता है जब वह भावबोध के क्षेत्र से उदित होता है और यह तभी सम्भव है जब आलोचक का भावबोध भी रचना-प्रक्रिया के उसी लहर-मान (वेव लेंथ) पर हो। आचार्य शुक्ल ने छायावादी काव्य की विचारधारा की तो आलोचना की, लेकिन वे भावबोध के उस

'लहर-मान' से कोसों दूर थे जहाँ से कविता का सृजन हो रहा था। इसलिए व्यापक जीवन के आग्रह के बावजूद उनकी आलोचना वैसी गहरी काट न कर सकी जिससे छायावादी कविता में आन्तरिक रूपान्तरण सम्भव होता।

लेकिन शुक्ल जी से जो न हो सका, उसके लिए चिन्ता करने से ज्यादा जरूरी है, शुक्लोत्तर रचना और आलोचना की द्वन्द्वात्मकता की जाँच, क्योंकि हमारे लिए आज अधिक प्रासंगिक वही है।

यदि मोटे तौर से नई कविता को उसकी समस्त अन्तर्धाराओं के साथ समकालीन रचनाशीलता का प्रतिनिधि मान लें तो इसके सम्मुख आलोचना की द्वन्द्वात्मकता के विचार के लिए मुझे सबसे महत्त्वपूर्ण आलोचक डॉ. रामविलास शर्मा ही लगते हैं। देखना यह है कि क्या डॉ. शर्मा ने भी आचार्य शुक्ल के समान ही अपने युग की रचना के प्रति दायित्व का निर्वाह किया?

सामान्यतः डॉ. रामविलास शर्मा को नई कविता का विरोधी समझा जाता है, वैसे ही जैसे आचार्य शुक्ल को छायावाद का विरोधी। शुक्लोत्तर आलोचकों में नई कविता के विरोधी नन्ददुलारे वाजपेयी और नगेन्द्र भी हैं, किन्तु इनका विरोध कुछ वैसा ही है जैसा महावीरप्रसाद द्विवेदी का छायावाद-विरोध। वैसे नई कविता के अपने शान्तिप्रिय द्विवेदी भी हैं और लक्ष्मीकांत वर्मा, ऐसे अकेले आलोचक नहीं हैं। लेकिन जैसाकि मैंने पहले कहा था, आलोचना का महत्त्व थोथे विरोध या समर्थन के स्तर से कहीं अधिक ऊँची भूमिका पर स्थित होता है। इसलिए नई कविता के विरोधी के रूप में जहाँ नन्ददुलारे वाजपेयी और नगेन्द्र समकालीन रचनाशीलता के लिए अप्रासंगिक हैं, डॉ. रामविलास शर्मा विरोध करते हुए भी सर्वथा प्रासंगिक हैं। उनके प्रासंगिक होने का एक कारण यह भी है कि उन्होंने इस दौर के प्रायः सभी प्रमुख कवियों—अज्ञेय, मुक्तिबोध, शमशेर, नागार्जुन, केदारनाथ अग्रवाल—पर विस्तार से तथा श्रीकान्त, सर्वेश्वर, भारती, साही आदि पर संक्षेप में किन्तु अवधानतापूर्वक लिखा है जो सरसरी तौर से खारिज कर देने लायक नहीं है।

समकालीन रचना के सन्दर्भ में डॉ. शर्मा का सबसे महत्त्वपूर्ण कार्य है विचारधारात्मक संघर्ष। नई कविता के अन्तर्गत अस्तित्ववाद के प्रभाव के विरुद्ध जैसा उत्कट संघर्ष डॉ. शर्मा ने चलाया, वह अपनी स्पष्टता में आचार्य शुक्ल के रहस्यवाद-विरोध की याद ताजा कर देता है। मुझे यह स्वीकार करने में तनिक भी संकोच नहीं कि साहित्य में सक्रिय विचारधाराओं—विशेषतः प्रतिक्रियावादी और भटकानेवाली विचारधाराओं की जैसी अचूक और पैनी पकड़ डॉ. शर्मा की है, किसी अन्य में नहीं दिखती। यहाँ तक कि मुक्तिबोध में भी नहीं, फिर मेरी तो चर्चा ही क्या?

फिर भी हैरानी की बात है कि समकालीन रचनाकारों को डॉ. शर्मा की वैचारिक आलोचना उतनी विचलित नहीं करती जितनी मुक्तिबोध की। कारण सम्भवतः भावबोध में निहित है। निश्चय ही अन्तर यह नहीं है कि मुक्तिबोध कवि हैं और

रामविलास शर्मा आलोचक। तथ्य तो यह है कि रामविलास शर्मा भी स्वीकृत कवि हैं—'तार सप्तक' के कवियों में से ही एक नहीं, बल्कि 'रूप तरंग' के भी कृती कवि। किन्तु यह भी तथ्य है कि जिस तरह मुक्तिबोध अधिकांश नये कवियों के साथ भावबोध के स्तर पर एक 'लहर-मान' पर हैं, रामविलास शर्मा शायद नहीं हैं। इसीलिए मुक्तिबोध जब रचना-प्रक्रिया का विश्लेषण करते हुए नई कविता के अन्दर भावबोध और विचारधारा की सीमाएँ दिखलाते हैं तो वह ज्यादा विश्वसनीय लगता है, जबकि डॉ. शर्मा का वैचारिक विरोध ऊपर-ऊपर से छूकर निकल जाता है।

साफ है कि आज की रचनाशीलता के साथ डॉ. शर्मा का उतना लगाव नहीं है जितना अपने युग की रचनाशीलता के साथ आचार्य शुक्ल का था। शायद इसीलिए आचार्य शुक्ल तो अपने युग के सर्जनात्मक काव्य से आलोचना के लिए अपेक्षित संकल्पनाएँ ले सके, लेकिन डॉ. शर्मा ने इस प्रकार का कोई उल्लेख्य प्रयास नहीं किया।

इस सीमा के बावजूद आचार्य शुक्ल के समान ही डॉ. शर्मा ने भी अपने-आपको नितान्त समसामयिक साहित्य तक ही सीमित न रखकर हिन्दी साहित्य की पूरी परम्परा का पुनर्मूल्यांकन किया और उस जीवन्त परम्परा के आलोक में समकालीन साहित्य को जाँचने-परखने का प्रयास भी किया। आचार्य शुक्ल के समान ही डॉ. शर्मा की दृष्टि भी साहित्य के मूल्यांकन के समय बराबर लोकजीवन पर ही रही है और लोकहित ही उनकी आलोचना का लक्ष्य भी है।

आलोचना के इस दायित्व-निर्वाह में यदि आचार्य शुक्ल के समान ही डॉ. शर्मा से भी कहीं-कहीं चूक हुई है तो इससे उस प्रयास का महत्त्व कम नहीं होता। बड़ा आलोचक जहाँ सही होता है, वहाँ तो सिखलाता ही है, जहाँ वह चूकता है, वहाँ और अधिक सीखने का अवसर देता है। इस चूक पर यदि किसी रचनाकार का अहंकार तुष्ट होता है और वह रचना को आलोचना से श्रेष्ठ समझने की खुशफहमी में जीता है तो उससे क्या वार्ता? विकास की सम्भावना तो वहीं है जहाँ सच्ची द्वन्द्वात्मकता है, और कहना न होगा कि वह काफी पेचीदा है!

*[आचार्य रामचन्द्र शुक्ल जन्मशती समारोह, भोपाल (भारत-भवन), 1984 में 'समकालीन रचना और आलोचना की द्वन्द्वात्मकता' विषय पर व्यक्त विचार]*

# छायावाद और डॉ. रामविलास शर्मा

सवाल दरअसल छायावादी काव्य के स्वीकार-अस्वीकार का नहीं, बल्कि छायावादी दृष्टि को स्वीकार-अस्वीकार करने का है। छायावादी दृष्टि और छायावादी काव्य एक नहीं हैं। छायावादी दृष्टि के बावजूद छायावादी कवियों ने हिन्दी साहित्य को अनेक कालजयी कृतियाँ दी हैं। उन कृतियों के लिए आज के कवियों में भी सम्मान का भाव है। डॉ. रामविलास शर्मा की तरह ही आज के कवि भी निराला को अपना मानते हैं और उनसे प्रेरणा लेते हैं। इसलिए छायावाद की पूर्ण अस्वीकृति की बात एकदम बेबुनियाद है। दरअसल यह एक प्रवाद है, जिसका प्रचार जान-बूझकर आज के लेखन के विरोधियों ने कर रखा है। छायावाद की पूर्ण अस्वीकृति उतनी ही गलत है जितनी पूर्ण स्वीकृति। डॉ. शर्मा के आज के वक्तव्य तथा दूसरे लेखों से स्पष्ट है कि वे भी छायावाद को पूर्णतः स्वीकार नहीं करते। फिर बहस का मुद्दा क्या है? क्या ऐसा है कि छायावाद के जिन तत्त्वों को डॉ. शर्मा स्वीकार करते हैं, उनको आज के कवि अस्वीकार करते हैं?

डॉ. रामविलास शर्मा भी यह मानते हैं कि आज के लेखक में एक 'नया यथार्थवादी रुझान' है। जाहिर है कि इस 'नये यथार्थवादी रुझान' के अनुसार ही आज के लेखक छायावाद को भी स्वीकार-अस्वीकार करते हैं। छायावादी कविता में जहाँ यथार्थ है, वह स्वीकार्य है; बाकी यदि अस्वीकार्य समझा जाता है तो इस पर डॉ. शर्मा को भी एतराज नहीं होना चाहिए। आज के कवियों ने निराला से समझौताहीन-विद्रोह की भावना ली है और इसी विद्रोही भावना के साथ वे आज अपने परिवेश से जूझ रहे हैं। यह सही है कि वे निराला जैसा नहीं लिखते—यही नहीं कि लिख नहीं सकते; बल्कि लिखना भी नहीं चाहते। फिर भी आज के लेखन में जिस यथार्थ भाषा और प्रतीक योजना की दाद डॉ. शर्मा ने दी है, वह कहीं न कहीं निराला से प्रेरित है। छायावाद से भिन्न रचना करने का अर्थ छायावाद की अस्वीकृति नहीं है। सृजन का यह अद्‌भुत विरोधाभास है कि किसी कवि को स्वीकार करके भी उससे भिन्न रचना की जाती है। इस दृष्टि से सृजनशीलता के बुनियाद में ही अस्वीकृति है।

वस्तुतः आज के कवियों का विरोध मुख्यतः छायावादी दृष्टि से है। इसका प्रमुख कारण सामाजिक-राजनीतिक है। छायावादी युग का सम्बन्ध राजनीति में

गांधी और नेहरू की विचारधारा से है, जिसका दुष्परिणाम आज के लेखकों के सामने है। उनके मन में इस राजनीति के विरुद्ध तीव्र विद्रोह है। इसीलिए वे इस राजनीति से सम्बद्ध छायावादी दृष्टि के भी खिलाफ हैं। यथार्थ का दबाव इतना तीखा है और उसे हू-ब-हू देखने का आग्रह इतना प्रबल है कि छायावादी इन्द्रजाल को तोड़ना जरूरी मालूम होता है। यदि पूर्ववर्ती लेखकों ने इस छायावादी जाल को पूरी तरह तोड़ने में तत्परता दिखाई होती तो इस बारे में आज के कवियों का क्षोभ काफी कम होता।

इस पृष्ठभूमि से स्पष्ट है कि आज के कवियों का छायावाद-विरोध टी.एस. इलियट का असर नहीं, बल्कि अपनी ही तीस वर्षों की परम्परा की विरासत है। छायावाद-विरोध के मामले में आज के कवि प्रगतिवाद और नई कविता ही नहीं, बल्कि स्वयं निराला-पन्त के भी अनुगामी हैं जिन्होंने सन् '36-37 तक आते-आते छायावाद को अस्वीकार कर दिया था।

छायावाद-विरोध की इस लम्बी शृंखला में सबसे रोचक बात यह है कि बाद में आने वाली हर पीढ़ी ने अपने पूर्ववर्ती दौर को, उसके छायावाद-विरोध के बावजूद रोमांटिक कहा—प्रयोगवादियों ने प्रगतिवाद को, नये कवियों ने प्रयोगवाद को, आज के युवा कवियों ने नई कविता को; और इन्हें भी कुछ लोग मूलतः रोमांटिक कहने लगे हैं। कितना प्रबल है छायावादी संस्कार कि हिन्दी कविता इतने संघर्ष के बाद भी उससे मुक्त नहीं हो सकी! क्या आज की यह बहस भी इस बात का प्रमाण नहीं है?

इलियट के असर की बात यदि छायावाद-विरोध के इतिहास में कहीं उठ सकती है तो प्रयोगवाद में। प्रमाण है अज्ञेय के 'त्रिशंकु' में संकलित 'रूढ़ि और मौलिकता' शीर्षक निबन्ध, जो इलियट के 'ट्रेडिशन एंड इंडिविजुअल टैलेंट' का छायानुवाद है। 'तार सप्तक' का प्रकाशन भी लगभग इसी समय हुआ था और डॉ. रामविलास शर्मा 'तार सप्तक' के एक कवि हैं। उन्हें इलियट की असंगतियों का बोध है। वे स्वयं इलियट के असर में नहीं हैं लेकिन उनके दिमाग में इलियट के व्यापक असर की याद ताजा है। शायद इसीलिए वे आज के कवियों को प्रबोधित करने के लिए इलियट की असंगतियों का हवाला दे रहे हैं। इलियट ने रोमांटिसिज्म का विरोध भी किया और कुछ रोमांटिक कवियों तथा कविताओं की सराहना भी की। विरोध प्रतिक्रियावादी था, सराहना प्रगतिशील थी। निष्कर्ष यह कि इलियट से प्रभावित कवियों को छायावाद-विरोध छोड़कर छायावादी कविता को सराहना चाहिए। डॉ. शर्मा स्वयं भी आज छायावाद के सकारात्मक पक्ष पर ज्यादा बल दे रहे हैं। 'तार सप्तक' के पहले वक्तव्य में जहाँ वे छायावाद के बारे में एकदम खामोश हैं, दूसरे संस्करण के नये वक्तव्य की शुरुआत ही इस वाक्य से होती है कि 'मेरी कविताओं का घनिष्ठ सम्बन्ध छायावादी कविता—और उससे भी अधिक छायावादी कवियों से है।' आखिर

छायावादी कविता से अपने 'घनिष्ठ सम्बन्ध' की घोषणा करने की आवश्यकता सहसा क्यों आ पड़ी?

इलियट की असंगतियों का एक पहलू और है, जिसका जिक्र नहीं किया गया। इलियट ने एक ओर मिल्टन की मूर्ति तोड़ी तो दूसरी ओर मिल्टन पर श्रद्धा के फूल भी चढ़ाए—यह तो कहा गया, लेकिन यह नहीं कहा गया कि इन दोनों कार्यों के बीच लगभग ग्यारह साल का अन्तर है। यह कालगत अन्तर एकदम महत्त्वहीन नहीं। शुरू का विद्रोही मूर्तिभंजक इलियट धीरे-धीरे प्रतिष्ठित होकर अन्ततः प्रतिष्ठानों के साथ हो गया। आज छायावाद के सकारात्मक पक्षों पर बल देकर डॉ. रामविलास शर्मा भी कहीं इलियट का अनुसरण तो नहीं कर रहे? इतना पता तो उन्हें भी होगा कि कुछ क्षेत्रों में आज नई कविता के विरुद्ध छायावाद तथा उत्तर-छायावाद को खड़ा करने की कोशिशें हो रही हैं—कभी सीधे और कभी रस-सिद्धान्त की वैशाखी के सहारे! क्या डॉ. शर्मा भी उसी पक्ष में खड़े होना चाहते हैं? क्या विडम्बना है! 'अन्याय जिधर है उधर शक्ति!'

आकस्मिक नहीं कि डॉ. रामविलास शर्मा अब साहित्य में भावधारा या अनुभूति को सर्वोपरि स्थान दे रहे हैं। कल तक वे विचारधारा को सर्वोपरि मानते थे। आधुनिक भाव-बोध के दूसरे विरोधी भी काव्य में 'अनुभूति' और 'रागात्मकता' का ही मंत्र जपते रहते हैं फिर अन्तर कहाँ रहा? विचार और अनुभूति का यह द्वैत तो दूसरों की कमजोरी थी। हृदय और बुद्धि के झगड़े तो छायावाद युग के हैं। 'डिस्सोसिएशन ऑफ सेंसिबिलिटी' का मिथ तो इलियट ने खड़ा किया था। डॉ. शर्मा तो उस मार्क्सवाद के विश्वासी हैं जिसमें इन्द्रियबोध, भाव और विचार को यांत्रिक रूप में न देखकर इनके पारस्परिक घात-प्रतिघात से निर्मित एक समग्र चेतना को स्वीकार किया जाता है। आज की काव्य-चर्चा में व्यवहृत 'भाव-बोध' उस समग्र चेतना की अवधारणा के अधिक निकट है या छायावादी युग का अनुभूति और विचार वाला द्वैत? आधुनिक भाव-बोध का विरोध किधर ले जा रहा है डॉ. शर्मा को?

सवाल आधुनिक भाव-बोध वाले साहित्य को 'सहानुभूति' देने का नहीं, बल्कि ठीक-ठीक समझने का है। बिना समझ के सहानुभूति का कोई अर्थ नहीं। जिस तरह छायावाद एक नहीं था, उसी तरह 'आधुनिक भाव-बोध' भी एक नहीं है। इसमें भी कई रंग हैं। इसलिए आज के कवियों के छायावाद-विरोध के भी कई रंग हैं। छायावाद का विरोध करते हुए कुछ कवि एक-दूसरे ढंग की रूमानियत में जा फँसे हैं तो बहुत-से ऐसे भी हैं जो यथार्थ के और भी गहरे स्तरों की खोज की ओर अग्रसर हो रहे हैं। इसलिए महत्त्वपूर्ण प्रश्न छायावाद के विरोध या समर्थन का नहीं बल्कि आज के यथार्थ को अधिक से अधिक उसकी यथार्थता में देखने के माध्यमों और औजारों को बनाने का है। रचनाकार की समस्या सृजन की है और सृजन के लिए

खामख्वाह परम्परा-भक्ति प्रदर्शित करना जरूरी नहीं है। यदि छायावाद के सकारात्मक पक्ष को स्वीकार करके भी कोई कवि आज की परिस्थिति के उपयुक्त सृजन नहीं करता तो उसकी छायावाद-स्वीकृति की कोई सार्थकता नहीं।

यदि जो सामन्त-विरोधी साम्राज्यवाद-विरोधी परिस्थिति छायावाद युग में थी, वही आज भी है तो इसका मतलब यही है कि आज भी छायावाद जैसी कविता लिखी जानी चाहिए अथवा वैसी कविता चल सकती है। लेकिन सवाल परिस्थिति की 'सामान्यता' का नहीं, बल्कि 'विशिष्टता' का है—सामान्य के अन्दर होनेवाले विशिष्ट परिवर्तनों का है। यथार्थवादी दृष्टि ऐसे ब्यौरों की बारीकी में जाती है और कहना न होगा कि सच्चा सृजन इसी दृष्टि से सम्भव होता है।

# हिन्दी नवजागरण की समस्याएँ

भारतेन्दु हरिश्चन्द्र के उदय के साथ हिन्दी में एक नये युग का आरम्भ हुआ, यह मान्यता तो बहुत पहले से प्रचलित रही है; किन्तु इस नये युग को 'नवजागरण' नाम देने का श्रेय हिन्दी में डॉ. रामविलास शर्मा को है। 'महावीरप्रसाद द्विवेदी और हिन्दी नवजागरण' (1977) नामक पुस्तक के द्वारा उन्होंने 'नवजागरण' ही नहीं बल्कि 'हिन्दी नवजागरण' की संकल्पना प्रस्तुत की। इससे पहले भारत में नवजागरण की चर्चा प्रायः 'बंगाल नवजागरण' के रूप में ही होती रही है। शब्द के प्रयोग पर प्रकाश डालते हुए डॉ. शर्मा ने कुछ वर्ष बाद 'भारतेन्दु हरिश्चन्द्र और हिन्दी नवजागरण की समस्याएँ' (1984) नामक एक अन्य पुस्तक के तीसरे संस्करण की भूमिका में लिखा है कि 'नवजागरण'—यह शब्दबन्ध नया था, धारणा पुरानी थी। पुरानी धारणा से तात्पर्य सम्भवतः 'रिनेसांस' से है।

हिन्दी साहित्य के पुराने इतिहास ग्रन्थों को देखने से पता चलता है कि पादरी एफ.ई. के ने 1920 ई. में ही इस 'रिनेसांस' की चर्चा की थी। अपनी छोटी-सी पुस्तक 'ए हिस्ट्री ऑफ हिन्दी लिट्रेचर' के पहले अध्याय में ही के ने लिखा है : 'उन्नीसवीं शताब्दी के आरम्भ में यूरोप की संस्कृति के सम्पर्क के द्वारा हिन्दी साहित्य में एक नया प्रभाव आया।...इसी समय के आसपास भारत में एक सशक्त साहित्यिक नवजागरण शुरू हुआ जो अब तक प्रगति पर है।'

कहते हैं कि उन्नीसवीं शताब्दी के भारतीय नवजागरण के अग्रदूत राजा राममोहन राय स्वयं भी उस समय की नई सांस्कृतिक चेतना को एक 'रिनेसांस' समझते थे। पादरी अलेक्ज़ेंडर डफ़ से एक बार उन्होंने कहा था : 'मुझे ऐसा लगने लगा है कि यहाँ भारत में यूरोपीय रिनेसांस से मिलता-जुलता कुछ घटित हो रहा है।'

लेकिन उसी नवजागरण की एक अन्य महान विभूति बंकिमचन्द्र चट्टोपाध्याय की दृष्टि में 'रिनेसांस' पन्द्रहवीं शताब्दी के भारत का सांस्कृतिक जागरण था। अपने निबन्ध 'बाङ्लार इतिहास सम्बन्धे कयेकटि कथन' (1880) में उन्होंने लिखा है : 'यूरोप कितना पहले सभ्य हुआ? सिर्फ चार सौ साल पहले पन्द्रहवीं सदी तक यूरोप हमसे अधिक असभ्य था। सभ्यता यूरोप में एक घटना से आई। अकस्मात् यूरोप ने चिर-विस्मृत ग्रीक संस्कृति का पुनराविष्कार किया।...पेट्रार्क, लूथर, गैलीलियो,

बेकन; अकस्मात् यूरोप का भाग्योदय हो गया। हमारे यहाँ भी एक बार वही दिन आया था। अकस्मात् नवद्वीप में चैतन्य चन्द्रोदय; उसके बाद रूप सनातन प्रभृति असंख्य कवि धर्मतत्त्वविद् पंडित। दर्शन में रघुनाथ शिरोमणि, गदाधर, जगदीश; स्मृति में रघुनन्दन एवं उनके अनुयायी। फिर बंगला काव्य का जलोच्छ्वास। विद्यापति, चंडीदास, चैतन्य के पूर्वगामी। किन्तु उसके बाद जो चैतन्य परवर्तिनी बंगला कृष्ण विषयक कविता लिखी गई, वह अपरिमेय तेजस्विनी और जगत में अतुलनीय है। यह सब कहाँ से आया? हमारा यह 'रिनेसांस' कैसे घटित हुआ? सहसा जाति की मानसिक उद्‌दीप्ति कहाँ से हुई?'

प्रसंग बंगाल के इतिहास का था, इसलिए बंकिम के सारे उदाहरण भी स्वभावतः बंगाल तक ही सीमित हैं। फिर भी इस कथन का विस्तार पूरे भारत के व्यापक सन्दर्भ में किया जा सकता है, जिससे स्पष्ट निष्कर्ष निकलता है कि यूरोप के 'रिनेसांस' के समान भारत में भी पन्द्रहवीं शताब्दी में नवजागरण की लहर उठी थी। सामान्यतः इसे अपने यहाँ भक्ति आन्दोलन कहा जाता है। सवाल यह है कि 'रिनेसांस' किसे कहा जाए—पन्द्रहवीं शताब्दी के भक्ति आन्दोलन को या उन्नीसवीं शताब्दी के सांस्कृतिक नवजागरण को?

यदि केवल शब्द के स्तर पर ही देखें तो स्वयं यूरोप में भी समस्या इतनी स्पष्ट न थी। 'प्रकृति का द्वन्द्ववाद' नामक पुस्तक में 'महान रिनेसांस' का वर्णन करते हुए एंगेल्स ने लिखा है : 'प्रकृति की आधुनिक खोज...हाल के समूचे इतिहास की भाँति उस महान युग से आरम्भ होती है, जिसे हम जर्मन अपने ऊपर आई राष्ट्रीय विपदा के नाम पर 'रिफार्मेशन' का काल कहते हैं और फ्रांसीसी लोग 'रिनेसांस' कहते हैं तथा इतालवी लोग 'चिंक्वेचेन्तो' कहते हैं, यद्यपि इनमें से कोई भी नाम उसके सार को पूर्णतः अभिव्यक्त नहीं करता। यह वह युग था जिसका उदय पन्द्रहवीं शताब्दी के उत्तरार्द्ध में हुआ था।'

कहने की आवश्यकता नहीं कि भारतीय भाषाओं में भी उन्नीसवीं शताब्दी के नवजागरण के लिए पुनरुत्थान, पुनर्जागरण, नवजागरण, प्रबोधन, समाज-सुधार आदि अनेक शब्द प्रचलित हैं। निस्सन्देह इनमें से प्रत्येक शब्द के साथ एक निश्चित अर्थ, एक निश्चित प्रत्यय जुड़ा है। किन्तु मुख्य प्रश्न तो यह है कि यदि भारत का उन्नीसवीं शताब्दी का सांस्कृतिक नवजागरण 'रिनेसांस' था तो पन्द्रहवीं शताब्दी का सांस्कृतिक नवजागरण क्या था?

उन्नीसवीं शताब्दी के भारतीय नवजागरण को 'रिनेसांस' कहने में एक कठिनाई तो यही है कि इस युग के भारतीय विचारकों और साहित्यकारों के प्रेरणास्रोत यूरोप के पन्द्रहवीं शताब्दी के चिन्तक और साहित्यकार न थे; बल्कि इसके विपरीत प्रेरणा-स्रोत के रूप में अधिकांश विचारक उस काल के थे जिसे यूरोप में 'एनलाइटेनमेंट' का काल तथा उसके बाद का काल कहा जाता है। स्वयं बंकिम की सहानुभूति रूसो

और प्रूधों के साथ थी और वे कोन्त, जान स्टुअर्ट मिल तथा हर्बर्ट स्पेंसर से प्रभावित दिखाई पड़ते हैं। कमोबेश यही स्थिति बंगाल में राममोहन राय, ईश्वरचन्द्र विद्यासागर, देरेज़ियो आदि की दिखती है और हिन्दी में महावीरप्रसाद द्विवेदी तथा रामचन्द्र शुक्ल की भी। उल्लेखनीय है कि महावीरप्रसाद द्विवेदी की 'सरस्वती' ज्ञान की पत्रिका कही गई है और उनका गद्य हिन्दी साहित्य का ज्ञानकांड। इस प्रकार भारत का उन्नीसवीं शताब्दी का नवजागरण यूरोप के 'एनलाइटेनमेंट' अथवा 'ज्ञानोदय' की चेतना के अधिक निकट प्रतीत होता है और पन्द्रहवीं शताब्दी का नवजागरण 'रिनेसांस' के तुल्य। अब यदि यह अन्तर प्रत्यय के स्तर पर स्पष्ट हो तो दोनों के लिए अलग-अलग नाम निश्चित करने में विशेष कठिनाई नहीं रहती। सम्भवतः इस अन्तर को ध्यान में रखकर ही डॉ. रामविलास शर्मा ने पन्द्रहवीं शताब्दी के भक्ति आन्दोलन के लिए 'लोकजागरण' और उन्नीसवीं शताब्दी के सांस्कृतिक जागरण के लिए 'नवजागरण' शब्द का प्रयोग किया है। इन शब्दों के बदले और नये शब्द गढ़ने की अपेक्षा इन्हीं शब्दों को प्रचलित करना बेहतर है और सुविधाजनक भी। 'लोकजागरण' और 'नवजागरण' से पन्द्रहवीं शताब्दी और उन्नीसवीं शताब्दी की सांस्कृतिक प्रक्रियाओं के बीच परम्परा का सम्बन्ध भी बना रहता है, और अन्तर भी स्पष्ट हो जाता है। इसके अतिरिक्त यूरोपीय इतिहास के अनावश्यक अनुषंग से मुक्ति भी मिल जाती है। क्या अपने इतिहास की व्याख्या के लिए हम हमेशा अंग्रेजी प्रत्ययों का अनुवाद ही करते रहेंगे?

उन्नीसवीं शताब्दी के नवजागरण पर ठीक से विचार करने के लिए पन्द्रहवीं शताब्दी के लोकजागरण के बारे में भी स्पष्टता आवश्यक है। नवजागरण, लोकजागरण का पुनरुत्थान मात्र नहीं है, क्रिन्तु एक में दूसरे की चेतना अंशतः विद्यमान है। बंकिमचन्द्र ने ब्राह्मो विचारकों को वेदों और उपनिषदों तक दौड़ लगाते देखकर साफ शब्दों में कहा था कि 'समतावादी और आधुनिक मूल्यों के लिए वेदों और उपनिषदों की दूरी तक दौड़ लगाना क्यों जरूरी है जबकि बंगाल ने चैतन्य जैसे समाज-सुधारक को जन्म दिया, जिन्होंने अभी सोलहवीं शताब्दी में ही जातिगत असमानता और धार्मिक असहिष्णुता की भर्त्सना की है।' हिन्दी से उदाहरण लें तो भारतेन्दु की वैष्णव-निष्ठा सर्वविदित ही है। सन् 1884 ई. में जीवन के अन्तिम दिनों में उन्होंने 'वैष्णवता और भारतवर्ष' शीर्षक एक लम्बा लेख लिखकर सप्रमाण सिद्ध करने का प्रयत्न किया था कि 'वैष्णव मत ही भारतवर्ष का मत है और वह भारतवर्ष की हड्डी-लहू में मिल गया है।' ऐसे उदाहरण उन्नीसवीं शताब्दी के अन्तर्गत अन्य भाषाओं के साहित्यकारों में भी मिल जाएँगे।

उन्नीसवीं शताब्दी का नवजागरण भक्तिकालीन लोकजागरण से भिन्न इस बात में है कि यह उपनिवेशवादी दौर की उपज है, इसलिए इसकी ऐतिहासिक अन्तर्वस्तु भी भिन्न है। यह उस लोकजागरण से इसलिए भी भिन्न है कि इसके पुरस्कर्ता और

विचारक नये शिक्षित मध्यवर्ग के हैं, जिन्हें बंगला में 'भद्रलोक' की संज्ञा दी गई है। यह नया भद्रलोक भक्त कवियों की तरह न तो सामान्य लोक के बीच से आया था और न लोकजीवन के साथ घुल-मिल पाने में ही सफल हो सका। इनमें से कुछ विचारों में लोकोन्मुख अवश्य थे, लेकिन आचार में लोक के साथ तादात्म्य स्थापित न कर पाए। इसलिए भक्तिकालीन लोकजागरण की तुलना में इस नवजागरण का प्रसार भी सीमित था। इसका प्रभाव बहुत कुछ नये नगरों तक ही सीमित था।

उन्नीसवीं शताब्दी के भारतीय नवजागरण की चर्चा के क्रम में यूरोपीय 'रिनेसांस' का जिक्र इतना आया है कि उसे एकदम स्मृति पटल से मिटा देना मुश्किल है, और उसे शाश्वत-सार्वभौम मान लेने का एक प्रलोभन भी है किन्तु हमारे नवजागरण की एक देन वह 'आलोचनात्मक' दृष्टि भी है जो यूरोप के 'प्राच्यविद्यावाद' (ओरिएंटलिज्म) के इस उपनिवेशवादी मायापाश को छिन्न करने की चेतावनी देती है।

भारतीय नवजागरण की मूल समस्या है भारतेन्दु के शब्दों में—'स्वत्व निज भारत गहै।' यह 'स्वत्व' वही है जिसे आजकल 'अस्मिता' कहते हैं। राजनीतिक स्वाधीनता इस स्वत्व-प्राप्ति की पहली शर्त है। नवजागरण के उन्नायक इस आवश्यकता का अनुभव न करते रहे होंगे, यह सोचना कठिन है, फिर भी तथ्य यही है कि नवजागरणकालीन प्रकाशित साहित्य में राजनीतिक स्वाधीनता का स्पष्ट स्वर कम ही सुनाई पड़ता है। पहले ईस्ट इंडिया कम्पनी और फिर महारानी विक्टोरिया के शासनकाल में राज के विरुद्ध निश्चय ही किसानों के छिट-पुट विद्रोह बराबर होते रहे, जिनमें सबसे संगठित और सशक्त सन् सत्तावन की राजक्रान्ति है, फिर भी समकालीन शिष्ट साहित्य में उसकी गूँज सुनाई नहीं पड़ती—लोक-साहित्य भले ही प्रचुर मात्रा में मौखिक रूप में रचा गया हो। यह स्थिति सन् सत्तावन के पहले तो थी ही, उसके बाद भी कम-से-कम तीन दशकों तक बनी रही। आर्थिक शोषण के खिलाफ जरूर लिखा गया, पुलिस तथा अन्य अफसरों के अत्याचार और अन्याय की भी शिकायत की गई, पर राजसत्ता पलटने के विचार को जैसे अन्तर्गुहावास दे दिया गया। निश्चय ही इसका एक कारण—और बहुत बड़ा कारण था राज का दमन और दमन से पैदा होनेवाला आतंक। भारतेन्दु के शब्दों में 'जेहि भय सिर न हिलाय सकत कहुँ भारतवासी।' फिर भी देशभक्ति के साथ राजभक्ति नवजागरण का अभिन्न स्वर है—इतना अभिन्न कि इससे किसी प्रदेश और किसी भाषा का कोई भी लेखक अछूता नहीं है। यह कटु सत्य है और इसके लिए किसी प्रकार की क्षमा-याचना आज आवश्यक नहीं है और न कोई सफाई ही जरूरी है। सच तो यह है कि अधिकांश लेखक सुरक्षा, सुशासन, शिक्षा, उन्नति और शान्ति के लिए ब्रिटिश राज के प्रति उपकृत अनुभव करते हैं—विशेष रूप से मुगलों के शासन की

तुलना में। इस प्रवृत्ति के अवशेष बीसवीं शताब्दी के दूसरे दशक तक मैथिलीशरण गुप्त की 'भारत भारती' जैसी राष्ट्रीय कही जानेवाली काव्य-कृति में भी मिलती है। यहाँ तक कि कभी-कभी तो नवजागरण के अनेक उन्नायक राजसत्ता के साथ सहयोग करते भी दिखाई पड़ते हैं। अब इसे कोई चाहे तो नवजागरण के उन्नायकों का मध्यवर्गीय अथवा भद्रलोक चरित्र कह ले, अथवा किसी संगठित राजनीतिक प्रतिरोध के अभाव के द्वारा इस निरुपायता की व्याख्या कर ले, किन्तु हर हालत में यह तथ्य विस्मृत न हो कि कुल मिलाकर था यह मूलतः नवजागरण ही— सांस्कृतिक नवजागरण, जिसे राष्ट्रीय स्वाधीनता संघर्ष का पूर्वरंग भले कह लें किन्तु उसका पर्याय न समझें।

जैसाकि सच्चिदानन्द वात्स्यायन ने मैथिलीशरण गुप्त के प्रसंग में एक जगह कहा है : 'हम यह तो कह सकते हैं कि अंग्रेजी सरकार का विरोध किए बिना भारतीयता की प्रतिष्ठा चाहने वाले हेतु और हेतुमत् का सही रिश्ता नहीं पहचान पाए थे।...पर आर्थिक-राजनीतिक आधार को स्वीकार कर लेने पर भी यह बात नहीं कटती कि बिना एक जीवन्त और प्रेरणाप्रद आत्म-बिम्ब के वह लड़ाई नहीं लड़ी जा सकती थी जो लड़ी गई; न वैसे लड़ी जा सकती थी, जैसी लड़ी गई।'

यह बात कम मूल्यवान नहीं है कि राजनीतिक मुक्ति का मार्ग अवरुद्ध पाकर नवजागरण के उन्नायक हाथ-पर-हाथ धरकर बैठ नहीं गए, बल्कि उन्होंने स्वत्व-रक्षा के अन्य मोर्चों पर संघर्ष जारी रखा। यह संघर्ष था सांस्कृतिक मोर्चे का—सांस्कृतिक मोर्चे पर औपनिवेशक मानसिकता और दिमागी गुलामी के खिलाफ संघर्ष। कहना न होगा कि यह संघर्ष राजनीतिक संघर्ष से कम कठिन न था। उपनिवेशवाद की छाया में भारतीय संस्कृति के लोप का खतरा था, इसलिए अपनी संस्कृति की रक्षा का प्रश्न स्वत्व-रक्षा का प्रश्न बन गया था। 1840 में अक्षय कुमार दत्त ने एक ब्राह्मो सभा में भाषण देते हुए कहा था : 'हम एक विदेशी शासन के अधीन हैं, एक विदेशी भाषा में शिक्षा प्राप्त करते हैं, और विदेशी दमन झेल रहे हैं, जबकि ईसाई धर्म इतना प्रभावशाली हो चला है गोया वह इस देश का राष्ट्रीय धर्म हो!...मेरा हृदय यह सोचकर फटने लगता है कि 'हिन्दू' शब्द भुला दिया जाएगा और हम लोग एक विदेशी नाम से पुकारे जाएँगे।'

इस उद्धरण से स्पष्ट हो जाता है कि भारतीय नवजागरण धार्मिक रूप लेने के लिए क्यों विवश हुआ। नवजागरण काल का शायद ही कोई लेखक या विचारक हो जिसने धार्मिक प्रश्नों पर न लिखा हो। जब स्वयं उपनिवेशवादी राजसत्ता का दमन ही धार्मिक रूप ले रहा था तो प्रतिरोध धार्मिक रूप में प्रकट होना अनिवार्य था। मैक्समूलर ने इस धार्मिक दमन के आँकड़े देकर बताया था कि 1885 तक भारत में 38 ईसाई मिशन-समाज काम कर रहे थे, जिनके विदेशी सदस्यों की संख्या 887 थी और देशी-प्रचारक 751 तथा गैर-ईसाई सहायक 2856 थे। ये ईसाई मिशन अन्य

साधनों के अतिरिक्त स्कूलों और अस्पतालों के जरिये भी धर्म परिवर्तन करवा रहे थे। ऐसे वातावरण में स्वत्व का प्रश्न धर्म का प्रश्न बन गया था।

भारतीय अस्मिता समाप्त करने के लिए अंग्रेजी सरकार की ओर से भारत के इतिहास को भी तोड़-मरोड़कर पेश करने की कोशिश की गई। उपनिवेशवाद ने एक ओर तो भारत के प्राचीन इतिहास की सामग्री को खोज-खोदकर एकत्र किया और दूसरी ओर उसका उपयोग उपनिवेशवादी सत्ता के हक में किया। यह था उपकार के आवरण में अपकार का षड्यंत्र। भारतीय अस्मिता को एक बड़ा खतरा इस 'प्राच्य- विद्या' (ओरिएंटलिज्म) से था जिसने पश्चिम से भिन्न एक ऐसे 'पूर्व' का मिथक गढ़ा जो अनन्त काल तक गुलाम रहने के लिए अभिशप्त था। इस 'प्राच्य-विद्यावाद' के विरुद्ध संघर्ष करने के लिए भारतीय नवजागरण ने इतिहास की प्रतिदृष्टि विकसित की। बंकिमचन्द्र ने एक जगह लिखा है कि 'कोई राष्ट्र अपने इतिहास में अस्तित्व ग्रहण करता है; इसलिए अपने इतिहास का ज्ञान ही किसी जाति का आत्मज्ञान है।' आकस्मिक नहीं है कि नवजागरण के अधिकांश लेखक किसी-न-किसी स्तर पर इतिहासकार भी थे। नवजागरण की एक बहुत बड़ी देन सम्भवतः वह इतिहास-दृष्टि है जिससे अपने अतीत को शत्रु से मुक्त करके उसके विरुद्ध वर्तमान में इस्तेमाल करने की कला आती है और भविष्य के लिए एक स्वप्नदृष्टि भी मिलती है।

स्वत्व-संघर्ष में उन्नीसवीं शताब्दी के नवजागरण का सबसे निर्णायक कदम भाषा के क्षेत्र में उठा। यह आकस्मिक नहीं है कि जिन भारतेन्दु ने 'स्वत्व निज भारत गहै' की आवाज बुलन्द की, उन्हीं ने 'निज भाषा उन्नति अहै सब उन्नति कौ मूल' की भी घोषणा की। भारतीय भाषाओं को नवजागरण की सबसे मूल्यवान देन गद्य है और निराला के शब्दों में 'गद्य जीवन-संग्राम की भाषा है।' विदेशी भाषा के विरुद्ध अपनी भाषा की रक्षा और विकास विदेशी सत्ता के विरुद्ध स्वदेशी का जातीय अस्त्र है। वस्तुतः भाषा-विकास का स्तर वह कसौटी है जिस पर भारत के किसी प्रदेश के नवजागरण की गहराई और व्यापकता जाँची जा सकती है। उदाहरण के लिए हिन्दी की तुलना में बंगला और मराठी गद्य का विकास चार-पाँच दशक पहले हो गया तो इसलिए कि वहाँ नवजागरण भी पहले हुआ। बंगला को उन्नीसवीं शताब्दी के मध्य में ही ईश्वरचन्द्र विद्यासागर मिल गए और उत्तरार्द्ध में पहले बंकिमचन्द्र, फिर रवीन्द्रनाथ। मराठी एक तो मराठा राज के जमाने से ही राजकाज की भाषा थी, दूसरे 1840 तक मराठी माध्यम से शिक्षा देनेवाले सत्तावन स्कूल खुल गए थे। इसके अतिरिक्त मराठी का मानक रूप स्थिर करने में बम्बई सरकार ने महत्त्वपूर्ण भूमिका अदा की। इस प्रक्रिया में कोश-निर्माण का स्थान विशेष रूप से महत्त्वपूर्ण है। मराठी-मराठी 'पंडित कोश' 1829 में तथा मोल्सबर्थ का मराठी-अंग्रेजी कोश 1831 में सरकारी सहायता से

छप चुका था। आगे चलकर मराठी को विष्णु शास्त्री चिपलूणकर, महात्मा जोतिबा फुले, आगरकर, रानाडे और लोकमान्य तिलक-जैसे प्रशस्त गद्यकार मिले। यदि बंकिम का गद्य बंगला नवजागरण के वर्चस्व का दर्पण है तो चिपलूणकर का गद्य मराठी नवजागरण की प्रखरता का प्रमाण।

यदि हिन्दी गद्य बंगला और मराठी का पिछलगुआ रहा तो इसकी जड़ें जितनी प्रतिकूल राजनीतिक परिस्थिति में हैं उतनी ही हिन्दी प्रदेश के विलम्बित नवजागरण में। स्वयं भारतेन्दु के अनुसार, 1873 ई. में हिन्दी 'नये चाल में ढली'। एक तो पाँच शताब्दियों तक राजभाषा के रूप में फारसी का दबाव, फिर अंग्रेज सरकार द्वारा उर्दू को बढ़ावा, हिन्दी को अस्मिता के लिए सबसे लम्बा संघर्ष करना पड़ा। बिहार में हिन्दी 1881 ई. में कचहरियों की भाषा स्वीकृत हुई और यू.पी. में 1900 ई. में। उन्नीसवीं शताब्दी के अन्तिम पाँच दशक भाषा तो भाषा, नागरी लिपि के स्वत्व की रक्षा के संघर्ष में खप गए। इन बाधाओं के बावजूद उन्नीसवीं शताब्दी में जैसा जानदार हिन्दी गद्य लिखा गया, वह आज भी स्पर्धा का विषय है।

भाषा के क्षेत्र में भारतीय नवजागरण ने स्वत्व के लिए जो संघर्ष किया, उसका सबसे शानदार पहलू है प्रत्येक जातीय भाषा के विकास के साथ अपनी आदान-प्रदान के लिए एक अखिल भारतीय भाषा का विकास। बंगला नवजागरण के उन्नायकों ने, चाहे वे ब्राह्म हों या गैर-ब्राह्म सनातनी, बंगला के साथ ही हिन्दी को भी बढ़ावा दिया; यहाँ तक कि संस्कृत के पंडित और गुजराती दयानन्द सरस्वती को संस्कृत छोड़ हिन्दी में बोलने और लिखने की नेक सलाह कलकत्ते में केशवचन्द्र सेन से ही मिली।

हिन्दी प्रदेश के नवजागरण की अपनी विशिष्टता का निरूपण नवजागरण के इस अखिल भारतीय परिप्रेक्ष्य में ही समीचीन है। यदि हिन्दी नवजागरण के अग्रदूत भारतेन्दु बंगाल नवजागरण से प्रेरणा प्राप्त कर रहे थे तो उसके समर्थ सार्थवाह महावीरप्रसाद द्विवेदी की निष्पलक दृष्टि मराठी नवजागरण के अन्तर्गत चलने वाले 'संशोधन' पर थी। प्रसंगवश यह भी उल्लेखनीय है कि हिन्दी प्रदेश में नवजागरण का कार्य मुख्यतः स्वयं लेखकों और साहित्यकारों को ही सम्पन्न करना पड़ा क्योंकि यहाँ बंगाल और महाराष्ट्र की तरह प्रखर समाज सुधारक और विचारक अगुआई करने के लिए नहीं मिले। हिन्दी प्रदेश को मिले भी तो दयानन्द सरस्वती जिनकी भूमिका का अनुमान इसी से लगाया जा सकता है कि उन्नीसवीं शताब्दी के बड़े हिन्दी लेखकों में से एक भी उनसे प्रभावित न हो सका। स्वयं भारतेन्दु दयानन्द की अपेक्षा बंगाल के केशवचन्द्र सेन को श्रेयस्कर समझते थे। 1885 ई. में लिखित 'स्वर्ग में विचार सभा का अधिवेशन' शीर्षक लेख में भारतेन्दु दयानन्द के बारे में यह निर्णय देते हैं कि उन्होंने 'जाल को छुरी से न काटकर जाल ही से काटना चाहा', जबकि 'केशव ने इनके विरुद्ध जाल काटकर परिष्कृत पथ प्रकट किया।'

केशवचन्द्र सेन के महत्तर होने का कारण यह है कि भारतेन्दु के मन के अनुकूल केशव ने 'अपनी भक्ति की उच्छलित लहरों में लोगों का चित्त आर्द्र कर दिया।'

बंगाल नवजागरण से हिन्दी नवजागरण को अलगाते समय यह न भूलना चाहिए कि भारतेन्दु का सीधा सम्पर्क ईश्वरचन्द्र विद्यासागर, केशवचन्द्र सेन, बंकिमचन्द्र, राजेन्द्रलाल मित्र और सुरेन्द्रनाथ बैनर्जी से था। भारतेन्दु ने बंगला नवजागरण की मनपसन्द रचनाओं से छाया ग्रहण तो की ही, अपने नाटकों में जहाँ उन्हें क्रान्तिकारी विचारों को व्यक्त करना होता था, प्रायः बंगाली चरित्रों की अवतारणा करते थे और उन्हीं को प्रवक्ता भी बनाते थे।

इन तथ्यों को देखते हुए हिन्दी नवजागरण की विशिष्टता बतलाने के लिए सन् सत्तावन की राजक्रान्ति को उसका बीज मानना कठिन है। भारतेन्दु तथा उनके मंडल के लेखक सन् सत्तावन की राजक्रान्ति की अपेक्षा बंगाल के उस नवजागरण से प्रेरणा प्राप्त कर रहे थे जो उससे पहले ही शुरू हो चुका था। कारण यह कि भारतेन्दु और उनके मंडल के लेखकों की दृष्टि में अंग्रेजी राज की चुनौती राजनीतिक से अधिक सांस्कृतिक थी और इस सांस्कृतिक संघर्ष में बंगाल नवजागरण से अस्त्र-शस्त्र मिलने की सम्भावना अधिक थी।

सन् सत्तावन की राजक्रान्ति को हिन्दी नवजागरण का गोमुख मानने में एक कठिनाई यह भी है कि राजक्रान्ति के नितान्त असाम्प्रदायिक पक्ष का सन्देश हिन्दी नवजागरण तक पूरा-पूरा नहीं पहुँच सका। हिन्दी प्रदेश के नवजागरण के सम्मुख यह बहुत गम्भीर प्रश्न है कि यहाँ का नवजागरण हिन्दू और मुस्लिम दो धाराओं में क्यों विभक्त हो गया? जिस प्रदेश में हिन्दू-मुस्लिम दोनों धर्मों के लोग एक साथ मिलकर सन् सत्तावन में अंग्रेजी राज के खिलाफ लड़े, वहाँ दस वर्ष बाद ही जो नवजागरण शुरू हुआ, वह हिन्दू और मुस्लिम दो अलग-अलग खानों में कैसे बँट गया? यह प्रश्न इसलिए भी गम्भीर है कि बंगाल और महाराष्ट्र का नवजागरण इस प्रकार विभक्त नहीं हुआ। हैरानी की बात यह है कि हिन्दी प्रदेश का नवजागरण धर्म, इतिहास, भाषा—सभी स्तरों पर दो टुकड़े हो गया। स्वत्व-रक्षा के प्रयास धर्म तथा सम्प्रदाय की जमीन से किए गए।

यदि हिन्दी नवजागरण को सन् सत्तावन की राजक्रान्ति का उत्तराधिकारी कहने का अर्थ यह है कि वह अंग्रेजी राज का विरोध करने में सबसे आगे था तो इसके लिए भी पर्याप्त प्रमाण नहीं मिलते। इस दृष्टि से वस्तुतः बंगाल और महाराष्ट्र की तरह हिन्दी प्रदेश के भी उन्नीसवीं शताब्दी के लेखकों में दो वर्ग दिखाई पड़ते हैं। एक वर्ग उन लेखकों का है जो अंग्रेजी राज का घोर विरोधी है तो दूसरा वर्ग इस मामले में कुछ नरम दिखाई पड़ता है। विचित्र बात यह है कि अंग्रेजी राज का विरोध करनेवाला वर्ग धर्म-संस्कृति और सामाजिक प्रथाओं के मामले में परम्परावादी है जबकि नरम रुख अपनाने वाला वर्ग धर्म-संस्कृति आदि नैतिक-सामाजिक मान्यताओं

में या तो मूलगामी है या फिर सुधारवादी। प्रथम भारतीय होने का दावा करता है तो दूसरा पश्चिमोन्मुख है। यह ढाँचा लगभग समूचे भारतीय नवजागरण का है। यदि हिन्दी नवजागरण में पश्चिमोन्मुख लोग कम दिखते हैं और इस कारण अंग्रेजपरस्तों की संख्या कम है तो इसका एक कारण वह अंग्रेजी शिक्षा हो सकती है जो इस प्रदेश में देर से पहुँची और उसका प्रसार भी बहुत सीमित रहा। किन्तु एक बात तय है कि हिन्दी नवजागरण के अंग्रेज-विरोध का स्रोत सन् सत्तावन की राजक्रान्ति में स्पष्ट नहीं है।

इसी प्रकार हिन्दी नवजागरण में प्रखर बुद्धिवाद की प्रधानता भी संदिग्ध ही दिखाई पड़ती है। इस नवजागरण के अग्रदूत स्वयं भारतेन्दु में वैष्णव भावुकता कहीं अधिक है। निश्चय ही उनमें बौद्धिकता भी है जो व्यंग्य-रचनाओं में पूरी प्रखरता के साथ व्यक्त होती है किन्तु पद्य के साथ ही उनके अधिकांश गद्य में कृष्ण-भक्ति की भावुकता अधिक मुखर है और कहना न होगा कि यह स्रोत बंगाल से अधिक स्वयं हिन्दी के अपने कृष्ण-भक्ति काव्य में है। भारतेन्दु की यह भावुकता यदि उनकी दुर्बलता है तो उससे अधिक उनके मानवतावाद का उत्स है और साथ ही उस मस्ती और स्वाभिमान का भी सुदृढ़ आधार है, जो उन्हें अंग्रेजों के कोप की उपेक्षा करने का साहस प्रदान करता है। भारतेन्दु की इस वैष्णव भावुकता ने उन्हें दयानन्द के आर्यसमाजी खंडन-मंडन वाले बुद्धिवाद से दूर रखा। भावुकता की यह प्रधानता भारतेन्दु-मंडल के प्रतापनारायण मिश्र, प्रेमघन, जगमोहन सिंह आदि अन्य सदस्यों में भी दिखाई पड़ती है।

निश्चय ही एक विशेष प्रकार की बौद्धिकता महावीरप्रसाद द्विवेदी और उनके मंडल के मैथिलीशरण गुप्त सदृश कवियों में अधिक है, जिसका दुखद परिणाम 'इतिवृत्तात्मकता' है। लेकिन द्विवेदी मंडल समूचा हिन्दी नवजागरण नहीं है और न उसकी मुख्य धारा है। श्रीधर पाठक से रामनरेश त्रिपाठी तक जो तथाकथित स्वच्छन्दतावादी कवियों की धारा है तथा सरदार पूर्णसिंह, चन्द्रधर शर्मा गुलेरी, बालमुकुन्द गुप्त-जैसे विदग्ध गद्य लेखकों की जो लम्बी परम्परा है, वह कोरी बौद्धिकता की कोटि में नहीं आती।

इसी प्रकार जिस रहस्यवाद को हिन्दी नवजागरण पर बंगाल के प्रभाव के रूप में निरूपित किया जाता है, वह भी एक तरह से समूचे भारतीय नवजागरण का अभिन्न अंग है। यह रहस्यवाद उस नववेदान्त की देन है जिसका एक रूप रवीन्द्रनाथ में विकसित हुआ तो दूसरा रामकृष्ण परमहंस और विवेकानन्द में। हिन्दी के प्रमुख छायावादी कवियों में कितनों ने रवीन्द्रनाथ से रहस्यवाद ग्रहण किया, इस विषय में सन्देह भले हो, पर इसमें सन्देह की गुंजाइश कम ही है कि निराला के रहस्यवाद का आधार विवेकानन्द का नववेदान्त था और प्रसाद के रहस्यवाद का आधार शैवागम। यह सच है कि यह नववेदान्त हिन्दी में उसी तरह बंगाल से आया, जैसे हिन्दी

नवजागरण में और भी बहुत-सी बातें बंगाल से आईं। किन्तु इस नववेदान्त के सहारे निराला और प्रसाद ने जिस प्रकार सामन्त-विरोधी और साम्राज्य-विरोधी संघर्ष का साहित्य रचा, वह रहस्यवाद-विरोधी बौद्धिकता द्वारा रचे हुए साहित्य से घटकर है, ऐसा कहने का साहस कम ही लोग करेंगे।

वास्तविकता यह है कि भावबोध और विचारबोध की दृष्टि से समूचा भारतीय नवजागरण एक संश्लिष्ट प्रक्रिया है, जिसमें बौद्धिकता के साथ भावुकता है, ऐहिकता के साथ आमुष्मिकता भी है और यथार्थवाद के साथ ही रहस्यवाद के भी तत्त्व घुले-मिले हैं। यूरोप के 'एनलाइटेनमेंट' अथवा 'ज्ञानोदय' दौर के विचारकों से प्रेरणा लेने के बावजूद भारत का उन्नीसवीं शताब्दी का नवजागरण नितान्त बुद्धिवादी न हो सका, क्योंकि स्वयं यूरोपीय 'ज्ञानोदय' भी इतना इकहरा न था। अन्तर्विरोध इस नवजागरण की प्रक्रिया में भी थे और कहने की आवश्यकता नहीं कि यह अनिवार्यतः नवजागरण की दुर्बलता नहीं बल्कि एक तरह से उसकी समृद्धि का सूचक है।

आज उन्नीसवीं शताब्दी के भारतीय नवजागरण के इस संश्लिष्ट रूप पर बल देने की आवश्यकता विशेष रूप से इसलिए आ पड़ी है कि इसे इकहरे साँचे में ढालकर तरह-तरह से हस्तगत करने की कोशिश की जा रही है। नव-उपनिवेशवादी प्राच्यविद्याविद् इसे एकदम 'अंग्रेजी राज का सबसे मूल्यवान उपहार' बता रहे हैं तो आधुनिकतावादियों की दृष्टि में मुख्यतः आधुनिकीकरण की प्रक्रिया का श्रीगणेश है, जिसमें विज्ञान, औद्योगीकरण, बुद्धिवाद, प्रगति, धर्मनिरपेक्षता आदि मूल्य प्रधान हैं। दूसरी ओर भिन्न पक्ष के विचारक इन्हीं बातों के लिए इस नवजागरण को तिरस्कृत करने की कोशिश कर रहे हैं। अतिवामपंथी दृष्टि में यह नवजागरण एक परजीवी और वर्ग-सहयोगी मध्यवर्ग का कारनामा होने के कारण ऐतिहासिक 'धोखा' है तो उत्तर-आधुनिकतावादी विचारकों के लेखे 'छद्मचेतना' है—ऐसी छद्मचेतना जो यूरोप की ऐतिहासिक चेतना के प्रभाव में देश को एक अमानुषिक केन्द्रीकृत राजसत्ता की ओर ठेल रही है। तात्पर्य यह है कि आज की समस्त समस्याओं के लिए यदि कोई जिम्मेदार है तो उन्नीसवीं शताब्दी का नवजागरण। यदि आज के बुद्धिजीवियों में औपनिवेशिक मानसिकता है तो नवजागरण के फलस्वरूप; अध्यात्मवाद, रहस्यवाद, अन्धविश्वास आदि में वृद्धि हो रही है तो वह भी उसी के कारण। हिन्दू-मुस्लिम-सिख साम्प्रदायिकता के विष-बीज भी वहीं के हैं और भाषायी झगड़ों और क्षेत्रीय अलगाववाद की जड़ें भी ढूँढ़कर उन्नीसवीं शताब्दी में बताई जा रही हैं।

अन्ततः ये तमाम बातें उन्नीसवीं शताब्दी के अन्तर्गत अंग्रेजी उपनिवेशवाद और भारतीय सभ्यता के बीच चलने वाले उस वस्तुगत संघर्ष की जटिलता और संश्लिष्टता

की ओर संकेत करती हैं। इस विषम युद्ध में मुख्य प्रश्न स्वत्व-रक्षा का था, जिसे बचाने की छटपटाहट में परम्परा के वे प्रेत भी जग गए जो आगे चलकर खतरनाक साबित हुए; फिर प्रगति की आकांक्षा से हड़बड़ी में पश्चिम से ऐसे भी उपकरण लिये गए जिनके दूरगामी परिणामों की समझ न थी। आज उस रंगभूमि में उतरने वाले पूर्व सूरियों पर राय देते समय अपने गरेबाँ में मुँह डालकर देख लेना भी जरूरी है। वैसे इस नवजागरण से भी अपनी-अपनी पसन्द के मूल्य अथवा व्यक्ति चुनने के लिए हर कोई स्वतंत्र है लेकिन शर्त यह है कि खंड को ही समग्र कहने का आग्रह न किया जाए। न इतिहास कल्पवृक्ष है और न नवजागरण कामधेनु!

*[आलोचना : अक्टूबर-दिसम्बर, 1986]*

# भारतेन्दु और भारत की उन्नति

भारतेन्दु हरिश्चन्द्र डेढ़ सौ साल बाद फिर याद आ रहे हैं और याद आ रहा है सबसे पहले उनका वह अन्तिम व्याख्यान : 'भारतवर्ष की उन्नति कैसे हो सकती है?'

पहली बार यह व्याख्यान 3 दिसम्बर, 1884 की 'नवोदिता हरिश्चन्द्र चन्द्रिका' पत्रिका में प्रकाशित हुआ था। इसके बाद तो इधर विविध पत्रिकाओं और पुस्तकों में उसे फिर-फिर छापने की होड़-सी लग गई और कुछ चर्चाएँ भी हुईं। इस तरह वह व्याख्यान अब एक महत्त्वपूर्ण ऐतिहासिक दस्तावेज का दर्जा हासिल कर चुका है—इस हद तक कि वह अब सिर्फ बलिया वाले व्याख्यान के रूप में प्रसिद्ध है।

समकालीनों की दृष्टि में भी वह 'एक बड़ा ललित, गम्भीर और समयोपयोगी व्याख्यान' था। लेकिन उसके लालित्य, गम्भीरता और समयोपयोगिता को खोजकर सामने रखने का काम बाकी था। यह ऐतिहासिक कार्य किया डॉ. रामविलास शर्मा ने। 'भारतेन्दु युग' (1942) नामक पुस्तक में उन्होंने ही पहले-पहल भारतेन्दु के उस व्याख्यान में व्यक्त क्रान्तिकारी सामाजिक और राजनीतिक विचारों का उद्‌घाटन किया और उसे 'भारतवर्ष की श्रेष्ठ वक्तृताओं में गिने जाने योग्य' माना। इसलिए उस व्याख्यान के ऐतिहासिक महत्त्व को पहचानने का श्रेय भी रामविलास जी को ही है।

इधर अस्सी के दशक से हिन्दी प्रदेश के कुछ युवा इतिहासकार भी भारतेन्दु के उस व्याख्यान की ओर आकृष्ट हुए हैं। निश्चय ही दिलचस्पियाँ और आवश्यकताएँ उनकी अपनी हैं, फिर भी उनकी नजर में यह एक महत्त्वपूर्ण ऐतिहासिक दस्तावेज है—पर कुल मिलाकर है एक दस्तावेज ही। इस प्रसंग में कालक्रम से क्रमशः डॉ. सुधीरचन्द्र, डॉ. ज्ञानेन्द्र पांडेय और डॉ. वसुधा डालमिया के नाम विशेष रूप से उल्लेखनीय हैं। इतिहासकारों के इस हस्तक्षेप से उस व्याख्यान की व्याख्या में निश्चित रूप से गहराई और बारीकी में जाने का शुभारम्भ हुआ है।

सम्मान का भाव रामविलास जी के प्रति हममें से प्रत्येक के मन में है, पर कहीं-न-कहीं उनकी व्याख्या के प्रति गम्भीर सन्देह भी है। मसलन सुधीरचन्द्र को भारतेन्दु में सर्वत्र एक प्रकार का दुचित्तापन दिखाई पड़ता है : राजभक्ति और

देशभक्ति को लेकर भी, हिन्दू-मुस्लिम भेदभाव के सवाल पर भी, यहाँ तक कि 'स्वदेशी' के मामले में भी उनके आचार-विचार में फाँक दिखती है। इसी तरह ज्ञानेन्द्र पांडेय को भारतेन्दु का राष्ट्रवाद 'अनिश्चित'-सा प्रतीत होता है जबकि रामविलास जी को भारतेन्दु में 'एक सम्मिलित राष्ट ्र की कल्पना' स्पष्ट दिखती है। इन तमाम मुद्दों पर वसुधा डालमिया को न सुधीरचन्द्र के एतराज में कोई दम मालूम होता है और न ही ज्ञानेन्द्र पांडेय के सन्देह में। दरअसल उनकी शिकायत और ही है। भारतेन्दु का जोर इस बात पर है कि सब उन्नतियों का मूल धर्म है और रामविलास जी हैं कि व्याख्या करते समय इस बात को एकदम गोल कर जाते हैं। वसुधा जी की शिकायत व्याख्याकार की इस चुप्पी से है।

गरज यह कि भारतेन्दु का बलिया वाला व्याख्यान अब बौद्धिकों के विवाद के घेरे में आ गया है और इस तरह एक विवादास्पद दस्तावेज है। छपा हुआ पाठ जो भी हो, पढ़े जानेवाले पाठ अनेक हैं और इस उत्तर-आधुनिक दौर की यह बरकत है। रास्ते दो ही हैं—या तो आप इनमें से कोई एक पाठ चुन लें या फिर स्वयं अपना पाठ तैयार करें। जो यथालाभ सन्तोषी हैं, वे निश्चय ही पहला रास्ता चुनेंगे, लेकिन हम जब भारतेन्दु को फिर याद करने चले ही हैं तो उस बलियावाले व्याख्यान को भी एक बार फिर क्यों न पढ़ लें! 'फिर-फिर' का चक्कर तो याद के साथ ही लगा है। ग़ालिब की 'मुद्दत हुई है यार को मेहमाँ किए हुए' के मतले से शुरू होनेवाली गजल की कैफियत यही फिर-फिर है, कोई चाहे तो भारतेन्दु के इस व्याख्यान को भी ग़ालिब की इस मुसल्सल गजल की तरह पढ़ सकता है। आखिर ग़ालिब और भारतेन्दु एक तरह से समकालीन तो थे ही, बावजूद इसके कि दोनों को कभी मिलने का सौभाग्य न मिल सका। लेकिन अब उसका मुजायका भी क्या?

फिलहाल हमारे सामने वह व्याख्यान है—आदि से अन्त तक एक अनुक्रम में बँधा और सजा। बीच-बीच में संस्कृत के श्लोक, उर्दू के शेर, हिन्दी के काव्यांश, पुराण और इतिहास के चरित्र, चुटकुले, लतीफे, कहावतें, रूपक और उपमाएँ और इन्हीं सबके बीच छिटकते हुए विचारों के स्फुलिंग। विशेष बात यह है कि इनमें से हर चीज अपने मुकाम पर है और उसकी सार्थकता भी अपनी जगह से जुड़ी हुई है। बीच से किसी वक्तव्य के टुकड़े को नोचकर पेश करें तो वह और ही अर्थ देने लगेगा। गरज कि पूरे व्याख्यान के विन्यास में एक अन्तर्निहित योजना है और भारतेन्दु ने उसे साकार करने के लिए अपनी सिद्ध नाट्य-कला के सारे कौशल का भरपूर इस्तेमाल किया है।

ध्यान देने की बात है कि व्याख्यान के विषय का उल्लेख एकदम आरम्भ में नहीं बल्कि काफी देर के बाद किया गया है। आरम्भ के दो पैराग्राफ के बाद भारतेन्दु बतलाते हैं : 'मुझको मेरे मित्रों ने कहा था कि तुम इस विषय पर आज कुछ कहो

कि हिन्दुस्तान की कैसे उन्नति हो सकती है। मजा यह कि विषय की सूचना तो वे दे देते हैं किन्तु यह कहकर बच निकलते हैं कि इस विषय पर मैं और क्या कहूँ। और तुरन्त भागवत के एक श्लोक की आड़ में वे छिप जाते हैं। विषय पर लौटते हैं कुछ और देर बाद—लगभग दो-तिहाई व्याख्यान दे डालने के बाद। लेकिन अन्दाज वही : भाई, हम तो जानते ही नहीं कि उन्नति और सुधारना किस चिड़िया का नाम है। और सहसा 'शीघ्रता में' कहते हैं : सब उन्नतियों का मूल धर्म है। —इतनी बड़ी बात और 'शीघ्रता में!' क्या सूत्र शीघ्रता में फूटते हैं?'

इस एक उदाहरण से आभास हो जाएगा कि व्याख्यान का पूरा विन्यास कितना संश्लिष्ट है। भाषा निश्चय ही बहुत सरल है—लिखित भाषा से सर्वथा भिन्न। एकदम बोलचाल की हिन्दी; बल्कि बोलती हुई हिन्दी। इसके साथ ही विन्यास काफी जटिल है। सरल भाषा और जटिल विन्यास एक साथ हों तो बौद्धिकों के लिए चुनौती होगी ही।

विन्यास की अनदेखी करके यदि व्याख्यान के आरम्भिक अंश को स्वतंत्र रूप में लें तो लगेगा कि भारतेन्दु अंग्रेज कलक्टर और सरकारी हाकिमों की खुशामद कर रहे हैं। आखिर कलक्टर राबर्ट्स को अकबर और मुंशी चतुर्भुज सहाय और मुंशी बिहारीलाल साहब को अबुलफजल और टोडरमल कहने का क्या अर्थ है? लेकिन अगले ही क्षण पहले रेलगाड़ी का रूपक और फिर एक पर एक चढ़े तीन मेढकों के रूपक से सारी गलतफहमी हवा हो जाती है।

कोई चाहे तो इसे भारतेन्दु की वाक्चातुरी अथवा वाक्छल भी कह सकता है। लेकिन साहित्य-कला के देश को अन्दर से जाननेवाले इस रहस्य को किसी और नाम से पुकारते हैं—अंग्रेजी में 'रेह्टरिक' और संस्कृत में 'अलंकृति'। ऐसी अलंकृत कृति का बोध आनन्दवर्धन के शब्दों में केवल 'काव्यार्थयत्त्वज्ञ' को ही हो सकता है। यहाँ 'शब्दार्थशासनज्ञानमात्र' से काम नहीं चलता। और कभी-कभी तो उनसे भी चूक हो जाती है; जैसे इसी व्याख्यान में घोड़ों के प्रसंग में 'हिन्दू काठियावाड़ी' इतिहासविद् ज्ञानेन्द्र पांडेय के लिए अबूझ हो गया और उन्होंने 'हिन्दू पपेट' अनुवाद से काम चलाया जबकि यहाँ तुरकी, ताजी घोड़ों और जापानी टट्टुओं के बरक्स हिन्दुस्तान के काठियावाड़ी घोड़ों की ओर इशारा है। ऐसे प्रसंग में 'काठियावाड़' को कठपुतली वही भारतीय समझेंगे जो भारत में रहते हुए अपने देश के भूगोल और इतिहास से पूरी तरह परिचित नहीं हैं।

यह विडम्बना ही है कि इस व्याख्यान के भाषिक मर्म और संवेदना को समझने में कहीं अधिक दक्षता दिखाई है एक ऐसे विद्वान ने, जो इतिहासकार नहीं, बल्कि हिन्दी साहित्य के अध्येता हैं और हिन्दी जिनकी मातृभाषा भी नहीं है। वे हैं रोनाल्ड स्टुअर्ट मैकग्रेगर, जो अभी कुछ वर्ष पहले तक कैम्ब्रिज में हिन्दी पढ़ाते थे। मैकग्रेगर ने लगभग दस साल पहले इसी विषय पर 'मॉडर्न एशियन स्टडीज' (1991) में एक

अच्छा-सा निबन्ध प्रकाशित किया था, जिसकी प्रशंसा आगे चलकर वसुधा डालमिया को भी करनी पड़ी। मैकग्रेगर ने व्याख्यान को ध्यान से पढ़ा है। इसका सबसे दिलचस्प उदाहरण है निम्नलिखित सन्दर्भ की व्याख्या :

'अंग्रेजों के राज में सब प्रकार का सामान पाकर, अवसर पाकर भी हम लोग जो इस समय पर उन्नति न करें तो हमारा केवल अभाग्य और परमेश्वर का कोप ही है। सास के अनुमोदन से एकान्त रात में सूने रंगमहल में जाकर भी बहुत दिन से जिस प्रान से प्यारे परदेसी पति से मिलकर छाती ठंडी करने की इच्छा थी, उसका लाज से मुँह भी न देखै और बोलै भी न, तो उसका अभाग्य ही है। वह कल तो फिर परेदस चला जाएगा।'

यह सन्दर्भ दूसरों से अनदेखा ही रहा। इतना तो स्पष्ट है कि भारतेन्दु की दृष्टि में अंग्रेजी राज से भारत का वही सम्बन्ध है जो परदेशी पति से भारतीय स्त्री का होता है। किन्तु मैकग्रेगर को इसमें 'आइरनी' या विडम्बना दिखाई देती है और इसे वे पाश्चात्य प्रभाव के प्रति भारत के दुचित्ते रुख का सूचक मानते हैं। उन्हें यह स्वीकार करने में कठिनाई होती है कि भारतेन्दु अन्ततः अंग्रेज के भारत छोड़कर चले जाने की कल्पना करते थे। स्पष्ट ही यहाँ रूपक में काफी खींचतान की गई है।

इसी प्रकार की खींचतान एक और प्रसंग में भी मिलती है। उल्लेखनीय है कि रामविलास जी ने भी व्याख्यान के उस अंश को काफी उभार के साथ प्रस्तुत किया है।

'जब तक सौ-दो सौ मनुष्य बदनाम न होंगे, जात से न निकाले जाएँगे, दरिद्र न हो जाएँगे, कैद न होंगे वरंच जान से न मारे जाएँगे, तब तक कोई देश भी न सुधरेगा।'

मैकग्रेगर को इस उद्धरण में बीसवीं शताब्दी के राजनीतिक संघर्ष की भविष्यवाणी सुनाई पड़ती है। 'सुधरेगा' क्रिया से तो स्पष्ट है ही, 'जात से निकाले न जाएँगे' वाक्यांश से और भी स्पष्ट हो जाता है कि सन्दर्भ राजनीतिक आन्दोलन का नहीं, बल्कि सामाजिक सुधार का है। रामविलास जी यदि सन् 1942 में इस अंश में क्रान्ति का बिगुल सुनें तो उतना आश्चर्य नहीं, जितना 1991 में मैकग्रेगर की राजनीतिक दूरदर्शिता पर हैरानी होती है।

दरअसल व्याख्यान की व्याख्याओं में व्याख्याकारों के तत्कालीन राजनीतिक-सामाजिक परिवेश की भूमिका भी नियामक दिखाई पड़ती है। इसी कारण अस्सी के दशक के बाद की व्याख्याओं में प्रायः भारतेन्दु में हिन्दू सम्प्रदायवाद के कीटाणु पड़ते हैं। यह एक तरह से वर्तमान सम्प्रदायवाद के आलोक में अतीत को देखने की कोशिश है जिससे सुधीरचन्द्र भी तमाम कोशिशों के बावजूद मुक्त होने में कामयाब नहीं हो पाते।

विभाजन के बाद के भारत से उन्नीसवीं सदी के उत्तरार्द्ध का भारत हिन्दू सम्प्रदायवाद और मुस्लिम सम्प्रदायवाद से कितना भिन्न था, इसकी एक ही मिसाल

काफी है। 1884 में जब भारतेन्दु बलिया के ददरी मेले में यह कह रहे थे कि 'जो हिन्दुस्तान में रहे, वह हिन्दू', ठीक उसी समय सय्यद अहमद खाँ भी लाहौर में यही बात कर रहे थे। विचित्र संयोग है कि मैकग्रेगर भी भारतेन्दु के इस कथन को कोरी शब्द-क्रीड़ा मानते हैं। उन्होंने तो भारतेन्दु के इस दृष्टान्त में भी एक नया अर्थ ढूँढ़ लिया है कि भारत में हिन्दू और मुसलमान में जेठानी-देवरानी के रिश्ते हैं। मैकग्रेगर के अनुसार इस उपमा में ही यह निहित है कि अलग-अलग परिवारों से आने के कारण जितना जेठानी और देवरानी के बीच निकट यानी खून का रिश्ता नहीं होता, उसी तरह का रिश्ता भारतेन्दु हिन्दू और मुसलमानों के बीच भी मानते थे। ऐसे ही छिटपुट वक्तव्यों के आधार पर अन्ततः वे इस निष्कर्ष पर पहुँचते हैं कि भारतेन्दु की दृष्टि में हिन्दू-मुस्लिम एकता का आधार सिर्फ एक उभयनिष्ठ हित है। तात्पर्य यह कि हिन्दू-मुस्लिम एकता का आधार रागात्मक नहीं बल्कि खालिस व्यावहारिक है। कहना न होगा कि यह धारणा रामविलास जी की इस स्थापना से कुछ भिन्न है कि भारतेन्दु ने जिस राष्ट्र की कल्पना की थी, उसमें सभी धर्मों और मत-मतान्तरों के लिए स्थान था। सवाल स्थान का नहीं, बल्कि उनकी समान हैसियत का है और कहना न होगा कि इस मुद्दे पर यहाँ बिलकुल खामोशी है और यह खामोशी बहुत-सी गलतफहमियों को जन्म देती है।

व्याख्यान में ध्यान देने योग्य एक बात यह भी है कि व्याख्यान के शीर्षक में तो देश का नाम 'भारतवर्ष' है पर पूरे व्याख्यान के दौरान भारतवर्ष संज्ञा का प्रयोग सिर्फ एक बार हुआ है और वह भी पृथ्वीराज और गियासुद्दीन वृत्तान्त बखानने के ठीक बाद। लेकिन उन्नति के ही प्रसंग में। वाक्य इस प्रकार है : 'भारतवर्ष की सब अवस्था, सब जाति, सब देश में उन्नति करो।' इसके बरक्स शुरू से आखीर तक 'हिन्दुस्तान' नाम का ही इस्तेमाल किया गया है; मसलन 'सो हिन्दुस्तान की साधारण प्रजा की दशा यही है', 'पहले भी जब आर्य लोग हिन्दुस्तान में आकर बसे थे'; यहाँ तक कि 'हिन्दुस्तान की कैसे उन्नति हो सकती है।' मुसलमानों से अपील करते समय भी भारतेन्दु यही कहते हैं कि 'मुसलमान भाइयों को भी उचित है कि इस हिन्दुस्तान में बसकर वे लोग हिन्दुओं को नीचा समझना छोड़ दें।' इन सभी प्रयोगों में सबसे दिलचस्प है : 'जब आर्य लोग हिन्दुस्तान में आकर बसे थे।' कहना न होगा कि आर्य लोग जब हिन्दुस्तान में आए तो वह हिन्दुस्तान के नाम से न जाना जाता था। पूरे प्रकरण को उचित परिप्रेक्ष्य में समझने के लिए इतना ही काफी है कि बँटवारे के बाद इस देश का नाम भारत रखने का ही निर्णय हुआ; हिन्द केवल 'जयहिन्द' जैसे अनौपचारिक सलाम में बचा रह गया, और हिन्दुस्तान तो इतिहास की वस्तु हो गया। इस पूरे प्रसंग में कुछ लोग भारतेन्दु के दुचित्तेपन को रेखांकित कर सकते हैं तो कुछ सीधे-सीधे हिन्दूपन भी सूँघने से बाज न आएँगे!

व्याख्यान का बीज शब्द है—'उन्नति'। 'उन्नति' से भारतेन्दु का ठीक-ठीक आशय क्या है? कहते हैं कि स्वयं भारतेन्दु ने अपने व्याख्यान का अंग्रेजी शीर्षक दिया था : How can India be reformed? (हाउ कैन इंडिया बी रिफार्म्ड?) इससे स्पष्ट है कि वे 'उन्नति' का अर्थ 'सुधार' समझते थे। किन्तु व्याख्यान के दौरान वे उन्नति और सुधारना—इन दोनों शब्दों का प्रयोग इस तरह से करते हैं, जैसे वे दो भिन्न संकल्पनाएँ हैं—भिन्न लेकिन परस्पर पूरक! उदाहरण के लिए, 'और वह 'सुधारना' भी होना चाहिए कि सब बात में 'उन्नति' हो।' दूसरा प्रयोग, 'भाई, हम तो जानते ही नहीं कि 'उन्नति' और 'सुधारना' किस चिड़िया का नाम है।'

सामान्यतः उन्नति को अंग्रेजी में लोग 'प्रोग्रेस' ही कहते हैं, खास तौर से भारतेन्दु के इस व्याख्यान के सन्दर्भ में। ऐसा करनेवाले यह भूल जाते हैं कि अंग्रेजी शब्द 'प्रोग्रेस' के लिए हिन्दी में 'प्रगति' शब्द चलता है—खास तौर से तीस के दशक में 'प्रोग्रेसिव राइटर्स एसोसिएशन' की स्थापना के बाद से। संस्कृति का आभास देते हुए 'प्रगति' शब्द संस्कृत के शब्दकोश में दर्ज नहीं है। 'प्रगत' तो संस्कृत में है पर 'प्रगति' नहीं।

प्रगति और उन्नति में अन्तर यह है कि 'प्रगति' से आगे बढ़ने का अर्थ व्यक्त होता है और उन्नति से ऊपर उठने का। सम्भवतः इसलिए उन्नति का प्रयोग 'प्रोमोशन' के लिए होता है। साफ है कि उन्नीसवीं सदी की हिन्दी में भारतेन्दु को 'प्रगति' शब्द सुलभ नहीं था। इसलिए वे आगे बढ़ने के लिए भी 'उन्नति' शब्द का प्रयोग करने के लिए विवश थे।

भारतेन्दु अपने व्याख्यान में बार-बार आगे बढ़ने की बात करते हैं। आरम्भ में ही वे जब हिन्दुस्तानी लोगों को रेल की गाड़ी कहते हैं तो तुरन्त ही वे इंजिन की बात करते हैं, कामना करते हैं कि हिन्दुस्तानी लोगों को कोई चलाने वाला तो हो।

रेल के बाद वे घोड़ों की उपमा का सहारा लेते हैं और हिन्दुस्तानी घोड़ों की शिकायत करते हुए कहते हैं कि काठियावाड़ी खाली खड़े-खड़े टाप से मिट्टी खोदते हैं। घुड़दौड़ का पूरा रूपक बाँधते हुए अन्त में वे ऐलान करते हैं : 'यह समय ऐसा है कि जो पीछे रह जाएगा फिर कोटि उपाय किए भी आगे न बढ़ सकेगा।'

इन वाक्यों से स्पष्ट है कि भारतेन्दु की उन्नति में 'प्रगति' की भावना भी अन्तर्निहित थी। इस प्रसंग में यह जोड़ना जरूरी है कि 'प्रगति' के अर्थ में उन्नति का प्रयोग विशेष रूप से वे औद्योगिक और व्यावसायिक विकास के ही प्रसंग में करते थे। हिन्दुस्तानी लोगों को आगे बढ़ने की अपील करते हुए वे प्रायः यूरोप और अमेरिका के अलावा जापान में उद्योग-वाणिज्य की प्रगति का आदर्श प्रस्तुत करते थे। इस प्रकार उन्नति का प्रगतिवाचक अर्थ मुख्यतः उद्योग, वाणिज्य, विज्ञान और टेक्नोलॉजी तक ही सीमित था।

सवाल यह था कि उद्योग-वाणिज्य आदि में उन्नति हो तो कैसे? यह तो तय है कि फिलहाल इन क्षेत्रों में उन्नति अवरुद्ध है। इसका अर्थ है कि कहीं-न-कहीं भारत की उन्नति के मार्ग में बाधाएँ हैं। सबसे बड़ी बाधा है उपनिवेशवाद। अंग्रेजी राज का उपनिवेश होना भारत की उन्नति के मार्ग में बाधक है, इस कटु सत्य का एहसास भारतेन्दु को पूरा था। बलिया वाले व्याख्यान में उन्होंने उपनिवेश या उपनिवेशवाद शब्द का प्रयोग नहीं किया है—यह तथ्य है। शायद इसलिए कि श्रोताओं का जनसमुदाय उसका ठीक-ठीक अर्थ नहीं समझ पाएगा। लेकिन अन्यत्र प्रबुद्ध लोगों के लिए लिखे हुए लेखों में उन्होंने स्पष्ट शब्दों में उपनिवेशवाद की चर्चा की है। उदाहरण के लिए 31 अगस्त, 1874 की 'कविवचन सुधा' में 'सच मत बोल' शीर्षक सम्पादकीय टिप्पणी के अन्तर्गत :

'जिस प्रकार अमेरिका उपनिवेशित होकर स्वाधीन हुआ, वैसे ही भारतवर्ष भी स्वाधीनता लाभ कर सकता है परन्तु भारतवर्ष के उपनिवेशित होने से इसके विपक्ष में बहुत आपत्ति है।'

यह उपनिवेशवाद ही है जिसके कारण मुसलमानों का राज अंग्रेजों के राज से भिन्न था। उसी टिप्पणी में भारतेन्दु ने लिखा था कि 'मुसलमान लोग सौ गुना अपव्ययी थे, परन्तु वे लोग इस देश के निवासी थे, इससे उनका अर्थ समुदाय इसी देश में व्यय होता था।' तात्पर्य यह कि मुस्लिम शासन में भारत किसी का उपनिवेश नहीं था। उपनिवेश हुआ वह अंग्रेजी राज में, जिससे देश का सारा धन विदेश चला जाता है। इस कटु सत्य का बोध भारतेन्दु को कुछ तो अपने व्यापार के अनुभव से हुआ था और बहुत कुछ दादा भाई नौरोजी के लेखों से। उल्लेखनीय है कि 'कविवचन सुधा' में 1880 के दशक के मध्य में दादा भाई नौरोजी के 'पावर्टी एंड अन-ब्रिटिश रूल इन इंडिया' नामक पुस्तक के रूप में आगे चलकर संकलित होनेवाले लेख हिन्दी अनुवाद में धारावाहिक रूप से प्रकाशित हुए थे। इन्हीं लेखों से भारतेन्दु ने आर्थिक राष्ट्रवाद और स्वदेशी का पाठ पढ़ा था। इसीलिए बलिया वाले व्याख्यान में स्वदेशी पर इतना जोर है। भारतेन्दु के चिन्तन में स्वदेशी का महत्त्व कितना है, इसका अन्दाज सिर्फ इसी बात से लगाया जा सकता है कि व्याख्यान का अन्त इस आह्वान के साथ होता है : 'परदेशी वस्तु और परदेशी भाषा का भरोसा मत करो। अपने देश में अपनी भाषा में उन्नति करो।'

भारतवर्ष की उन्नति में विदेशी बाधा के साथ आन्तरिक बाधा है—भारतेन्दु को इसका भी गहरा एहसास था जिससे निपटने के लिए वे कटिबद्ध थे। इसी आन्तरिक संघर्ष को वे 'सुधारना' या 'सुधार' कहते थे। गुजराती आज भी उन्नीसवीं सदी के उस दौर को 'सुधारा युग' कहते हैं। कहना कठिन है कि यह अंग्रेजी के 'रिफार्मेशन' से आया है या अपनी ही पुरानी परम्परा से निकला है। जो हो, हर हालत में इसका सम्बन्ध धर्म से है। इसीलिए भारतेन्दु ने व्याख्यान में धर्म को सब उन्नतियों का

मूल कहा है। उनकी दृष्टि में समाजनीति, राजनीति, मत-मतान्तर आदि सभी इस धर्मनीति पर आधारित हैं या फिर धर्म से किसी-न-किसी तरह जुड़े हैं। उनका दृढ़ विश्वास था कि धर्मनीति और समाजनीति के कुछ ऐसे रूप हैं जो देशकाल के अनुसार बदले जा सकते हैं, जैसे—विदेश-यात्रा, विवाह-पद्धति, जात-पाँत, छुआछूत, आदि। इन सब सामाजिक व्यवस्थाओं में आवश्यकतानुसार परिवर्तन सम्भव है और उचित भी।

लेकिन धर्म का एक और रूप है जिसका सम्बन्ध आत्मा और परमात्मा से है और इस मामले में वे सच्चे 'वैष्णव' थे—यहाँ तक कि वैष्णवता को ही वे भारत का राष्ट्रधर्म मानते थे। इस दृष्टि से 'वैष्णवता और भारतवर्ष' शीर्षक लेख बलिया वाले व्याख्यान का पूरक है। ध्यान से देखें तो भारतेन्दु की 'वैष्णवता' उनके 'भारतवर्ष' की तरह ही व्यापक थी—इतनी व्यापक कि उसमें नाभादास के 'भक्तमाल' के सभी प्रकार के भक्त के लिए तो स्थान है ही, उसमें उस 'उत्तर-भक्तमाल' के लिए भी जगह बनाई गई जिसकी रचना भारतेन्दु ने स्वयं की। 'इन मुसलमान हरिजनन पर कोटिक हिन्दू वारिए' जैसी पंक्ति से ही भारतेन्दु की नई और व्यापक वैष्णवता का अनुमान लगाया जा सकता है।

वैष्णवता की इस अवधारणा का जन्म उन्नीसवीं शताब्दी के उस लम्बे धार्मिक वाद-विवाद-संवाद के बीच हुआ जिसमें सनातनी पंडितों के साथ-साथ ब्राह्मो समाज, आर्यसमाज, रामकृष्ण मिशन आदि नये धार्मिक आन्दोलनों और संगठनों के अगुवा तो शामिल थे ही, ईसाई धर्म के विभिन्न चर्चों के प्रबुद्ध धर्माचार्य और अनेक यूरोपीय प्राच्यविद्याविदों की भी महत्त्वपूर्ण भूमिका थी। इस धार्मिक संवाद के बारे में वसुधा डालमिया का शोधग्रन्थ 'नेशनलाइजेशन ऑफ हिन्दू ट्रैडिशन' (1997) सर्वाधिक उपादेय है।

बलिया के व्याख्यान में इस गम्भीर विचारमंथन से निकले हुए अमृत की कुछ ही बूँदें छलक पाई हैं क्योंकि वह सर्वजन-सुलभ व्याख्यान था किन्तु उससे एक ऐसे क्रान्तदर्शी कवि का व्यक्तित्व उभरकर सामने आता है, जिसकी सर्जनात्मक प्रतिभा की जड़ें ठेठ अपनी ही परम्परा से फूटी हैं और जिसके हृदय के तार लोकहृदय से भी जुड़े हुए हैं। भारतेन्दु का हृदय वैष्णव जरूर था, लेकिन वह किसी मन्दिर का मोहन भोग न था। उस हृदय में अनीति और अन्याय के विरुद्ध दहकती हुई आग भी थी और दुखी-दीन के लिए करुणा भी। जिन्दादिली इतनी कि अन्तिम घड़ी में मृत्युशैया पर यह कहने का जिगरा रखता हो : 'हमारे जीवन के नाटक का प्रोग्राम नित्य नया-नया छप रहा है—पहले दिन ज्वर की, दूसरे दिन दर्द की, तीसरे दिन खाँसी की सीन हो चुकी, देखें, लास्ट नाइट कब होती है!'

भारतेन्दु ने अंग्रेजी राज को क्षय का रोग कहा था और वे मरे भी क्षय रोग से ही। चन्द्रमा का एक नाम क्षयी भी है। भारत का वह चन्द्र बलिया वाले व्याख्यान

के लगभग दो-ढाई महीने बाद ही अस्त हो गया। नवम्बर, 1884 में व्याख्यान हुआ और 6 जनवरी, 1885 को चन्द्रास्त।

व्याख्यान के दिन कतकी पूनो थी। ऊपर आकाश में पूरा चाँद और नीचे धरती का पूरा चाँद। पास ही हर-हर बहती हुई भागीरथी।

आज भी उस दृश्य की कल्पना करके रोमांच हो आता है।

*[आलोचना : अक्टूबर-दिसम्बर, 2000]*

# 'गोदान' को फिर से पढ़ते हुए

[1]

तुलसीदास ने लिखा है कि :

*हरित भूमि तृण संकुलित समुझि परै नहिं पंथ,*
*जिमि पाखंड विवाद ते विलुप्त होंइ सद् ग्रंथ।*

पुस्तकालय में भी जब आप कोई किताब पढ़ने जाते हैं तो देखते हैं कि छपे के अलावा भी उस पर बहुत कुछ लिखा रहता है। लोगों ने पेंसिल और पेन से 'गोदान' पर इतना लिख दिया है कि 'विलुप्त होइ सद्ग्रंथ'। 'गोदान' दूसरों की टिप्पणियों से इतना भरा हुआ है कि दृष्टि में मूल पाठ आता ही नहीं। पढ़ते हुए हम उलझ जाते हैं कि यह क्या टिप्पणी कर रहा है 'हरित भूमि तृण संकुलित'! यह हरित भूमि है और पहले की जितनी भी समालोचनाएँ हैं, वे तिनके हैं। उसमें पाखंड एवं विवाद भी हैं। सद्ग्रन्थ ऐसी टिप्पणियों से विलुप्त होते रहते हैं। इस मामले में 'गोदान' अकेला नहीं है, स्वयं 'रामचरितमानस' है और अनेक ग्रंथ हैं जो ऐसी टिप्पणियों से भरे हुए हैं।

पहले तो मैंने सोचा था कि मेरे मन में जो बात आई है, वही कहूँ। लेकिन जब हम मन्दिर में घुसते हैं और देखते हैं कि भक्तों और पुजारियों के पैरों की धूल से मन्दिर गन्दा हो गया है तो पहले झाड़ू उठाकर साफ करते हैं, फिर इत्मीनान से दर्शन करते हैं। कई बार मैं यह कह चुका हूँ। स्वयं मैं 'गोदान' पर क्या सोचता हूँ, सम्भव है, आज न कहूँ, लेकिन मैं जरूरी समझता हूँ कि पहले सफाई की जानी चाहिए। पहले बहुत कुछ कहा जा चुका है, जिसमें कुछ ऐसी बातें हैं जिन्हें लोग भूल चुके हैं या नये लोग उन्हें पढ़ते नहीं हैं। मसलन, बहुत कम लोगों को मालूम होगा कि जैनेन्द्र प्रेमचन्द के बहुत निकट थे। वे हिन्दी में प्रेमचन्द के बाद बड़े कथाकार माने जाते हैं। प्रेमचन्द पर उनका संस्मरण है। इसके अलावा उन्होंने 'गोदान' पर भी लिखा। 1954 में आकाशवाणी पर उनकी वार्ता आई थी : 'यदि मैं गोदान लिखता'। 18 साल बाद जैनेन्द्र की यह वार्ता 'आजकल' में प्रकाशित हुई।

जैनेन्द्र प्रेमचन्द से बड़ा स्नेह करते थे और स्वयं प्रेमचन्द उनका बड़ा सम्मान करते थे। उन्होंने स्वयं जो बातें कही हैं, उनमें कुछ बातें इस प्रकार हैं : 'अव्वल तो मैं 'गोदान' लिख ही नहीं सकता, यदि मैं लिखता भी तो 'गोदान' दो सौ पन्ने का हो जाता। मोटापा कम होने से उसका प्रभाव बढ़ जाता। अब यह फैला है, तब तीखा हो जाता। शहर थोपा हुआ-सा लगता है। यदि मैं होता तो वह निकाल देता। शहरी जीवन के प्रति अनास्था प्रकट करने का सुभीता नहीं रहता। प्रेमचन्द ने शहर बनाम गाँव लिखा है, मैं यह नहीं मानता कि शहर हमेशा गाँव का दुश्मन ही होता है। शहर ने आकर गाँव को चमकाया नहीं है, बल्कि कहीं कुछ ढँकने का प्रयास किया है। पात्रों की संख्या पर मुझे विस्मय होता है : होरी, धनिया, गोबर, झुनिया, हीरा, शोभा, भोला, मेहता, मालती, रायसाहब। मैं होता तो सबको न छूता। दो-चार को लेकर ही काम चला लेता। उससे समय का चित्र तो न मिलता पर आत्मा की गहरी अनुभूति होती। कदाचित काल्पनिक होती, इसलिए समाज और समय का चित्र देने की बजाय आत्मा की गहरी अनुभूति देना मेरा उद्देश्य होता।××× प्रेमचन्द भाषा के जादूगर हैं, मुहावरे उन्हें सिद्ध हैं। मिनका, क्रोध आया, दाँत पीसा, झुँझलाहट आई—सब मुहावरे हैं। यह उनके वर्णन की शैली है। मैं होता तो एक ही मुहावरे से काम चला लेता कि होरी मिनका तक नहीं और आगे के मुहावरे छोड़ देता। मनोविश्लेषण और दर्शन और निश्चित कहने और प्रतिपादन करने से बचता।' यह मनोविज्ञान में गहरी रुचि रखनेवाले जैनेन्द्र कह रहे हैं, 'रायसाहब के पीछे होरी चलता है, राय साहब बैठकर अपनी माया होरी से कह रहे हैं। रायसाहब कहते ही चले जाते हैं और दो पन्ने और भर जाते हैं। मैं होता तो इतना विस्तार नहीं करता,' यानी कि उनके पात्र बक्कू हैं। बकबक ज्यादा करते हैं। 'रायसाहब ताल्लुकेदार हैं और होरी को अपनी गाथा सुना रहे हैं, ये उनकी मर्यादा के अनुकूल नहीं है।××× प्रेमचन्द का प्रेम-व्यापार भी शब्दों से उतना मुक्त नहीं है। प्रेमचन्द प्रेम में भी भाषण देने से बाज नहीं आते। गोबर और झुनिया का प्रेम किशोर प्रेम है। कैशोर्य प्रेम को मैं इतना हिसाबी, प्रगल्भ न बना देता। पहली मुलाकात में ही गोबर और झुनिया, दोनों प्रेम की अभिव्यक्ति करते हैं, विस्तार से हिसाब-किताब और जोड़ लगाते हैं। क्या प्रेम इतना हिसाबी, प्रगल्भ और इतना मुखर होता है? प्रेम की भाषा तो इशारों-संकेतों में होती है।' यह जैनेन्द्र नहीं कहेंगे तो और कौन कहेगा? 'मत मान्यताओं से भी लिखने का सम्बन्ध रहता है, पर चरित्र-चित्रण में गाँव के जितने नेता हैं, सब धूर्त हैं, सब धार्मिक हैं। धर्म और धूर्तता का ऐसा गठजोड़ मेरे मन में उतना घनिष्ठ नहीं है।' उन्होंने विचारधारा का प्रश्न उठाया है, 'प्रेमचन्द जहाँ धर्म देखते हैं, वहाँ धूर्तता देखते हैं। मैं धर्म और धूर्तता का ऐसा गठजोड़ नहीं मानता। यह मेरी धारणा से मेल नहीं खाता। होरी जो अकेला जूझता असहाय या निरुपाय-सा दिखाया गया है, उसको तो मैं न छूता।' ध्यान दीजिएगा,

होरी शिकार है और बाकी सब लोग शिकारी हैं, 'चाहे वे गाँव के हों या शहर के, सब उसका पीछा करते हैं।' जैनेन्द्र कहते हैं कि 'मेरी कोशिश होती, किन्हीं तात्कालिक परिस्थितियों में जिसमें होरी शिकार हो और शिकारी दूसरे हों, दिखाता कि सब शिकार हैं, कोई शिकारी नहीं, बेकार ही एक-दूसरे को शिकार बनाने का प्रयास करते हैं। असल में शक्तियाँ निर्वैयक्तिक हैं। क्योंकि सम्पूर्ण 'गोदान' में अंग्रेजी राज ही वह शक्ति है जो सबका शिकार कर रही है। अंग्रेजी राज जिसका शिकार राजा है, जमींदार है, पटवारी है, उसी तरह साहूकार है, किसान है, पुरोहित है। सभी लोग भले ही एक-दूसरे का शिकार करते हैं परन्तु असली शिकारी वही है। पूरे 'गोदान' में अंग्रेजी साम्राज्यवाद कहीं नहीं है। जिस तरह वह सात समुन्दर पार है, उसी तरह से 'गोदान' के भी बाहर है।' जैनेन्द्र कहते हैं कि वृथा ही एक-दूसरे को शिकार बनाने का प्रयास करते हैं। असल में शक्तियाँ निर्वैयक्तिक हैं। उनके सत् के साथ रहने और असत् के साथ लड़ने की सहानुभूतियों का बँटवारा करने की जरूरत नहीं है।

जैनेन्द्र सीधी बात को उलझाऊ बना देते हैं। जैसे कबीर कहते थे, 'मैं कहता सुरझावनहारी, तू राखे अरुझाई रे'। कोई किसी का शिकार नहीं करता, सब एक-दूसरे का शिकार कर रहे हैं। ऐसी हालत में मैं सत् और असत्, गलत और सही दिखाने में नहीं फँसता। सब गलत है, सब सही है, कोई किसी पर अत्याचार नहीं करता, कोई शोषण की बात नहीं है। वह शक्ति निर्वैयक्तिक है, अनाम है। जब अनाम कहते हैं तो इसका मतलब ब्रिटिश साम्राज्यवाद है। ये जैनेन्द्र हैं। यह प्रेमचन्द के निकट का ही आदमी है ज़ो 'गोदान' क़े विन्यास पर, भाषा पर, शैली पर, चरित्रों पर और पूरे 'गोदान' की बुनियाद पर कुठाराघात करता है। सारी चीजों को उठाकर ऐसी जगह ले जाता है जहाँ निर्वैयक्तिक शक्ति है, वह ब्रह्म हो सकता है, भगवान हो सकता है। आप उन तमाम चीजों पर विचार कर सकते हैं। मैं कहना चाहता हूँ, अगर जैनेन्द्र अकेले होते तो दरकिनार क़िया जा सकता था। मगर एक लम्बी परम्परा है जो किसी-न-किसी रूप में यह माँग करती चलती है।

उस परम्परा में एक-दो नाम लेना चाहूँगा। निर्मल वर्मा ने 'प्रेमचन्द की उपस्थिति' नामक लेख बहुत बाद के दशकों में लिखा है। जो प्रेमचन्द की सबसे बड़ी ताकत मानी जाती है, उन्होंने उसी पर कुठाराघात किया है। पहली बार किसी उपन्यास में भारतीय किसान का ऐसा चरित्र उभरकर पूरी वेदना के साथ, पूरी ताकत, पूरी कमजोरियों के साथ व्यक्त हुआ है। निर्मल जी ने उस लेख में इस पर लिखा है। जाहिर है कि प्रेमचन्द को मारने के लिए हथियार भी बड़ा चाहिए और पश्चिम से लेना है तो हार्डी-वार्डी से काम नहीं चलेगा, इसलिए उन्होंने रूसी साहित्य से टॉल्स्टॉय को लिया है। टॉल्स्टॉय के बारे में लेनिन ने कहा था, 'रूसी उपन्यास में पहली बार 'मूजिक' (किसान) को सामने रखा।'

निर्मल जी लिखते हैं कि टॉल्स्टॉय के बारे में कहा जाता है कि वे पहली बार रूसी उपन्यासों में किसान का चित्रण करते हैं। प्रेमचन्द के उपन्यासों में भी पहली बार किसान के दर्शन होते हैं। यह औपनिवेशिक किसान था, उसके नीचे दबे भारतीय किसान के मूल सांस्कृतिक धार्मिक विचार; मनुष्य, प्रकृति, ईश्वर के बारे में उसके परम्परागत विश्वास, उनके उपन्यासों की रोशनी में ऊपर नहीं आते हैं। प्रेमचन्द ने भारतीय किसानों की ऐतिहासिक विकृति को देखा था; किन्तु किसान का मूल सांस्कृतिक टेक्सचर ऐतिहासिक रूप में क्या था, जो विकृत हुआ था, उसको देखने की अन्तर्दृष्टि प्रेमचन्द में नहीं थी; अर्थात् प्रेमचन्द का सबसे बड़ा जो सबल पक्ष था कि भारतीय किसान को इन्होंने दिखाया है, निर्मल जी वह भी छीन लेना चाहते हैं और कहते हैं कि वह सच्चा भारतीय किसान नहीं है। होरी औपनिवेशिक दौर का किसान है, जिसमें औपनिवेशिक दौर की सारी कमजोरियाँ हैं।

अब कोई आदमी जिसका सम्बन्ध गाँव से होता और वह कहता तो मैं थोड़ी देर के लिए मान भी लेता। अभी कमला प्रसाद जी कह रहे थे कि प्रेमचन्द काशी में लिख रहे थे। काशी औपनिवेशिक दौर में थोड़ी-बहुत प्रभावित हुई है। और अब जब से भूमंडलीकरण का दौर आया है, जिसके बारे में काशीनाथ सिंह तो लिख चुके हैं कि गंगा के किनारे रहनेवाले लोग बड़े आधुनिक, बड़े मॉड हो गए हैं। भगवान शंकर की मूर्ति को हटाकर उस जगह टॉयलेट बनवाकर किसी विदेशी को किराये पर रख रहे हैं। यह सब हो गया है लेकिन तमाम होने के बावजूद, आज भी सारे परिवर्तनों के बावजूद भारतीय ग्राम में पुरानी परम्पराएँ जीवित हैं। अभी कमला प्रसाद जी इशारा कर रहे थे कि अंग्रेजी जमाने की विकृतियाँ तो छोड़ दीजिए, स्वाधीन भारत में ग्रामीण विकास सम्बन्धी जो काम हुए हैं, उसके बावजूद गाँव में सदियों पुरानी परम्पराएँ, मान्यताएँ आज भी किसी-न-किसी रूप में मौजूद हैं, जैसेकि एक पुरातात्त्विक खुदाई करता है तो परत-दर-परत चीजें मिलती जाती हैं। तो निचली परतों में अब भी उस किसान के जीवन में, मन में, संस्कार में कहीं-न-कहीं मौजूद दिखाई पड़ेगा और प्रेमचन्द के किसान में भी इसीलिए जिसे निर्मल जी नहीं देख सके कि उस होरी की जिद की एक-एक परत छीलकर देखते तो जिस मरजाद की बात वह अन्त तक करता है, वह उस औपनिवेशिक दौर की विकृति नहीं है। इसीलिए मैंने कहा कि 'मारसि मोहि कुठाँउ'। इसी परम्परा में मेरे मित्र विजयदेव नारायण साही ने एक लेख लिखा है। सत्य प्रकाश मिश्र ने एक पूरी पुस्तक सम्पादित की है, उसमें पहला लेख साही जी का है। मेरे बहुत ही घनिष्ठ मित्र रहे, लोहियावादी, समाजवादी विचार के रहे हैं। संयोग से अंग्रेजी के अध्यापक थे। उन्होंने 'गोदान' पर लिखा है।

'गोदान' को हम आज इतने साल बाद क्यों पढ़ रहे हैं, यह बात विजयदेव नारायण साही ने उठाई है। उनके अनुसार, 'गोदान' को सन् 1936 के ऐतिहासिक-सामाजिक

परिप्रेक्ष्य में रखकर देखना, उसको कम करके देखना है। लेख के शुरू में ही उन्होंने लिखा है कि 'प्रेमचन्द की कोई भी कृति, खास तौर से 'गोदान' पढ़ते वक्त यह सहज ही प्रश्न उठता है कि वह कब लिखी गई। अधिकतर लोगों ने यही प्रश्न उठाया। वे इस तरीख को जान लेने के बाद उस समय के अखबार देखेंगे, उस समय की पुस्तकें पढ़ेंगे, प्रेमचन्द के आगे के उपन्यासों से तुलना करेंगे और अन्त में सारी सूचनाएँ जुटाकर प्रसन्न मुद्रा में कहेंगे कि हमने सारी चीजें मिलाकर देख ली हैं। जिस समय यह बात कही जा रही थी, उस समय ठीक ऐसा ही था यानी यह एक ऐतिहासिक दस्तावेज है। अगर वह ऐतिहासिक दस्तावेज है तो उसमें रुचि इतिहासकारों की होगी कि सन् '36 के आसपास का इतिहास क्या होगा या समाजशास्त्रियों की होगी, जो हिस्टोरिक सोशियोलॉजी लिख रहे हों या सोशल हिस्ट्री लिख रहे हों। स्वाधीनता आन्दोलन का इतिहास लिख रहे हों तो 'गोदान' उनके लिए एक दस्तावेज होगा। उसको फिर दस्तावेज के रूप में ही पढ़ें, जैसे पटवारी का कागज। अगर वह श्रेष्ठ है तो इसलिए नहीं कि वह 'मनुष्यों' के बारे में कहता है, बल्कि इसलिए कि वह 'मनुष्य' के बारे में कहता है। उपन्यास केवल मनुष्य का चित्रण है या उन मनुष्यों के बीच एक मनुष्य और मनुष्यता नाम की कोई चीज व्यक्त होती है। तब कोई कृति कालजयी होती है। विदेशी उपन्यासों को, जैसे शार्पनर को हम इसलिए नहीं पढ़ते कि उस खास समय में उसके इर्द-गिर्द स्थिति क्या थी; बल्कि उसके अलावा भी कुछ है क्योंकि वह साहित्य है। हम 'महाभारत' को केवल 'महाभारत' के युग को जानने के लिए नहीं पढ़ते हैं, बल्कि इसलिए पढ़ते हैं कि 'महाभारत' में ऐसी चीज है जो आज भी मनुष्यों, चाहे जिस वर्ग के हों, उनके लिए कुछ ऐसा मिलता है, जो काल का अतिक्रमण करता है।'

यह महत्त्वपूर्ण बात शाही जी ने उठाई है। कहते हैं कि अकेला 'गोदान' है, जिसमें मनुष्यों के बारे में नहीं बल्कि मनुष्य के बारे में बात की गई है। और तो और, उन्होंने कहा कि 'गोदान' नाम ही भ्रामक है। अनावश्यक रूप से हमारा ध्यान केवल एक घटना पर केन्द्रित हो जाता है, जो उपन्यास का एक छोटा-सा अंश है। होरी के साथ महत्त्वपूर्ण बात यह नहीं है कि वह किस प्रकार मरा बल्कि यह कि वह किस प्रकार जिया। 'गोदान' में 'गोदान' कहते ही अन्त की एक घटना पर हम द्रवित हो जाते हैं, पहले की पूरी की पूरी घटना गौण हो जाती है। उसका जीवन उसकी मृत्यु से अधिक मर्मान्तक है। यही नहीं, वे तो कहते हैं कि होरी 'गोदान' का नायक नहीं है, जैसाकि सूरदास 'रंगभूमि' का नायक है। 'गोदान' में केवल होरी की कथा नहीं है, बल्कि जितने पात्र हैं, उनकी सार्थकता है। उनमें से एक चरित्र है होरी। उन्होंने ट्रेजडी पर भी विचार किया, उस पर मैं नहीं जाना चाहता हूँ।

एक ओर यह परम्परा है और दूसरी ओर वह परम्परा है जो 'गोदान' को ऐतिहासिक पृष्ठभूमि में रखकर देखती है, क्योंकि उस ऐतिहासिक पृष्ठभूमि के बिना

'गोदान' को ठीक-ठीक समझना कठिन है। डॉ. रामविलास शर्मा ने प्रेमचन्द पर पहली किताब 'प्रेमचन्द और उनका युग' लिखी। उसके चौथे-पाँचवें संस्करण में 'गोदान और प्रेमचन्द' पर टिप्पणियाँ लिखीं और टिप्पणियों के द्वारा यह बताने की कोशिश की कि कैसे अमूर्त अस्तित्ववादी लोग 'गोदान' को ऐतिहासिक सन्दर्भ से काट देते हैं। आप जानते हैं कि दूसरे महायुद्ध के बाद शीतयुद्ध का दौर था जहाँ सोवियत समाजवाद के विरुद्ध, मार्क्सवाद के विरुद्ध, कम्यूनिज्म के विरुद्ध एक शीतलहर चली थी और थोड़ी-सी शीत लहरें भारत में भी आई थीं। उस दौर में यूरोप के महान हीरो, जो सारी दुनिया के हो गए, ज्याँ पॉल सार्त्र थें। वे लोग शेक्सपियर में अस्तित्ववाद ढूँढ़ रहे थे। सारे साहित्य का मूल्यांकन अस्तित्ववाद के आधार पर होता था। 'गोदान' भी उसका शिकार हुआ। 'गोदान' में लोग अस्तित्ववादी रूप देखने लगे। डॉ. शर्मा ने अपने चौथे-पाँचवें संस्करण की भूमिका में इसका उल्लेख किया है। इसलिए कालजयी कृतियाँ एक निश्चित देश-काल के बिना नहीं समझी जा सकतीं। समझने के लिए जरूरी है—उसका टेक्स्ट और कॉन्टेक्स्ट।

जब तक उस भूमि-व्यवस्था के बारे में नहीं जानते, जिसमें जमींदार, पटवारी और साहूकार हुआ करते थे तब तक 'गोदान' की सही तसवीर नहीं उभर सकती। मातादीन के बाप दातादीन भी साहूकारी करते हैं। जरूरी नहीं कि सूदखोरी जमींदार ही करता हो! आजकल तो बैंक वाले भी सूदखोर हैं, बैंक इंट्रेस्ट पर बहुत कारोबार चल रहा है, पर एक समय था कि सूदखोरी को इस्लाम में हराम माना गया था।

यहाँ हालत ऐसी है कि सूदखोरी बड़े पैमाने पर बढ़ी। खास तौर से यह उपनिवेशवाद की देन थी। जो राज करने आए थे, वे भी सूदखोर थे। खास तौर से जो नीलहे थे, नील की खेती करते थे, जबरदस्त सूदखोर थे। 'गोदान' में हर आदमी सूदखोर है। और तो और, होरी खुद सूदखोर है। वह भी ब्याज पर रुपया देता है। इस बात को समझने के लिए उस पूरी व्यवस्था को, उस दौर को नहीं समझेंगे तो कैसे पता चलेगा? एक चुनौती है और वह यह कि हम जब तक 'गोदान' को उसके ऐतिहासिक सन्दर्भ में नहीं देखेंगे तब तक कुछ गुत्थियाँ हमारे सामने उलझी रह जाएँगी। मसलन 'रंगभूमि' में भिखारी सूरदास तनकर खड़ा होता है। चाहे वह मिल मालिक हो या कलेक्टर-कमिश्नर, सबके सामने एक अन्धा भिखारी खड़ा हो जाता है, लड़ जाता है। यह समय 1924 का है, जहाँ प्रेमचन्द एक किसान को लड़ता हुआ दिखाते हैं। वही प्रेमचन्द 1936 में 'गोदान' में एक ऐसा किसान दिखाते हैं, जिसके पास जमीन है, दुनिया भर की चीजें हैं और वह बिलकुल नहीं लड़ता है, हारता चला जाता है, हारता चला जाता है, दबता रहता है। इसकी व्याख्या हम कैसे करेंगे? एक तरफ अन्धा, दलित और भिखारी सूरदास, दूसरी ओर होरी महतो जो दलित भी नहीं था। 1936 तक आते-आते, जब स्वाधीनता आन्दोलन आगे बढ़ रहा था, तब इसको तो लड़ाकू होना चाहिए, पर वह नहीं लड़ता। क्यों?

यह ऐसी समस्या है जिसका सम्बन्ध इतिहास से है। असहयोग आन्दोलन के दौरान जो सत्याग्रह शुरू हुआ था, उसकी सबसे बड़ी मिसाल चौरीचौरा है। लोगों ने थाना फूँका। यह आन्दोलन इतना व्यापक था। उसके बाद सविनय अवज्ञा आन्दोलन सन् '30 के आसपास शुरू हुआ था। सारे इतिहासकार कहते हैं कि सविनय अवज्ञा आन्दोलन टाँय-टाँय फिस्स हो गया। वह मोहभंग का दौर था। ज्ञानेन्द्र पांडेय, जो आजकल शायद शिकागो में हैं, ऑक्सफोर्ड यूनिवर्सिटी प्रेस से उनकी किताब 'द असेंडेंसी ऑफ द कांग्रेस इन उत्तर प्रदेश : 1926-34' छपी है। इसमें लिखा है कि सविनय अवज्ञा आन्दोलन असहयोग आन्दोलन जैसा नहीं था, बल्कि सविनय अवज्ञा आन्दोलन में मुख्य मुद्दा राजनीतिक हो गया था। खास तौर से किसानों की समस्या और साम्प्रदायिकता को कुछ लोगों ने छोड़ दिया और बोले कि कांग्रेस को लोगों की आर्थिक और साम्प्रदायिक समस्याओं में नहीं पड़ना चाहिए, हमें नेशनल लिब्रेशन चाहिए। कांग्रेस में उस दौर में काफी जमींदार व ताल्लुकेदार आ गए थे। 'गोदान' में जमींदार राय साहब काउंसिल के मेम्बर थे, तीन बार जेल जा चुके थे। कांग्रेस में बहुत बड़ा समुदाय उच्च वर्ग का आ गया था और वह बिलकुल नहीं चाहता था कि भूमि-समस्या का निस्तारण हो। उसका असर इतनी दूर तक हुआ कि तुरन्त जो प्रांतीय सरकारें बनी थीं, वे भूमि-सुधार का कोई भी कानून पास नहीं कर सकीं। सरकारें भंग हुईं। यही नहीं जब पहली बार सरकारें बनीं और भूदान का आन्दोलन चलाया गया तो उसका असर हुआ। बिहार में आज तक कोई कानून नहीं बना, जबकि यू.पी. में भूमि एक्ट बन चुका है। उनका कहना था कि अंग्रेज चले जाएँगे तो साम्प्रदायिक समस्या अपने-आप हल हो जाएगी, क्योंकि अंग्रेज ही हिन्दू-मुसलमानों को लड़ा रहे हैं। फिर उन्होंने कहा कि ये उचित अवसर नहीं है कि छोटे किसानों की समस्या को उठाया जाए, क्योंकि कांग्रेस में शामिल जमींदारों को तकलीफ होती थी। उठने ही नहीं दिया। इस सिलसिले में ज्ञानेन्द्र पांडेय, चूँकि साहित्य भी जानते हैं, 'गोदान' का जिक्र करते हुए कहते हैं कि 'Godan is the reflection of disobidience is found in the History. × × × Classic last novel 'Godan' is the tale of unrevealed opperation and dispair. This is the return long suffering of Indian peasent they belive in the Karma.'

मनुष्य की ट्रेजडी समझिए। किसान की समस्या से यानी यथार्थ से काटकर अमूर्त अवधारणा के रूप में 'गोदान' की रचना है। दूसरी ओर जो समस्या है, उसको विस्तृत ऐतिहासिक सन्दर्भ में देखना चाहिए। दिक्कत यह हुई कि डॉ. शर्मा ने 'प्रेमचन्द और उनका युग' की भूमिका में कहा कि 'गोदान' की मूल समस्या ऋण है। प्रेमचन्द जब 'गोदान' लिख रहे थे, तब वे खुद भी कर्ज के बोझ से दबे हुए थे। उसमें मूल समस्या ऋण की समस्या है। प्रेमचन्द ने मुम्बई से जैनेन्द्र को पत्र में लिखा है, 'कर्जदार हो गया हूँ, कर्ज पटा दूँगा, परन्तु और कोई लाभ नहीं।

उपन्यास के अन्तिम पृष्ठ लिखने बाकी हैं।' ये दो वाक्य ऐसे लगे, जैसे डॉ. शर्मा ने अद्भुत खोज कर ली हो! किसी की कृति को जाँचने के लिए उसके जीवन की कोई घटना ढूँढ़ लें। जैनेन्द्र को उन्होंने पत्र लिखा, 'कर्ज में डूबा हुआ हूँ।' देखा कि होरी कर्ज लेता है और यह भूल गए कि होरी कर्ज देता भी है। इसलिए 'मूल समस्या ऋण की समस्या है', अपनी इस भूल को बहुत बाद में उन्होंने स्वीकार किया, बिना कहे कि मैंने गलती की थी। लेखक के चरित्र या जीवन की किसी घटना के साथ किसी कविता, कहानी या उपन्यास को जोड़ना हेत्वाभास है, फैंटेसी है। यद्यपि वह तथ्यपरक लगता है। कर्ज एक ऐसी ही छोटी-सी घटना थी। पूरे 'गोदान' का महत्त्व कितना घट जाएगा यदि हम कहें कि 'गोदान' में 'मूल समस्या कर्ज की समस्या' है। आगे चलकर उन्होंने स्वीकार किया है, 'गोदान में दूसरी बहुत बड़ी चीज है, वह है संयुक्त परिवार का टूटना।' मुक्तिबोध ने कहीं लिखा है, 'इस दौर की सबसे बड़ी घटना है संयुक्त परिवार का टूटना।' अभी यह प्रक्रिया समाप्त नहीं हुई है बल्कि और तेज हुई है। स्वाधीनता के बाद तक संयुक्त परिवार बहुत बड़े हुआ करते थे। अब तो माँ-बाप के साथ बहू-बेटे रहने को तैयार नहीं हैं। सिलिकान वैली चले जाते हैं, दिल्ली चले जाते हैं। ऐसी नौकरी की है कि बूढ़े माँ-बाप समस्या हो गए हैं। इसी तरह होरी का परिवार एक-एक कर टूटता जाता है, यद्यपि वह अपनी तरफ से जोड़ने की पूरी कोशिश करता है। हीरा उसकी गाय को जहर दे देता है, लेकिन जब वह चला जाता है तो धनिया के डाँटने के बावजूद वह अपना खेत छोड़कर उसके खेत में बुआई करता है। प्रसाद जी ने लिखा है, 'चढ़कर मेरे जीवन रथ पर/प्रलय चल रहा अपने पथ पर/मैंने निज दुर्बल पद बल पर/उससे हारी होड़ लगाई/आह वेदना मिली विदाई'! जीवन रथ पर प्रलय-रूपी इतिहास चल रहा है। इसलिए ऋण से ज्यादा बड़ी समस्या उस परिवार का टूटना है। पूरा समाज टूट रहा है। जिसको बिरादरी कहते थे, वह सारी-की-सारी बिरादरी उस दौर में टूट रही थी। दुलारी सहुआइन के साथ होरी हँसी-मजाक करता है। होली आदि त्योहार में सारा गाँव एक परिवार बन जाता है। 'गोदान' पूरे ग्रामीण समाज के आपसी सम्बन्धों के बिखरने की पीड़ा है और आप केवल इसे ऋण की समस्या कहेंगे? यह भूल डॉ. शर्मा ने चौथे-पाँचवें संस्करण की भूमिका में सुधारी और कहा कि इसके अलावा भी कई समस्याएँ उसमें हैं।

सदानन्द शाही ने कहा कि सद्गति का दुखी जो गाँठ काटता है, वह गाँठ है 'गोदान'। मैं कहना चाहता हूँ कि उपन्यास अगर गाँठ होगा तो मर जाएगा। वह गुठली है, वह भी लँगड़ा आम की गुठली। 'गोदान' में अगर केवल गुठली होती तो भी फेंक दी जाती। 'गोदान' वह गाँठ नहीं है जिसे दुखी काट रहा था। आप अध्यापक और आलोचक कलम लेके उसे काटें। उसमें रस है। अगर रस न हो तो कालजयी कृति हो ही नहीं सकती। फिर इतिहास में 'गोदान' का वर्णन मिल जाएगा,

समाजशास्त्र में मिल जाएगा। इसलिए मुख्य यह है कि उन तमाम आलोचनाओं को हटाकर देखें तो 'गोदान' अपनी गुठली के साथ आम के स्वभाव का है। आम तोड़ने पर कुछ पल्लव भी साथ आ जाता है, देखने में अच्छा लगता है। यह नहीं कि आम तोड़ लिया, पल्लव छोड़ दिया। उन पत्तों के बीच का फल आस्वाद की वस्तु है। युगों-युगों तक 'गोदान' अगर पढ़ा जाता रहेगा तो अपने उस रस के कारण, कलाकृति होने के कारण, वरना वे सभी समस्याएँ इतिहास और समाजशास्त्र के ग्रन्थों में भी मिल जाएँगी, फिर वह कलाकृति न होती। कालजयी कृतियों को देखने के लिए ऐतिहासिक और सामाजिक दृष्टि जरूरी है लेकिन काफी नहीं है। वह पहली सीढ़ी है। उसके बाद साहित्य के रूप में 'गोदान' तमाम उपन्यासों के बीच क्या स्थान रखता है और क्यों महत्त्वपूर्ण है? हिन्दी में उसके बाद जैनेन्द्र के उपन्यास हैं, 'मैला आँचल' है, 'आधा गाँव' है, 'नौकर की कमीज' है, 'राग दरबारी' है। उपन्यासों की इस लम्बी परम्परा में 'गोदान' क्यों आज भी अपराजेय है, अप्रतिम है? कोई उसकी गहराई और विस्तार के साथ ही उसकी मार्मिकता को व्यक्त नहीं कर सका है। अगर हम यह स्थापित नहीं करते तो वह ऐतिहासिक-सामाजिक आलोचना तो होगी मगर साहित्यिक आलोचना नहीं होगी।

[2]

फिलहाल मुद्दा प्रेमचन्द की विचारधारा का नहीं है। प्रेमचन्द का साहित्य लगभग 30 वर्षों के विशाल लेखन से जुड़ा है, जिसमें आरम्भ से लेकर 'कफन' तक की कहानियाँ, सारे उपन्यास, 'विविध प्रसंग' नाम से लेख, टिप्पणियाँ और वक्तव्य, निबन्ध और पत्र हैं। सम्पूर्ण साहित्य में प्रेमचन्द की विचारधारा खोजना बड़ा काम है। आरम्भ करने के लिए इनकी केवल एक कृति 'गोदान' में, जो उनका अन्तिम उपन्यास है और सर्वश्रेष्ठ भी माना जाता है, प्रेमचन्द की विचारधारा क्या थी, फिलहाल यही गोष्ठी में विचारणीय है।

पहले की बातों को केवल समझाने के लिए, अन्तर दिखाने के लिए कोई चाहे तो उपयोग कर सकता है। 'गोदान' लिखते समय उन्होंने जो लेख लिखे हैं, टिप्पणियाँ लिखी हैं, उनका उपयोग हम सहायक सामग्री के रूप में कर सकते हैं। लेकिन लेखक की विचारधारा या साहित्यकार की विचारधारा पर बात करते समय ध्यान रखें कि जो कृतिकार है, उसकी जो विचारधारा उसके लेखों और टिप्पणियों में है, जरूरी नहीं कि वह उसकी कृति में भी हो! दोनों में अन्तर होता है। साहित्यिक रचना-प्रक्रिया का स्वयं एक तर्क होता है। लिखते समय विचार नहीं रह जाते, जो लेख लिखते समय या पत्र लिखते समय रहते हैं। यह बराबर ध्यान रखना चाहिए कि यह वैज्ञानिक प्रक्रिया है और उस पर विचार किया जाए तो बेहतर होगा। इसलिए 'गोदान' की

विचारधारा क्या है और 'गोदान' में प्रेमचन्द की विचारधारा क्या है, ये दोनों प्रश्न लगभग पर्याय नहीं हैं। डी.एच. लॉरेन्स कहते हैं कि 'कृतिकार की बातों पर नहीं जाएँ, कृति क्या कहती है, उस पर जाएँ।' शमशेर ने दोनों के फर्क को समझते हुए कहा था कि 'बात बोलेगी हम नहीं, भेद खोलेगी बात ही।' यहाँ बात से मतलब कृति से है। इसलिए कुछ कृतियों में फाँक मिलती है : लेखक कुछ कहता है, कृति कुछ कहती है। इसलिए लेखक की टिप्पणियों और कृति में कभी-कभी टकराव होता है। इसको भी समझने की जरूरत है। इसको ध्यान में रखते हुए, इन सारी चेतावनियों के साथ, मेरे मन में यह बात बराबर बनी रहती है कि इसका उल्लंघन न करूँ। यदि उल्लंघन करूँ तो मेरे सहयोगी मित्र उसकी ओर इशारा करें।

लेखक की विचारधारा किसी एक चरित्र में चाहे वह कितना ही विद्वान, विचारशील हो, उसमें ही नहीं व्यक्त होती, बल्कि लेखक का विश्वास, लेखक का विचार, लेखक की जीवनदृष्टि उसके तमाम चरित्रों में व्यक्त होती है। जैसे आर्केस्ट्रा में जितने भी वाद्ययंत्र होते हैं, सब मिलकर एक राग उत्पन्न करते हैं; उसी तरह से सारे चरित्र और साथ ही जो कथाविन्यास है, नैरेशन है, सब मिलकर कृति की विचारधारा को व्यक्त करते हैं। इसलिए कुछ वक्ताओं के कथन में से एकाध को उद्धृत कर देना उचित नहीं है। इस दृष्टि से 'गोदान' नाम की समग्र कृति जो चरित्रों, घटनाओं, स्थितियों, आख्यानों के विशाल वाद्ययंत्र से बनी हुई है, उससे राग जो प्रभावान्विति के रूप में व्यक्त होता है, वह महत्त्वपूर्ण है, जिसे हम Effect of Totality कहते हैं। किसी कथा के बारे में यह प्रभावान्विति ही व्यंजित करेगी। यह कथित नहीं होगा, अभिधा में नहीं होगा, बल्कि जो उसमें गूँजती हुई ध्वनि निकलती है, उसे ही विचारधारा मानेंगे।

सामान्यतः विचारधारा का मतलब आइडियोलॉजी (Ideology) होता है। लेकिन मैं स्पष्ट कर दूँ कि विचारधारा के बारे में मेरी धारणा मार्क्स को पढ़ते हुए बनी है। मार्क्स ने 'जर्मन आइडियोलॉजी' नामक किताब में लिखा है कि 'यह एक प्रकार की मिथ्या चेतना है, ज्ञान नहीं है। विज्ञान बनाम विचारधारा में विज्ञान सच्चा ज्ञान है।' इसके बरक्स जिसे हिन्दी में हम विचारधारा कहते हैं, वह मिथ्या चेतना (False Consciousness) है। इसका जब पहली बार उल्लेख किया गया तो जर्मन आइडियोलॉजी में हेगेल और कांट हो चुके थे। ये लोग सारे के सारे आइडियालिस्ट (Idealist) थे, भाववादी थे। आइडियालिस्ट (Idealist) होने के कारण इनके जो विचार थे, वे आइडियल (Ideal) थे। मार्क्स ने कहा कि हेगेल ने दुनिया को सिर के बल खड़ा किया था—सिर माने दिमाग—सिर को नीचे कर दिया था और पाँव को ऊपर। फ़िराक साहब ने कहा है कि :

*वाइज ने इल्म को भी खड़ा सर के बल किया,*
*ऐसा पढ़ा लिखा है कि जाहिल कहें जिसे।*

विश्वविद्यालयों में ऐसे वाइज बहुत मिलेंगे, जाहिल नहीं कहूँगा। इसलिए इस बात को ध्यान में रखते हुए 'विचारधारा' शब्द का प्रयोग करना चाहिए। सामान्य व्यवहार में ये सारी चीजें स्तालिनवादियों के चलते हुईं, जिन्होंने मार्क्सवाद को आइडियोलॉजी बनाया। इसका एक परिणाम यह हुआ कि सत्तर साल में समाजवाद ध्वस्त हो गया। सिर्फ साइंस में जबरदस्ती नहीं की जा सकती। अगर आप जबरदस्ती करेंगे तो उसका परिणाम भी उल्टा होगा। एक उदाहरण दिया जाता है कि एक बच्चा शीशी में मोटी लकड़ी रखना चाहता था और शीशी फूट गई। उसका हाथ भी कट गया। इसलिए जबरदस्ती फिट करने की कोशिश करेंगे तो वही हश्र होगा जो शीशी में मोटी लकड़ी फिट करते हुए हुआ। विकास की आर्थिक, सामाजिक और वैज्ञानिक प्रक्रिया आप बहुत जल्दी हासिल करना चाहेंगे, उसके साथ जबरदस्ती करेंगे, पूँजीवादी प्रक्रिया को समाजवाद में बदलना चाहेंगे तो वही होगा कि समाजवाद समाप्त हो जाएगा और पूँजीवाद आएगा। उसको आप रूस में देख सकते हैं।

प्रसंग साहित्य का है। 'गोदान' में इन सावधानियों को ध्यान में रखना जरूरी है। 'गोदान' में एक दार्शनिक चरित्र को रखा गया है—वह है मेहता। विद्वान हैं, दार्शनिक हैं, दर्शन के प्रोफेसर हैं, इसलिए आम तौर से लोगों को लगता है कि जो विचार मेहता के मुख से निकले हैं, वे स्वयं प्रेमचन्द के विचार हैं, 'गोदान' के विचार हैं। 18वें अध्याय में मेहता कई बार विचार व्यक्त करते हैं, लेकिन उन्होंने अपने दर्शन को एक जगह व्यक्त किया है। उसका लम्बा उद्धरण है, 'मैं प्रकृति का पुजारी हूँ। मनुष्य को उसके प्राकृतिक रूप में देखना चाहता हूँ, जो प्रसन्न होकर हँसता है, दुखी होकर रोता है और क्रोध में आकर मार डालता है। जो दुःख और सुख दोनों का दमन करते हैं, जो रोने को कमजोरी और हँसने को हल्कापन समझते हैं, उनसे मेरा कोई मेल नहीं। जीवन मेरे लिए आनन्दमय क्रीड़ा है—सरल, स्वच्छन्द। यहाँ कुत्सा, ईर्ष्या और जलन के लिए कोई स्थान नहीं। मैं भूत की चिन्ता नहीं करता, भविष्य की परवा नहीं करता। मेरे लिए वर्तमान ही सब कुछ है। भविष्य की चिन्ता हमें कायर बना देती है, भूत का भार हमारी कमर तोड़ देता है। हममें जीवन की शक्ति इतनी कम है कि भूत और भविष्य में फैला देने से वह और क्षीण हो जाती है। हम व्यर्थ का भार ऊपर लादकर रूढ़ियों, विश्वासों और इतिहास के मलबे के नीचे दबे पड़े हैं, उठने का नाम नहीं लेते, वह सामर्थ्य ही नहीं रही। जो शक्ति, जो स्फूर्ति मानव धर्म को पूरा करने में लगनी चाहिए थी, सहयोग में, भाईचारे में लगनी चाहिए थी, वह पुरानी अदावतों का बदला लेने और बाप-दादों का ऋण चुकाने की भेंट हो जाती है और यह जो ईश्वर और मोक्ष का चक्कर है, इस पर तो मुझे हँसी आती है। यह मोक्ष और उपासना अहंकार की पराकाष्ठा है, जो हमारी मानवता को नष्ट किए डालती है। जहाँ जीवन है, क्रीड़ा है, चहक है, प्रेम है, वहीं मुस्कराहट न आए, आँखों में आँसू न आए। मैं कहता हूँ, अगर तुम हँस नहीं सकते, रो नहीं

सकते, तो तुम मनुष्य नहीं हो, पत्थर हो। वह ज्ञान जो मानवता को पीस डाले, ज्ञान नहीं है, कोल्हू है।'...ये पंक्तियाँ कितनी सुन्दर लगती हैं, कितना उच्च कोटि का दर्शन है, यही दर्शन 'गोदान' का दर्शन है, यही दर्शन प्रेमचन्द का है। यहाँ तक कि अच्छे-अच्छे विद्वानों को यही लगता है। रामविलास जी ने लिखा है, 'यदि मेहता का दिमाग और होरी का व्यक्तित्व दोनों को मिलाकर देखा जाए तो जो व्यक्तित्व बनेगा, वह 'गोदान' की जीवनदृष्टि होगी या प्रेमचन्द की जीवनदृष्टि होगी। 'अब मैं कहना चाहता हूँ कि यह आग और पानी को मिलाने जैसा है। विजयदेव नारायण साही ने मजाक उड़ाते हुए कहा है कि एक किसान और दूसरा फिलॉसफर। दोनों को मिलाने से क्या बनेगा? दोनों के व्यक्तित्व और आचार अलग-अलग हैं—दोनों के आचार को तो पहले देखिए। आगे से इसकी व्याख्या करने से पहले यह टिप्पणी जोड़ दें कि जीवन दृष्टि यानी विचार आचार में परिवर्तित हो गया है। इसीलिए विचार की जाँच तो आचार से होती है। वैसे ही, जैसे मार्क्सवाद में कहा गया है—थियरी और प्रैक्टिस। दोनों में इतना द्वन्द्वात्मक सम्बन्ध होता है कि किसी की जबान कुछ भी कहे, लेकिन वह करता क्या है, यह ज्यादा महत्त्वपूर्ण होता है। कौन लेखक क्या कहता है, इसके साथ यह देखना जरूरी है कि वह करता क्या है। इसलिए सारी चीजों को भूल जाएँ, सिर्फ एक ही बात को अगर देखें। होरी एक सद्गृहस्थ है और मेहता मालती से प्रेम करता है। बहुत लम्बा प्रेम-प्रसंग चलता है। लगता है कि दोनों विवाह के बंधन में बँध ही जाएँगे पर अन्त तक वह गृहस्थ नहीं बन पाते। मालती तितली है, मालती का खन्ना से भी सम्बन्ध हो गया। गोविन्दी बड़ी दुखी थी और हाथ जोड़कर मेहता से कह रही थी—इससे मेरी रक्षा कीजिए, मेरी गृहस्थी उजाड़ देगी। छोटी-सी दुनिया थी, चार-पाँच लोगों की। सब एक-दूसरे के बारे में जानते थे। उसे मालूम था कि खन्ना का मालती से क्या चल रहा है। उसने मेहता को पकड़ा कि मालती को तुम समझाओ और समझाने के साथ ही तुम दोनों एक सूत्र में बँध जाओ तो शायद मालती खन्ना को छोड़ दे, तो शायद मेरी गृहस्थी बच जाए। मिसेज खन्ना अत्यन्त दुखी होकर दुखड़ा रो रही थीं तो मेहता ने उसी समय कसम खाई थी कि आज से शराब पीना बन्द कर दूँगा। एक अच्छी प्रतिज्ञा की कि आगे मैं अपने आचार में परिवर्तन करूँगा। फिर उपन्यास में आगे चलता है कि मालती और मेहता एक-दूसरे के बहुत करीब आए, अन्त तक आते-आते सम्बन्ध बहुत प्रगाढ़ हो जाता है। लगता है, शादी हो ही जाएगी, लेकिन मेहता ने देर कर दी। मेहता का ही प्रस्ताव था कि अब हम लोगों का विवाह हो जाए। मालती ने मना कर दिया। मना करने का क्या कारण हो सकता है, फिलहाल मैं इस पर नहीं जाऊँगा। यह वक्तव्य गोविन्दी को समझाने के लिए, आश्वस्त कराने के लिए, उसके दुःख को दूर करने के लिए दिया गया है। उससे ठीक पहले मेहता कहते हैं, 'इसे कवियों का भावावेश न समझें, यह मेरे जीवन का सत्य है।

मेरे जीवन का क्या आदर्श है, यह आपको देने का मोह मुझसे सँवरण नहीं हो रहा।' लोग साहित्य पढ़ते हैं। साहित्य में कहा जाता है कि नायिका का 'ना-ना' करना 'हाँ-हाँ' होता है। मेहता जब कह रहे हैं कि इसे कवियों का भावावेश न समझिए तो प्रेमचन्द इशारा करते हैं कि यह जो आगे कहने जा रहा है, वह कवियों का भावावेश ही है। जैसे नेता लोग कहते हैं कि ऐसा न समझिए तो बिलकुल वैसा ही समझिए। उनकी ना, हाँ से भी ज्यादा मारक हुआ करती है। मेहता स्त्रियों की सभा में बोलने गए हैं। स्त्रियों की स्वाधीनता पर क्या लम्बे-लम्बे भाषण देते हैं! यह वही आदमी है, जो अकेले में कहता है, प्रेम बहुत खूँखार होता है, मैं तुम्हें मार डालूँगा। अपने प्रेम की ताकत बताने के लिए मारने तक को उतारू हो जाता है। वाह रे आपका प्रेम! हत्या कर दे और कहे, प्यार कर रहा हूँ! इसे कवियों का भावावेश न समझिए। कविता की व्याख्या जितनी कठिन होती है, प्रेमचन्द के वक्तव्यों की भाषा भी उतनी ही पेचीदा और जटिल होती है। इस स्थिति की ओर ध्यान दिलाना चाहता हूँ। जितनी बारीकी से हम लोग कविता की व्याख्या करते हैं, प्रेमचन्द के गद्य को भी उतनी ही बारीकी से समझिए। 'यह कवियों का भावावेश नहीं, मेरे जीवन का सत्य है'। जैसे सत्य को पा लिया हो! जैसे ईसा मसीह बने हों! बड़ी मुश्किल से जीवन का सत्य मिलता है। जीवन का सत्य बता दिया। मेरे जीवन का क्या आदर्श है, मसलन मेरे आचार पर न जाओ, आइडियल है, जरूरी नहीं कि मैं उसका पालन भी करता हूँ! आपको यह बतला देने का मोह मुझसे नहीं रुक सकता। 'मोह' शब्द का प्रयोग किया है। मोह कोई अच्छी चीज नहीं है, इसलिए कवियों के कवित्वपूर्ण व्यावहारिक आवेश को कह रहा हूँ। सारा कथन आवेश और मोह का सूचक है। सत्य होते हुए भी यह उनका सत्य नहीं है। हो सकता है, यह उनका खास क्षण में प्राप्त किया गया आदर्श हो! इसलिए 'गोदान' को तो छोड़िए, यह मेहता की भी विचारधारा नहीं है। 'गोदान' में जहाँ-जहाँ मेहता ने दर्शन सम्बन्धी वक्तव्य दिये हैं, उन्हें बहुत ध्यान से देखने की जरूरत है।

यहाँ प्रेमचन्द गोविन्दी के माध्यम से यह वक्तव्य देते हैं। भ्रम हो सकता है, यह जरा दूसरे ढंग का है। मेहता के मुँह से भी महत्त्वपूर्ण बातें कहलाई गई हैं। ये बातें अध्याय उन्तीस और तीस में गोविन्दी कहती है।

पहले मेहता का कथन देख लें, 'अज्ञान की भाँति ज्ञान भी सरल, निष्कपट एवं सुनहले स्वप्न देखने वाला होता है। मानवता में उसका विश्वास इतना दृढ़, इतना सजीव होता है कि वह इसके विरुद्ध व्यवहार अमानुषिक समझने लगता है। वह यह भूल जाता है कि भेड़ियों ने भेड़ों की निरीहता का जवाब सदैव पंजे और दाँतों से दिया है। वह अपना एक आदर्श संसार बनाकर उसको आदर्श मानवता से आबाद करता है और उसी में मग्न रहता है। यथार्थता कितनी अगम्य, कितनी दुर्बोध, कितनी अप्राकृतिक है, उसकी ओर विचार करना उसके लिए मुश्किल हो जाता है।'

कहा जा सकता है कि यह प्रेमचन्द के बहुत सारवान विचार हैं। जहाँ 'गोदान' से उसका सम्बन्ध जुड़ता है, खास तौर से वहाँ, जहाँ कहते हैं कि भेड़ियों ने भेड़ों की निरीहता का जवाब सदैव पंजे और दाँतों से दिया है। यहाँ लड़ाकू प्रेमचन्द बोल रहे हैं। भेड़ियों ने जवाब दिया है, भेड़ों ने नहीं, इसलिए प्रेमचन्द भेड़ों के प्रवक्ता हैं। जाहिर है, उनका वक्तव्य–भेड़िये ऐसा करते हैं, इसी का प्रमाण है, हिंसा शोषक वर्ग से होती है, अहिंसा स्वयं शोषित की होती है। वे हिंसा की ओर कदम नहीं बढ़ाते, पहल नहीं करते। अपनी रक्षा जरूर करते हैं। लेकिन यहाँ भेड़ियों की बात हो रही है। यहाँ भ्रम नहीं होना चाहिए। वे कहते हैं, 'वह अपना आदर्श संसार बनाकर उसको आदर्श मानवता से आबाद करता है और उसी में मग्न रहता है। वह अज्ञान की भाँति सरल, निष्कपट और सुनहले स्वप्न देखने वाला होता है।'

फासिस्ट लोग जो नारे देते हैं, बड़े साफ होते हैं, कोई उलझन नहीं होती। बाबरी मस्जिद गिराने वालों, गुजरात में दंगा कराने वालों के मन में भारत में भारतीयता और राष्ट्र शब्द को लेकर कोई दुविधा नहीं है। भारत और भारतीयता क्या है, इस विवाद को लेकर भी उनके मन में कोई दुविधा नहीं रहती। वे समझते हैं कि यह धर्म के समान एक ठोस चीज है। इसलिए हिटलर के, मुसोलिनी के विचार सीधे और स्पष्ट हैं, जिस आधार पर उन्होंने यहूदियों को कंसन्ट्रेशन कैम्प में डालकर मार डाला।

अज्ञान बहुत सरल होता है, इसमें कोई शक नहीं, लेकिन ज्ञान भी उतना ही सरल होता है क्या? अगर ज्ञान सरल होता तो उसमें इतने प्रकार की शाखाएँ-प्रतिशाखाएँ कैसे आतीं? ज्ञान अगर वेदान्त है तो वेदान्त में विशिष्टाद्वैत, द्वैताद्वैत, शुद्धाद्वैत न मालूम कितने प्रकार के अद्वैत हो गए। इसलिए वह ज्ञान चाहे आइडियालिज्म का हो या मेटेरियलिज्म का हो, अज्ञान की भाँति सरल नहीं होता। मेहता कह रहे हैं कि 'अज्ञान की भाँति ज्ञान भी सरल, निष्कपट और सुनहले स्वप्न देखने वाला होता है।' ज्ञान यूटोपिया नहीं है। मार्क्स यूटोपिया के अगेंस्ट थे। साइंस यूटोपिया नहीं है। इसलिए सुनहले स्वप्न ज्ञान नहीं हैं। जो लोग स्वर्ग का इतना भव्य वर्णन करते हैं कि जी करता है कि इस नर्क में क्यों रहें–आत्महत्या करके सीधे स्वर्ग चले जाएँ। अगर यह सुनहले स्वप्न वाला ज्ञान है, तो :

*इस सादगी पे कौन न मर जाए ऐ खुदा,*
*लड़ते हैं और हाथ में तलवार भी नहीं।*

मेहता फिलॉसफर है। वह अज्ञान और ज्ञान को बराबर समझ रहा है। प्रेमचन्द जो आयरनी की बात करते हैं, उन्हें मेहता के वक्तव्यों को ध्यान से देखने की जरूरत है। इससे पहले उन्तीसवें अध्याय में गोविन्दी मेहता से कहती है, 'क्यों नहीं समझते, तुम्हें अन्याय से लड़ने का यह अवसर मिला है। मेरे विचार से पीड़क होने से पीड़ित होना कहीं श्रेष्ठ है।' अपने पति द्वारा सताई गई स्त्री बोलती है, 'पीड़क होने से पीड़ित होना कहीं श्रेष्ठ है। धन खोकर हम अपनी आत्मा को पा सकें तो कोई महँगा

सौदा नहीं। न्याय के सैनिक बनकर लड़ने में जो गौरव है, जो उल्लास है, क्या उसे इतनी जल्दी भूल गए?' यह है गोविन्दी, जिसका अनुभूत सत्य बोल रहा है क्योंकि वह स्वयं पीड़ित है। उसका पति जो उसे पीड़ित कर रहा है, वह उसे समझाती है–न्याय का सैनिक बनकर लड़ने में जो गौरव है, जो उल्लास है, क्या उसे इतनी जल्दी भूल गए? देखें कि एक ओर मेहता की लफ्फाजी और दूसरी ओर उसके बरक्स गोविन्दी का अनुभूत सत्य, जो जीवन से निकला हुआ है। जिसे वह सत्य नहीं कह रही है, उनके सामने बड़ा-सा शब्द नहीं इस्तेमाल कर रही है, वह अनुभव बता रही है। 'गोदान' की विचारधारा मेहता से ज्यादा गोविन्दी में है। होरी के वक्तव्य और होरी में सत्य नहीं है, बल्कि उससे ज्यादा धनिया में है। लेकिन यदि होरी गोदान का नायक नहीं है तो इसलिए कि कभी-कभी नायिका भी उपन्यास की हीरो होती है। ट्रेजडी मरनेवाले की ही नहीं होती। होरी मर जाता है, इसलिए 'गोदान' का सारा केन्द्रबिन्दु उसी पर है। धनिया जीवित रहती है, लेकिन धनिया का जीवन होरी के साथ बराबर मिला हुआ रहा है। वह उससे ज्यादा काम करनेवाली है, सहारा देनेवाली है। यद्यपि धनिया जीवित रह जाती है, जिस बिन्दु पर होरी मर जाता है। बेटे का सहारा नहीं, बहू का सहारा नहीं, वह तब बिना सहारे के अकेली लड़ने के लिए, जिन्दगी में संघर्ष करने के लिए जीवित रह जाती है। इसलिए 'गोदान' का केन्द्रबिन्दु केवल होरी नहीं बल्कि धनिया भी है। कभी-कभी ट्रेजिक हीरो उसे नहीं कहा जाता जो मर जाता है बल्कि उसे कहा जाता है जो जीवित रहते हुए संघर्ष करता है–धनिया ट्रेजिक हीरो के पद को पूरा करती है। दोनों को मिला करके विचारधारा को देखा जा सकता है। इसलिए मेहता के वक्तव्य 'गोदान' के सत्य नहीं हैं, विचार नहीं हैं, उसमें गोविन्दी का भी सत्य है। कुल मिलाकर आप देखें तो 'गोदान' मिर्जा अनीस का मर्सिया नहीं है। यहाँ से वहाँ तक दुःख और दुःख और दुःख। ऐसा भादों का आसमान जिसमें न कभी सूर्य दिखाई पड़ता है, न कभी धूप।

जैसा मैंने कहा, 'गोदान' मर्सिया नहीं, छाती पीटने वाली कहानी नहीं है। इसमें कुछ और भी है। दो उदाहरण देकर समाप्त करता हूँ। इस ट्रेजडी में एक प्रसंग आता है 23वें अध्याय में, जहाँ गोबर, झुनिया आए थे, दो दिन गाँव रहकर वापस चले जाते हैं। गोबर और झुनिया के जाने के बाद होरी और धनिया में बातचीत होती है। वह बातचीत बड़ी दिलचस्प है। इस तरह चले जाने का एक दुःख भी था, गुस्सा भी था। कहीं न कहीं से बातचीत निकलनी चाहिए। बातचीत का टुकड़ा बता रहा हूँ–होरी ने कहा कि मुझे भी निकाल दो। ले जाओ बैलों को, अनाज मांड़ो, मैं हुक्का पीता हूँ। धनिया कहती है कि तुम चलकर चक्की पीसो, मैं अनाज माड़ूँगी। इस तरह झगड़ा खत्म हो गया, खलिहान बँट गया कि मेरा काम तुम करो, तुम्हारा काम मैं करूँगा। इसके बाद होरी चला गया तो प्रेमचन्द लिखते हैं, 'रसिक वसन्त सुगन्ध, प्रमोद और जीवन की विभूति लुटा रहा था, दोनों हाथों से, दिल खोलकर।...और

उसका व्यथित निराश मन भी इस व्यापक शोभा और स्फूर्ति में जैसे डूब गया। तरंग में आकर गाने लगा—हिया जरत रहत दिन रैन/आम की डरिया कोयल बोले/तनिक न आवत चैन/हिया जरत रहत दिन रैन।'

लोग कहते हैं, प्रेमचन्द में कवित्व नहीं है। कवित्व तो जैनेन्द्र और अज्ञेय में है। यह एक किसान का हृदय है, यहाँ प्रेमचन्द की भाषा थोड़ी कवित्वमय हो जाती है। रसिक बसन्त सुगंध और जीवन की विभूति लुटा रहा है। ध्यान रखें, 'सुगन्ध लुटा रहा था' यह नहीं कहते, बल्कि यह कहते हैं कि 'जीवन की विभूति लुटा रहा था, दोनों हाथों से दिल खोलकर।' बात यह है कि सुगन्ध और विभूति दो अलग चीजें हैं। एक हाथ से दोनों नहीं लुटाई जा सकतीं। एक हाथ से सुगन्ध लुटा रहा था और एक हाथ से जीवन की विभूति। प्रेमचन्द कहते हैं कि 'उसका व्यथित निराश मन भी इस व्यापक शोभा और स्फूर्ति में आकर गाने लगा।' जो गाना है, उसमें दर्द है लेकिन उसमें कह रहे हैं कि व्यथित निराश मन भी इस स्फूर्ति में आकर गाने लगा, 'हिया जरत रहत दिन रैन'। दुःख के गीत भी कभी-कभी हँस-हँसकर गाए जाते हैं, जो अन्दाज ग़ालिब की गजलों में मिलेगा। फिल्म में एक गाना है, 'हम तुमसे मोहब्बत करके सनम हँसते भी रहे, रोते भी रहे'। तो हँसना और रोना दोनों प्यार में होना चाहिए, केवल रोना ही हो, यह कोई प्रेम है? कहीं-कहीं हँसना भी हो तो प्रेम है, 'हँसते भी रहे, रोते भी रहे'।

'गोदान' भादों का आसमान नहीं है, उसमें हँसी भी है। उसी 'गोदान' में बेटा शहर से आता है—और नजराना देने का स्वांग करता है। रुपये देता है और कहता है—यह दस हुआ तो और ये पाँच रुपये। एक-एक चीज पढ़िए—होली के मौके पर किसान स्वांग रचते हैं और व्यंग्य-विनोद के द्वारा पूरी व्यवस्था का, जमींदारों का मजाक उड़ाते हैं। 'गोदान' की विचारधारा का यह भी एक अंग है।

कुछ लोग उसको सपाट, क्रिटिकल रियलिज्म या आलोचनात्मक यथार्थवाद कहते हैं, इसलिए पेचीदा है। क्षमा कीजिएगा, आम तौर से लोग ट्रेजडी का अर्थ गलत समझते हैं। रामविलास जी अंग्रेजी के अध्यापक थे, शेक्सपीरियन ट्रेजडी को जानते थे, जबकि ग्रीक ट्रेजडी मार्क्स की बुनियाद है। ग्रीक उच्चारण में ट्रेजडी के 'एस्खिलुस' मार्क्स के बहुत पसन्द के नाटककार थे। मैंने कहा था कि मार्क्सवाद के तीन ही स्रोत नहीं हैं, जैसाकि स्टालिन ने कहा था, बल्कि एक चौथा भी है—ग्रीक ट्रेजडी। जैसाकि स्वयं हम लोगों को साहित्य पढ़कर—सूर को, तुलसी को, कबीर को, निराला, प्रेमचन्द को पढ़कर—उसमें से मिला है, वह भी भारतीय मार्क्सवाद का एक स्रोत है। ट्रेजडी किसे कहते हैं? उनके ही शब्दों में कहना चाहिए : 'केवल दुःख सहते हुए हारना, फिर भी लड़ना। इस संघर्ष में भी ट्रेजडी होती है, केवल हारने में ही नहीं बल्कि हारते हुए भी लड़ने में'। यह प्रेमचन्द का ऐसा दर्शन था जो 'रंगभूमि' के सूरदास में मौजूद है, 'हम हारे तो क्या हारे'! इसलिए

ट्रेजेडी के हीरो और ट्रेजिक हीरो में कोई अन्तर नहीं होता और ग्रीक ट्रेजडी में इसकी एक परम्परा रही है। प्रेमचन्द 'गोदान' का जहाँ अन्त करते हैं, उस प्रकरण को मैं सामने रखना चाहता हूँ। दो सन्दर्भ हैं—होरी में से आत्मधिक्कार का स्वर तब निकलता है, जब रामसेवक को बेटी बेचता है। उसके बाद प्रेमचन्द 'गोदान' में लिखते हैं, 'बेटी को बेचने जैसा काम... पर आज तीस साल तक जीवन से लड़ते रहने के बाद वह परास्त हुआ।' यह वक्तव्य और किसी सन्दर्भ में नहीं दिया है। बेटी बेचने के सन्दर्भ में है, 'वह तीस साल जीवन से लड़ते रहने के बाद परास्त हुआ।' जब जमीन चली गई तब नहीं कहा कि वह परास्त हुआ और अब ऐसा परास्त हुआ कि मानो उसको नगर के द्वार पर खड़ा कर दिया गया है और जो आता है, उसके मुँह पर थूक देता है। वह चिल्ला-चिल्लाकर कह रहा है, 'भाइयो, मैं दया का पात्र हूँ। मैंने नहीं जाना कि जेठ की धूप कैसी होती है, माघ की वर्षा कैसी होती है।' वर्षा भी माघ की। 'इस देह को चीरकर देखो, इसमें कितना प्राण रह गया है! कितने जख्मों से चूर, कितने ठोकरों से कुचला गया! उससे पूछो कि तुमने विश्राम के दर्शन किए? कभी तुम छाँह में बैठे? उस पर यह अपमान और अब भी जीता है—कायर, लोभी और अधम!' तीनों शब्दों का जो प्रयोग किया है, इसके क्रम को देखें—कायर, लोभी और अधम। जीवन का लोभ, जीवन जी रहा है, यही सबसे बड़ा लोभ है और अन्त में अधम। जो प्रेमचन्द की भाषा पर अँगुली उठाते हैं, कलावादी बनते हैं, देखें कि इन तीनों शब्दों का प्रयोग जिस क्रम में किया है, पूरी ताकत से किया है। बेटी को बेचने के बाद का वक्तव्य ट्रेजडी की पराकाष्ठा है, जहाँ होरी स्वयं बोलता है। यह मेहता के बड़े दर्शनों से ज्यादा है। यह विचारधारा से जुड़ा वक्तव्य है। यहाँ देखिए, विचारधारा ट्रेजिक विजन भी होती है।

दूसरा प्रसंग उस हीरा के वापस आने का है, जिसने गाय को जहर दिया था। सारे दुःख की शुरुआत यहीं से होती है। हीरा जहर देता है, गाय मरती है। सारा का सारा उपन्यास वहीं से शुरू होता है। हीरा लौटकर आता है, पाँव छूता है। उसके बाद प्रेमचन्द का यह वक्तव्य है, 'कौन कहता है, वह जीवन-संग्राम में हारा? इसी जीवन-संग्राम में उसके टूटे-फूटे अस्त्र उसकी विजय पताकाएँ हैं।' महाभारत के युद्ध के बाद जो अस्त्र टूट-फूट गए, वही विजय पताका के रूप में फहरा रही है। वही फटी हुई पताकाएँ फहरा रही हैं। फटी हैं तो क्या हुआ, जीवन के सारे संकट, सारी निराशाएँ, मानो उसके चरणों पर लोट रही हैं। ये उल्लास, ये गर्व, ये पुलक, क्या हार के लक्षण हैं? 'गोदान' के अन्त की ये दोनों स्थितियाँ : एक ओर वह कहता है—कौन कहता है, वह जीवन-संग्राम में हारा; और दूसरी ओर कहता है, वह परास्त हुआ। 'गोदान' का जो ट्रेजिक विजन है, उसकी यह द्वन्द्वात्मकता है। गहरे उतरकर देखें तो यही 'गोदान' का बड़प्पन है और यही उसके कालजयी होने का प्रमाण है।

## [3]

मैं पहली बात उनसे कहना चाहता हूँ कि जो लोग 'गोदान' में केवल दलित-विमर्श देखना चाहते हैं और जो स्त्री-विमर्श देखना चाहते हैं; ये देखना, 'गोदान' को टुकड़े में देखना है और सम्पूर्ण की उपेक्षा करना है। यह मिथ्या चेतना और एक अर्थ में ऑडियोलॉजिकल दृष्टि है। प्रेमचन्द में केवल दलित-विमर्श ढूँढ़ना और उसे गलत ठहराना या केवल स्त्री-विमर्श ढूँढ़ना ऐसा है, जैसे अंधों का हाथी को देखना। हाथी की पूँछ किसी के हाथ लगी तो कहा—हाथी ऐसा ही होता है, यह ऑडियोलॉजिकल दृष्टि है। अर्धसत्य झूठ से भी ज्यादा खतरनाक होता है। उसी तरह उतना ही खतरनाक होगा—प्रेमचन्द को किसी एक दृष्टि से देखना।

दूसरा, यह कहना कि एलिगरी है और मॉरल एलिगरी (इसको हिन्दी में 'रूपक' कहेंगे); लेकिन ये सारे—'रिलिजियस कन्वोकेशन' हैं। यहाँ अंग्रेजी के प्रोफेसर लोग बैठे हैं, जानते हैं, समझ-बूझ करके इस सन्दर्भ में एलिगरी शब्द का इस्तेमाल करेंगे। ऐसे कई शब्द हैं जिसे लोगों ने अपनी समझ में 'रूपक' न कहकर, जानबूझकर 'एलिगरी' कहा। 'गोदान' में गाय एक रूपक है, प्रतीक है, वह अनेक अर्थों का प्रतीक बन जाती है। गाय अगर प्रतीक बनती है तो देखें, वह क्या है। इसके कई अर्थ लोगों ने किए हैं। विचित्र बात यह है कि होरी खुद गाय है। रामसेवक कहते हैं कि 'इस संसार में गौ बनने से काम नहीं चलेगा।' होरी से कहते हैं कि तुम गौ हो। गाय रखनेवाला—गाय की इच्छा रखनेवाला खुद गाय है। इस गाय पर एक लेख लिखा जाना चाहिए। राजकमल से पेपर बैक 'गोदान' जो छपा है, उस पर एक गाय का चित्र है और गाय में कई सारी सम्भावनाएँ हैं। वह केवल जानवर नहीं है, सम्पत्ति भी नहीं है। दूध-घी जो मिलेगा, केवल एक को नहीं मिलेगा, सबको बँटेगा। साथ ही गाय उसके मरजाद का भी द्योतक है। इसीलिए हिन्दुत्ववादी लोग ज्यादा ही प्रसन्न होंगे। पता नहीं, उन्होंने अभी तक लिखा है कि नहीं लिखा है कि यह गोरक्षा में लिखा ग्रन्थ है। प्रेमचन्द भी गोरक्षा पर लिखते थे। भारतीय चिन्तन परम्परा के केन्द्र में गाय तो हमेशा रही ही है। कालिदास के यहाँ भी दिलीप गोचारण करते हैं। गाय कितनी ही साहित्यिक कृतियों में रही है। कामधेनु से शुरू करेंगे, ऋग्वेद से होते हुए प्रेमचन्द तक आएँगे और कहेंगे, प्रेमचन्द हमारी उसी गोरक्षा वाली परम्परा के लेखक हैं। गोरक्षा समिति वाले इसका यह अर्थ निकाल सकते हैं। सावधान रहना चाहिए कि कोई इस गाय को जहर न दे। कोई चुरा न ले जाए। इसलिए गाय को प्रतीक मानते समय उसके खतरे की ओर सावधान रहने की जरूरत है। गाय के साथ जमीन भी जुड़ी हुई है। गाय के लिए भी जमीन चाहिए। जिसकी जमीन ही नहीं रहेगी, वह गाय बाँधेगा कहाँ? सब मिलाकर यह उसके समूचे मनुष्यत्व का प्रतीक है।

प्रतीक कहते समय बहुत सावधानी बरतने की जरूरत है। मैंने जब कहा था कि राजनीतिक प्रतीक के रूप में लेना चाहिए, उस दौर में शायद प्रेमचन्द के लिए स्वाधीनता कहिए, स्वराज कहिए, उनका वही स्वराज था। वह स्वराज की ही परिकल्पना थी, जो किसान की हो सकती है। उसकी थोड़ी-सी जमीन हो और न भी हो तो सन्तुष्ट हो सकता है। याद करें, जब होरी मूर्च्छित हो गया था, वह मृत्यु के ठीक पहले जो सपना देखता है, धनिया लाल चुनरी पहनकर आती है और फिर गाय में बदल जाती है। उस स्वप्न को पी.एन. सिंह जी अभी डिकंस्ट्रक्ट कर रहे थे। उस सपने का अर्थ बताना चाहिए, प्रेमचन्द ने गाय को केवल गाय तक ही नहीं, बल्कि गोदान के द्वारा एक और अर्थ की ओर संकेत किया है—दास कैपिटल का। इस सन्दर्भ में पूँजी का जिक्र किया गया था। मैं उत्तर नहीं दे रहा हूँ, प्रश्न ही रख रहा हूँ—क्या गोदान में प्रेमचन्द के लिए 'गाय' वही है जो दास कैपिटल में मार्क्स के लिए कैपिटल या पूँजी? इसको प्रश्न के रूप में ही छोड़ रहा हूँ, विचार करनेवाले इस पर विचार करेंगे। कुल मिलाकर जीवन के अन्तिम निचोड़ के रूप में कैपिटल विनाश का रूप भी लेता है, कैपिटिलिज्म के रूप में। कैपिटल जो है, वह पूँजी का दूसरा अर्थ भी देती है।

अन्तिम बात, प्रेमचन्द के सम्बन्ध में सभी लोगों ने कहा है कि वह कौन-सा गांधीवाद है, जिसका अतिक्रमण उन्होंने नहीं किया था? गांधी को अलग-अलग रूपों में अलग-अलग लोगों ने देखा, उसकी व्याख्या की। किस गांधीवाद का अतिक्रमण नहीं किया था? क्या गांधी अंग्रेजों को, अंग्रेजी राज को क्षमा करते हैं? देश में अंग्रेजियत नहीं रहेगी, यही क्षमादान है? गांधी ने कोई समझौता नहीं किया था। पश्चिम में जो दिखाई पड़ रहा है, जिसका रूप साम्राज्यवाद है, जिसका नाम पूँजीवाद है, जो मशीन की सभ्यता है—उन सारी चीजों को उन्होंने क्षमा नहीं किया था। खारिज किया था। इसलिए मैं कहना चाहता हूँ कि प्रेमचन्द ने गांधीवाद नहीं छोड़ा था। यह सूत्र भ्रामक हो सकता है। पी.एन.सिंह इसकी और विस्तार से समीक्षा करें। क्या 'दलित' शब्द भी हटा दिया था? वे छत्तीस तक पहुँचते-पहुँचते मार्क्सवाद पर विश्वास करने लगे थे? कुछ लोग 'महाजनी सभ्यता' का उदाहरण देते हैं। यह उसी समय उन्होंने लिखा है जब उनकी राजनीतिक विचारधारा खुलकर प्रकट होती है। दो छोर पर ये मान्यताएँ हैं। उन्होंने गांधीवाद का अतिक्रमण नहीं किया था और दूसरी यह कि उस समय तक वे रेडिकल वामपंथी हो गए थे। पी.एन.सिंह ने कहा कि रेडिकल डेमोक्रेट वगैरह को छोड़ दीजिए क्योंकि डेमोक्रेसी के कई विशेषण लगाए जाते हैं। आजकल तो हर बात पर जनवादी-लोकतांत्रिक कहते हैं। पहले सोशल डेमोक्रेट हुआ करते थे, अब रेडिकल डेमोक्रेट हुआ करते हैं। इसीलिए मैं कह रहा था कि प्रेमचन्द को विचारधाराओं के फंदे में मत बाँधो। जो सबका अतिक्रमण कर सकता है, उसका अतिक्रमण करना ज्यादा महत्त्वपूर्ण है बजाय ठप्पा मारकर

विचारधारा के अधीन बाँधने की कोशिश करने के। उपन्यास रचनात्मक चीज है, इसको किसी विचारधारा में बाँध करके देखने के बजाय मैं प्रगतिशीलों को कहूँगा कि उन्हें ज्यादा सावधान रहने की जरूरत है। प्रगतिशील लेखक संघ से जुड़कर उनकी विचारधारा को देखेंगे तो सबसे पहले जलेस वाले खड़े हो जाएँगे, जसम वाले खड़े हो जाएँगे। इसलिए मैं कह रहा हूँ, बहुत सावधानी से विचार करें। विचारधाराओं का अतिक्रमण करना सर्जनात्मकता के ज्यादा निकट है बजाय विचारधारा में बाँधकर अर्थवत्ता समझने के।

*[केन्द्रीय हिन्दी संस्थान, आगरा तथा प्रेमचन्द साहित्य संस्थान के संयुक्त तत्त्वावधान में हिन्दी विभाग, काशी हिन्दू विश्वविद्यालय, वाराणसी के स्थानीय संयोजन में 'गोदान' को फिर से पढ़ते हुए' शीर्षक संगोष्ठी में दिये गए तीन वक्तव्यों का समेकित रूप। इसी शीर्षक से प्रकाशित 'साखी' के विशेषांक में पहली बार 2009 में प्रकाशन]*

# मित्र-संवाद और गद्य की विलुप्त कला

मित्र-संवाद तो उसी दिन टूट गया जब डॉ. रामविलास शर्मा हमेशा-हमेशा के लिए खामोश हो गए। लेकिन संवाद बन्द हुआ कोई महीने भर बाद, जब केदारनाथ अग्रवाल ने अपने मित्र का अनुसरण किया। मगर इस एहसास के साथ कि 'अगर और जीते रहते, यही इन्तजार होता!'

अन्तिम दशक के शेष संवाद का इन्तजार अब भी है लेकिन सौभाग्य से अप्रैल, 1991 तक के पत्र-व्यवहार का संकलन 'मित्र-संवाद' के रूप में सुलभ है और इसके लिए हम विशेष रूप से डॉ. रामविलास शर्मा के ऋणी हैं, साथ ही हाथ बँटाने के लिए डॉ. अशोक त्रिपाठी के प्रति भी कृतज्ञ हैं।

संवाद में पहल निश्चय ही केदार जी की रही है, किन्तु पत्रों को प्रस्तुत करने का श्रेय तो रामविलास जी को ही है। इन पत्रों के वास्तविक महत्त्व का बोध भी उन्हें ही था। आरम्भिक दिनों में ही केदार जी को उन्होंने लिखा था : 'तुम्हारा पत्र बहुत सुन्दर था। गद्य काव्य। गद्य पर सुन्दर आधिपत्य। बाद में ये पत्र प्रकाशित होने चाहिए।' (31.8.1938) अन्ततः 1991 में उन्होंने इसे कर दिखाया। केदार जी ने तो इसकी कल्पना भी न की थी, जैसाकि 5.5.1990 के पत्र में उन्होंने लिखा है। 'मित्र-संवाद' वस्तुतः केदार जी के अस्सी वर्ष पार करने पर रामविलास जी का यह स्नेहोपहार था और यह शब्दों का हार भी कैसा! इसे देखकर निराला के सिवा और कौन याद आ सकता है :

*लखो, दिया है पहना*  
*किसने यह हार बना*  
*भारति-उर में अपना*  
*देख दृग थके।*

संयोग से यह बन्द भी उसी कविता का है जिसका शीर्षक है 'मित्र के प्रति', बावजूद इसके कि कविता का मित्र और है।

वैसे, रामविलास-केदार की मैत्री के निमित्त निराला ही थे। केदार अपने दो सहपाठियों के साथ साइकिल से लखनऊ चले। नुमाइश देखने। 'जाएँ कहाँ! कोई ठौर-ठिकाना तो था नहीं। सीधे निराला जी के घर पहुँचे।' वहीं कुछ देर बाद रामविलास जी से मुलाकात हुई। रात को निराला जी के साथ सभी लोग नुमाइश

देखने गए। नुमाइश में लाउडस्पीकर से 'पढ़ीस' जी का गीत आ रहा था : 'पपीहा बोल जा रे।' पूरी कहानी केदार जी की जबानी सुनना चाहें तो 'आलोचना' का वह अंक देखें जो रामविलास जी के सत्तरवें जन्मदिन पर प्रकाशित हुआ था—मेरे 'प्रिय डॉक्टर' शीर्षक लेख में। (आलोचना : 61-62, जनवरी-जून, 1982)

स्वयं केदार जी के शब्दों में : 'इस बात की चर्चा मैंने यहाँ इसलिए की कि इस घटना के माध्यम से जाना जाए कि 'प्रिय डॉक्टर' निराला से क्यों जुड़े रहे और मैं क्यों अपने 'प्रिय डाक्टर' से जुड़ा रहा।'

यह आकस्मिक नहीं कि 'मित्र-संवाद' के पहले ही पत्र में निराला जी प्रकट होते हैं : 'यथावकाश निराला जी को लेकर पं. शुकदेव बिहारी जी मिश्र के यहाँ कल सायंकाल गया था। निराला जी के लिखाए लेख पर उन्होंने हस्ताक्षर कर दिये हैं।' पत्र पर अंकित तारीख 29.7.1935 और लेखक की जगह रामविलास शर्मा।

इस प्रकार केन्द्र में निराला, बगल में एक ओर रामविलास शर्मा और दूसरी ओर केदारनाथ अग्रवाल। लेकिन इस केन्द्र के इर्द-गिर्द और भी कई लेखक हैं; जैसे—अमृतलाल नागर, नरोत्तम नागर, शमशेर, नागार्जुन, त्रिलोचन आदि। वस्तुतः भारतेन्दु-मंडल और द्विवेदी-मंडल की तरह बीसवीं शताब्दी के तीस के दशक में एक और मंडल निर्मित हुआ जिसे 'निराला-मंडल' कह सकते हैं। यह और बात है कि इतिहास में इस मंडल के प्रभामंडल की चर्चा नहीं है, जबकि आचार्य रामचन्द्र शुक्ल के इतिहास में पहले दोनों मंडल अपनी पूरी गरिमा के साथ प्रतिष्ठित हैं।

'मित्र-संवाद' से निश्चय ही एक हद तक इस अभाव की पूर्ति होती है। कहने के लिए तो संवाद सिर्फ दो के ही बीच चलता है किन्तु बातचीत के बीच निराला का एक जिक्र अक्सर आता है और प्रसंगवश अमृतलाल नागर, नरोत्तम नागर, शमशेर, नागार्जुन और त्रिलोचन भी आते रहते हैं। सिर्फ नाम से नहीं, बल्कि ये सभी लोग इस अन्दाज से आते हैं, जैसे रंगमंच पर एक-एक करके नाटक के चरित्र आते हैं; जीते-जागते अपनी अलग-अलग अदा के साथ। इस दृष्टि से 'मित्र-संवाद' का 'निराला-मंडल' एक जीता-जागता खुला 'रंगमंडल' भी है। रामविलास जी भी मानते हैं कि 'दूसरों के पत्र पढ़ना एक तरह से नाटक पढ़ने की तरह है।...पत्र संग्रह ऐसा नाटक है जो योजना बनाकर किसी कलाकार द्वारा नहीं रचा गया। शायद इसीलिए वह अनेक नाटकों से अधिक महत्त्वपूर्ण, अधिक आकर्षक भी है।' (निराला की साहित्य-साधना, खंड-3, भूमिका, पृ. 1-2)

वैसे, यह बात कही गई है निराला के पत्रों के प्रसंग में लेकिन पत्र-व्यवहार से निर्मित नाटक की बेहतर मिसाल तो 'मित्र-संवाद' ही है, क्योंकि वह 'हृदय-संवाद' है और जैसाकि 'नाट्यशास्त्र' में कहा गया है :

*योऽर्थो हृदयसंवादी तस्य भावो रसोद्भवः।*
*शरीरं व्याप्यते तेन शुष्कं काष्ठमिवाग्निना॥*

ऐसा 'हृदय-संवादी' अर्थ जिसके भाव से रस का उद्‌भव होता है, उसकी निष्पत्ति भी, संयोग से, निराला में ही होती है—निराला की मृत्यु के प्रसंग में। विवरण 'निराला की साहित्य-साधना' के पहले भाग में भी है और मर्मस्पर्शी भी। लेकिन पराकाष्ठा पर पहुँचता है 'मित्र-संवाद' में—विशेषतः दो पत्रों में और ये दोनों पत्र रामविलास जी के हैं :

'हाँ प्यारे, निराला जी अब नहीं रहे। न रोता हूँ, न हँसी आती है। कोलरिज के शब्दों में : A grief without pang, void, dark and drear का अनुभव करता हूँ। बीच-बीच में लम्बी साँस लेता हूँ। बस।

'इस बात का अफसोस नहीं है कि उन्हें इन दिनों देख न पाया। उन्हें जितना पहले देखा था, वही दिल कचोटने के लिए काफी है। जिस निराला ने मेरी आँखों के सामने गीतिका के गीत, राम की शक्ति-पूजा, तुलसीदास, कुल्लीभाट, बिल्लेसुर बकरिहा की रचना की थी, वह जीते-जी ही मिट गया था। अन्तिम बार जब मैंने देखा था तब कुछ घंटों के लिए मानो वह निराला लौट आया था।...उस दिन वह जो गीतिका और तुलसीदास का निराला लौट आया था, उसी को, अन्तिम स्मृति की तरह, मैं सुरक्षित रखूँगा।

'मुक्ति मिली, विलम्ब से। पूर्ण नरकवास उन्हें यहाँ मिल गया। लेकिन वीर आखिर तक लड़ा। पूर्ण विजयी होकर गया—रोग पर विजयी होकर नहीं, विरोध पर विजयी होकर, सबको अपना बनाकर।' (20.1.1961)

दूसरा पत्र लगभग एक वर्ष बाद का है—निराला के पत्र पढ़ते हुए। 'निराला जी के जितने पत्र थे...सबको एक सिरे से पढ़ गया हूँ। बड़ा विचित्र अनुभव होता है। दोस्तों के साथ अपने को भी देखता हूँ मानो वर्षों की परत उघड़ती जाती है और मैं अपने से, तुमसे, निराला जी से फिर मिलता हूँ। मन पर उदासी नहीं छाती, न तो यह भाव जागता है कि फिर नौजवान हो जाएँ (जवान तो अब भी हैं) और न यह भाव पैदा होता है कि हाय, वे दिन बीत गए, फिर कभी न लौटेंगे!

'इसके विपरीत पुराने संघर्षों की झलक देखकर सन्तोष होता है कि वृथा नहीं जिए, भरसक भाषा और साहित्य के लिए काम किया।' (17.1.1962)

पत्र के इन शब्दों को पढ़ते हुए निराला के साथ-साथ पत्र-लेखक की छवि भी सामने आती है और मन उदात्त की भूमि पर होता है।

यह कोरी निराला-भक्ति नहीं है और न ही आम व्यक्ति-पूजा। इस 'ट्रेजिडी' के हीरो निश्चय ही निराला हैं, लेकिन निराला का अर्थ है 'हिन्दी के हित का अभिमान वह!' इसीलिए 'निराला-मंडल' सामान्य मित्रमंडल नहीं, बल्कि एक लक्ष्योन्मुख साहित्यिक सैन्य दल है जहाँ सारे नाते कवि-लेखक के सर्जन-संघर्ष से निर्धारित-निर्मित होते हैं : 'नाते सबै राम के मनियत सुहृद सुसेव्य जहाँ लौं।'

मित्र की आवश्यकता का अनुभव संघर्ष में ही होता है, उन्हें भी जो अकेले ही चलने के अहंकार से ग्रस्त होते हैं। जैसाकि रामविलास जी ने 'मित्र-संवाद' के आरम्भ

के ही एक पत्र में लिखा है : 'सच जानो, एक मनचाहे मित्र की न जाने मुझे कब से कितनी आकांक्षा है, और उसके लिए यथाशक्ति चेष्टा की है। परन्तु अभी तक वह साध जैसी की तैसी बनी है। तुम यदि उसे पूरी कर सके तो इससे अधिक सौभाग्य और क्या होगा?' (3.9.1938)

'न जाने कैसे तुम भी जीवन में समा गए हो!' ऐसा उद्‌गार केदार जी पहले ही एक पत्र में व्यक्त कर चुके थे। यह जानकारी भी स्वयं रामविलास जी के उसी पत्र से मिलती है।

सौभाग्य दोनों का ही है कि उन्हें मनचाहे मित्र जल्द ही मिल गए—पच्चीस वर्ष की उम्र में ही। और जैसाकि कहते हैं, 'उम्र भर एक मुलाकात चली जाती है', यह मैत्री भी साठ वर्षों से ऊपर, जीवनपर्यन्त बनी रही, बल्कि प्रगाढ़ से प्रगाढ़तर होती गई। रामविलास जी ने एक पत्र में यह स्वीकार किया है : 'मुझे इस बात की बड़ी प्रसन्नता है कि साहित्यिक जीवन के आरम्भ से ही तुमसे और अमृत नागर से मेरी दोस्ती बराबर बनी हुई है और सन्देह, कटुता या ईर्ष्या-द्वेष की हलकी छाया भी इस मैत्री पर इस लम्बी अवधि में एक बार भी नहीं पड़ी।' (17.1.1962)

यही बात केदार जी ने जीवन के अन्तिम वर्षों में कृतज्ञता के साथ स्वीकार की है : 'तुम्हें मेरा ध्यान सदैव बना रहता है। डियर, यही तो मेरे जीवन की सबसे बड़ी उपलब्धि है कि मैं तुम्हें पा सका और आदमी बन सका। न भ्रष्ट हो सका—न गर्त में गिर सका।' (1.12.1990)

यही वह मैत्री है जिसमें मित्र का बिछोह एक महीना भी बर्दाश्त न हुआ जबकि अत्यन्तगता प्रिया प्रियंवद का बिछोह पन्द्रह वर्ष झेल गए!

रामविलास जी के जेहन में कहीं-न-कहीं मार्क्स-एंगेल्स की दोस्ती का आदर्श घर कर गया था। तभी तो एक रात एंगेल्स के नाम मार्क्स का एक खत पढ़ते-पढ़ते सोने से पहले केदार जी को उन्होंने लिखा : 'मुझे लेनिन की बात याद आई कि मजदूर वर्ग ने मार्क्स और एंगेल्स की दोस्ती का जो नमूना रखा है, उसकी मिसाल दुनिया के इतिहास में नहीं है।' (17.1.1955)

दुनिया की तो नहीं कह सकता, लेकिन रामविलास जी-केदार की दोस्ती की मिसाल हिन्दी के इतिहास में नहीं है और कहना न होगा कि दोस्ती का यह नमूना भी भारत के किसानों-मजदूरों ने रखा है लेकिन इसमें कुछ योग निराला-प्रेमचन्द की साहित्यिक परम्परा का भी है।

इस मैत्री की विशेषता यह है कि यह समालोचक और कवि के बीच विकसित हुई। वैसे तो कविताएँ रामविलास जी ने भी लिखी हैं—यहाँ तक कि कविता लिखने के संकल्प बार-बार दुहराए गए हैं और न लिख पाने का मलाल भी है, किन्तु हैं वे मुख्यतः समालोचक ही और उनकी सामान्य छवि एक समालोचक की ही है।

समालोचना का काम ही ऐसा है कि समालोचक मित्रविहीन होने के लिए अभिशप्त है। समालोचक के शत्रु ही अधिक होते हैं, मित्र कम। इन शत्रुओं में भी आलोचकों से ज्यादा कवि-कथाकार होते हैं। रामविलास जी इसके अपवाद नहीं हैं। सच तो यह है कि आरम्भ के बीस-पच्चीस वर्षों में अधिकतर कवि-लेखक उन्हें अपना शत्रु समझते थे, बाहरी खेमे के ही नहीं, प्रगतिशील खेमे के अन्दर वाले भी। बाहरी खेमे के एक कवि ने रामविलास जी को ही सम्बोधित करते हुए कहा : 'हे युग के अनुवादक! तुमने मार दिए सब लेखक।' प्रगतिशील खेमे के और साथ ही रामविलास के घनिष्ठ मित्र त्रिलोचन ने 'अपने' शर्मा के नाम पर एक सानेट ही अर्पित कर दिया। उस सानेट की कुछ पंक्तियाँ इस प्रकार हैं :

*...शर्मा ने स्वयं अकेले*
*बड़े-बड़े दिग्गज ही नहीं, हिमालय ठेले,*
*उद्यम करके कोलतार ले-लेकर पोता,*
*बड़े-बड़े कवियों की मुख छवि लुप्त हो गई*
*गली-गली में उनके स्वर की गूँज खो गई।*

ऐसी स्थिति में कवि केदार और समालोचक रामविलास की मैत्री एक आश्चर्य ही है। सबसे बड़ा आश्चर्य तो यह है कि पत्रों में रामविलास जी ने प्रशंसा से अधिक केदार जी की कविताओं की निर्मम आलोचना की है—यहाँ तक कि कुछ कविताओं की धज्जियाँ उड़ा दी हैं। कहीं-कहीं केदार जी ने अपने बचाव में बहस भी की है लेकिन अन्ततः अपनी भूलें स्वीकार कर ली हैं। 'मित्र-संवाद' में कविताओं में दोष-दर्शन के बारीक विवरण इतने अधिक हैं कि उनके नमूने पेश करना सम्भव नहीं है। फिर भी कुछ उद्धरण आवश्यक हैं—विशेष रूप से यह जानने के लिए कि रामविलास जी किसी कविता को कितनी बारीकी से पढ़ते थे।

सबसे लम्बी बहस चली है केदार जी की 'ताजमहल' शीर्षक कविता पर। कविता के पहले प्रारूप पर रामविलास जी की टिप्पणी देखिए 15.12.1956 के पत्र में : 'तुम्हारी कविता सुन्दर है लेकिन बराबर नहीं उतरी। पहली पंक्ति गद्य है।.. .तीसरी पंक्ति व्याख्यात्मक है।...चौथा बन्द बिलकुल अस्पष्ट है...' इत्यादि। जवाब में केदार जी लिखते हैं : 'तबियत खुश हो गई कि तुमने मेरी 'ताजमहल' कविता को इतने गौर से पढ़ा। तुम्हारे पत्र में जान और जादू दोनों हैं। मैं तुम्हारी आलोचना से प्रभावित अवश्य हुआ हूँ लेकिन सहमत नहीं हूँ।' और इसके बाद ढाई पृष्ठों की लम्बी सफाई। (20.12.1956)

जवाब में रामविलास जी ने फिर लिखा : 'तुम्हारे तर्क में कोई कमजोरी नहीं है, कमजोरी है मूर्तिविधान में। कविता की भाषा इन्द्रियों की भाषा है। संगीत और मूर्तिविधान द्वारा कवि वह सब कह देता है जो तर्क द्वारा दार्शनिक कह नहीं सकता। मेरी आपत्ति यह है कि तुम्हारी कविता में किसी 'इमेज' पर ध्यान

ठहरता नहीं, इसलिए कविता 'सजेस्टिव' न होकर अभिधात्मक कथन बन गई है।' (25.12.1956)

मजेदार बात यह कि इस पत्र में सम्बोधन है : 'प्रिय वकील साहब'। इसके बाद वकील ने आलोचक की बात मान ली और लिखा : 'अब तुम्हारी आलोचना से पूर्णतया सहमत हूँ। मालूम हो गया कि तुम काव्य के सिद्ध पारखी हो। तुम्हारी इस कसौटी पर कसकर मेरी 'ताजमहल' कविता अब अच्छी हो गई है।' (दिसम्बर का अन्तिम सप्ताह, 1956)

और इस पत्र के साथ कवि ने अपने आलोचक के पास 'ताजमहल' कविता का नया प्रारूप भेजा। लेकिन आलोचक ने अपने 9.1.1957 के पत्र में फिर कुछ आपत्तियाँ कीं : 'छाती और थाती के भदेसपन के साथ 'निलय' नहीं जमा प्यारे। ...'अमल धवल' का टुकड़ा मुझे कुछ छायावादियों का संस्कृत गर्भितपन लिये लगता है। तीसरे बंद के आँसूवाद से मैं प्रभावित नहीं हूँ। मुझे न ताज में करुणा दिखाई देती है, न उसे देखते हुए आँखों में कभी आँसू आए। लेकिन यह तो अपनी संवेदनाओं का अन्तर है। तुम्हारा बंद सुन्दर है। 'प्रकटित' और 'प्रकटाया' प्रयोग मुझे खटकते हैं, 'अति सस्मित' में 'अति' अनावश्यक लगता है। 'सपने की छाया-कवि' में डबल लक्षणा अनावश्यक लगती है।'

'मित्र-संवाद' के अन्तर्गत कविता में शब्द-प्रयोगों के औचित्य-अनौचित्य पर जिस एकाग्रता से विचार किया गया है और उसके सामने अंग्रेजी की 'नई आलोचना' फीकी पड़ जाती है और प्राचीन संस्कृत काव्यशास्त्र के 'काव्यप्रकाश' जैसे ग्रन्थ और उन पर लिखी हुई टीकाएँ याद आ जाती हैं। यदि किसी समय संस्कृत के आचार्य कवि-यशःप्रार्थी प्रतिभाओं को 'काव्यप्रकाश' का दोष-सम्बन्धी 'सप्तम उल्लास' पढ़ने की सलाह देते थे तो आज के युवा कवियों को 'मित्र-संवाद' पढ़ने की सलाह देना कोई ज्यादती न होगी। सर्वसुलभ बनाने के लिए 'मित्र-संवाद' के ऐसे कुछ पत्रों का चयन अलग से भी तैयार किया जा सकता है।

इस दोष-दर्शन का अर्थ यह नहीं है कि रामविलास जी छिद्रान्वेषी थे। राजशेखर ने 'अरोचकी' और 'सतृणाभ्यवहारी' नाम से आलोचकों की जो दो कोटियाँ बताई हैं, उनमें से भी कोई रामविलास जी पर चस्पा नहीं होती। वे ऐसे अरोचकी न थे कि उन्हें कोई भी कविता न रुचे। इसके विपरीत इतने अविवेकी भी न थे कि घास-भूसा, खर-पतवार जो मिले, सब कुछ मुँह में डाल लें। इसलिए उन्हें सतृणाभ्यवहारी कहना भी गलत होगा।

केदार जी की वे इतनी तीखी आलोचना इसलिए करते थे कि केदार जी के पहले और सबसे बड़े प्रशंसक वही थे और इसीलिए उनका ध्यान बराबर इस बात पर था कि उनका प्रिय कवि न अपने काव्य-स्वभाव से विचलित हो और न ही अपनी सर्जना के ऊँचे आसन से स्खलित हो।

इस दृष्टि से रामविलास जी का 30.9.1958 का पत्र काफी महत्त्वपूर्ण है। लिखा है : 'तुम्हारी कविताएँ छोटी बहुत होती हैं, जिनमें कविता के बीज होते हैं, विकसित कविता नहीं। तुम्हारी कविताओं का क्षेत्र सीमित हो गया है। पर साल सरसों देखी थी तो कुछ अच्छी कविताएँ लिखी थीं। अब तुम्हें धरती सेब और आसमान चोंच दिखाई देता है। नई और गहरी भावानुभूति के अभाव में आदमी इस तरह के Conceits से काम चलाता है। तुम्हारी कविताओं के form का अनगढ़पन भी तुम्हें प्रयोगवादियों के निकट—खामख्वाह—घसीट ले जाता है।'

कविता पर दोनों मित्रों के बीच सम्भवतः सबसे दिलचस्प और विचारोत्तेजक बहस 1943 में हुई। मुद्दा था तुकान्त कविता या फ्रीवर्स। इस विषय पर आज भी कहीं-कहीं चर्चा चल रही है इसलिए 'मित्र-संवाद' की वह दशकों पुरानी बहस काम की है। बात तब की है जब 'युग की गंगा' छपकर नहीं आई थी, लेकिन उसकी कुछ कविताएँ पत्रिकाओं में प्रकाशित हो चुकी थीं। 'तार सप्तक' भी सम्भवतः तब तक छपकर नहीं आया था। पहले रामविलास शर्मा बम्बई से : 'तुम्हारी अधिकांश कविताओं में जल्दबाजी के चिह्न विद्यमान रहते हैं। शब्द और गति को सँवारने की ओर ध्यान कम रहता है। तुम्हारी कविताओं की विशेषता उनका संकेत है—शेष आयु का धुआँ उड़ाता आदि में जैसे। परन्तु कुछ कविताओं में इस संकेत का अभाव या उथला संकेत रहता है। जैसे 'नारी तुम गन्दी हो' में। दूसरी बात यह है कि नारी को obsession बनाने से बचो।...तुमने एक कटुई का गीत लिखा था परन्तु वह गीत किसानों को 'दिया' गया है, उन्हीं के कंठ से नहीं फूट निकला।

'मैंने तुम्हें कुछ छन्दोबद्ध कविताएँ लिखने की सलाह दी थी। मुक्त छन्द लिखने में तुम्हें आसानी होती है, और उसका अपना आनन्द भी है लेकिन बहुधा मुक्त छन्द की पंक्तियाँ उस तरह जनता के कंठ में नहीं उतरतीं जिस तरह छन्दोबद्ध कविताएँ। मैं चाहता हूँ कि तुम्हारी कविता ऐसी भी हो जो साधारण जनता को यों ही याद हो जाए। लोकगीतों के ढंग की कविता छन्द में होगी ही। तुम मुक्त छन्द में लिखो परन्तु इसका भी ध्यान रखो।' अन्त में पु. यानी 'पुनश्च' के अन्तर्गत 'इस पत्र में कहीं उपदेश या गुरुडम की गन्ध आए तो मुझे अपना ही समझकर क्षमा करना। वि.'

पत्र काफी लम्बा है और उस पर मई, 1943 की तारीख पड़ी है।

केदारनाथ अग्रवाल ने इसका जवाब 5.12.1943 को इन शब्दों में दिया : 'रही बात 'फ्रीवर्स' की—यह मुझे मेरी जान ही मालूम होती है। जो चाहता हूँ, वही उन शब्दों में कह लेता हूँ—ऐसा नहीं होता कि लिखने कुछ बैठूँ और तुकान्त के दाँव-पेंच में पड़कर कुछ दूसरा ही लिख डालूँ। मेरा ऐसा अनुभव है कि तुकान्त में यही होता है। उसमें मेरी हत्या होती है। 'फ्रीवर्स' में मैं पनपता हूँ। मुझे तुम्हारी सलाह तुकान्त में लिखने की पसन्द है पर ग्राह्य नहीं है।...मुझे 'फ्रीवर्स' का माध्यम जानदार और जोरदार मिला है। यहाँ प्रवाह है, रोज की बोली का सजीव रूप है। शर्मा, मेरी राय

मानो तो तुम मुझे तुकान्त लिखने की यह सलाह न दो। मैं तुम्हारा केदार हूँ। वैसे तो मैं मानूँगा ही पर तनिक और सोच लो।...साँस का जोर पंक्तियों में आवे, मेरी यह साधना है।'

जवाब दिया रामविलास जी ने—'फ्रीवर्स मेरी जान!' सम्बोधन के साथ : 'तो फ्रीवर्स मेरी जान! तुम फ्रीवर्स लिखो। पिसनहारियों की तरह स्वर को घटा-बढ़ाकर लिखो। और जिन्ना के गाने मत लिखो।...म्याँ, जिन्ना का गाना भी तुकान्त है। लेकिन मैं उसके लिए धेला भी देने को तैयार नहीं हूँ।

'तुकान्त लिखने की सलाह का यह मतलब नहीं है कि अतुकान्त लिखना छोड़ दो। तुकान्त लिखने को क्यों कहा? इसलिए नहीं कि साहित्यिकों की आलोचना से, 'प्रगतिवाद' से, प्रभावित हो गया हूँ, वरन् इसलिए कि तुम्हारी रचनाओं का 'भदेसपन' भदेसी भाइयों की समझ में तब ज्यादा आ सकता है जब उनके लिए सुगम छन्दों की राह से उन तक पहुँचो।...तुम्हारी बातें किसान हृदय की होती हैं। बोली में वही सरलता होती है। फिर किसान के लिए छन्द की रुकावट क्यों हो? उसके लिए ऐसा लिखो कि हल जोतते, करवी काटते वह गुनगुना सके। तुम्हारा गीत उसके जीवन को ही व्यक्त न करे, उसे नया जीवन भी दे। मुक्त छन्द में भदेसपन पूरा नहीं होता।'

और पत्र का अन्त इन शब्दों से : 'लेकिन जोर नहीं, जब्र नहीं, कतई नहीं। सिर्फ प्यार। तुम जो कुछ भी लिखो, सिर माथे पर।' (8.12.1943)

यह है जनता के कवि और समालोचक का हृदय-संवाद। भवभूति जीवन भर एक समानधर्मा के लिए तड़पते रहे और अन्ततः कह भी गए : 'उत्पत्स्यते मम तु कोऽपि समानधर्मा!' केदार भाग्यशाली हैं कि उन्हें पहले ही एक समानधर्मा समालोचक मिल गया। ऐसे ही समालोचक को राजशेखर ने 'भावक' कहा था और आनन्दवर्धन तथा अभिनवगुप्त की परम्परा में उसे 'सहृदय' कहा जाता था।

रामविलास शर्मा और केदारनाथ अग्रवाल के 'मित्र-संवाद' ने सिद्ध कर दिखाया कि कवि और समालोचक के बीच का विरोध आत्यन्तिक नहीं है क्योंकि वे दोनों मूलतः सरस्वती के ही तत्त्व हैं। अभिनवगुप्त ने आनन्दवर्धन के 'ध्वन्यालोक' पर 'लोचन' नाम की प्रसिद्ध टीका के मंगल श्लोक में भी सत्य की ओर संकेत किया है :

*सरस्वत्यास्तत्वं कविसहृदयाख्यं विजयते।*

जरूरी नहीं कि कवि और सहृदय हर बात में एकमत हों। उनके मत भिन्न भी हो सकते हैं। लेकिन अन्ततः तुलसीदास के शब्दों में 'कहियत भिन्न, न भिन्न।' सम्भवतः इसीलिए सच्चे मित्र अपने-आपको अभिन्न कहते हैं। 'मित्र-संवाद' के दोनों मित्र भी इसी अर्थ में अभिन्न हैं; क्योंकि वहाँ समालोचक के अन्दर भी एक कवि है और कवि के अन्दर भी एक समालोचक।

इस विलक्षण सम्बन्ध की सबसे जीवन्त अभिव्यक्ति 'मित्र-संवाद' के अन्तर्गत उर्वशी-विवाद में होती है। उर्वशी की प्रशंसा में रामविलास जी का एक लेख दी

किस्तों में प्रकाशित हुआ। केदार जी उससे प्रभावित न हुए। लिखा : 'कला के नाम पर मैथिलीशरण शैली का निर्वाह है।' (16.3.1962) जवाब में रामविलास जी ने लिखा : 'अरे लाला, कहाँ मैथिलीशरण और कहाँ दिनकर! तुमने तो सरे बाजार डाँड़ी मार दी! टकसाली माल नहीं है? 'पल्लव', 'कामायनी' और 'राम की शक्ति-पूजा' के बाद किसने टकसाली माल दिया है? चारों तरफ नई कविता के झाड़-झंखाड़ देखो, फिर 'उर्वशी' के कवि की पीठ ठोंको। कम-से-कम उसकी मेहनत तो सराहो।' (24.3.1962)

इस पर लाला के तेवर देखिए : 'श्रीपत्री जोग लिखी बाँदा से लाला केदारनाथ की जै गोपाल पहलवान श्री रामविलास आगरावाले को पहुँचे। चिट्ठी आपकी आई। ...हम ठहरे लाला। सो हमने उसका हृदय से सुआगत किया। डर गए, कहीं दिनकर का हिमायती पहलवान न इसके अन्दर से पेट फाड़कर निकल आए। यही हमारी कमजोरी थी, वरना हम तो ऐसे-वैसे को गिनते कब हैं! हमारे बटखरे छोटे हों तो भी बड़ा काम करते हैं। बड़े-बड़े पहलवानों को राशन कम तौलते हैं।' इस मजाकिया अन्दाज के बाद साहित्य चर्चा : ''पल्लव' तो पल्लव ही था। झर गया। 'कामायनी' कोर्स में लग गई है मानो सारा भारत उसे पढ़ चुका। 'राम की शक्ति-पूजा' अकेली है। वही जनता के साथ जीवन में जीती है। हम उसका लोहा मानते हैं। उसके साथ कहाँ 'उर्वशी' ठहरेगी! वह तो खयाल की रंगीनियों की छलना है जो स्वस्थ सौन्दर्य के साथ घर-बाहर, हाट-बाट में ठहर ही नहीं सकती।' अन्त में 'उर्वशी' की चीरफाड़ : 'उर्वशी नहीं, कोई 'उरवशा' बोल रहा है। 'पुरुरवा' नहीं, 'टहलुवा' बोल रहा है।...कहीं तो ऐसा भी प्रयोग है कि तन्द्रा 'फट' गई। जल 'फोड़' कर द्वीप निकल आए।...निर्भेद्य गगन में चन्द्रमा मन्द-मन्द चलता है। जब बादल होता है तभी वह चलता है और तभी चन्द्रमा चलता प्रतीत होता है। अन्यथा नहीं। यह अक्ल का दोष है।...पृष्ठ 89 पर टहनी चीर दी गई है। आपने टाँगें चीरना—लट्ठा चीरना सुना होगा। यह नया प्रयोग है।' (26.3.1962)

इस छिद्रान्वेषण का जवाब कोई दमदार काव्यांश ही हो सकता है और सहृदय समालोचक उसी अस्त्र का इस्तेमाल करते हुए पहले 'उर्वशी' से पाँच पंक्तियाँ उद्धृत करते हैं और अपने कवि मित्र से कहते हैं :

'भगवान कसम, तुम ये पंक्तियाँ लिखते तो तुम्हारे मुख-चुम्बन के लिए हलवा छोड़कर तुरन्त बाँदा चल पड़ता।' (14.4.1962)

इसके बावजूद कवि कायल नहीं होता और दो-टूक फैसला देता है : 'यह काव्य केवल बकवास है। शुरू से आखिर तक। अच्छी दिलचस्प गुफ्तगू है। दोनों एक-दूसरे को जानना चाहते हैं और अपने को जानना चाहते हैं। पर न जानने में ही मजा लेते रहते हैं।...उर्वशी और पुरुरवा तो रटे-रटाए सूत्रों में बात करते हैं। मैंने ऐसी बहुत बातें पढ़ी हैं।' (16.4.1962)

इस प्रकार पूरे महीने भर चलनेवाला 'उर्वशी' संवाद अन्त तक अनिर्णीत ही रहता है और दोनों मित्र असहमत बने रहने पर सहमत दिखाई पड़ते हैं।

किन्तु इस पूरे प्रसंग से समालोचक की उस असली ताकत की एक झलक मिलती है जिसके कारण वह किसी भी विवाद से अजेय होकर निकलता है और वह है प्रसंग के अनुरूप सटीक काव्यांश का चयन! कभी-कभी वे अति परिचित काव्य कृति से ऐसी सुन्दर पंक्तियाँ ढूँढ़कर सामने रख देते हैं कि हम चमत्कृत रह जाते हैं और उन्हें पहले-पहल देखने का आह्लाद अनुभव करते हैं। 'मित्र-संवाद' में सूर के ऐसे दो पद उन्होंने दिये हैं जिन पर अपनी तो दृष्टि पहले न गई थी। यही नहीं बल्कि रामविलास जी ने उन पदों का सौन्दर्य भी उद्घाटित किया है जो अपूर्व है।

पहला पद है कृष्ण जन्म का, 22.8.1956 के पत्र में—छोटी-छोटी टिप्पणियों के साथ क्रमशः चरण-चरण :

'15 अगस्त को जब कृष्णजी तशरीफ लाए तब :

*आजु तो बधाई बाजै मन्दिर महर के।*

किस किसको प्रसन्नता हुई?

*फूले फिरै गोपी ग्वाल ठहर-ठहर के।*

गोपी ग्वालों को तो प्रसन्न होना ही था। किन्तु :

*फूली फिरैं धेनु धाम, फूली गोपी अंग-अंग,*
*फूले-फले तरुवर आनन्द लहर के।*

देखा, आनन्द की लहर में गायों, गोपियों और तरुवरों को—जड़ और जंगम, चर और अचर—दोनों को सूर ने कैसे लपेटा है? और जरा इस पंक्ति का मुलाहजा हो :

*उमँगे जमुनजल, प्रफुलित कुंजपुंज,*
*गरजत कारे-भारे जूथ जलधर के।*

सौ बार माथा टेको इस पंक्ति के सामने। यहीं तो ब्रजवासी तुलसी से आगे बढ़ गया है। अमृत नागर की शब्दावली में यहाँ वर्ड्सवर्थ भी फौक्स है। और नतीजा :

*नृत्यन मदन फूले-फूले रति अंग-अंग*
*मन के मनोज फूले हलधर वर के।*

कवि ने ज्ञात या अज्ञात में प्रकृति के मर्म में उस अन्ध इच्छाशक्ति का स्पन्दन सुना जो आगे चलकर मनुष्य की चेतना के रूप में विकसित हुई।'

दिलचस्प बात यह है कि सूर के सौन्दर्यबोध के साथ-साथ समालोचक सूर के माध्यम से वैज्ञानिक भौतिकवाद का पाठ भी पढ़ा रहा है।

प्रसंगवश यह पहला अवसर है और वह भी अति दुर्लभ जब अवधी के अभिमानी रामविलास जी ब्रजवासी सूर को तुलसी से आगे मानने को विवश दिखते हैं।

एक बार सूर के इस पद पर दृष्टि पड़ जाने के बाद तो दोनों मित्र 'गरजत कारे भारे जूथ जलधर के' साथ महीनों झूमते रहते हैं और उसके सामने माथा टेकते नजर आते हैं।

इसी बीच केदार जी के प्रिय डॉक्टर की नजर सूर के एक और शब्द-चित्र पर पड़ जाती है और वह है रास नृत्य। 16.5.1957 के पत्र में वह सव्याख्या प्रस्तुत है :

'पहले सूर का दिव्य दर्शन देखो। रास का चित्र है। कल्पना के रंगों में सूर की संवेदनाओं ने ढलकर ज्योति के पत्र पर कैसा अमर चित्र आँका है—वर्ण-वर्ण, रेखा-रेखा सजीव है, सारा चित्र इतना सर्वांग-सम्पूर्ण मानो द्रष्टा के सामने मंच के प्रज्वलित अक्षर स्वतः अवतरित हुए हों :

*अरुझी कुंडल लट, बेसरि सौं पीत पट, बनमाल*<br>
*बीच आनि उरझे हैं दोउ जन।*<br>
*प्राननि सौं प्रान, नैन नैननि अँटकि रहे, चटकीली*<br>
*छवि देखि लपटात स्याम धन।*<br>
*होड़ा-होड़ी नृत्य करैं, रीझि-रीझि अंक भरैं,*<br>
*ता-ता-थेई-थेई उछटत है हरखि मन।*<br>
*सूरदास प्रभु प्यारी, मंडली जुबति भारी, नारि कौ*<br>
*आँचल लै-लै पोंछत है स्रमकन।*

'उल्लास का ऐसा चित्र और कहीं देखा है? कृष्ण के कुंडलों में राधिका की लट, राधा की बेसर में कृष्ण का पीत पट उलझा है। नृत्य घनीभूत है न। बनमाल में दोनों ही उलझ गए हैं। होड़ करके नाचते हैं। सामन्ती निषेधों की बेड़ियाँ पैरों में नहीं हैं, इसलिए प्राक् सामन्ती समाज की स्वच्छन्दता के ताल पर नाच रहे हैं। प्राणों से प्राण, नैनों से नैनों का मिलन—रवीन्द्रनाथ-निराला की प्रेम-सम्बन्धी तल्लीनता सूर ने पहले ही देख ली है। रीझ-रीझकर अंक भरना, ता-ता-थेई-थेई उछटत पर जब मृदंग पर थाप पड़े तब नाद की नसेनी पर मन सुन्न महल पर पहुँच जाए। मंडली जुवति है; अनेक नाचनेवाली हैं। सामूहिक उल्लास है। फिर समग्र क्रिया की पूर्ति के फलस्वरूप आँचल से स्रमकन पोंछना—रस निष्पत्ति की पराकाष्ठा है।'

और कविता की व्याख्या की भी पराकाष्ठा है यह। 8.2.1983 के पत्र में रामविलास जी लिखते हैं : 'एक प्रश्न : कविता की व्याख्या कैसे की जाए? विशेष कविताओं की व्याख्या किए बिना कविता की व्याख्या हाथ न लगेगी। यदि कोई आलोचक किसी कवि का सही अध्ययन करता है तो वह कविता मात्र के अध्ययन—और उसकी रचना—का मार्ग प्रशस्त करता है।'

यह दृष्टि रामविलास जी को मार्क्स से मिली थी। उसी पत्र में आगे उन्होंने यह भी लिखा है : 'मार्क्स ने इतिहास मात्र के विवेचन के लिए भौतिकवाद पर कौन-सी पुस्तक लिखी है? तुम्हें इस जानकारी से मजा आना चाहिए कि रूस में कुछ लोग मार्क्स के ग्रन्थों में ऐतिहासिक भौतिकवाद ढूँढ़ते थे और उसे न पाकर बहुत क्षुब्ध होते थे।' इसी तरह हिन्दी में भी कुछ लोग रामविलास जी के ग्रन्थों में मार्क्सवादी काव्य सिद्धान्त को ढूँढ़कर क्षुब्ध होते होंगे।

कहना न होगा कि रामविलास जी प्राचीन सहृदयों की परम्परा में एक आधुनिक सहृदय थे, काव्यशास्त्री नहीं। पाश्चात्य आलोचना में भी वे शास्त्र से उदासीन थे। 6.4.1978 के पत्र में उन्होंने स्पष्ट लिखा है कि 'पाश्चात्य आलोचना में जहाँ शास्त्र है, वहाँ दरिद्र है। जहाँ वह कवियों के अनुभव प्रस्तुत करती है, वहाँ वह मनन के योग्य है, विशेषतः कवियों के।'

इस दृष्टि से देखें तो 'मित्र-संवाद' साहित्य की आलोचना के बहूमूल्य सूत्रों की खान है क्योंकि वह दो संवेदन-सजग कवि-आलोचकों की कार्यशाला का बेजोड़ रोजनामचा है : साठ वर्षों की साहित्य-साधना में प्राप्त अनुभवों का दस्तावेज।

'मित्र-संवाद' अन्ततः जीवन का गद्य है। ग़ालिब ने अगर अपने पत्रों के जरिये उर्दू गद्य की नींव डाली और उसे परवान चढ़ाया तो रामविलास शर्मा और केदारनाथ अग्रवाल के पत्रों ने हिन्दी में 'गद्य की विलुप्त कला' को बचा लिया।

संचार-क्रान्ति के इस युग में पत्र-लेखन वैसे भी विलुप्त हो चला है और हाथ से पत्र लिखने की प्रथा तो और भी पहले से उठ चली है। ऐसे जमाने में 'मित्र-संवाद' के अन्दर यह पढ़ना अपने-आपमें एक रोमांचकारी अनुभव है :

'प्रिय केदार, देखो, कितने बढ़िया पेपर पर तुम्हें पत्र लिख रहा हूँ। गुलाब के फूल के नीचे उसकी लाजभरी गुलाबी में मैंने तुम्हारा नाम लिखा है। पर तुम कहोगे, कितने दिनों बाद! वास्तव में प्रायः एक महीने बाद। कारण यही, कभी उचित अवकाश न था, कभी टिकट को पैसे न थे। अब भी निब टेढ़ा है। पर अधिक विलम्ब उचित न था। पारकर फाउंटेन पेन से मोती-से अक्षर चुनने के बजाय इस पेपर पर मेरा रेडिंक निब और नीले रंग का यह गोदना ही सही। वास्तव में सफेद लिफाफे रहे नहीं, इसलिए प्रिया को पत्र लिखने को दिये मित्र के तोहफे का प्रयोग तुम्हारे लिए।' (12.2.1936)

ग़ालिब के पत्रों के गद्य की तारीफ इसलिए खास तौर से की जाती है कि उसमें बातचीत का बेतकल्लुफ लहजा है और इस नाते वह किताबी और औपचारिक भाषा की जकड़बन्दी से बचा रह गया है। ये खूबियाँ 'मित्र-संवाद' के गद्य की भी हैं लेकिन इस विशेषता के साथ कि यहाँ बातचीत सचमुच दोतरफा है और दोतरफा बातचीत होने के कारण यह और भी आत्मीयतापूर्ण तथा नाटकीय है। इसीलिए 'मित्र-संवाद' को ग़ालिब के पत्रों से बेहतर नहीं तो बुनावट में अधिक सघन अवश्य मान सकते हैं। यहाँ एक विशेषता यह भी है कि संवाद के दोनों ही भागीदार हमउम्र और गँवई पृष्ठभूमि के मिडिलची ही नहीं, भदेस भी हैं। इसलिए इन पत्रों में इस तरह के प्रयोग काफी मिलेंगे—'मेरे हाथों में पसीना चुचुआ रहा है' (पृ. 37), 'गरमी अभी घनघना रही है' (98), 'यह दकदकाती रहेगी, मैली न पड़ेगी' (185), 'गुलाब अलबत्ता गहगहा रहा है' (361), 'बड़े कलमकोंचू हो' (369), 'आगरा पके आम की तरह गलक रहा

है। हम भी गलकेंगे' (417), 'गर्मी धमधमाकर आ गई' (434) इत्यादि। यह भदेसपन इस संवाद की जान है, अपनी पहचान। इसके बिना हिन्दी कहाँ? न कबीर की, न तुलसी की, न भारतेन्दु की और न निराला की।

'भूमिका' में रामविलास जी ने स्वीकार किया है कि 'लिखने और बोलने में थोड़ा फर्क जरूर होता है पर अपना अन्दाजा यह है कि हम दोनों के लिखने और बोलने में यह फर्क कम-से-कम है।' सम्भवतः इसी कारण इन पत्रों के गद्य में सहजता के साथ ही सप्राणता भी है। और यह भी ठीक है।

लेकिन बहुत से लोगों को यह भ्रम है कि जैसा बोलो, वैसा ही लिखो तो गद्य अच्छा होगा। वे इस मुगालते में रहते हैं कि वे गद्य बोलते हैं। अपना अनायास वार्तालाप वे टेप करके सुनें तो यह वहम दूर हो जाएगा। सच तो यह है कि जिसे हम गद्य कहते हैं अथवा गद्य के रूप में जानते हैं, वह बोलचाल का काफी सँवरा हुआ रूप है। अपने सर्वोत्तम रूप में वह भले ही बोलचाल के मुहावरे और लबो-लहजे पर खड़ा होने पर अपने व्याकरण और शब्द-सम्पदा में एक हद तक कटा-छँटा और गढ़ा हुआ होता है। काट-छाँट, सजाव-सँवार के ये सारे काम लिखने की प्रक्रिया में सम्पन्न हो जाते हैं। इसीलिए पत्र-लेखन में गद्य का सर्वोत्तम रूप प्रकट होता है—बशर्ते लिखनेवाले में खुलापन हो और जिसे लिखा जा रहा हो उससे एकदम बेतकल्लुफी हो। 'मित्र-संवाद' में बहुत दूर तक ये सभी शर्तें पूरी होती हैं। इसलिए वह निश्चित रूप से गद्य की एक मिसाल है। सम्भवतः आत्मप्रशंसा के आरोप से बचने के लिए रामविलास जी ने सिर्फ केदार जी के गद्य की प्रशंसा की है किन्तु केदार जी के गद्य की अनेक विशेषताएँ स्वयं रामविलास जी के गद्य में भी मिल जाती हैं। इसके अतिरिक्त रामविलास जी के गद्य में भावोच्छ्वास की कमी और आत्मसजगता की अधिकता के कारण कुछ अन्य विशेषताएँ भी जुड़ जाती हैं। इसीलिए केदार जी ने रामविलास जी के गद्य के बारे में यह लिखा है कि 'इतना सधा सन्तुलित, तार्किक, परिपुष्ट और दृढ़ होता है तुम्हारा गद्य कि दूसरे लिख ही नहीं सकते।' (8.4.1988) यह राय है उस कवि की जिसका गद्य रामविलास जी के शब्दों में : 'ऐसा गद्य है जो अपने गद्य की जमीन नहीं छोड़ता, फिर भी कविता बन जाता है और कहीं-कहीं तो कविता से आगे बढ़ जाता है।' (भूमिका, पृ. 12) इसी पर कहते हैं कि 'मेरे नुत्क़ ने बोसे मेरी जुबाँ के लिए!' जुबान से ऐसे लफ्ज निकलें तो अपनी ही वाणी उसे क्यों न चूम ले? 'मित्र-संवाद' में इन्हें ढूँढ़ने के लिए अधिक परिश्रम न करना पड़ेगा। गरज कि रामविलास जी और केदार जी के पत्रों के गद्य के रंग 'मित्र-संवाद' के संगम में भी अलग-अलग पहचाने जा सकते हैं। 'मित्र-संवाद' के गद्य का यह अतिरिक्त सौन्दर्य है।

गद्य लिखने का एक ढंग भर नहीं, बल्कि देखने, सोचने-समझने और रचने का भी ढंग है। इसी अर्थ में हेगल ने आधुनिक युग को गद्य का युग कहा था। इसलिए यथार्थ और व्यवसायात्मिका बुद्धि से भी गद्य का घनिष्ठ सम्बन्ध है। आकस्मिक नहीं

है कि रामविलास जी बार-बार केदार जी को गद्य लिखने के लिए प्रेरित करते हैं, उसके साथ ही यथार्थ चित्रण और सोच-विचार के लिए आग्रह करते हैं।

आज यदि गद्य की कला विलुप्त हो रही है तो वह केवल भाषावैज्ञानिक और शैलीवैज्ञानिक मामला नहीं है। इस प्रसंग में राल्फ फॉक्स की प्रसिद्ध पुस्तक 'उपन्यास और लोकजीवन' का वह अध्याय याद आता है जिसका शीर्षक है : 'गद्य की विलुप्त कला'। 'मित्र-संवाद' के सन्दर्भ में उस पुस्तक की याद इसलिए भी अर्थपूर्ण है कि हिन्दी में उसका अनुवाद मित्रद्वय के मित्र नरोत्तम नागर ने किया था और उसकी भूमिका रामविलास शर्मा ने लिखी थी। 'गद्य की विलुप्त कला' शीर्षक अध्याय के अन्तिम भाग के ये शब्द हमारे आज के सन्दर्भ में भी अर्थगर्भ हैं :

'पोर्टलैंड प्लेस के भद्र पुरुषों की क्षीण बाणी में न भावों का पता चलता है, न अनुराग, विचार या संवेदनशीलता का। जीवन की परिचित तथा प्रिय चीजों का कोई भी प्रतिबिम्ब उसमें नहीं दिखाई देता, केवल उन हौवों और भुतनों की क्षीण छायाएँ नजर आती हैं जिन्हें हमारे आधुनिक शासकों ने उक्त चीजों के बदले अपने दिमागों में खड़ा कर लिया है। शायद यह तुलना अनुचित है। अब और क्या कहें; हालाँकि यह दुखद सत्य है कि काबेट से लेकर आज तक हमारी भाषा का विकास बी.बी.सी. के इसी रक्तशून्य, दोषरहित आदर्श की दिशा में हुआ है। यह विकास सत्य के प्रति उस भय से सीमित और कुंठित रहा है, जो कि हमारे वर्ग-समाज के बौद्धिक जीवन की अत्यन्त उल्लेखनीय विशेषता है। यदि हमें चीजों को उनके नाम से पुकारना फिर शुरू करना है तो हमें काफी जमीन तय करनी होगी और साहित्य के पंडितों से अत्यन्त भोंड़े युद्ध में उतरना पड़ेगा।'

राल्फ फॉक्स यह लिखने के बाद उस भोंड़े युद्ध में सचमुच उतरे और शहीद हुए। वह युद्ध तीस के दशक के फासीवाद ने शुरू किया था, जिसका एक मोर्चा स्पेन भी था। राल्फ फॉक्स अन्तर्राष्ट्रीय ब्रिगेड के साथ लोकतंत्र की हिफाजत के लिए लड़े। लेकिन लोकतंत्र के साथ-साथ वे गद्य को बचाने के लिए भी लड़ रहे थे। यह वर्ष संयोग से राल्फ फॉक्स की जन्मशती का भी वर्ष है। उन्हें वड्र्सवर्थ के समकालीन विलियम काबेट का गद्य बहुत पसन्द था। 'उपन्यास और लोकजीवन' पुस्तक में उन्होंने काबेट के ठेठ गद्य का एक नमूना भी पेश किया है। काबेट के देहाती जीवन के शब्द-चित्रों को पढ़ते हुए केदार जी के वे देहाती गद्य चित्र याद आते हैं जो 'मित्र-संवाद' में फूल-पत्तियों की तरह यहाँ से वहाँ तक लहलहाते दिखते हैं।

कुछ-कुछ वैसे ही 'भोंड़े युद्ध' का मंजर आज हमारे सामने भी है और लोकतंत्र के साथ ही गद्य भी खतरे में है। इस लड़ाई में रामविलास शर्मा और केदारनाथ अग्रवाल का यह 'मित्र-संवाद' एक कारगर हथियार बन सकता है क्योंकि यह स्वयं भी सुन्दर और सजीव गद्य है। ऐसा प्राणवान गद्य ही गद्य की रक्षा कर सकता है। इस दृष्टि से 'मित्र-संवाद' उस गद्य की विलुप्त कला का अप्रतिम दस्तावेज है।

अन्ततः 'मित्र-संवाद' रामविलास शर्मा और केदारनाथ अग्रवाल का संयुक्त वसीयतनामा है। इस वसीयतनामे में कुछ ख्वाहिशें भी हैं—खास तौर से वे, जो जीवन में पूरी न हो सकीं। वसीयत लिखनेवाले स्वभाव से लेखक थे इसलिए उन ख्वाहिशों में से ज्यादातर रिश्ता लेखन से ही है। जैसाकि मार्च, 1974 के एक पत्र में रामविलास जी ने लिखा है : 'दुनिया बदलने के लिए कलम काफी नहीं है। क्या करें? बुढ़ापा आया नहीं तो आ रहा है। लिखने के अलावा और कुछ करने के काबिल रहे नहीं। खैर, दुनिया बदलनेवाले और भी हैं और अबेर-सबेर जागेंगे, जोर लगाएँगे।' इस बात को लिखे छब्बीस साल से ऊपर हो गए, तब से दुनिया बदलनेवालों में से बहुत से स्वयं बदल गए; जो बचे रह गए हैं, वे बचे रह जाएँ, आज की एक बड़ी चिन्ता तो यही है। लेकिन यदि कोई स्वयं ही बचना न चाहे तो आप क्या कर सकते हैं?

जहाँ तक लिखने का सवाल है, रामविलास जी तुलसीदास पर एक किताब लिखना चाहते थे। 18.8.1943 के पत्र में उन्होंने लिखा था कि 'इस साल तुलसीदास पर एक किताब लिखने की सोच रहा हूँ।' तब से उन्होंने समय-समय पर तुलसीदास पर कई लेख लिखे, लेकिन और बहुत सारी पुस्तकों के लिए तो समय निकल आया, नहीं निकला समय तो तुलसीदास के लिए। मालूम होता है, इस पुस्तक को वे अपनी अन्तिम पुस्तक बनाना चाहते थे और अन्तिम पुस्तक के गौरव के अनुरूप एक विशेष प्रकार के अवकाश और ध्यान योग की आवश्यकता थी। वह काम उन्होंने शुरू भी कर दिया, किन्तु विडम्बना देखिए कि उस चिर अभिलषित पुस्तक का सौन्दर्यबोध वाला पहला खंड तो किसी तरह हो गया, न हो सका तो वही तुलसीदास वाला खंड! खैर, जैसी पुस्तक वह चाहते थे, वैसी तो वही लिख सकते थे। लेकिन उनकी वसीयत का एक अंश वह भी है। ख्वाहिश पूरी हो, न हो, उसे जिन्दा रखना भी उस वसीयत के प्रति सम्मान प्रकट करने का एक ढंग है। तथास्तु।

*[आलोचना : जुलाई-सितम्बर, 2000]*

# शिवदान सिंह चौहान
# इतिहास के परिप्रेक्ष्य को सही करते हुए

शिवदान सिंह चौहान इतिहास का परिप्रेक्ष्य सही करते हुए इतिहास में गुम हो गए! शेष है अन्तिम पथचिह्न : 'परिप्रेक्ष्य को सही करते हुए' (1999)। उसी से पहले के पथ-चिह्नों का कुछ आभास मिलता है। सिंहावलोकन करते हुए वे कहते हैं : 'पहली बार मुझे एहसास हुआ कि सन् 1937 से लेकर अब 1997 तक की अवधि में लगातार बीमारियों से जूझते हुए स्वतंत्रता संग्राम और वामपंथी राजनीति में स्वेच्छापूर्वक एक स्वयंसेवक की भूमिका निभाते हुए अपनी खानाबदोश जिन्दगी में प्रेमचन्द जी के मासिक 'हंस' और बाद में त्रैमासिक 'आलोचना' जैसी प्रमुख पत्रिकाओं का सम्पादन करते हुए मैंने साहित्य और आलोचना सम्बन्धी जो निबन्ध लिखे, उनमें अन्तर्निहित बौद्धिक भावना 'प्रगतिशील' और 'प्रगतिवाद' की प्रवृत्ति और विचारधारा को मार्क्सवाद की वैज्ञानिक तथा मानववादी दृष्टि से समझने-समझाने और परिभाषित करने के एक अनवरत प्रयास का अंग रही है।'

आत्मरति के किसी सम्भावित आरोप को निरस्त करते हुए इसी क्रम में वे तुरन्त यह टुकड़ा जोड़ते हैं : 'मेरी ही क्यों? जनवादी भावना से प्रेरित हर धर्मनिरपेक्ष और संवेदनशील मार्क्सवादी-समाजवादी विचारक ने अपने चिन्तन और लेखन के माध्यम से इसी कर्तव्य का निर्वाह किया है—ऐतिहासिक परिप्रेक्ष्य को सही करते हुए।' (कुछ अपने शब्दों में)

इतिहास की दृष्टि से 'परिप्रेक्ष्य को सही करते हुए' संकलन के दो निबन्ध सबसे महत्त्वपूर्ण हैं : पहला पुरुषोत्तम अग्रवाल द्वारा प्रस्तुत 'सिंहावलोकन' (1986) और दूसरा गोपालकृष्ण कौल के प्रश्नों के उत्तर के रूप में प्रस्तुत आलेख 'प्रगतिशील आन्दोलन और मैं'(1993)। अपरिहार्य पुनरावृत्तियों के बावजूद इन दोनों आलेखों से एक बात स्पष्ट है : शिवदान सिंह चौहान हिन्दी में प्रगतिवादी-मार्क्सवादी आलोचना के प्रवर्तक भी हैं और प्रतिपक्ष भी। साथ ही अन्दर से पीड़ित और बाहर से उपेक्षित। सम्भवतः इसीलिए आज अपेक्षित भी!

गोपालकृष्ण कौल के प्रश्नों का उत्तर देते हुए चौहान जी की एक बात बड़ी ही मार्मिक और महत्त्वपूर्ण है : 'दरअसल आदमी की स्मृति भी तो कब्रिस्तान ही है, जहाँ

से यादों की लाशें उखाड़कर पोस्टमार्टम के लिए हम ले आते हैं।...असंगत नहीं है (यह)! एक बार 'रामविलास-चौहान विवाद' की पूरी अन्तरंग तसवीर सामने आनी ही चाहिए, अन्यथा यही प्रचारित किया जाता रहेगा कि 'दो दिग्गजों' की आपसी लड़ाई के कारण प्रगतिशील लेखक संघ विघटित हो गया। पार्टी में ऊपर से नीचे तक यही समझा जाता रहा है। और काफी हद तक लेखकों की भी यही धारणा है। लेकिन यह गलत है। इस विवाद में कुछ भी व्यक्तिगत नहीं है—कम-से-कम मेरी ओर से। रामविलास अगर वैचारिक मतभेद को व्यक्तिगत विरोध समझते हों तो वे जानें। यह दो प्रवृत्तियों, सौन्दर्य-दृष्टियों, इतिहास-चेतना और विश्वबोध का फर्क है, जो परस्पर-विरोधी है।' (पृ. 259)

'रामविलास-चौहान विवाद' की पूरी तसवीर आनी ही चाहिए। तसवीर अन्तरंग हो तो क्या कहने! यह प्रगतिवाद के इतिहास के लिए भी जरूरी है और आधुनिक हिन्दी साहित्य के इतिहास के लिए भी। यह द्वन्द्व इतिहास के द्वन्द्ववाद की एक अनूठी मिसाल है और द्वन्द्ववाद के बिना तो प्रगति की कल्पना भी नहीं की जा सकती।

कहना न होगा कि बीसवीं सदी का तीस का दशक हिन्दी साहित्य के इतिहास में एक नया मोड़ है और इस मोड़ का नाम प्रगतिवाद है—कम-से-कम उस दौर के जागरूक साहित्यकारों की यही समझ थी। एक तरह से हमारे इतिहास में मार्क्सवाद का यह हस्तक्षेप था। इस हस्तक्षेप की पहल हिन्दी में जिन युवा मार्क्सवादी आलोचकों ने की, उनमें शिवदान सिंह चौहान सबसे युवा थे। उन्होंने सितम्बर, 1936 में इलाहाबाद में आयोजित 'हिन्दुस्तानी लेखक सम्मेलन' के अन्तर्गत 'भारत में प्रगतिशील साहित्य की आवश्यकता' शीर्षक निबन्ध पढ़ा था। यही निबन्ध मार्च, 1937 के 'विशाल भारत' में पं. बनारसीदास चतुर्वेदी ने प्रकाशित किया। चौहान जी उस समय सिर्फ 18 साल के थे और इलाहाबाद विश्वविद्यालय में बी.ए. के छात्र थे। 1940 में जब उन्हें प्रेमचन्द के 'हंस' मासिक के सम्पादन के लिए आमंत्रित किया गया तो सम्भवतः श्रीपतराय की नजर में यही प्रगतिशील साहित्य की आवश्यकता थी! उस समय चौहान जी 22 वर्ष के युवक थे।

प्रगतिवाद पर पहली पुस्तक भी शिवदान सिंह चौहान की ही है जो 'प्रगतिवाद' नाम से 1946 में प्रदीप कार्यालय, मुरादाबाद से प्रकाशित हुई। इसमें 'प्रगतिवाद' के अलावा 'क्या साहित्य प्रोपेगैंडा है?', 'कविता की आधुनिक व्याख्या', 'श्री सुमित्रानन्दन पन्त' आदि कुल 15 निबन्ध हैं। अधिकांश निबन्ध 'हंस' के सम्पादन के दौरान ही लिखे गए थे और कुछ स्वयं 'हंस' में ही प्रकाशित भी हुए थे।

1946 का ही वर्ष है जिसमें चौहान जी ने 'साहित्य की परख' नामक एक लम्बा लेख लिखा। यह लेख उसी वर्ष 'साहित्य सन्देश' में प्रकाशित हुआ। 'रामविलास-चौहान विवाद' का आरम्भ यहीं से हुआ। इसी लेख से। इसी वर्ष से। और आगरा से। रामविलास जी लखनऊ से आगरा आ गए थे। चौहान जी का गाँव आगरा जिले में

ही था और स्वयं उन्हीं के कहे मुताबिक 'साहित्य की परख' वाला लेख उन्होंने अपने गाँव रहते ही लिखा था।

1937 से 1946 तक की अवधि लगभग एक दशक की है। आजादी से ठीक पहले का यह दशक इतिहास में कितना महत्त्वपूर्ण है, इसे विस्तार से बतलाने की जरूरत नहीं है। द्वितीय विश्वयुद्ध, फासिज्म का उदय और पराजय, समाजवादी संसार का प्रसार और अमेरिका द्वारा प्रथम परमाणु बम-विस्फोट विश्व-इतिहास की मुख्य घटनाएँ हैं। भारत के स्वाधीनता संग्राम का भी यह निर्णायक दशक है। इसी दशक में सन् '42 की अगस्त क्रान्ति हुई और सन् '46 का नौसेना विद्रोह भी। इसी दशक में भारत के विभाजन की रूपरेखा के साथ अंग्रेजी राज द्वारा सत्ता के हस्तान्तरण की तैयारियाँ भी हुईं।

इतिहास की इस विराट पटभूमि में प्रगतिवाद का उदय एक छोटी-सी पाद-टिप्पणी से अधिक की हैसियत नहीं रखता, लेकिन विश्व-साहित्य के मानचित्र पर दृष्टिपात करें तो यह दशक युगान्तकारी है। हिन्दी का यह प्रगतिशील दौर अंग्रेजी के तीस के दशक के साहित्यिक परिवेश से कम विचारोत्तेजक नहीं। कौतुकियों को ढेर सारी समानताएँ भी मिल सकती हैं।

चौहान जी के अधिकांश महत्त्वपूर्ण निबन्ध इसी उदयकालीन प्रगतिशील दशक की उपज हैं; जैसे 'प्रगतिवाद' पुस्तक (1946) के पहले पाँच निबन्ध—'प्रगतिवाद', 'क्या साहित्य प्रोपेगैंडा है?', 'छायावादी कविता में असन्तोष भावना', 'श्री सुमित्रानन्दन पन्त' और 'कविता की आधुनिक व्याख्या' तथा 'साहित्य की परख'। इन्हीं निबन्धों से हिन्दी में मार्क्सवादी आलोचना की शुरुआत हुई—बिना किसी मार्क्सवादी चिन्तन की विरासत के और बाहर से प्राप्त उपयुक्त सहायक सामग्री के। मार्क्स के 'कम्यूनिस्ट घोषणापत्र' के अलावा उनके अन्य ग्रन्थ भी सुलभ न थे, फिर उनके साहित्य-विषयक फुटकल विचारों की तो बात ही क्या! ले-देकर बड़ी मुश्किल से क्रिस्टोफर काडवेल की 'इल्यूजन एंड रियलिटी' की प्रति किसी-किसी ने उपलब्ध कर ली थी। चौहान जी की कुल जमा पूँजी यही रही होगी।

काडवेल का जिक्र कुछ निबन्धों में देखकर लगता है कि उन्होंने 'इल्यूजन एंड रियलिटी' से काफी कुछ लिया था। 'कविता की आधुनिक व्याख्या' में बहुत कुछ काडवेल के ही विचार हैं। 'कविता मनुष्य की स्वतंत्रता का अस्त्र है।'—काडवेल की यह धारणा चौहान जी को इतनी पसन्द आई थी कि उसे वे जैसे मंत्र की तरह जपते हैं।

काडवेल की ही तरह चौहान जी के ये निबन्ध चालीस के दशक के बाद विवाद के विषय बने—विशेषतः मार्क्सवादियों के बीच और दोनों ही बुर्जुआ विचारों से दूषित और गैर-मार्क्सवादी घोषित किए गए। रूस में यह ज्दानोव की साहित्यिक तानाशाही का काल था और सोवियत रूस के बाहर भी सभी जगह उसकी काली छाया थी। हिन्दी में रामविलास जी ने भी उन्हीं दिनों चौहान जी पर निशाना साधा।

प्रसंगवश, इंग्लैंड में इ.पी. थामसन जैसे तेजस्वी मार्क्सवादी इतिहासकार ने आगे चलकर सत्तर के दशक में काडवेल का उद्धार किया और उसे जड़ भौतिकवाद के विरुद्ध मानवीय सर्जनात्मकता के 'हीरो' के रूप में स्थापित कर दिया। दुर्भाग्य हिन्दी का, चौहान जी का नहीं, कि उन्हें कोई थामसन न मिला। प्रगतिशील लेखक संघ की स्वर्ण जयन्ती के अवसर पर 1986 में 'आलोचना' ने एक छोटा-सा प्रयास अवश्य किया जिसमें पुरुषोत्तम अग्रवाल द्वारा 'रामविलास-चौहान विवाद' के ठोस तथ्यों की रोशनी में चौहान जी की सर्जनात्मक साहित्यिक दृष्टि एक हद तक विवक्षित हुई।

उस दौर में चौहान जी ने हिन्दी में 'कुत्सित समाजशास्त्र' के भी विरुद्ध जेहाद छेड़ा था। 'साहित्य की परख' का मुख्य निशाना यही है। चौहान जी का यह अपना गढ़ा हुआ शब्द है। अंग्रेजी के 'वल्गर सोशियोलॉजी' के वजन पर। सुनने में 'कुत्सित समाजशास्त्र' से ज्यादा 'कुत्सित' तो स्वयं यह शब्द ही है। 'फूहड़' या 'भोंड़ा' विशेषण भदेस होते हुए भी बुरा नहीं है। बहरहाल उस समय चौहान जी को लगा कि हिन्दी के कुछ प्रगतिवादी आलोचक साहित्य की जैसी सामाजिक व्याख्या कर रहे हैं, वह मार्क्सवाद के नाम पर 'कुत्सित समाजशास्त्र' है। कहने की आवश्यकता नहीं कि उनकी नजर में उस समय रामविलास शर्मा थे। 'रामविलास-चौहान विवाद' की शुरुआत यहीं से शुरू हुई। लिखित रूप से पहला प्रहार चौहान जी ने ही किया 'साहित्य की परख' (1946) में। जवाबी हमला रामविलास जी ने बाद में किया—'साहित्य का उद्देश्य' शीर्षक निबन्ध में। यह निबन्ध विनोद पुस्तक मन्दिर, आगरा से 1954 में प्रकाशित पुस्तक 'प्रगतिशील साहित्य की समस्याएँ' में संकलित पहला निबन्ध है और दुबारा 'मार्क्सवाद और प्रगतिशील साहित्य' (1984) में संकलित हुआ है।

रही 'कुत्सित समाजशास्त्र' की अवधारणा। सो वह चौहान जी के दिमाग की कोई मौलिक कल्पना नहीं है। इसका स्रोत सोवियत संघ है। उन्हीं दिनों या शायद कुछ पहले सोवियत संघ में लेव टॉल्स्टॉय के मूल्यांकन को लेकर एक लम्बी बहस 'लितेरातुरनाया गज़ेता' में चली थी जिसके मुख्य नायक मशहूर मार्क्सवादी आलोचक मिखा़इल लि़फशित्स थे। लेव टॉल्स्टॉय को किसी समय प्लेखानोव ने 'कुलीन तंत्र का इतिहासकार' कहा था। इसके बरक्स लेनिन ने टॉल्स्टॉय का सम्बन्ध किसानों से जोड़ते हुए उन्हें 'रूसी क्रान्ति का दर्पण' कहा था। यह और बात है कि लेनिन ने प्लेखानोव को रूस में मार्क्सवाद का जनक भी कहा था। लेकिन इसके बावजूद लेनिन की साहित्यिक दृष्टि प्लेखानोव से भिन्न थी। मिखाइल लिफ़शित्स ने इसी लेनिनवादी साहित्यिक दृष्टि के पक्ष से प्लेखानोव के 'यांत्रिक भौतिकवाद' की आलोचना की और इस क्रम में उन्होंने प्लेखानोव के अनुयायी तथाकथित 'मेनूशेविक' बुद्धिजीवियों पर जोरदार हमला किया। लिफ़शित्स ने 'मेनूशेविकों' के 'यांत्रिक भौतिकवाद' पर आधारित साहित्य-समीक्षा को 'फूहड़ समाजशास्त्र' की संज्ञा दी थी।

सोवियत समालोचकों की यह सारी बहस अंग्रेजी में 'मार्क्सिज्म एंड लिट्रेचर' नाम से इंडियन पब्लिशर्स, इलाहाबाद से 1945 में प्रकाशित हुई थी। चौहान जी ने इस किताब का जिक्र अपनी किसी किताब में नहीं किया है, किन्तु उनके 'कुत्सित समाजशास्त्र' का मूल स्रोत यही पुस्तक प्रतीत होती है—कम-से-कम तब तक जब तक कोई और अकाट्य प्रमाण नहीं मिल जाता। ऐसा मानने का आधार यह है कि 1946 से पहले चौहान जी के किसी निबन्ध में 'कुत्सित समाजशास्त्र' का जिक्र नहीं मिलता। 'साहित्य की परख' से शायद कुछ पहले 'प्रगतिवाद' (1946) में संकलित 'प्रगतिवाद' शीर्षक निबन्ध में इस पद का अत्यन्त संक्षिप्त उल्लेख इस प्रकार है : 'कुत्सित समाजशास्त्र (यांत्रिक भौतिकवाद) के अनुसार किसी रचना का सौन्दर्य या मूल्य सामाजिक वास्तविकता के सीधे, स्पष्ट चित्रण पर ही निर्भर करता है। यह न प्रगतिवाद है, न वैज्ञानिक भौतिकवाद।'

इस 'कुत्सित समाजशास्त्र' की सैद्धान्तिक परिभाषा चौहान जी ने नहीं की। कभी इसे 'यांत्रिक भौतिकवाद' से जोड़ा, कहीं 'सापेक्षातामूलक सामाजिक दृष्टि' कहा और कहीं 'साहित्य के 'कलापक्ष' और 'सामाजिक पक्ष' के सम्बन्ध में द्वैत भावना' कहा। ज्यादातर इसका प्रयोग उन्होंने रामविलास शर्मा और उनके साथ क्वचित्-कदाचित् अमृतराय के लिए 'कुत्सा'-परक पद के रूप में ही—खास कर भारतेन्दु और प्रेमचन्द के सम्बन्ध में उनके किसी वक्तव्य को आधार बनाकर या किसी कविता की टिप्पणी के प्रसंग में किया। इस 'कुत्सित' पद की विडम्बना यह है कि इसका प्रयोग दोनों ही पक्ष एक-दूसरे पर निःशंक भाव से करते हैं।

पूरे प्रसंग में सबसे दिलचस्प बात यह है कि चौहान जी स्वयं स्वीकार करते हैं कि वे स्वयं भी जगह-जगह 'कुत्सित समाजशास्त्र' के शिकार हुए हैं। 'प्रगतिशील आन्दोलन और मैं' आलेख में उन्होंने स्वीकार किया है कि ''भारत में प्रगतिशील साहित्य की आवश्यकता' (1937) निबन्ध में 'कुत्सित समाजशास्त्र' की स्थापनाएँ इस कदर अनुस्यूत हैं कि काफी फेर-बदल के बाद भी उसे 'कुत्सित समाजशास्त्र' की गिरफ्त से नहीं बचाया जा सकता, और मैंने अपने निबन्ध-संग्रह में लेख को शामिल करने का इरादा छोड़ दिया।' (परिप्रेक्ष्य, पृ. 259) 'साहित्य की परख' (1946) के प्रसंग में भी यही माना कि 'अपनी ओर से काफी प्रयत्न करके भी मैं दावे के साथ नहीं कह सकता कि उस समय मेरा लेखन 'वल्गर सोशियोलॉजी' की प्रवृत्ति से पूरी तरह मुक्त हो गया हो।'

यहाँ तक कि 'छायावादी कविता में असन्तोष भावना' भी 'उस जमाने के मार्क्सवादी साहित्यालोचन की मतवादी संकीर्णताओं से पूरी तरह मुक्त नहीं था।' (वही, पृ. 250) यद्यपि इस लेख को उन्होंने काफी अध्ययन और मनन के बाद मेहनत से लिखा था—खास तौर से निराला जी का यह वाक्य सुनकर कि 'लेकिन यह न भूलिए कि मैं आपके साथ हूँ।' निराला जी ने यह वाक्य 'भारत में प्रगतिशील

साहित्य की आवश्यकता' पढ़ने के बाद कहा था। वैसे, इस लेख पर उन्हें आचार्य हजारीप्रसाद द्विवेदी की मुक्त प्रशंसा भी मिली। अज्ञेय द्वारा आयोजित और हजारीप्रसाद द्विवेदी द्वारा सम्पादित 'आधुनिक हिन्दी साहित्य' नामक पुस्तक में यह लेख पहले-पहल संकलित हुआ था और सम्पादक की नजर में 'संग्रह में यही लेख सबसे अच्छा था।' (वही)

तात्पर्य यह कि दूसरों की कमजोरियों पर अँगुली रखने के साथ-साथ चौहान जी अपनी कमजोरियों के प्रति भी चौकन्ने थे और अवसर आने पर उन्हें स्वीकार करने में हिचकते न थे। आलोचकों में आत्मसमीक्षा का ऐसा गुण दुर्लभ है—मार्क्सवादी आलोचकों में तो और भी, जबकि कम्यूनिस्ट पार्टी के अन्दर 'आत्मसमीक्षा' ईसाइयत के 'कन्फेशन' के वजन पर एक अनिवार्य कर्मकांड रहा है।

'रामविलास-चौहान विवाद' के प्रसंग में चौहान जी की आत्म-समीक्षा की यह एकतरफा मिसाल बेजोड़ है।

इस विवाद का एक दिलचस्प पहलू यह भी है कि आलोचना-प्रत्यालोचना का असर दोनों पक्षों पर पड़े बिना न रहा। निहायत आपत्तिजनक वक्तव्यों को यदि रामविलास जी ने चुपके से निकाल दिया तो इस मामले में चौहान जी भी पीछे न रहे। इस गुपचुप आचरण की चर्चा रामविलास जी के सन्दर्भ में काफी हो चुकी है। इसलिए प्रसंगवश चौहान जी का ही एक उदाहरण लेना काफी है :

'साहित्य की परख' की आलोचना करते हुए रामविलास जी ने 'साहित्य का उद्‌देश्य' में पहले चौहान को उद्‌धृत करते हुए लिखा : 'विश्व साहित्य से 'कुत्सित समाजशास्त्र' की मिसालें देते हुए चौहान ने लिखा है : 'उदाहरण के लिए रूसो और वोल्तेयर ने अथवा आधुनिक काल में ही गोर्की ने फ्रांस और रूस की क्रान्तियों के अवसर पर तत्कालीन प्रश्नों को लेकर जो रचनाएँ कीं या आयरलैंड की क्रान्ति के अवसर पर शेली ने जो अपीलें छापकर बाँटीं, उनका आज कोई साहित्यिक मूल्य नहीं रहा।' '

फिर यह आलोचनात्मक टिप्पणी : 'सामयिकता में फँसने का यह नतीजा होता है कि गोर्की, वोल्तेयर और शेली जैसे समर्थ कलाकार भी साहित्यिक मूल्यों की चीजें न दे पाए। इसलिए रूस के मजदूर आन्दोलन को लेकर गोर्की ने जो 'माँ' नाम का उपन्यास लिखा, शेली ने यूनान, इटली, ब्रिटेन आदि के स्वाधीनता आन्दोलनों और जनसंघर्षों पर जो रचनाएँ कीं, उनका कोई मूल्य नहीं रहा। चौहान के मुताबिक ये सब एक समय अवसरवादी कलाकार थे। वे सामयिकता से मुक्त न होकर उसी में फँसे रह गए।' (प्रगतिशील साहित्य की समस्याएँ, पृ. 9-10)

'साहित्यानुशीलन' में पुनःसंकलित 'साहित्य की परख' लेख से ऊपर उद्‌धृत रूसो, वोल्तेयर, गोर्की और शेली से जुड़े अंश एकदम गायब हैं। इससे यही निष्कर्ष निकालना पड़ेगा कि चौहान जी ने मूल लेख से ये अंश चुपचाप निकाल दिये। अब

इसे भूल-सुधार कहें या सबूत मिटाने का जुर्म, यह देखनेवाले की नजर पर निर्भर है। हम तो इसे सही आलोचना का आत्मस्वीकार ही मानेंगे! साहित्य के राज्य का कानून यही है।

चौहान जी के लेखों में साहित्यालोचन के अन्तर्गत सौन्दर्य तत्त्व की ओर विशेष झुकाव है जबकि रामविलास जी के आरम्भिक लेखन में साहित्य के सामाजिक पक्ष पर अधिक बल हुआ करता था। आगे चलकर इन दोनों में कुछ विपर्यास-सा दिखाई पड़ता है—यदि चौहान जी में नहीं तो रामविलास जी में निश्चित रूप से। सौन्दर्य की ओर उनके झुकाव का स्पष्ट उदाहरण है उनका निबन्ध-संग्रह 'आस्था और सौन्दर्य' (1961)। इस निबन्ध-संग्रह में 'सौन्दर्य की वस्तुगत सत्ता और सामाजिक विकास' शीर्षक लेख में रामविलास जी ने स्पष्ट शब्दों में लिखा है कि 'ललित कलाओं को विचारधारा के रूपों में गिनना सही नहीं है।' इस प्रकार उन्होंने सौन्दर्यबोध को विचारधारा के शिकंजे से एक झटके में मुक्त कर दिया, साथ ही मार्क्स की एक प्रसिद्ध स्थापना से भी अपने को बेहिचक अलग कर लिया। अगर मैं भूलता नहीं तो यह लेख उन्हीं की अपनी पत्रिका 'समालोचक' के सौन्दर्यशास्त्र विशेषांक में छपा था और प्रकाशन वर्ष भी 1956-57 था। रामविलास जी के इस नये रुझान की अन्तिम परिणति है 'वैदिक कवियों का सौन्दर्यबोध'। (पुनर्नवा 'आलोचना', जुलाई-सितम्बर, 2000)

क्या यह शिवदान सिंह चौहान की आलोचना की प्रतिक्रिया है? न भी हो तो इसका कुछ श्रेय शिवदान सिंह चौहान को देने में किसी की नाक नीची नहीं होती।

वैसे, कला-साहित्य-सौन्दर्य पर इतना वजन रखना कि वह बर्दाश्त ही न कर सके, ज्यादती है! 'सूधे पायँ न धरि सकै शोभा ही के भार!' कवि कह गया है।

एक समय था जब चौहान जी ने 1951 में 'आलोचना' त्रैमासिक का सम्पादन आरम्भ करते समय रामविलास जी से सहयोग का अनुरोध किया तो टका-सा जवाब मिला। (परिप्रेक्ष्य, पृ. 261) लेकिन 1965 में जब 'आलोचना' के सम्पादन का दायित्व दुबारा लिया तो पहले ही अंक के लिए तुरन्त लेख मिला, 'लेखक और व्यक्ति-स्वातन्त्र्य'। यह लेख जून, 1965 की 'आलोचना'-33 में प्रकाशित है। यही वह लेख है जिसमें रामविलास जी ने वाम-दक्षिण, दोनों कम्यूनिस्ट पार्टियों को चौंकाते हुए यह 'क्रान्तिकारी' घोषणा की कि 'सोवियत संघ में लेखकों पर जो प्रतिबन्ध लगाए गए, मैं उन्हें न्यायपूर्ण नहीं मानता।'

इस वक्तव्य के साथ उन्होंने कुछ 'सैद्धान्तिक घपलेबाजी' को भी साफ करना जरूरी समझा। मसलन यह कि 'राजसत्ता मजदूर वर्ग की डिक्टेटरशिप होगी, यह सिद्धान्त गलत है,' क्योंकि 'डिक्टेटरशिप एक विशेष प्रकार की शासन-पद्धति है। हर राजसत्ता वर्ग विशेष की 'डिक्टेटरशिप' नहीं होती। हिटलर का शासन इजारेदार पूँजीपतियों की डिक्टेटरशिप था। चर्चिल पूँजीवादी जनतंत्र के नेता थे, पूँजीवादी डिक्टेटरशिप के नहीं।' इसलिए सोवियत संघ के अन्तर्गत 'साहित्य के क्षेत्र में किसी

दखलअन्दाजी को मजदूर वर्ग की डिक्टेटरशिप के नाम पर न्यायपूर्ण नहीं ठहराया जा सकता।'

इस प्रसंग में उन्होंने अपने दो सूत्र फिर दुहराए : एक तो यह कि 'विचारधारा की अपनी सापेक्ष स्वायत्तता है', और दूसरा, 'कलाओं को विचारधारा के अन्तर्गत रखना विचारशून्यता का प्रबल प्रमाण है।'

लेख का अन्त इस चेतावनी से होता है : 'भारत में लेखक की स्वाधीनता के लिए सचमुच भय है।...यह भय फासिस्टवाद के अभ्युदय और लेखक की विचार-स्वाधीनता पर अंकुश लगने का भय है।'

1975 की 'इमरजेंसी' इस चेतावनी के दस साल बाद लगी और कहना न होगा कि यह चेतावनी पच्चीस साल के बाद भी आज अप्रासंगिक नहीं हुई है :

1951 और 1961 में रामविलास जी और चौहान जी के रुख में जो यह बदलाव आया, उसकी एक ऐतिहासिक पृष्ठभूमि भी है। 1953 में प्रगतिशील लेखक संघ के अधिवेशन के साथ रामविलास शर्मा महामंत्री के पद से मुक्त कर दिये गए और इसके बाद प्र.ले.स. संगठन के रूप में बैठ गया। जहाँ तक चौहान जी का सम्बन्ध है, वे तो पहले से निष्क्रिय हो चुके थे। घटनाचक्र इस तरह घूमा कि 1953 में स्तालिन की मृत्यु हुई, 1956 में सोवियत संघ की कम्यूनिस्ट पार्टी की बीसवीं कांग्रेस में व्यक्ति-पूजा की भर्त्सना के साथ स्तालिन का मूर्ति-भंजन हुआ। इस बीच 'आलोचना' के पाँचवें अंक 'इतिहास विशेषांक' के बाद 1953 में चौहान जी की छुट्टी हो गई। रामविलास जी ने 'समालोचक' नाम से अपनी पत्रिका निकाली और वह भी बन्द हो गई। चौहान जी का लेखन रुक गया और उधर 'रामविलास-चौहान विवाद' भी अपनी परिणति पर पहुँचकर बन्द हो गया।

आज इस ऐतिहासिक विवाद को इतिहास के परिप्रेक्ष्य में देखता हूँ तो अनायास ही प्रेमचन्द की 'मुक्ति मार्ग' कहानी याद आ जाती है—खास तौर से उस कहानी का वह अन्तिम प्रसंग :

झींगुर किसान और बुद्धू गड़रिया। झींगुर के खेत में आग लग गई तो बुद्धू की भेड़ें मर गईं—गोहत्या लगी सो अलग। गाँव छूटा। शहर में फिर मिलने का योग हुआ—एक बनते हुए मकान पर मजूरी करते हुए। शेष वार्तालाप स्वयं प्रेमचन्द के ही शब्दों में :

'संध्या समय झींगुर ने पूछा—कुछ बनाओगे न?

बुद्धू—नहीं तो खाऊँगा क्या?

झींगुर—मैं तो एक जून चबैना कर लेता हूँ। इस जून सत्तू पर काट देता हूँ। कौन झंझट करे!

बुद्धू—इधर-उधर लकड़ियाँ पड़ी हुई हैं, बटोर लाओ। आटा मैं घर से लेता आया हूँ। तुम तो मेरा बनाया खाओगे नहीं, इसलिए तुम रोटियाँ सेंको, मैं बिला दूँगा।

झींगुर—तवा भी तो नहीं है?

आग जली। आटा गूँधा गया। झींगुर ने रोटियाँ बनाईं। बुद्धू पानी लाया। दोनों ने लाल मिर्च और नमक से रोटियाँ खाईं। फिर चिलम भरी गई। दोनों आदमी पत्थर की सिला पर लेटे, और चिलम पीने लगे।

बुद्धू ने कहा—तुम्हारी ऊख में आग मैंने लगाई थी।

झींगुर ने विनोद भाव से कहा—जानता हूँ।

थोड़ी देर के बाद झींगुर बोला—बछिया मैंने ही बाँधी थी और हरिहर ने उसे कुछ खिला दिया था।

बुद्धू ने वैसे ही भाव से कहा—जानता हूँ।'

अब तो रामविलास जी और चौहान जी दोनों ही सो गए हैं, फिर भी उन्हें यह कहानी सुनाने को बहुत जी चाहता है। मलाल यह जरूर है कि उनके जीते-जी यह कहानी क्यों नहीं सुनाई। फिर लगता है कि वह कहानी उन्होंने जरूर पढ़ी होगी। न भी पढ़ी हो तो स्वयं जी जरूर है।

इस विश्वास का आधार एक घटना है। पुनर्नवा 'आलोचना' के लोकार्पण के लिए मैं चौहान जी को निमंत्रित करने शाम को उनके घर गया। यह बात मई की 26 तारीख की होगी। लोकार्पण 27 मई को तय था। चौहान जी अस्पताल से इंजेक्शन लगवाकर लौटे थे। उन्हें कैंसर था। अन्तिम चरण में। बिस्तर पर अधलेटे थे। बातचीत के क्रम को तोड़कर अचानक उन्होंने पूछा : 'रामविलास कैसे हैं?' अखबारों से उन्हें रामविलास जी की गम्भीर स्थिति का पता चल चुका था। हम कुछ कहें, इससे पहले ही ओठों में धीरे-धीरे बुदबुदाए : 'रामविलास भी चले!' आवाज में एक विशेष प्रकार की तरलता थी।

मुझे लेनिन की पत्नी क्रुप्सकाया के संस्मरणों का वह प्रसंग याद आ गया। मृत्युशय्या पर पड़े हुए लेनिन एक रात सहसा बोले : कहते हैं कि मार्तोव भी मर रहा है! क्रुप्सकाया ने नोट किया कि आवाज में कहीं स्निग्ध कोमलता की खनक है। ये वही मार्तोव हैं जो एक समय लेनिन के प्रिय साथी थे, लेकिन पार्टी की दूसरी कांग्रेस के बाद उनसे अलग चले गए। उस रात लेनिन रात-भर सो नहीं सके और ठंड में काँपते रहे। बकौल क्रुप्सकाया। मेनूशेविकों से लेनिन ने उग्र लड़ाइयाँ लड़ीं लेकिन इन लड़ाइयों के दौरान भी जब कभी मार्तोव ने सही लाइन का आभास दिया, उनके प्रति लेनिन का पुराना स्नेह पुनर्जीवित हो उठता था। क्रान्ति के बाद गोर्की से लेनिन ने एक बार कहा था : 'मुझे दुःख है, बहुत दुःख है कि मार्तोव हमारे साथ नहीं है। क्या ही शानदार कामरेड था वह, बिलकुल खरा ईमानदार इनसान!' यह वही मार्तोव है जो मेनूशेविक होने के कारण पार्टी की नजर में समाजवादी राज्य का

राजद्रोही था और किसी भी समय उसे खत्म किया जा सकता था। लेनिन ने उसे देश से बाहर चले जाने के लिए स्वयं अपने हस्ताक्षर के साथ निजी पारपत्र भिजवाया था ताकि उसकी जान बच जाए।

रामविलास शर्मा और शिवदान सिंह चौहान की स्थिति निश्चय ही बिलकुल अलग थी और इसलिए यह संस्मरण बेजा भी लग सकता है। लेकिन एक तरह से देखें तो हमारे ये दोनों बड़े मार्क्सवादी आलोचक भी तो एक समय के आखिर कामरेड ही थे! लेनिन और मार्तोव की तरह। कुछ-कुछ विचारधारा का संघर्ष अपनी जगह, इनसानी सम्बन्ध अपनी जगह।

बर्टोल्ट ब्रेष्ट की वह प्रसिद्ध कविता 'आनेवाली पीढ़ियों के लिए' एक अन्य स्तर पर इसी संवेदना की ओर इशारा करती है :

*हाय रे हम!*
*हम, जो तैयार करना चाहते थे जमीन भाईचारे की*
*खुद नहीं निभा सके भाईचारा*
*लेकिन तुम, जब वह वक्त आए*
*कि इनसान इनसान का मददगार हो,*
*याद करना हमें*
*कुछ सहिष्णुता के साथ!*

यहाँ 'सहिष्णुता' शब्द को लेकर मेरे मन में दुविधा है। मूल जर्मन शब्द का ज्ञान नहीं। एक अंग्रेजी अनुवादक ने 'फॉरबेअरन्स' (forbearance) शब्द दिया है, जबकि हिन्दी अनुवादकों ने 'समझदारी', 'रियायत','क्षमा', आदि शब्दों का प्रयोग किया है। और ये सभी समझदार नहीं तो जानकार होंगे ही।

चौहान जी को भी उस सहिष्णुता की अपेक्षा थी। खास तौर से आज की पीढ़ी से। उन्होंने बहुत-कुछ सहा है। उपेक्षा भी। शायद औरों से ज्यादा। इतनी उपेक्षा के लायक तो वे न थे।

माहौल असहिष्णुता का है। लेकिन जिनके प्रति सचमुच असहिष्णु होना चाहिए, वह नहीं दिखती। चौहान जी ऐसे ही असहिष्णु थे। खास तौर से अपनी मानव-द्रोही परम्परा के प्रति। इसे वे भारतीय संस्कृति की प्रतिगामी परम्परा कहते थे। इस मामले में वे रामविलास जी से कहीं ज्यादा आलोचनात्मक थे—कभी-कभी उग्रता की सीमा तक। 'परिप्रेक्ष्य को सही करते हुए' की भूमिका 'कुछ अपने ही शब्दों में' में अपना मन खोलकर रख दिया है। पुरोहितवाद की इस मानव-द्रोही प्रतिगामी परम्परा पर तीखा प्रहार करते हुए उन्होंने इसी भूमिका में लिखा है : 'मिसाल के लिए हमारे देश की इस प्राचीनतम परम्परा में प्रेम या मोहब्बत वर्जित है, क्योंकि प्रेम ऊँच-नीच या जात-पाँत का भेद नहीं मानता—और इसलिए भी प्रेम को सर्वोच्च मानव-मूल्य माना जाता है। लेकिन यहाँ ब्राह्मण लड़की शूद्र या दलित लड़के से प्रेम नहीं कर सकती

चाहे वह कबीर जैसी प्रतिभा का आशु कवि हो, चाहे वह कितना ही चरित्रवान, योग्य और शरीफ क्यों न हो।...(इस प्रकार) दलितों का 'मनुष्यत्व' छीनकर द्विजों ने स्वयं अपने बेटे-बेटियों को भी 'मनुष्यत्व' से वंचित कर दिया है।'

चौहान जी का पक्का विश्वास था कि हमारी 'बर्बरताकालीन (सनातनी) जड़ता ने हिन्दू मात्र को कहीं-न-कहीं मनुष्यत्व से नीचे गिरा रखा है।' कहना न होगा कि उनके लिए यह बर्बरता असह्य थी। उसी तरह असह्य, जैसे 'रंगभूमि' के सूरदास को किसी भी तरह का 'अन्याय' असह्य था।

आजकल हर बात में परम्परा की दुहाई दी जाती है। परम्परा पूजा की चीज हो गई है। इतिहास को भी इसी श्रेणी में खींच लिया गया है। इस योजना के तहत परम्परापूजकों ने आगे बढ़कर रामविलास जी को भी अपनी कतार में शामिल करने का दुस्साहस किया है। लेकिन गौरतलब है कि चौहान जी की ओर मुखातिब होने की जुर्रत उन्होंने भी नहीं की। ऐसे पुजारियों की 'परम्परा' से चौहान जी को सच्ची नफरत थी और जैसाकि जर्मन चिन्तक और समालोचक अडोर्नो ने कहीं कहा है : 'परम्परा से समुचित घृणा करने के लिए स्वयं अपने अन्दर भी परम्परा होनी चाहिए।' और कहना न होगा कि प्रगतिकामी होते हुए भी चौहान जी के अन्दर भी गहरा परम्परा-बोध था, भले ही वह रामविलास जी जैसा और जितना न हो!

चौहान जी की तेज नजर आज के पूँजीवाद के उदारीकरण पर भी थी। उपज भले ही वे तीस के मार्क्सवाद की हों और आजीवन सोवियत समाजवाद के प्रति प्रतिबद्ध रहे हों किन्तु उसके विघटन के बाद भी उन्होंने इस पूँजीवादी विश्व-बाजार के विस्तार के सामने हथियार नहीं डाला। इसी 'परिप्रेक्ष्य को सही करते हुए' की भूमिका में उन्होंने इस समस्या पर भी अपने मार्मिक भावोद्‌गार व्यक्त किए हैं। प्रसंग इतना मार्मिक है कि उसे संस्मरण के साथ ही देना उचित होगा।

'सन् 1937, इलाहाबाद विश्वविद्यालय की बात है। मैं किताबघर से प्रसिद्ध अमेरिकी उपन्यासकार अप्टन सिंक्लेयर की नई किताब Money Writes खरीदकर लाया। आरम्भ में ही किसी कलाकार की बनाई तसवीर छपी थी। उसे देखा तो देखता ही रह गया। एक आलीशान हॉल में अमीरजादों और अमीरजादियों के जोड़े चमचमाती रोशनी में एक दूसरे की कमर में बाँहें डाले और दूसरे हाथ में शैम्पेन के छलकते जाम पकड़े नृत्य कर रहे हैं, रंगरेलियाँ मना रहे हैं—फर्श के नीचे एक विशाल तहखाना है, जिसके अँधेरे में सैकड़ों भूखे, नंगे, काले मजदूर पसीने से तरबतर पूरा जोर लगाकर हॉल के फर्श को अपने हाथों पर उठाए हुए हैं। उनके दिलों में एक जबर्दस्त कशमकश है, आक्रोश उमड़ रहा है—और अचानक एक मजदूर का घूँसा फर्श को तोड़कर ऊपर निकल आता है—सारे पूँजीपति और उनकी प्रेमिकाएँ इस अप्रत्याशित हस्तक्षेप से भयभीत और त्रस्त हो, पीछे हटते हुए उस घूँसे को हैरत से आँखें फाड़-फाड़कर देखते रह जाते हैं।

यह अमेरिकी पूँजीवाद की तसवीर है—दरअसल हर देश के पूँजीवाद की तसवीर है। यह साठ बरस पहले भी पूँजीवाद का 'सत्य' था, आज भी है।'

इस भावोद्गार पर कोई भी टिप्पणी अनावश्यक है। चौहान जी 82 वर्ष की उम्र में भयंकर कैंसर से पीड़ित होते हुए भी मन से उतने ही जीवन्त और जाग्रत थे। इसका प्रमाण है 27 मई, 2000 की वह शाम जब पुनर्नवा 'आलोचना' के लोकार्पण के लिए वे त्रिवेणी सभागार में बोलने खड़े हुए। 'आलोचना' की पुनर्नवता के साथ जैसे उन्होंने भी पुनर्नवता प्राप्त कर ली। वह उनकी अन्तिम सार्वजनिक उपस्थिति थी। बेहद अफसोस की बात है कि उनकी आवाज टेप में सुरक्षित न हो पाई। लेकिन वह बुलन्द आवाज कानों में अब भी गूँज रही है—वह आवाज, जो आज के हिन्दू फासीवाद के खिलाफ सभी लोकतंत्रप्रेमी लोगों को एकजुट और मोर्चाबन्द होने के लिए ओजस्वी आह्वान था। आवाज भी याद है और ये शब्द भी :

'हमारे देश में फासिज्म जनजीवन और सामाजिक व्यवस्थाओं में प्रवेश कर गया है। सरकार के सभी अंग इससे प्रभावित हो चुके हैं। फासिज्म के कदम काफी आगे बढ़ चुके हैं। भारत में फासिज्म का अपना इतिहास है। वह केवल आर.एस.एस. के उद्भव से नहीं विकसित हुआ। हमारे यहाँ फासिज्म का जनक ब्राह्मणवाद है। आज रेडियो और टेलीविजन में धर्म का प्रकोप है। नतीजा यह है कि हमारे देश में ये माध्यम लोगों की चेतना को कुन्द कर रहे हैं। अध्यात्म का नाम लेनेवाले ही सबसे अधिक क्रूर संस्कृति पैदा कर रहे हैं। इस क्रूरता को रोकना हम सबका पहला कर्तव्य है। ऐसी साहित्यिक सभाएँ काफी नहीं हैं—हमें लड़ने के लिए बड़ा मोर्चा बनाना होगा!'

यह है स्वर्गीय शिवदान सिंह की विरासत और वसीयत।

*[आलोचना : अक्टूबर-दिसम्बर, 2000]*

# साहित्य में प्रगतिशील आन्दोलन की ऐतिहासिक भूमिका

पचास साल पहले, जैसी और जिन चुनौतियों का सामना करने के लिए प्रगतिशील लेखक संघबद्ध हुए थे, आज वैसी ही किन्तु उनसे भी अधिक गम्भीर चुनौतियाँ हमारे सामने हैं। साम्राज्यवाद पहले से काफी कमजोर पड़ने के बावजूद हमारे देश में अस्थिरता उत्पन्न करने के साथ सारे संसार को अन्तरिक्ष युद्ध में झोंकने की तैयारी कर रहा है। संस्कृति और साहित्य का अस्तित्व फिर संकट में पड़ गया है।

संकट की इस घड़ी में हमारे आन्दोलन का इतिहास निश्चय ही प्रेरणा और शक्ति का एक स्रोत हो सकता है। किन्तु यह देखकर दुःख होता है कि जो किसी समय प्रगतिशील साहित्य के मार्गदर्शक माने जाते थे, वही आज उसके इतिहास का अवमूल्यन करने पर तुले बैठे हैं। इस सन्दर्भ में प्र.ले.सं. की स्वर्ण जयन्ती से ठीक पहले डॉ. रामविलास शर्मा की पुस्तक 'मार्क्सवाद और प्रगतिशील साहित्य' का प्रकाशन द्रष्टव्य है।

मजे की बात है कि 1966 में प्र.ले.सं. की 30वीं जयन्ती के अवसर पर जब संगठन को एक बार फिर पुनर्जीवित करने का प्रयास किया गया तो इसी तरह हंसराज रहबर की पुस्तक 'प्रगतिवाद : पुनर्मूल्यांकन' प्रकाशित हुई थी। उस पुस्तक के माध्यम से रहबर ने यही कहने की कोशिश की थी कि 'प्रगतिशील आन्दोलन को नये साहित्य और नई चेतना का प्रतिनिधि कहना भूल होगी' क्योंकि 'जिन नौजवानों ने प्रगतिशील लेखक संघ का संगठन किया था, वे इंग्लैंड में रहते थे। उन्होंने हमारे साहित्य और राजनीति की परम्परा को समझा नहीं था, स्थिति का तात्त्विक विश्लेषण नहीं किया था। इसलिए साहित्य का प्रगतिशील आन्दोलन शुरू ही से गुमराह हो गया।' इन बातों का कोई खास असर उस समय नहीं हुआ क्योंकि जल्द ही रहबर की 'प्रगति' का पथ दिखाई पड़ गया। ग़ालिब, गांधी, नेहरू आदि में से एक-एक को 'बेनकाब' करते हुए उन्होंने अन्ततः विवेकानन्द और तिलक के 'क्रान्तिकारी हिन्दुत्व' की मंजिल पर पहुँचकर ही दम लिया।

आज फिर डॉ. रामविलास शर्मा प्रगतिशील आन्दोलन के बारे में ऐसी ही बातें कह रहे हैं। रास्ता वही है, कहने के ढंग में फर्क है तो इसलिए कि डॉ. शर्मा आन्दोलन

के 'रहबर' थे जबकि रहबर सिर्फ राही या कि हमराही। आज डॉ. शर्मा प्रगतिशील आन्दोलन की बुनियाद को ही चुनौती दे रहे हैं। आक्रमण का पहला लक्ष्य है प्र.ले. सं. का प्रथम घोषणापत्र। यह घोषणापत्र उन्होंने पहले देखा न होगा, ऐसा सोचा भी नहीं जा सकता। उसके आधार पर लगभग एक दशक से कुछ अधिक ही उन्होंने प्रगतिशील आन्दोलन में काम किया। आश्चर्य है कि उन दिनों उसमें दोष न दिखे। दोष दिखे तब जब वे उसके महामंत्री न रहे और पुराना संगठन बिखर गया और फिर वे पुनर्गठित आन्दोलन से भी अलग-थलग रहने लगे। ज्ञानोदय निःसंगता में ही होता है। जिस 'संकीर्णतावाद' के लिए डॉ. शर्मा को दोषी पाया गया, वह उन्हें अब प्रथम घोषणापत्र में ही दृष्टिगोचर हो गया। 'मूल पाप' की खोज सचमुच ज्ञानोदय है। 'घोषणापत्र' का संकीर्णतावाद यह है कि उसमें कबीर, जायसी, सूर, तुलसी, आदि मध्यकालीन सन्तों के साहित्य के साथ ही आधुनिक युग के छायावादी काव्य को भी अध्यात्म और आदर्शप्रियता के आधार पर जीवन में पलायन करनेवाला और निष्प्राण कहा गया है।

इस भ्रान्ति के लिए उत्तरदायी है घोषणापत्र में निहित 'बुद्धिवाद' (रैशनलिज्म)। किन्तु इस 'बुद्धिवाद' का भी आदिस्रोत 'प्रगति' की अवधारणा है, इसलिए अन्ततः सारी गलतियाँ उस 'प्रगतिशील' शब्द के कारण हुईं जिसकी बुनियाद पर समूचा आन्दोलन खड़ा हुआ। इस प्रकार डॉ. शर्मा की आपत्ति बुनियादी है।

कोई यह न समझे कि यह सब बाद की गढ़ी-सोची हुई बात है, इसलिए 'मार्क्सवाद और प्रगतिशील साहित्य' में उन्होंने अपना एक दस्तावेज उद्धृत किया है जो 1950 में कम्यूनिस्ट पार्टी के नेताओं के पास विचारार्थ भेजा गया था। नोट उन्हीं के शब्दों में इस प्रकार है : 'प्र.ले.सं. में 'प्रगतिशील' शब्द अनेक गलत धारणाओं और भ्रान्तियों का स्रोत रहा है। अखिल भारतीय प्र.ले.सं. का पहला घोषणापत्र पढ़ते हुए हमें लगता है कि यह नाम किसी उद्देश्य से चुना गया है। घोषणापत्र के अनुसार जो लेखक प्र.ले.सं. में शामिल होना चाहें, उनके लिए बुनियादी शर्त बुद्धिवाद (rationlism) की है। उसके मत से क्लासिक साहित्य के 'विघटन' के बाद, प्र.ले.सं. से पहले का मध्यकालीन साहित्य, आधुनिक साहित्य भी बंजर, निर्जीव और अबुद्धिवादी हो गया था। इसलिए उसके उद्धार के लिए उसने लेखकों का आह्वान किया। अतः उसमें लेखकों के दो शिविरों की धारणा निहित है; दो शिविर साम्राज्य-विरोधी और साम्राज्य-समर्थक लेखकों के नहीं वरन् बुद्धिवादी और अबुद्धिवादी, प्रगतिवादी और प्रतिक्रियावादी लेखकों के हैं। हममें से कई लोग साहित्य में प्रगतिवाद नाम की एक विशेष धारा का प्रतिपादन करने लगे। समकालीन साहित्य की अन्य सभी धाराएँ इसमें बाहर की दी गई थीं। सभी देशभक्त लेखकों का संगठन बनने के बदले वह अनेक धाराओं में केवल एक धारा का प्रतिनिधि बना।' तर्क को अन्तिम परिणति तक पहुँचाते हुए अन्ततः उन्होंने यह ठोस सुझाव

दिया कि 'प्रगतिशील' शब्द को छोड़ देना चाहिए और 'नाम बदलकर अखिल भारतीय जनवादी लेखक संघ या परिसंघ (A.I. Union or Federation of Democratic Writers) कर देना चाहिए।'

देर आयद दुरुस्त आयद। न सही सन् '50, सन् '53 ही, कम्यूनिस्ट पार्टी के नेतृत्व ने वह सुझाव मान लिया। प्र.ले.सं. के पार्टी-लेखकों ने नहीं माना तो क्या? संगठन खत्म हो गया। फिर तुरन्त न सही, तीस वर्ष बाद ही सही, एक 'जनवादी लेखक संघ' भी बन गया। 'परिसंघ' नाम नहीं तो क्या फर्क पड़ता है! डॉ. शर्मा को खुश होना चाहिए और इस ऐतिहासिक कार्य का श्रेय स्वयं ले लेना चाहिए। प्र.ले.सं. को खत्म करने का श्रेय वे खामख्वाह कम्यूनिस्ट पार्टी के नेताओं को दे रहे हैं। आखिर ऐसी विनम्रता भी क्या कि काम स्वयं करें और श्रेय किसी और को दें! वैसे भी डॉ. शर्मा से और जो भी शिकायतें हों, झूठी विनम्रता की शिकायत तो कभी नहीं रही।

इस कलियुग में ऐसा त्याग—वह भी बुद्धिजीवियों में—दुर्लभ है। अहं का ऐसा विसर्जन! सामूहिक कार्य-पद्धति के अनुशासन का ऐसा निर्वाह! 'प्रगतिशील' शब्द पर इतनी बुनियादी आपत्ति, फिर भी 1950 के बाद वर्षों तक प्रगतिवाद और प्रगतिशीलता के औचित्य पर लगातार लिखते रहे। मार्च, 1954 में 'प्रगतिशील साहित्य की समस्याएँ' नाम से इस बीच लिखे लेखों का संकलन प्रकाशित किया और भूमिका में विरोधियों द्वारा फैलाए गए भ्रमों का निराकरण करते हुए 'प्रगतिवाद' और 'प्रगतिशील' के बीच कृत्रिम भेद को गलत बताया और अन्ततः इस शब्द का औचित्य स्थापित किया। यही नहीं, प्रगतिशील आन्दोलन के पक्ष में अपने खेमे से बाहर के किन्तु प्रतिष्ठित विद्वान श्री हजारीप्रसाद द्विवेदी का प्रमाण-पत्र भी उद्धृत किया। सिलसिला यहीं खत्म नहीं हुआ। 1957 में 'प्रगतिशील साहित्य की आवश्यक़ता' शीर्षक लेख लिखा और उसमें 'प्रगतिशील साहित्य' ही नहीं, बल्कि 'प्रगतिशील लेखक संघ' की भी आवश्यकता पर बल दिया। आज इस रहस्य को जानने का कोई स्रोत या प्रमाण सुलभ नहीं है कि डॉ. शर्मा उन दिनों 'प्रगतिशील' शब्द के बारे में अपनी सन् '50 की धारणा पर अडिग थे या उसे छोड़ चुके थे! बहरहाल, यदि वे अपनी पूर्ववर्ती धारणा पर अडिग थे, जैसाकि वे अक्सर कहते रहते हैं, तो निश्चय ही बड़ी साँसत में रहे होंगे। अन्दर-अन्दर जिस मान्यता से विरोध हो, बाहर सार्वजनिक रूप से उसी का समर्थन और प्रचार—साँसत नहीं तो क्या है? फिर भी यह बात समझ में नहीं आती कि वह कौन-सी विवशता थी जिसके कारण वे 'प्रगतिशील' शब्द को गलत समझते हुए भी इतने दिनों तक उसका समर्थन करते रहे? लेकिन इससे भी ज्यादा अबूझ है केवल पार्टी के अन्दर बहस के लिए तैयार किए गए सन् '50 के नोट को इतने दिनों बाद प्रकाशित करना! प्रगतिशील साहित्य की बुनियाद पर आघात के सिवा आज इसका अर्थ और क्या हो सकता है?

'प्रगतिशील' शब्द पर इतना कोप इसलिए है कि 'परम्परा' से इसका विरोध है। 'परम्परा' पर डॉ. शर्मा की 'श्रद्धा' कुछ अधिक होगी तभी तो वे इसके लिए बुद्धिवाद तो क्या, समूचे प्रगतिवाद को ही खारिज करने के लिए तैयार हैं!

प्रगतिवाद-प्रेरित बुद्धिवाद इसलिए त्याज्य है कि वह लेखकों को दो शिविरों में बाँटता है। बुद्धि विभाजित करती है, यह बात तो श्रद्धावादी कहते आए हैं। इतने श्रद्धापरायण डॉ. शर्मा कब से हो गए? वैसे, लेखकों को दो शिविरों में बाँटने के विरोधी नहीं हैं डॉ. शर्मा। लेकिन उनके विभाजन का आधार साम्राज्य-विरोध और साम्राज्य-समर्थन है। देखना चाहिए कि प्रगतिवादियों के बुद्धिवाद के कारण विरोधी शिविर में जानेवाले कौन-से लेखक हैं? याद करने पर जैनेन्द्र कुमार का ही नाम सबसे पहले दिमाग में आता है। अबुद्धिवाद का सबसे जोरदार प्रचार उन दिनों वही कर रहे थे। प्रगतिशील लेखक संघ और आन्दोलन से त्यागपत्र देनेवाले पहले लेखक जैनेन्द्र ही हैं और प्रगतिशील लेखकों के प्रथम सम्मेलन में भाग लेने का गौरव प्राप्त करनेवाले लेखक भी हिन्दी में अकेले वही हैं। लगता है, प्रेमचन्द के लिहाज में चले गए थे, और प्रेमचन्द ही दुनिया में न रहे तो वे संघ में क्या रहते? बाद में उन्हें एक और 'संघ' मिल गया जो उनके अनुरूप निरे अबुद्धिवाद का हिमायती है। इसके बाद भगवतीचरण वर्मा ही याद आते हैं जो पत्र तो निकालते थे 'विचार' नाम से और ऊपर से अतिशय बुद्धिवादी तेवर भी दिखाते थे, लेकिन थे मूलतः नियतिवादी और जिन्दगी-भर भाग्यवाद का प्रचार करते रहे! इन दोनों के बाद प्रगतिशीलों के बुद्धिवाद से भड़कनेवाला लेखक कौन है, याद नहीं पड़ता।

शिवदान सिंह चौहान के मार्च '37 के 'विशाल भारत' में प्रकाशित 'भारत में प्रगतिशील साहित्य की आवश्यकता' शीर्षक लेख का जिक्र डॉ. शर्मा ने बार-बार किया है—यह बताने के लिए कि सामान्यतः हिन्दी साहित्य की समूची परम्परा और विशेषतः छायावादी काव्य के बारे में उनकी समझ कितनी अधकचरी और नकारात्मक है। निःसन्देह हिन्दी में प्रगतिवाद पर वह पहला लेख है। चौहान उस समय कॉलेज के छात्र थे। लेख के अन्त में उन्होंने स्वयं लिखा है कि इसे मैंने 'एक नौजवान लेखक की हैसियत से' लिखा है। उन्होंने यह भी स्वीकार किया है कि 'हिन्दी के प्रमुख साहित्यकारों के प्रति सिद्धान्त की बुनियाद पर काफी तीक्ष्ण व्यंग्य या कटाक्ष किए हैं।' चौहान ने सन् '46 में 'प्रगतिवाद' नाम से अपने लेखों का संग्रह प्रकाशित किया तो उस लेख को शामिल नहीं किया—इसी से उस लेख के बारे में लेखक के रुख का पता चल जाता है। वैसे, कुछ लोगों की राय है कि उस लेख के सुलभ न होने से चौहान का ज्यादा नुकसान हुआ है; डॉ. शर्मा द्वारा अति उद्धृत एक वाक्य से जो गलत धारणा बनती है, उसका निराकरण अपनी समग्रता में वह लेख स्वयं है।

जहाँ तक प्रगतिशील आन्दोलन का प्रश्न है, चौहान के उस लेख ने कितनी क्षति पहुँचाई, इसका प्रमाण है उसी वर्ष इलाहाबाद में हिन्दी-उर्दू के प्रगतिशील लेखकों के

सम्मेलन में मैथिलीशरण गुप्त की उपस्थिति और आगामी वर्ष पन्त के 'रूपाभ' में चौहान के 'लक्ष्मीपुरा' शीर्षक रिपोर्ताज का प्रकाशन। जाहिर है कि उस लेख से मैथिलीशरण गुप्त और सुमित्रानन्दन पन्त नाराज नहीं हुए और यदि हुए भी हों तो उन्होंने प्रगतिशील आन्दोलन से नाता नहीं तोड़ा।

यह सच है कि चौहान का वह लेख प्र.ले.सं. के प्रथम घोषणापत्र के प्रभाव में लिखा गया है और चौहान ने अपनी उस समय की बुद्धि के अनुसार 'बुद्धिवादी दृष्टि' को हिन्दी साहित्य पर आजमाने की कोशिश की है। इस दृष्टि से उन्होंने पहले तो स्वयं प्र.ले.सं. के दो सदस्यों—जैनेन्द्र कुमार और भगवतीचरण वर्मा—की आलोचना की है, फिर अन्य लेखकों तथा प्रवृत्तियों की चलताऊ समीक्षा करते हुए किंचित विस्तार से राष्ट्रकवि मैथिलीशरण गुप्त के राष्ट्रवाद और छायावादी कवियों के रहस्यवादी रुझान की कड़ी आलोचना की है। प्रहार जैनेन्द्र कुमार के अबुद्धिवाद पर है और भगवतीवरण वर्मा के व्यक्तिवाद पर; फिर 'भारत भारती' से कुछ पंक्तियाँ उद्धृत करके यह दिखाया गया है कि उसमें ब्रिटिश साम्राज्यवाद की प्रशंसा है। यहाँ तक कि लेख ने प्रगतिशील लेखक संघ के प्रथम सभापति स्वयं प्रेमचन्द को भी नहीं बख्शा है और उनके आरम्भिक सुधारवादी रुझान की भी आलोचना की है। याददाश्त को एकदम ताक पर न रख दें तो आलोचना का यह ढंग प्रगतिवादी आलोचना में आगे भी, यहाँ तक कि स्वयं डॉ. शर्मा के लेखों में भी मिलेगा—निश्चय ही आलोच्य नामों में कुछ हेर-फेर के साथ!

इतिहास के पूरे परिप्रेक्ष्य में देखें तो चौहान के 'प्रगतिवाद' ने उस समय कोई अभूतपूर्व क्रान्तिकारी कार्य न किया था। प्रगतिवाद की बुद्धिवादी दृष्टि वस्तुतः उन्नीसवीं सदी के भारतीय नवजागरण का ही अगला चरण था। जिस प्रकार मार्क्सवाद यूरोप के अठारहवीं सदी के 'एनलाइटेनमेंट' का विकास था, उसी प्रकार भारत में चौथे दशक का प्रगतिवाद भी उन्नीसवीं सदी के 'ज्ञान प्रसार' अथवा 'ज्ञान कांड' का अधिक सुसंगत विस्तार था। हिन्दी में रहस्यवाद, अध्यात्मवाद, अबुद्धिवाद, निराशावाद, व्यक्तिवाद, यहाँ तक कि नवीन-दिनकर आदि के सर्वनाशपरक 'क्रान्तिवाद' की आलोचना का आरम्भ प्रगतिवाद के पहले और बाहर हो चुका था। स्वयं आचार्य रामचन्द्र शुक्ल के इतिहास में इन प्रवृत्तियों की आलोचना के प्रमाण मौजूद हैं। प्रगतिवादी आलोचना ने इस संघर्ष को एक नये समाज-दर्शन का आधार प्रदान कर दिया। अब इसे कोई चाहे तो बुद्धिवावी दृष्टि कहे, चाहे वैज्ञानिक दृष्टि! स्वाधीनता-संग्राम के अन्दर चलनेवाली विभिन्न राजनीतिक दृष्टियों के संघर्ष के सन्दर्भ में गांधीवाद भी इस 'बुद्धिवादी' अथवा 'वैज्ञानिक' दृष्टि के आक्रमण का एक लक्ष्य था। लेखकों की दुनिया में अगर इस दृष्टि के कारण वर्ग-संघर्ष की-सी स्थिति उत्पन्न हो गई हो तो नहीं कह सकते।

इतना निश्चित है कि केवल साम्राज्यवाद-विरोध लेखकों को दो शिविरों में बाँटने का आधार न था। साम्राज्यवाद-विरोध के भी कई रंग थे। साम्राज्यवाद-विरोधी लेखक

भी कम-से-कम दो मुख्य शिविरों में विभक्त थे, जिनमें से नये-पुराने लेखकों का एक अच्छा-खासा तबका था जिसे उन दिनों जवाहरलाल नेहरू की समाजवाद की ओर उन्मुख 'पूर्ण स्वाधीनता' की परिकल्पना अधिक आकर्षक लगी थी। कहने की आवश्यकता नहीं कि सन् '36 के आसपास सभी नहीं तो अधिकांश प्रगतिशील लेखकों का झुकाव इसी पक्ष की ओर था। अब इसे 'बुद्धिवाद' कहें या प्रगतिशील दृष्टि अथवा आज की भाषा में साम्राज्यवाद-विरोधी जनवादी दृष्टि, प्रगतिशील आन्दोलन के उदयकाल में लेखकों का संयुक्त मोर्चा इसी आधार पर बना था। हिन्दी में इस मोर्चे की पहली साहित्यिक अभिव्यक्ति सन् '38 में 'रूपाभ' में हुई!

'रूपाभ' प्रगतिशीलन आन्दोलन का मुखपत्र न था। 'रूपाभ' निकालने में पहल श्री सुमित्रानन्दन पन्त की थी। प्रकाशन से पूर्व अपील पर हस्ताक्षर करनेवालों में और लोगों के अलावा जवाहरलाल नेहरू का नाम था। 'प्रगति की शक्तियों के साथ सक्रिय सहयोग' 'रूपाभ' का 'निश्चित लक्ष्य' था। लक्ष्य-पूर्ति का साधन था 'प्रतिक्रिया और अन्धविश्वासों के विरुद्ध प्रगतिशील शक्तियों के संयुक्त मोर्चे का निर्माण'। एक सम्पादकीय के अलावा संयुक्त मोर्चे की समस्या पर न कोई लेख छपा, न बहस ही चली; फिर भी संयुक्त मोर्चा बन गया। 'रूपाभ' के पृष्ठों पर उन लेखकों के नाम प्रकट हुए, जिनका नाम प्रगतिशील साहित्य का अभिन्न अंग बन चुका है; जैसे—राहुल सांकृत्यायन, रामविलास शर्मा, शिवदान सिंह चौहान, प्रकाशचन्द्र गुप्त, शमशेर बहादुर सिंह, केदारनाथ अग्रवाल आदि।

ऐसा नहीं कि इस संयुक्त मोर्चे के अन्दर आपस में आलोचना न होती थी। 'रूपाभ' के जिस अंक में अज्ञेय की कविता छपी, उसी में अज्ञेय के कहानी-संग्रह 'विपथगा' की समीक्षा भी छपी, और अज्ञेय की 'असाधारणता' को रेखांकित करते हुए अन्त में उनकी 'विपथगा क्रान्ति' को भ्रामक बताया गया। समीक्षा लिखी सम्पादक-द्वय में से एक स्वयं नरेन्द्र शर्मा ने। इसी प्रकार बच्चन के निराशा-भरे गीतों को प्रकाशित करने के बावजूद 'निशा निमंत्रण' की चेतावनी-भरी समीक्षा भी की गई। समीक्षा सहानुभूतिपूर्ण है, फिर भी कहा गया कि 'बच्चन की कविता की मूल भावना यदि वही रही, यदि उसमें भावुक प्रतिक्रिया के साथ-ही-साथ विचारशील विश्लेषण द्वारा उद्भूत आध्यात्मिक शान्ति का सन्देश प्रवेश न हुआ तो उनका हिन्दी साहित्य में वही स्थान होगा जो अंग्रेजी में उन्नीसवीं सदी के अन्तिम 'डिकेडेंट' कवियों का है।' यहाँ 'आध्यात्मिक सन्देश' पर चौंकने के बावजूद 'डिकेडेंट' शब्द का प्रयोग महत्त्वपूर्ण है। ध्यान रहे कि बच्चन पन्त के घनिष्ठ मित्र थे। आलोचना के कारण न मैत्री टूटी और न संयुक्त मोर्चा ही। कुछ ही दिनों बाद बच्चन ने 'बंगाल का काल' लिखा। 'रूपाभ' के प्रगतिशील संयुक्त मोर्चे में अज्ञेय को देखकर आज आश्चर्य होगा, किन्तु शिवदान सिंह चौहान के लेखों में भी अज्ञेय की गणना प्रगतिशील लेखकों में की गई है और यहाँ 'तार सप्तक' को न भूलना चाहिए जिसमें मुक्तिबोध के अलावा

रामविलास शर्मा भी अज्ञेय के साथ मौजूद हैं। दरअसल अज्ञेय 1947 तक प्रगतिशील लेखकों के सम्मेलन में भाग लेते रहे हैं। इसलिए यदि वे तथा उन्हीं की तरह के कुछ अन्य लेखक आगे चलकर प्रगतिशील आन्दोलन से अलग हो गए तो इससे 'रूपाभ' द्वारा निर्मित संयुक्त मोर्चे का ऐतिहासिक महत्त्व कम नहीं होता और न संयुक्त मोर्चे के पीछे की प्रगतिशील दृष्टि ही गलत साबित होती है।

'रूपाभ' एक वर्ष तक चलकर बन्द हो गया। इसके बाद 'रूपाभ' की परम्परा को शिवदान सिंह चौहान ने दिसम्बर, '40 से 'हंस' के द्वारा आगे बढ़ाने की कोशिश की। सोवियत संघ पर जर्मनी का हमला, भारत की कम्यूनिस्ट पार्टी की 'लोकयुद्ध' की नीति, गांधी जी सहित सभी प्रमुख राष्ट्रीय नेताओं की गिरफ्तारी, सन् '42 की क्रान्ति और दमन, बंगाल का अकाल आदि अनेक जटिल स्थितियों के बावजूद 'हंस' ने कम-से-कम स्वाधीनता-प्राप्ति तक प्रगतिशील आन्दोलन को सुदृढ़ और व्यापक मंच प्रदान किया। यह मंच प्रगतिवाद की उसी 'बुद्धिवादी दृष्टि' के द्वारा तैयार किया गया था जिसे 'संकीर्णता' का स्रोत समझा जाता है। बुद्धिवाद और संकीर्णता में कोई अनिवार्य कारण-कार्य सम्बन्ध नहीं है। भावुकता भी संकीर्ण हो सकती है। संकीर्ण ही नहीं, कट्टर दुराग्रही भी। धार्मिक संकीर्णता और कट्टरता किसी बुद्धिवादी दृष्टि के कारण नहीं बल्कि अक्सर श्रद्धावाद से पैदा होती है। इस श्रद्धावाद के विरुद्ध बुद्धिवाद पर जोर देने की जरूरत इसलिए भी है कि श्रद्धावाद की गिरफ्त में आकर कभी-कभी प्रगतिवादी और मार्क्सवादी भी संकीर्ण और कट्टर हुए हैं। प्रकृति से कठमुल्लापन के विरुद्ध होते हुए भी मार्क्सवाद का स्वीकार कठमुल्लापन से मुक्ति की गारंटी नहीं है—इस बात को डॉ. शर्मा से अधिक कौन जानता होगा! इसलिए संकीर्णता के नाम पर प्रथम घोषणापत्र में निबद्ध 'बुद्धिवाद' से भड़कना बेमानी है।

प्रगतिशील आन्दोलन के विकास-क्रम में यह स्पष्ट हो गया कि प्रगतिशीलता 'बुद्धिवादी दृष्टि' का पर्याय-मात्र नहीं है। अतीत के प्रति दृष्टि चाहे जितनी बुद्धिवादी रही हो, किन्तु अतीत के बहुत से वर्तमान अवशेषों के प्रति तथा उससे भी अधिक भविष्य के प्रति भावुकता की कमी न थी। प्रगति के पथ पर सभी लेखक बुद्धिवादी मार्ग से ही न आए थे, कुछ भावुकतावश भी आए थे। अधिकांश में किसी-न-किसी अनुपात में इन दोनों वृत्तियों का मिला-जुला रूप था। नौजवान तो नौजवान, प्रेमचन्द जैसे परिपक्व लेखक के 'महाजनी सभ्यता' जैसे प्रौढ़ काल के लेख में भी बुद्धिवादी विश्लेषण के साथ भविष्य के प्रति भावुक दृष्टि का आभास मिलता है, वरना वे समाजवाद के आगमन के बारे में फारसी का वह शेर उद्धृत न करते :

*मुज्दःऐ दिल कि मसीहा नफ़से मी आयद।*
*कि जे अनफ़ास खुशश बूए कसे मी आयद॥*

[हृदय, प्रसन्न हो कि वह पीयूषपाणि मसीहा सशरीर तेरी ओर आ रहा है। देखता नहीं, लोगों की साँसों से किसी की सुगंधि आ रही है!]

प्रगतिशील आन्दोलन और साहित्य के अन्दर इस बुद्धिवाद और भावुकतावाद के संयोग और तनाव ने मात्रा-भेद से अनेक रूप दिखलाए, जिसका सोदाहरण और विस्तृत विवेचन यहाँ न सम्भव है और न प्रासंगिक ही। सम्प्रति एक उदाहरण पर्याप्त होगा—निराला और पन्त का।

पन्त प्रगतिवाद का आरम्भ होते ही प्रगतिशील आन्दोलन के साथ आ गए। 'युगवाणी' की अधिकांश रचनाएँ प्रमाण हैं कि वे बुद्धि के मार्ग से आए। शीघ्र ही 'ग्राम्या' की ओर मुड़े तो भावुकता का वेग प्रबल पड़ा, किन्तु जैसाकि उन्होंने स्वयं स्वीकार किया है, अन्ततः थी वह 'बौद्धिक सहानुभूति' ही। 'ग्राम्या' 'युगवाणी' की तुलना में यदि अधिक कवित्वपूर्ण लगती है तो इसका कारण मुक्तिबोध के शब्दों में पूर्ण 'व्यक्तित्वांतरण' नहीं है, बल्कि थोड़ी देर के लिए कवि-दृष्टि के अन्तर्गत साधा हुआ एक सन्तुलन जैसा है। वस्तुतः इस सन्तुलन का कोई ठोस यथार्थ आधार न था। इसीलिए 'ग्राम्या' अपनी कुछ सफल रचनाओं में कवित्व का एक रुचिकर प्रभाव उत्पन्न करने के बावजूद काव्य के क्षेत्र में कोई नया अथवा महत्त्वपूर्ण प्रयास न बन सकी। स्पष्ट है कि जीवन का नया यथार्थ यदि बुद्धि के लिए अधिक जटिल था तो भावुकता के लिए अधिक सख्त!

पन्त के विपरीत निराला आरम्भ में प्रगतिवाद से खिंचे रहे। निराला की उस समय की मनःस्थिति पर गंगाप्रसाद पांडेय को 8 दिसम्बर, '39 को लिखे इस पत्र से अच्छा प्रकाश पड़ता है : 'मुझसे कोई पूछता है तो मैं कहता हूँ, आजकल श्री सुमित्रानन्दन जी की समाजवादिनी रचनाएँ पढ़कर हैरत में आकर मैंने कविता लिखना छोड़ दिया है। किसी से कहता हूँ, पन्त जी मेरे साथ साहित्य में सोने में सुगन्ध थे, जब उनका रूप बदला तब मैंने सोचा, मुझे भी चोला बदल डालना चाहिए; वे अति नवीन समाजवादी हुए तो मुझे भी अति प्राचीन जंगलवादी बनना पड़ा।'

निराला की यह 'अति प्राचीन जंगलवादी' दृष्टि क्या है? स्पष्ट है कि वह पन्त के समाजवाद की प्रतिक्रिया है, और प्रतिक्रिया की प्रकृति के अनुरूप ही अराजक विद्रोह की ओर उन्मुख है। 'कुकुरमुत्ता' उस मनोदशा की प्रतिनिधि रचना है। पन्त की दृष्टि से देखें तो यह निरा अबुद्धिवाद है। वस्तुतः यह एक प्रकार की भावुकता ही है, जो भावुकता के विपर्यास के रूप में प्रकट हुई थी। व्यंग्य और विद्रूप इस विपर्यास के ही काव्यात्मक रूप हैं। गाँव की प्रकृति और गाँव के लोग पन्त के लिए उस समय चाहे जितने रोमांटिक रहे हों, निराला के लिए वह अति परिचित जीती-जागती सचाई थी। इसलिए प्रगतिवाद की वैज्ञानिक दृष्टि के बिना भी निराला ने जीवन्त कविताएँ लिखीं। सम्भवतः वैज्ञानिक दृष्टि के अभाव में अराजकतावादी मनोभाव के कारण अंशतः रचनाएँ क्षतिग्रस्त भी हुईं और कवि की परिचित काव्यशक्ति के अनुरूप अपेक्षित स्तर तक न पहुँच सकीं, किन्तु कुल मिलाकर पन्त की तुलना में निराला की तत्कालीन अनेक रचनाओं में ज्यादा शक्ति और ताजगी है—हर तरह से।

इस प्रसंग में 'रूपाभ' की रचनात्मक भूमिका एक बार फिर उल्लेखनीय है। खिंचे हुए निराला को पन्त अन्ततः 'रूपाभ' में खींच लाए। निराला ने पहले नये ढंग के दो गीत दिये, फिर गाँव के जीवन पर लिखे जानेवाले 'चमेली' शीर्षक उपन्यास का एक अंश और अन्त में 'बिल्लेसुर बकरिहा' का एक अंश। 'चमेली' के प्रकाशित अंश पर पं. बनारसीदास चतुर्वेदी के 'विशाल भारत' ने अश्लीलता का आरोप लगाकर हमला किया तो 'रूपाभ' निराला के बचाव में खड़ा हुआ। इस प्रकार 'रूपाभ' पन्त और निराला का भी संयुक्त मोर्चा बना। निराला प्रगतिशील आन्दोलन के निकट आए। इससे प्रगतिशील आन्दोलन को भी शक्ति मिली और निराला तथा पन्त, दोनों की साहित्य-सर्जना को भी। उल्लेखनीय है कि छायावाद युग के बाद निराला और पन्त, दोनों के काव्यात्मक पुनरुत्थान का यह दूसरा शिखर है। यह प्रगतिशील दृष्टि की विजय का प्रमाण है।

यह दूसरी बात है कि इसके बाद दोनों कवि अपने-अपने ढंग से अध्यात्म के पथ पर मुड़ गए। पन्त जल्दी, निराला कुछ देर से। पन्त के भागवत दर्शन और निराला की भक्ति को यथार्थ की भूमि से देखें तो निश्चित अन्तर मिलेगा और इस कारण काव्य-सृजन के गुण में भी अन्तर आया। किन्तु इन दोनों बड़े कवियों के परवर्ती विकास से साहित्य में प्रगतिशील जीवन-दृष्टि की प्रासंगिकता कम नहीं होती, बल्कि उसकी पुष्टि ही होती है : 'जो तेरी बज्म से निकला वो परीशाँ निकला।'

आलोचना के क्षेत्र में पन्त-निराला के समानान्तर एक हद तक शिवदान सिंह चौहान और डॉ. रामविलास शर्मा की तुलना भी दिलचस्प हो सकती है। पन्त के समान ही चौहान साहित्य की आलोचना में एक प्रगतिवादी दृष्टि लेकर आए। आदर्श के रूप में काडवेल की 'इल्यूजन एंड रियलिटी' कुछ ही दिनों में सुलभ हो गई और वे काडवेल के विचारों को भरसक अपनी समझ के अनुसार हिन्दी साहित्य पर लागू करने लगे। उनकी 'प्रगतिवाद' नामक पुस्तक के आरम्भिक निबन्धों पर काडवेल की छाप स्पष्ट है। छायानुवाद में मूल की शक्ति हो न हो, दुर्बलताएँ विकराल रूप में विद्यमान हैं। उन दुर्बलताओं के लिए काडवेल अंशतः ही जिम्मेदार हैं क्योंकि वे चौहान को हिन्दी साहित्य में अन्तर्दृष्टि तो नहीं दे सकते थे। लेकिन इसके साथ यह भी सच है कि काडवेल की गलतियों के लिए चौहान को दोष देना ठीक न था। इन सबकी जिम्मेदारी अन्ततः तीस के दशक के 'मार्क्सवाद' पर जाती है, जिसका ध्यान बाद के बहस-मुबाहसे में नहीं रखा गया।

डॉ. रामविलास शर्मा निराला के समान ही सन् '40-41 तक प्रगतिवाद से खिंचे हुए और 'चकल्लस' तथा 'उच्छृंखल' के मिजाज के साथ थे। पन्त 'रूपाभ' में उन्हें खींच लाए। बहुत-सी कविताएँ छापीं। निराला पर दो लेख भी। डॉ. शर्मा को उस समय नजरुल इस्लाम पसन्द थे। उन्होंने 'रूपाभ' के लिए नजरुल की 'विद्रोही' कविता का अनुवाद भी किया और फिर नजरुल पर लेख भी लिखा। साहित्यिक जीवन का आरम्भ प्रगतिवाद के विरोध से किया, लेकिन कुछ वर्षों बाद प्रगतिवाद

के साथ आ गए। एक समय था जब 'रूपाभ' में प्रगतिवाद के पक्ष में लेख लिखने के लिए तैयार न थे और फिर वह समय भी आया कि प्रगतिवाद के विरुद्ध कुछ सुनने के लिए तैयार नहीं। प्रगतिशील आन्दोलन में चौहान के कई साल बाद आए लेकिन आए तो साहित्य की दुनिया से होकर, चौहान की तरह विपरीत रास्ते से नहीं। कहना कठिन है कि 'उच्छृंखल' काल का संस्कार कब गया और कभी गया भी या नहीं; लेकिन इतना स्पष्ट है कि विशेष आत्मसंघर्ष नहीं करना पड़ा। संकल्प कर लिया तो प्रगतिवाद सहज ही स्वीकार भी हो गया। प्रायः पन्त की तरह। हर चीज का साफ-सुथरा सपाट विश्लेषण प्रमाण है। इसलिए हिन्दी साहित्य के प्रगतिशीलयुगीन रूपान्तरण की जटिलता भी उनकी समझ से बाहर है।

उदाहरण के लिए डॉ. शर्मा की समझ से, सन् '30 के बाद हिन्दी साहित्य में नये यथार्थवाद का विकास स्वतःस्फूर्त ढंग से हो रहा था। प्रगतिवादी आलोचक इस विकास से, उस विकास के सामाजिक कारणों से अपरिचित थे। इसलिए स्वभावतः सन् '36 में प्रगतिशील आन्दोलन उस यथार्थवाद को उचित मोड़ न दे सका। इस धारणा के प्रमाणस्वरूप उन्होंने अनेक उदाहरणों के साथ जयशंकर प्रसाद के 'छायावाद और यथार्थवाद' शीर्षक लेख का भी हवाला दिया है। प्रसाद का यह लेख 'हंस' में अप्रैल, '37 में छपा था—प्र.ले.सं. की स्थापना के एक साल बाद। इस बीच प्रगतिवाद ने साहित्य में यथार्थवाद की घोषणा कर दी थी। ऐसी स्थिति में प्रसाद द्वारा प्रस्तुत यथार्थवाद सम्बन्धी विचार स्वतःस्फूर्त हुआ या प्रगतिशील आन्दोलन से प्रेरित और प्रभावित?

यथार्थवाद सम्बन्धी इस धारणा से यह निष्कर्ष निकलता है कि यदि प्रगतिशील आन्दोलन न भी आरम्भ होता तो हिन्दी साहित्य में यथार्थवाद का विकास होता ही। स्थिति यह है कि सन् '36 से पहले यथार्थवाद के साथ यथार्थवाद-विरोधी प्रवृत्तियाँ भी कई थीं और उनमें से कुछ यथार्थवाद का आभास भी देती थीं क्योंकि यथार्थ को देखने की दृष्टि में विविधता थी। साहित्यिक प्रवृत्तियों के इस जटिल संघर्ष को न देखकर यथार्थवाद के स्वतःस्फूर्त विकास की कल्पना करना इतिहास की सीधी-सरल विकासवादी दृष्टि है जिसका प्रगतिवाद से कोई सम्बन्ध नहीं है।

वस्तुतः सन् '36 के बाद का हिन्दी साहित्य प्रगतिशील आन्दोलन के सचेत और संगठित हस्तक्षेप का फल है और उसे हम चाहें तो वाल्टर बेन्जामिन के शब्दों में 'इतिहास के नैरन्तर्य में विस्फोट' की संज्ञा दे सकते हैं। उस समय साहित्य में 'प्रगति' से प्रगतिशील लेखकों का यही आशय था। समाज और संस्कृति के समान ही साहित्य भी संकट के दौर से गुजर रहा था। विकास की गति रुद्ध थी। आवश्यकता थी सृजन की शक्तियों के उन्मोचन की। यह उन्मोचन ही प्रगति है।

इस सन्दर्भ में मुक्तिबोध के एक लेख का उल्लेख अत्यन्त प्रासंगिक है। लेख का शीर्षक है : 'प्रगतिवाद : एक दृष्टि'। पहली बार यह लेख 'आगामी कल' में

मई, '42 में प्रकाशित हुआ था। अब वह 'मुक्तिबोध रचनावली' (द्वितीय संस्करण) के खंड 6 में संकलित है। मुक्तिबोध की दृष्टि में प्रगतिवाद 'सैनिक रूप में' और 'विकराल मूर्तिभंजक' रूप में प्रकट हुआ। इस मूर्तिभंजन की आवश्यकता इसलिए है कि दार्शनिक दृष्टि से प्रगतिवाद ऐसे विकासवाद में विश्वास करता है जो डार्विन के विकासवाद से भिन्न है क्योंकि वह कार्य-कारणवाद को यांत्रिक अर्थ देता है। इस विकासवाद के विपरीत प्रगतिवाद का विकास 'द्वन्द्वात्मक गतिविधि द्वारा आविर्भूत' और 'अधिक स्वतंत्र' है। तात्पर्य यह है कि विकास में इच्छा-शक्ति की भूमिका का महत्त्व है। विकास की प्रक्रिया में स्वतंत्र इच्छा-शक्ति के दखल को महत्त्व देते हुए भी मुक्तिबोध को इस बात का पूरा एहसास है कि 'अनुभूतियाँ ढाली नहीं जा सकतीं।' इसलिए युग के यथार्थ पर बल देते हुए भी वे कहते हैं, 'युग जिस प्रकार मनुष्यों में बोल रहा है, उसका अंकन हमेशा सम्मिश्र होगा; क्योंकि वह व्यक्ति के मनोभावों में से, जो कि वैयक्तिक निधि है, ऊपर उठ रहा है। प्रगतिवाद की मानव-कल्पना युग के 'एब्सट्रैक्शन' पर आधारित नहीं है। यह मनुष्य को अधिक मूर्त रूप में ग्रहण कर रहा है। इसलिए उसमें रोमांस, प्रेम, संघर्ष, कल्पना—सभी का महत्त्वपूर्ण स्थान है, क्योंकि प्रगतिवाद मानव के यथार्थ पर टिका हुआ है और इसलिए कला-व्यवस्था में उसका सबसे अधिक महत्त्वपूर्ण स्थान है।'

इसलिए मुख्य प्रश्न यथार्थ का है। यह यथार्थ कोई 'वाद' नहीं है। यह न कोई अमूर्त विचार है, न मनुष्य-निरपेक्ष कोई भौतिक वस्तु। अगर कुछ है तो मनुष्यों के माध्यम से जीवन में व्यक्त होनेवाली सचाई। प्रगतिशील 'कला-व्यवस्था' यथार्थ की इसी समझ से सम्भव है।

'प्रगतिवाद कला-मार्ग बनाना चाहता है'—यह मुक्तिबोध के विश्वास का दृढ़ आधार है। इसलिए वे जोर देकर कहते हैं कि 'कला-शरीर की नसों में नया रक्त और नव स्फूर्ति का संचार जनता के अथाह हृदय के सम्पर्क में आने से ही होगा।'

'जनता के अथाह हृदय से सम्पर्क'-जैसी शब्दावली से स्पष्ट है कि यह वह सामान्य जनसम्पर्क नहीं है जिसकी अपील डॉ. शर्मा अपने लेखों में अक्सर करते रहे हैं। साहित्य को जनता के निकट सम्पर्क में ले जाने की बात प्र.ले.सं. के घोषणापत्र में भी कही गई है। इस लक्ष्य को ध्यान में रखकर सज्जाद जहीर ने आन्दोलन के आरम्भिक दिनों में फरीदाबाद, अमृतसर आदि स्थानों पर कभी किसान सभाओं के साथ, कभी अलग, अनेक लोक-कवि सम्मेलन भी किए। विचित्र बात है कि जिन लोगों पर अंग्रेजियत और भद्रता का आरोप लगाया जाता है, उन्होंने तो किसानों के बीच जाने की कोशिश भी की, लेकिन जो अक्सर अपने भदेसपन का डंका पीटते रहते हैं और दावा करते हैं कि उन्होंने प्रगतिशील आन्दोलन को मध्यवर्गीय सुधारवादी दलदल से निकालकर जनोन्मुखी क्रान्तिकारी रूप दिया, वे कभी किसानों के बीच जाकर साहित्य-सभा करने का समय न निकाल सके।

बहरहाल प्रश्न साहित्य को जनता के निकट ले जाने का है। देखने में समस्या व्यवहार की मालूम होती है, लेकिन इसका सम्बन्ध मूलतः समझ से है। समझ सपाट है तो सुपरिचित 'सरलता के सौन्दर्यशास्त्र' का निर्माण होगा और जन-काव्य के नाम पर लोक-काव्य की पैरोडी होगी, जैसाकि हुआ भी। क्या इसके लिए भी 'बुद्धिवाद' जिम्मेदार है? क्या इसका सम्बन्ध सस्ती भावुकता से नहीं है? इस प्रवृत्ति को बढ़ावा देने में कवियों से अधिक दोष उन प्रगतिवादी आलोचकों की जन-साहित्य सम्बन्धी सपाट समझ को है जो एक समय शील और सुमन को ही सबसे महत्त्वपूर्ण प्रगतिशील कवि मानते रहे और जब कभी केदार और नागार्जुन को भी उनके साथ याद करते थे तो उनकी उन्हीं कविताओं के लिए, जो एक हद तक शील और सुमन जैसी होती थीं। कहने की आवश्यकता नहीं कि यह क्रमागत यथार्थवाद का क्रान्तिकारी विकास न था और न नया यथार्थवाद ही था।

वस्तुतः नये यथार्थवाद का विकास उन कवियों और लेखकों के द्वारा हो रहा था जो भावुकता के सुगम मार्ग को छोड़कर गहरे आत्मसंघर्ष की पीड़ा के बीच सृजन कर रहे थे। चुनौती के रूप में उनके सामने उस समय 'राम की शक्ति-पूजा', 'कामायनी', 'गोदान', 'कफन'-जैसी कृतियाँ थीं। नये सृजन के द्वारा यदि परम्परा को 'प्रगति' देनी ही थी तो निकट अतीत की परम्परा यह थी। किन्तु नया सृजन परम्परा के गौरव-गान से नहीं होता, जैसाकि कुछ प्रगतिवादी आलोचक समझते हैं। नया सृजन परम्परा के श्रेष्ठ तत्त्वों के चयन और संग्रह से भी नहीं होता। यदि ऐसा सम्भव होता तो शब्दकोश का पारायण साहित्य-रचना का अचूक नुस्खा होता। नये सृजन के लिए यह अहसास जरूरी है कि 'राम की शक्ति-पूजा' महान कविता है सही, किन्तु और तो और स्वयं निराला भी वैसी रचना फिर नहीं कर सकते थे, क्योंकि प्रश्न केवल क्षमता का नहीं, बल्कि बदले हुए यथार्थ के साथ कवि के सम्बन्ध साधने का है जो उसकी रचना-प्रक्रिया में प्रतिफलित होता है। सम्भवतः इसी कठिनाई को देखते हुए अगस्त, '38 के 'रूपाभ' के सम्पादकीय में कहा गया था कि 'इस युग का 'मध्यमोत्तम' साहित्य ही उत्तम साहित्य है, क्योंकि वह गत युगों के सर्वोत्तम से अधिक सत्य एवं वास्तविक है।'

कहने की आवश्यकता नहीं कि यह एक सर्जक साहित्यकार का वक्तव्य है, जिससे अपनी कालजयी परम्परा का रक्षक आलोचक शायद ही सहमत हो। बर्टोल्ट ब्रेष्ट और जार्ज लुकाच के बीच का मतभेद इसी समस्या को लेकर था। पता नहीं, डॉ. शर्मा चौथे दशक की ही इस जर्मन-बहस से कितने परिचित हैं अथवा परिचित होना चाहते भी हैं या नहीं, लेकिन वे एक तरह से लुकाच के परम्परावाद को ही हिन्दी में दुहरा रहे हैं। इसी मनोवृत्ति के कारण इधर उनकी कलम से इस प्रकार के वाक्य निकल रहे हैं : 'हिन्दी के जो लेखक अपने को प्रगतिशील समझते हैं, वे कई बातों में द्विवेदी जी (महावीरप्रसाद द्विवेदी) से पीछे हैं', और 'किसी मार्क्सवादी विचारक

को यह भ्रम नहीं होना चाहिए कि उसका चिन्तन द्विवेदी जी के चिन्तन से अधिक वैज्ञानिक और प्रगतिशील है।'

इस तरह की बातें कहते हुए डॉ. शर्मा यह भूल जाते हैं कि आचार्य महावीरप्रसाद द्विवेदी में ये 'प्रगतिशील' तत्त्व पहले के लोगों की अपेक्षा उन्हें ही दिखे तो इसलिए कि उन्हें 'प्रगतिशील' दृष्टि सुलभ थी। परम्परा में नये 'प्रगतिशील' तत्त्व तभी दिखते हैं जब वर्तमान में कोई जीवित प्रगतिशील साहित्य होता है और वे 'प्रगतिशील' तत्त्व प्रायः वही होते हैं जिन्हें वर्तमान रचता है। विडम्बना यह है कि जिस प्रगतिशील धारा से उन्हें परम्परा को देखने की दृष्टि मिली है, उसी का आज वे निषेध कर रहे हैं। आज की प्रगति का तिरस्कार और कल की परम्परा की जय-जयकार परम्परा-प्रेम नहीं, परम्परा-पूजा है। परम्परा की रक्षा के नाम पर यह नया परम्परावाद है। वर्तमान प्रगति के प्रयत्नों से निःसंग होने पर ही ऐसे परम्परावाद का उदय होता है। आज प्रगतिशील शिविर में भी परम्परावाद का नया उभार स्पष्ट दिखाई पड़ रहा है—साहित्य में भी और राजनीति में भी। इतिहास बनानेवाले इतिहास लिखने में व्यस्त हैं। दृष्टि आगे की ओर नहीं, पीछे की ओर है। अतीत की रक्षा में ही भविष्य की आशा दिखती है। भविष्य इतना अनिश्चित हो चला है कि आस्था टिकाने के लिए अतीत का ही आधार रह गया है। लोग भूलते जा रहे हैं कि परम्परा की रक्षा प्रगति से ही सम्भव है। क्या यह आज वामपंथ के गहरे संकट का संकेत नहीं?

किसी समय डॉ. रामविलास शर्मा ने हजारीप्रसाद द्विवेदी की 'शव-साधना' पर टिप्पणी की थी कि इस शव-साधना में शव के स्थान पर साधक के ही मुँह के उलट जाने का खतरा है। वह वाक्य आज स्वयं डॉ. शर्मा के सामने पूरी विडम्बना के साथ प्रश्न बनकर खड़ा है। इतिहास भी कितना क्रूर है!

प्रगतिशील आन्दोलन में अपनी भूमिका को स्पष्ट करने के लिए डॉ. शर्मा ने इतना लिखा, लेकिन क्या कभी उनके मन में यह सवाल भी उठा है कि स्वयं उनके निर्माण में प्रगतिशील आन्दोलन की क्या भूमिका है?

*[1986]*

# भारत में आर्यों की अखंड इकाई नहीं थी

## रामविलास शर्मा से नामवर सिंह की बातचीत

**नामवर सिंह :** डॉक्टर साहब, यह बीसवीं सदी का अवसान काल है। आपने लगभग अस्सी वर्षों से इस शताब्दी को देखा ही नहीं, बल्कि अपनी लेखनी और अपने कार्यों के द्वारा इस शताब्दी के निर्माण में अपना योगदान किया। हमारे बीच आज ऐसे बहुत कम लोग रह गए हैं। इसलिए इस लम्बे अनुभव के बारे में मैं आपसे अवश्य कुछ कहना चाहूँगा लेकिन उसके पहले यह जो शताब्दी का अन्तिम दशक है जो नब्बे से शुरू होता है, बातचीत का आरम्भ हम वहाँ से करेंगे। इस दशक में आपके 'इतिहास दर्शन,' 'भारतीय साहित्य की भूमिका,' 'पश्चिमी एशिया और ऋग्वेद,' 'भारतीय नवजागरण और योरप' जैसी चार महत्त्वपूर्ण कृतियाँ या बल्कि ग्रन्थ कहें, आए। और दो घोषित हैं—'भारतीय संस्कृति और हिन्दी प्रदेश', जो कम्पोज हो रहा है और उम्मीद है कि आगामी समय में कभी भी आ जाएगा। दूसरा, सौन्दर्यशास्त्र पर आप काम कर रहे हैं जिसके केन्द्र में तुलसीदास हैं। नब्बे का दशक आपके कृतित्व को देखते हुए अद्वितीय है, अनूठा है। इसलिए इस दशक से आरम्भ करते हुए क्रमशः हम फिर अतीत की ओर जाएँगे, फिर भविष्य की ओर भी देखेंगे। यदि आपकी अनुमति हो तो हम प्रारम्भ करें?

**रामविलास शर्मा :** हम एक बात जोड़ते हैं। एक पुस्तक और पूरी हुई 'गांधी, अम्बेडकर, लोहिया और इतिहास की समस्याएँ'। यह पुस्तक मेरी तरफ से पूरी हो गई। कैसेट से सामग्री कब पूरी उतारी जाती है और कब छपती है, यह वाणी प्रकाशन पर निर्भर है।

**नामवर सिंह :** तो इतना रचनात्मक कार्य है आपका—इस उम्र में—यह आश्चर्यजनक है। इस दशक में पहले जो तीन-चार कृतियाँ प्रकाशित हो चुकी हैं जिनका नाम लिया है, उनके केन्द्र में, बल्कि कहना चाहिए, प्रस्थान बिन्दु मुख्यतः ऋग्वेद है और आर्यों की समस्या है। हम देखते हैं कि जिसे हम संघ परिवार कहते हैं, उसकी जो बौद्धिक सांस्कृतिक संस्थाएँ हैं—जैसे बाबा साहब आम्टे स्मारक समिति, दीनदयाल उपाध्याय समिति, 'मन्थन' नाम की पत्रिका है, दूसरी पत्रिकाएँ भी हैं। साथ ही प्रो. वी.वी. लाल, प्रो. एस.वी. गुप्ता वगैरह जिनमें कुछ पुरातत्त्व से जुड़े हुए हैं, कुछ इतिहास से जुड़े

हुए हैं—इन सबका एक लक्ष्य है जिसे वे सांस्कृतिक राष्ट्रवाद कहते हैं, उसके ठीक समानान्तर नब्बे के दशक में आपके चिन्तन के क्षेत्र में भी करीब-करीब वही समस्या है। आर्य इस देश के निवासी हैं। हड़प्पा और ऋग्वेद की सभ्यता में अन्तर नहीं है। एक ही सभ्यता है ऋग्वेद के रूप में आर्यों की, जो हड़प्पा की नगर सभ्यता--तथाकथित नगर सभ्यता--के रूप में है। ये सारी बातें संघ परिवार की वे संस्थाएँ भी कह रही हैं। मेरी पीढ़ी के लोगों और नवयुवकों—सभी की तरफ से मैं यह जानना चाहता हूँ कि आपका एजेंडा और उन लोगों का एजेंडा जिन्होंने बाबरी मस्जिद गिराई थी, एक ही दिखाई पड़ता है, क्यों? यह सिर्फ संयोग है? क्या इसमें सम्बन्ध है? यह हम जानना चाहते हैं जो आपको पथ-प्रदर्शक के रूप में देखते हैं।

**रामविलास शर्मा :** हिटलर का जब अभ्युदय हुआ तब उसने जर्मन संस्कृति को उद्धृत करके जनता में लोकप्रियता हासिल की थी या नहीं? दिमित्रोव ने जो कुछ हिटलर के विरुद्ध लिखा, उसमें उसने इस बात की ओर ध्यान दिलाया था या नहीं कि जर्मनी के कम्यूनिस्टों को अपनी संस्कृति का अध्ययन जिस तरह करना चाहिए था, उस तरह से उन्होंने नहीं किया और इस तरह नात्सियों को यह अवसर मिला कि उस संस्कृति को विकृत करके जनता को गुमराह करें। यदि फासिस्टवाद से लड़ना है तो संस्कृति की तरफ ध्यान देना जरूरी होगा। इस सम्बन्ध में स्थिति यह है कि कम्यूनिस्ट पार्टी—चाहे भारतीय कम्यूनिस्ट पार्टी हो या सी.पी.आई.एम.—इनकी जो कांग्रेसें होती हैं, उनमें संस्कृति का कोई कार्यक्रम रहता है क्या? इतिहास के प्रति कौन-सा दृष्टिकोण अपनाना चाहिए, क्या इसकी तरफ उन्होंने ध्यान दिया है? भारत जैसे देश में अपनी संस्कृति का अध्ययन किए बिना वामपक्ष कैसे यह आशा करता है कि हम आर.एस.एस. का मुकाबला करें? यह तो भूमिका है। अब जो उनके दृष्टिकोण और मेरे दृष्टिकोण में बुनियादी अन्तर है, वह बताता हूँ—जितने हमारे पूँजीवादी इतिहासकार और मार्क्सवादी इतिहासकार हैं, वे आर्यों को एक अखंड इकाई मानकर चलते हैं। भारत में आर्य आए कि नहीं आए, यह प्रश्न वे करते हैं। हमारा कहना है कि भारत में आर्यों की कोई अखंड इकाई नहीं थी। नस्ल के आधार पर कभी भी भारतीय समाज या संसार के किसी भी समाज का संगठन नहीं हुआ है। तुम्हारा जितना ऐतिहासिक भाषाविज्ञान है, वह द्रविड़ परिवार पर काम करता है तो नस्ल के आधार पर, इंडो-योरोपियन परिवार का काम करता है तो नस्ल के आधार पर। वे समझते हैं कि एक भाषा परिवार शून्य से विकसित होता है और दूसरे भाषा परिवारों से उसका सम्पर्क नहीं होता है। इसलिए द्रविड़ तत्त्व आर्य भाषा में हों, यह उनके लिए कल्पनातीत है। आर्य भाषाओं में इसलिए है कि आर्यों ने द्रविड़ों को जीता है, लेकिन ग्रीक भाषा में द्रविड़ भाषा के तत्त्व हो सकते हैं, फारसी में द्रविड़ भाषा के तत्त्व हो सकते हैं—यह उनके लिए कल्पनातीत है। इस विषय पर लोगों ने काम किया है। मेरे अलावा काम किया है लेकिन उस पर किसी ने ध्यान नहीं दिया।

**नामवर सिंह :** डॉक्टर साहब...

**रामविलास शर्मा :** एक मिनट, मैं पूरी बात कर लूँ...। 'भाषा और समाज' मेरी पुस्तक सन् 1961 में प्रकाशित हुई। उसमें मैंने इस बात का खंडन किया कि किसी आदि भाषा से अन्य भाषाओं का विकास होता है। किसी आदि इंडो-योरोपियन भाषा से योरोप की और भारत की भाषाओं का विकास हुआ, इस धारणा का मैंने खंडन किया। आदि भाषा की कल्पना हिन्दू राष्ट्रवादियों में है और पूँजीवादी तथाकथित वैज्ञानिक चिन्तकों में भी है। हम गण भाषाओं की बात करते हैं। यहाँ मगध गण था, यहाँ भरत गण था, पुरु गण था, पांचाल गण था। जिन लोगों ने संस्कृति पर लिखा है, वे मानते हैं कि संस्कृत का केन्द्र पहले सारस्वत प्रदेश में था। वह फिर बाद में खिसककर, कुरु क्षेत्र में, दक्षिण में, कान्यकुब्ज प्रदेश में आया। वह क्यों खिसका, इसका वे कारण नहीं बताते। मैं कारण बताता हूँ। सातवलेकर ने लिखा है कि ऋग्वेद के बाद भरत इतिहास से गायब हो जाते हैं, इसका वे कोई कारण नहीं बताते। मैं कारण बताता हूँ। जल-प्रलय के कारण भरत सारस्वत क्षेत्र छोड़कर भागे। मुझसे पहले यह बात भगवान सिंह ने लिखी थी। मैंने उनका समर्थन किया है।

**नामवर सिंह :** ऐसा है, आपके ग्रन्थों में ये सारी बातें लिखी हुई हैं और मेरा खयाल है कि मेरी-आपकी यह बातचीत प्रकाशित होगी। पढ़ेंगे लोग। और उनमें से अधिकांश हैं जो आपके प्रति श्रद्धालु हैं, हमारे जैसे लोग उन तथ्यों को पढ़ लेंगे। तो जो मुख्य मुद्दा है, उसको लें, क्योंकि यह बहुत विस्तार हो रहा है। सवाल है कि आर्य किधर से आए या आर्य यहाँ से बाहर गए? वे यहाँ के मूल निवासी थे या नहीं? जिन संघ वालों का मैंने नाम लिया है, 'मंथन' नाम की शोध पत्रिका में उन्होंने कहा है कि यह सिर्फ एकेडमिक दिलचस्पी की चीज नहीं है बल्कि इट हैज रिस्पांस बियरिंग ऑन कन्टेम्परेरी इंडियन पॉलिटिक्स। साफ-साफ कहते हैं वे कि इसका राजनीतिक निहितार्थ है, वह राजनीतिक निहितार्थ जिसे अंग्रेजी में 'जिनोफोबिया' कहते हैं। कहने का अर्थ है कि जो आर्य की सन्तान हैं—वे तो हुए देशी, स्वदेशी, भारतीय। इसलिए जो विदेशी तत्त्व हैं—शत्रु हैं हमारे—उनके प्रति नफरत, डर का भाव पैदा हो। इसीलिए मैंने कहा कि जो सांस्कृतिक राष्ट्रवाद की राजनीति निकलती है, उसकी परिणति बाबरी मस्जिद के ध्वंस में होती है। मगर यहाँ मैं यह भी कहना चाहता हूँ कि मार्क्सवादी इतिहासकार रामशरण शर्मा हैं, अन्य भी अनेक लोग हैं जो आर्यों के बाहरी या मूल निवासी होने की समस्या पर विचार करते रहे हैं। आपके सामने वे सारे सन्दर्भ मौजूद हैं। और आपसे कहने की जरूरत नहीं कि पश्चिमी देशों में भी जो भारत विद्याविद् हैं—पुरातत्त्वविद् हैं—उनमें से भी बहुत-से हैं जो मानते हैं कि आर्य यहीं के थे, लेकिन इस मान्यता से दो तरह की राजनीति निकलती है। एक कि आर्य विदेशी हैं, इसी के आधार पर अंग्रेजों ने अर्थ निकाला कि आर्य बाहर से आए, जीते। हम भी बाहर से आए, आपको परास्त किया तो हमारा हक है। यह

उपनिवेशवादी राजनीति है। इसके बरक्स दूसरी राजनीति यह निकलती है कि आर्यों को यहाँ का मान लिया जाए तो जो बाहरी हैं—बाहर से आए—उनको खदेड़ो। ये शत्रु हुए। तो आपकी इस स्थापना से कि आर्य भारत के मूल निवासी हैं, मान लेने से जो राजनीति निकलती है, कहीं-न-कहीं आपके ग्रन्थों में तो आपकी तरफ से होना चाहिए कि वह उस राजनीति के साथ नहीं है। उसका खंडन स्पष्ट रूप से किया जाना चाहिए।

**रामविलास शर्मा :** बुनियादी ध्येय किस तरह का है और यह कि हिन्दू राष्ट्रवाद से किस तरह लड़ना चाहिए। हिन्दू राष्ट्रवाद के लिए वैदिक भाषा आदिभाषा है। इससे भारत की सभी भाषाएँ निकलती हैं। भारत की नहीं तो आर्य भाषा परिवार की सारी भाषाएँ तो निकली ही हैं। ऐतिहासिक भाषाविज्ञान भी यही कहता है। पूँजीवादी भाषाविज्ञान और हिन्दूवादी भाषाविज्ञान, दोनों यही बात कहते हैं कि वैदिक भाषा से सभी भारतीय भाषाएँ निकली हैं। मैं गण भाषाओं की स्थापना सामने लाता हूँ और कहता हूँ कि गण भाषाओं में शब्द भंडार की भिन्नता है। व्याकरण की भिन्नता है और भारतीय आर्य भाषाएँ किसी एक आदिभाषा से नहीं निकलीं, इसलिए तुम वैदिक संस्कृति को हिन्दू संस्कृति नहीं कह सकते। मराठी में तीन लिंग होते हैं, बांग्ला में एक भी नहीं होता और दोनों भाषाएँ संस्कृत से निकली हैं—इसको तुम स्वीकार कर सकते हो, मैं नहीं स्वीकार कर सकता। इसलिए हिन्दू संस्कृति से लड़ने के लिए जो सामाजिक संगठन है, जनजातियाँ हैं, जातियाँ हैं—नेशनलटीज हैं। उनके ऊपर ध्यान केन्द्रित करना चाहिए। जो इस्लामिक फंडामेंटलिस्ट हैं, वे जातीयता का विरोध करते हैं। जो हिन्दू फंडामेंटलिस्ट हैं, वे जातीयता का विरोध करते हैं। और कौन-सी कम्यूनिस्ट पार्टी हिन्दी प्रदेश की एकता का समर्थन करती है, मैं तो करता हूँ। हिन्दी जाति का अस्तित्व उनके लिए है नहीं। जब तक जातीयता और सामाजिक गठन को लेकर नहीं चलोगे तब तक हिन्दू राष्ट्रवाद और उसकी अराजकता का मुकाबला नहीं कर सकते। तब तक भारतीय संस्कृति हिन्दू संस्कृति रहेगी, वह हिन्दी प्रदेश की प्राचीन संस्कृति नहीं होगी, वह कश्मीर की प्राचीन संस्कृति नहीं होगी, वह बंगाल या महाराष्ट्र की प्राचीन संस्कृति नहीं होगी।

मैंने ऐतिहासिक भाषाविज्ञान में यह उद्घाटित किया कि जो प्राचीन गण भाषाएँ हैं, उनकी विशेषताएँ संस्कृत से भी पहचान सकते हो, ऋग्वेद से भी पहचान सकते हो और उन भाषाओं के विकसित रूप हमारी आज की भाषाओं में दिखाई देते हैं। तुम जो एक सामान्य भूमि की बात करते हो, आर्यों के आक्रमण की बात करते हो, उसका अंग्रेजों ने कितना लाभ उठाया, इस पर तुमने ध्यान दिया है? रामस्वामी पणिक्कर ने जो सारा आन्दोलन चलाया, वह उत्तर भारत के विरोध में था और उसका आधार यह स्थापना थी कि आर्यों ने बाहर से आकर द्रविड़ों को गुलाम बनाया और द्रविड़ सभ्यता का नाश किया। देवीप्रसाद चट्टोपाध्याय ने द्रविड़ सभ्यता के बारे में

भी कुछ लिखा है। उसमें उन्होंने मान लिया है कि हड़प्पा सभ्यता द्रविड़ सभ्यता थी और आर्यों ने आकर उसका विनाश किया। ह्विलर ने यह बात कही थी। ह्विलर ने अपनी बात वापस ली लेकिन देवीप्रसाद चट्टोपाध्याय ने ह्विलर की आलोचना की कि ये डर गए और जो सही स्थापना थी, उसे वापस लिया यानी द्रविड़ों को आर्य न जीतें तब तक भाषाविज्ञान, इतिहास विज्ञान का विकास नहीं। इससे केवल आर्य-द्रविड़ों का संघर्ष नहीं शुरू होता बल्कि शूद्र-ब्राह्मण का संघर्ष भी शुरू होता है। आर्यों ने द्रविड़ों को, आदिवासियों को शूद्र बनाया, दास बनाया, वर्ण-व्यवस्था कायम की। इसलिए आर्यवाद का विरोध करने के लिए इतनी बातें हुईं। हालाँकि मार्क्स ने लिखा है कि जातिप्रथा की व्यवस्था यहाँ ही नहीं, बाहर भी थी लेकिन जातिप्रथा की जाँच न करके आर्यवाद का विरोध किया गया यानी कि आर्यों ने भारत पर आक्रमण किया और भारत को जीता। इससे सामन्तवाद लाभ उठाता है, साम्राज्यवाद लाभ उठाता है। मैं उक्त धारणा का खंडन करता हूँ तो तुमको लगता है कि मैं हिन्दू राष्ट्रवाद का समर्थन कर रहा हूँ।

**नामवर सिंह :** मैं यह नहीं कहता हूँ डॉक्टर साहब कि मुझे लगता है। मैं यह कह रहा हूँ कि आर्यों को भारत का मूल निवासी मानने के साथ ही आर्य परिवार की भाषा और संस्कृत को भी यहाँ की मूल भाषा मान लेंगे। नतीजा आपने देखा होगा कि तमिलनाडु के मन्दिरों में संस्कृत में प्रार्थनाएँ होती थीं, अब उन्होंने कहा कि नहीं, प्रार्थना तमिल में होगी...।

**रामविलास शर्मा :** यह तो बिलकुल सही किया है। हमारा कहना है कि प्रार्थना हिन्दी में होनी चाहिए। संस्कृत में नहीं होनी चाहिए।

**नामवर सिंह :** मैं सिर्फ यह कह रहा हूँ कि मूल निवासी यहाँ के आर्य भी हैं, तमिलभाषी भी हैं—द्रविड़, यही नहीं बल्कि आदिवासी जातियाँ जिन पर आपने 'प्राचीन भारतीय भाषा परिवार और हिन्दी' वाली किताब में कई बार लिखा है, उनमें से कइयों का दावा है कि आदिवासी तो हम हैं। अब ये सारे हैं इसलिए आर्यों को आदिवासी साबित कर देने से—यहाँ के मूल निवासी साबित कर देने से समस्या नहीं सुलझती है।

**रामविलास शर्मा :** इस तरह सुलझती है कि आर्य भाषा पर मुंडा भाषा परिवार का प्रभाव पड़ा था कि नहीं। वैदिक भाषा में मुंडा भाषा के तत्त्व हैं या नहीं, यह बात मैंने सबसे पहले कही थी। द्विवचन का प्रयोग मुंडा भाषा की विशेषता है। ग्रीक भाषा में द्विवचन का प्रयोग बहुत होता है। यह द्विवचन का प्रयोग इन्होंने वहाँ से सीखा। यहाँ की वाक्य-रचना क्रिया से आरम्भ होती है, यह विशेषता मुंडा भाषा में थी। बाद में कर्ता से वाक्य-रचना आरम्भ हुई, ये सारी बातें मैंने लिखी हैं। इन सबको छोड़कर आर्य बाहर से आए और उनका यहाँ का मूल निवासी होना हिन्दू राष्ट्रवाद है, इसी पर तुम ध्यान केन्द्रित कर रहे हो, मैं इसका विरोध करता हूँ।

**नामवर सिंह :** ठीक है, आप करें। मैं उस पर नहीं कह रहा हूँ। मैं यह कह रहा हूँ कि आर्यों के बाहर से आने से जो राजनीति निकलती है, वह दूसरे ढंग की राजनीति है।

**रामविलास शर्मा :** उसका जवाब यह है कि केवल आर्य आदिवासी नहीं थे, मुंडा लोग भी आदिवासी थे। 'भारत के प्राचीन भाषा परिवार और हिन्दी' में मैंने यही प्रमाणित किया है।

**नामवर सिंह :** अब मैं एक अन्य बात कहना चाहता हूँ कि जो हिन्दू राष्ट्रवाद के लोग हैं, उनकी सरकार में हिन्दी भाषा प्रदेश के तीन और टुकड़े हो रहे हैं, जबकि देश के अन्य जातीय क्षेत्रों के नहीं। आप जो पूरी तरह संगठित हिन्दी राष्ट्र की बात एक अरसे से कहते आ रहे हैं, उसी हिन्दी प्रदेश को उत्तरांचल, वनांचल और छत्तीसगढ़ के रूप में तोड़ने की बात हो रही है। और ऐसा लोकतंत्रवाद के नाम पर हो रहा है कि उनकी स्वायत्तता, उनकी पहचान के लिए यह जरूरी है।

**रामविलास शर्मा :** स्वाभाविक है। इसीलिए वे विघटनकारी हैं, क्योंकि वे जाति का महत्त्व समझते ही नहीं। उनके लिए केवल भारतीय संस्कृति है, जातीय संस्कृति नहीं। इसीलिए मैं गण भाषाओं की बात करता हूँ, जनजातियों की बात करता हूँ। इसीलिए मैं किसी आदि भाषा से तमाम द्रविड़ भाषाओं और हिन्दी आदि के विकास का विरोध करता हूँ।

**नामवर सिंह :** डॉक्टर साहब, हिन्दू राष्ट्रवादियों ने—संघ परिवार के बुद्धिजीवियों ने—अपना एजेंडा लागू करना शुरू कर दिया है। अभी इंडियन कौंसिल ऑफ हिस्टॉरिकल रिसर्च पर एक अच्छा-खासा विवाद चल रहा है। वे इतिहास को एक नये सिरे से लिखने की बात कर रहे हैं। दरअसल सांस्कृतिक राष्ट्रवाद का एक लम्बा प्रोग्राम है जिसमें शिक्षानीति में परिवर्तन, इतिहास का पुनर्लेखन—मुख्य कार्यक्रम हैं। ये सारी- की-सारी चीजें जहाँ जाती हैं, उसमें लोगों को लगता है कि परोक्ष रूप से ही सही—आपकी पुस्तकों से परोक्ष से ही सही—उन्हें समर्थन मिलता है। दूसरी ओर इनका विरोध करनेवाले इतिहासकार और पुरातत्त्वविद् हैं जो संघ परिवार से टकराते हैं। आप इन इतिहासकारों के साथ नहीं खड़े होते?

**रामविलास शर्मा :** ये लोग हिन्दी जाति का अस्तित्व स्वीकार करते हैं? ऋग्वेद से लेकर कालिदास और निराला तक यह साहित्यिक सम्पदा—सारी पैदावार—हिन्दी प्रदेश की है, स्वीकार करते हैं? रामशरण शर्मा की पुस्तक 'आर्य संस्कृति की खोज' में कहीं भी भरतों का नाम है? भरत नाम का एक गण था, यह बात कहीं स्वीकार की है? ट्राइब्स और ट्राइब्स के बाद जो जनजातियाँ पनपीं, उनका नक्शा कहीं इनके दिमाग में है? इनमें और हिन्दू राष्ट्रवादियों में एक सामान्य भूमि है—जातियों का अस्वीकार। ये आर्यों के बाहर से आने और भीतर बसने की बात तो करते हैं लेकिन आर्य किन गणों में विभाजित थे—विभिन्न गणों को हम आर्य का नाम देते हैं पर उनकी संस्कृतियों और

उनकी भाषाओं में फर्क था। वे आपस में लड़ते थे—यह बात वे कहीं लिखते हैं? नहीं लिखते। मैं लिखता हूँ। अब देखो न, मैं इसके लिए क्या करूँ?

**नामवर सिंह :** देखिए, बातचीत का यह मुद्दा नहीं है...

**रामविलास शर्मा :** बातचीत का मुद्दा यह है कि हम जो लिख रहे हैं, उससे प्रत्यक्ष या परोक्ष रूप से हिन्दू राष्ट्रवाद लाभ उठाता है! तुम्हारा कहना यह है न?

**नामवर सिंह :** जी!

**रामविलास शर्मा :** और मेरा कहना है कि मैं जो लिख रहा हूँ, वह हिन्दू राष्ट्रवाद का बिलकुल उलटा है। तुम उसे न समझो तो मैं क्या करूँ?

**नामवर सिंह :** देखिए, मैं यह नहीं कह रहा हूँ, कभी नहीं कह सकता हूँ कि आप ऐसा 'करेंगे'। मैं तो बस यही कह रहा हूँ कि आपके ग्रन्थों से जो राजनीति निकलती है...।

**रामविलास शर्मा :** मैं जितना बता सकता था, बता दिया। उनके लिए हिन्दू एकता है, उनके लिए आर्य नाम की अखंड इकाई है, मेरे लिए आर्य नाम की अखंड इकाई नहीं है। यह बुनियादी भेद है। उनके लिए आर्य भारत में रहते थे, मेरे लिए भी आर्य भारत में रहते थे। लेकिन आर्यों के साथ यहाँ मुंडा जाति के लोग भी रहते थे, द्रविड़ जाति के लोग भी रहते थे। अन्य भाषा-भाषी लोग भी रहते थे, इनकी बात वे नहीं करते, मैं करता हूँ। इस पर तीन खंडों में मैंने पुस्तक लिखी है। यह सब तुम न देखो और केवल आर्य भारत में रहते थे, इस बात को लेकर नतीजे निकालो तो मैं क्या करूँ?

अच्छा, एक बात और। मार्क्स ने एक बात लिखी थी कि हमारी भाषाएँ और हमारे धर्म भारत से योरोप में आए। सन 1853 में भी उन्होंने यह बात कही। तो उन्नीसवीं सदी में जब तक साम्राज्यवाद संगठित नहीं हुआ तब तक जर्मनी में बहुत सारे लोग यह मानते थे कि भारत से भाषा तत्त्व योरोप में आया।

**नामवर सिंह :** डॉक्टर साहब, अब इसी के साथ यह मुद्दा भी साफ हो गया। क्योंकि आर्यों वाला मुद्दा ही मैंने नहीं उठाया था, मैंने यह प्रश्न उठाया था कि क्या हड़प्पा संस्कृति और आर्य संस्कृति एक ही हैं?

**रामविलास शर्मा :** मैं ऐसा नहीं कहता कि दोनों एक ही हैं। 'भारतीय संस्कृति और हिन्दी प्रदेश' में मैंने यह विस्तार से स्पष्ट किया है कि यह मगधों की संस्कृति है। मगध लोग इतिहासकारों की दृष्टि से बाहर रहे। मेरा कहना है कि वेदों में जो आर्य भाषा वाले नाम मिलते हैं, श्रुतियों में सूर्य को यश कहा गया है। यह शकार कहाँ से आ गया? और एक जगह नहीं, पचास जगह आया है। यह एक प्रमाण है, मगध लोगों के बाहर जाने का। और ये मगध लोग यहाँ पुरोहितों का काम करते थे। 'मैजिक' शब्द मग से निकला है। ईसा मसीह के जन्म के समय जो राजा गए थे, वे सब ईरान से गए थे और ये मगध लोग तंत्र-मंत्र में बहुत पहले से दीक्षित थे।

मेरा कहना है कि शिश्न देवा कहकर जिनकी निन्दा की गई है, वे मगध लोग हैं। मेरा कहना यह भी है कि रामायण की जो कथा है, मूलतः मगधों और कोसलों के युद्ध की कथा है। जो जनस्थान है हमारा, यह बलिया से चलकर मिथिला तक फैला हुआ है और मध्य प्रदेश में इन्दौर से उडुपी तक फैला हुआ है। कोसल के कवियों ने क्या किया, मगधों से लड़ाई थी तो सबको राक्षस बना दिया। कोसलों और मगधों के युद्ध को उन्होंने मनुष्यों और राक्षसों का युद्ध बना दिया। जो वानर थे, ये भी मगध के लोग थे। सुग्रीव जब अपना सन्देश भेजते हैं तो रावण को अपना भाई कहते हैं। इनके रंग-रूप का जो वर्णन किया गया है 'वाल्मीकि रामायण' में वह भी मिलता-जुलता है। महाभारत में इस तरह राक्षसों से युद्ध नहीं होता, मनुष्यों से युद्ध होता है।

**नामवर सिंह :** डॉक्टर साहब, यह जानकर बहुत खुशी हुई कि अपनी किताब में मगध के बारे में विस्तार से लिख रहे हैं और विनोद का प्रसंग यह है कि आप कोसलवादी आदमी हैं—कोसल के रहने के कारण और मगध के राहुल जी...आपने कहा है कि उनका भोजपुरी प्रेम गुमराह करता है तो दोनों में युद्ध हुए...सवाल है कि ये मगध वाले हड़प्पा के हैं या कहाँ के हैं?

**रामविलास शर्मा :** मेरा मानना है कि ये मगध वाले महाराष्ट्र के हैं। मय का पूर्व रूप है मरा। ये जितने इमारतें बनाने वाले लोग थे, सब मगध के थे।

**नामवर सिंह :** हड़प्पा से इनका कोई सम्बन्ध नहीं?

**रामविलास शर्मा :** हड़प्पा में जो मकान बनाने की कला का विकास हुआ था, वह मगधों की देन है। लंकापुरी में जो चमत्कार दिखाई देता है, वह मगधों की देन है।

**नामवर सिंह :** इस प्रकार आप हड़प्पा की संस्कृति को, जो अब तक भिन्न मानी जाती थी मातृ सत्तात्मक, नगर सभ्यता—उसका समाहार आप किसी-न-किसी रूप में ऋग्वेद में कर देना चाहते हैं, यही दिक्कत है। सारा झगड़ा इसी बात का है।

**रामविलास शर्मा :** मगधों की भाषा आर्यों की भाषा से भिन्न थी और ऋग्वेद के पहले हजारों साल तक इनकी भाषाओं का परस्पर सम्पर्क रहा है। मैं तुमसे एक सवाल पूछता हूँ—'रामस्य'—रामा—के बाद क्या आया है तो दंत्य 'स' है और 'रामश्च'—राम के बाद 'च' आया है तो वह तालव्य 'श' हो गया है। तो यह सन्धि में परिवर्तन क्यों है, इसका कारण बताओ?

**नामवर सिंह :** आप ही बताएँ। सवाल आपसे है। मैं तो सवाल पूछने आया हूँ, जवाब देने थोड़े ही आया हूँ?

**रामविलास शर्मा :** मैं बता रहा हूँ। 'मृच्छकटिक' में एक प्रसिद्ध पात्र है शकार—वे दंत्य 'स' को हमेशा 'श' करके बोलते हैं। इसका असर बंगालियों में दिखाई देता है जो सन्ध्या को 'शॉन्ध्या' कहते हैं। मगधों का प्रभाव है जिससे कि...

**नामवर सिंह :** डॉक्टर साहब, भाषाविज्ञान का अधुनातन विद्यार्थी मैं हूँ लेकिन यह बात मेरे गले से उतर नहीं रही है। सन्धि के नियम के अनुसार विसर्ग के बाद दंत्य ध्वनि आती है 'त'। 'च' अपेक्षाकृत 'वर्त्स्य' ध्वनि है इसलिए 'च' के पहले 'स', 'श' हो लेकिन वह कहीं 'र' भी हो जाता है। कहीं केवल विसर्ग सुरक्षित रहता है। इसलिए आपकी बात मेरी समझ में नहीं आ रही है। हो सकता है, आपकी बात सही हो। उस पर मैं विचार करूँगा बाद में। अभी तो मैं मूल विषय पर बात करता हूँ कि अब तक यह समझा जाता था कि हड़प्पा की संस्कृति अधिक प्राचीन है, पुरातत्त्व से प्रमाणित है कि अधिक प्राचीन है ऋग्वेद से। इस सन्दर्भ में युद्ध की भी कल्पना की गई कि आर्य आए और उन्होंने मारा, इसलिए कंकाल मिलते हैं लेकिन बाद में कहा कि नहीं, ऐसा नहीं है। आर्यों का आगमन तो ठीक है, लेकिन हड़प्पा संस्कृति को नष्ट करने का श्रेय या दुश्रेय उनको नहीं है, लेकिन पुरानी है हड़प्पा सभ्यता, ऋग्वेद की सभ्यता उसके बाद की है। अब हड़पने के लिए उसको कि वह भी एक तरह से आर्य संस्कृति का ही अंग है और ऋग्वेद के काल को हड़प्पा संस्कृति से कई हजार साल पहले का साबित करने की कोशिश...।

**मंगलेश डबराल :** एक बात मैं जोड़ना चाहता था कि हड़प्पा सभ्यता के पुरातात्त्विक साक्ष्य तो बहुत ज्यादा हैं लेकिन वैदिक सभ्यता उससे प्राचीन थी, इसके साहित्यिक सांस्कृतिक साक्ष्य बहुत हैं पर पुरातात्त्विक साक्ष्य शायद नहीं हैं।

**रामविलास शर्मा :** आपने बहुत अच्छा प्रश्न किया। वैदिक सभ्यता यदि बाद की होती तो उसके पुरातात्त्विक साक्ष्य आपके पास होते। हड़प्पा सभ्यता पहले की है, उसके साक्ष्य आपके पास हैं और वैदिक सभ्यता बाद की है, उसके साक्ष्य आपके पास नहीं हैं, यह बहुत आश्चर्य की बात है। चूँकि यह सभ्यता बहुत पहले की थी...।

**मंगलेश डबराल :** कैसे निष्कर्ष तक पहुँचा जाए?

**रामविलास शर्मा :** सरस्वती पर ध्यान केन्द्रित कीजिए और सरस्वती पर जो कुछ लिखा गया है, उसे मिलाइए ऋग्वेद से। ऋग्वेद में सरस्वती का वर्णन बहुत जगह है। ऋग्वेद में ही नहीं, यजुर्वेद में भी है। सरस्वती में कई नदियाँ आकर मिलती हैं, इसका उल्लेख है। साहित्य की अपेक्षा जो मॉन्यूमेंट्स हैं, उन पर ज्यादा भरोसा करना चाहिए, बिलकुल सही बात है, लेकिन मॉन्यूमेंट्स मनुष्य के बनाए होते हैं और बहुत बार प्रकृति के बनाए भी होते हैं। ये सरस्वती प्रकृति का बनाया मॉन्यूमेंट है। यह ऋग्वेद में जल से भरी हुई है और हड़प्पा सभ्यता के ह्रास काल में खाली है, इससे समय का अन्तर समझा जा सकता है।

**मंगलेश डबराल :** आर्य चाहे बाहर से आए हों या यहीं के रहे हों, वह जो एक दमनकारी शासन व्यवस्था उन्होंने बनाई, वर्ण व्यवस्था बनाई, चतुर्वर्ण व्यवस्था बनाई, जाति व्यवस्था पैदा की, मेरा खयाल है कि असल सवाल शायद यही है। ऋग्वेद में तो वर्ण व्यवस्था है नहीं।

**नामवर सिंह :** आपने लिखा है कि परवर्ती उत्तरकाल में यह शुरू हुई थी।

**रामविलास शर्मा :** हाँ, दसवें मंडल में ब्राह्मण मुँह से पैदा हुए और शूद्र चतुर्थ पाँव से। 'शूद्र' शब्द ऋग्वेद में केवल एक बार आया है। इस बात को बहुत-से लोग मानते हैं कि यह बाद की रचना है।

*[इसके बाद लगता है, कैसेट में कुछ देर की वार्ता रिकॉर्ड नहीं हो सकी। लेकिन बाद की बातों से लगता है कि संवाद का विषय ऋग्वेद, आर्यों के आगमन और वैदिक संस्कृति से बदलकर जाति व्यवस्था पर केन्द्रित हो गया। —सम्पादक]*

जो तेलंगाना में स्ट्रगल हुआ, वह जाति बिरादरी के आधार पर हुआ। तुम्हारे यहाँ जो किसान संगठनों की परम्परा रही है, उसे क्यों भूल जाते हो?

**नामवर सिंह :** मैं बिलकुल नहीं भूल रहा हूँ।

**रामविलास शर्मा :** तो उस परम्परा में जाति के आधार पर संघर्ष हुआ? तुम मुझे बताओ।

**नामवर सिंह :** आज आन्ध्र में जाकर कोई आदमी क्यों नहीं उसी तरह का आन्दोलन कर देता है? तेलंगाना क्यों नहीं दोहराया जाता?

**रामविलास शर्मा :** दोहराया इसलिए नहीं जा रहा है क्योंकि भारत का कम्यूनिस्ट आन्दोलन क्रान्ति को भूल गया है।

**नामवर सिंह :** परिस्थितियाँ बदल गई हैं डॉक्टर साहब। आप रियलटी को नहीं देखते और कम्यूनिस्ट आन्दोलन की बात कर रहे हैं। इस बीच पचास सालों से हिन्दुस्तान में परिस्थितियाँ इतनी तेजी से बदली हैं कि अब आप तेलंगाना नहीं कर सकते। तेलंगाना में नक्सलाइट लड़ रहे हैं अब भी, आप देख रहे हैं कि क्या गति हो रही है उनकी।

**रामविलास शर्मा :** जो परिवर्तन हुआ है, वह यह कि सोवियत संघ टूट गया है और कम्यूनिस्ट पस्त हो गए हैं और सोचते हैं कि इतना बड़ा समाजवादी देश जब विघटित हो गया है तो समाजवाद का कोई भविष्य नहीं है और पूँजीवाद अजेय है, अमेरिका अजेय है—यह लोगों के मन में है। देखो, पूँजीवाद सामन्तवाद का समर्थक है। चीन में क्रान्ति हुई, अमेरिका ने क्रान्ति के खिलाफ वहाँ के जमींदारों को खड़ा किया, जमींदारों का समर्थन किया। क्यूबा में, वियतनाम में, निकारागुआ में और पाकिस्तान में जमींदारों का सबसे बड़ा समर्थक अमेरिकी साम्राज्यवाद है। यह रियलटी है। इस रियलटी के अन्तर्गत तुम जाति प्रथा का अध्ययन कर रहे हो और वास्तविक सचाई को नकार रहे हो।

**मंगलेश डबराल :** डॉक्टर साहब, इस बीच नया यथार्थ सामने आया है तो उसको कैसे पहचाना जाए?

**रामविलास शर्मा :** नया यथार्थ यह है कि अमेरिकी साम्राज्यवाद एकमात्र सुपर पॉवर है और सुपर पॉवर हर जगह सामन्तवाद का समर्थन कर रही है। जितनी प्रति-

क्रियावादी ताकतें हैं, चाहे इस्लामिक फंडामेंटलिस्ट हों या हिन्दू फंडामेंटलिस्ट हों, इन सबका समर्थक अमेरिका है। यह एक रियलटी है। इस रियलटी के अन्दर वर्ण संघर्ष होता है, यह आश्चर्य की बात नहीं है।

**नामवर सिंह :** डॉक्टर साहब, हिन्दू राष्ट्रवाद से आपको अलगाने वाली स्पष्ट चीजें यहाँ दिखाई देती हैं। क्योंकि हिन्दू राष्ट्रवाद स्वदेशी का नाम लेने के बावजूद अर्थतंत्र में जितने दरवाजे अमेरिकी पूँजी निवेश के लिए खोल सकता है, खोल रहा है...

**रामविलास शर्मा :** इससे सबक लेना चाहिए। आर.एस.एस. जो कहता है, उस पर नहीं जाना चाहिए; जो करता है, उस पर ध्यान दिया जाना चाहिए। इसीलिए आर्यों के बारे में वे जो कहते हैं, उस पर ध्यान नहीं देना चाहिए। भारतीय संस्कृतियाँ हैं, भाषाएँ हैं, जातीय संस्कृतियाँ हैं। इनका वे जो विरोध करते हैं, उस पर बात करनी चाहिए। ये सन्त साहित्य धारा का विरोध करते हैं। इनके लिए संस्कृत के बाद पतन ही पतन दिखाई देता है। हिन्दी न होती, बांग्ला न होती, तमिल न होती तो अच्छा होता, सारे भारत में संस्कृत ही बोली जाती। यह उनका दृष्टिकोण है। आर्य लोग बाहर से नहीं आए, भारत में बसते थे—यह कहने की बातें हैं। उससे जो निष्कर्ष निकलते हैं, वे बिलकुल दूसरे हैं। इसी तरह स्वदेशी का भी हमें विरोधी नहीं होना चाहिए, बल्कि स्वदेशी का जो वास्तविक रूप है, उसे सामने लाना चाहिए। यह बताना चाहिए कि स्वदेशी पूँजी के नाम पर तुम जो विदेशी पूँजी को आमंत्रित कर रहे हो, तो तुम कांग्रेस से भी गए-गुजरे हो।

**नामवर सिंह :** एक और बात। यह जो हिन्दू राष्ट्रवाद है, पुरुष प्रधान है। पूरी परम्परा भी यही दिखाई देती है। आप जो नारी को इतना सम्मान देनेवाले रहे हैं, व्यक्तिगत बात है लेकिन भुवन और विजय की माँ को...मैंने देखा है कि आप कितना सम्मान करते थे लेकिन आपके पूरे चिन्तन में स्त्री की समस्या बहुत कम आई है...।

**रामविलास शर्मा :** लोहिया वाली पुस्तक में एक पूरा अध्याय इसी पर है।

**नामवर सिंह :** लेकिन हम और सुनना चाहते हैं आपसे। यह वह चीज है जो हिन्दू राष्ट्रवाद से अलग करती है आपको।

**रामविलास शर्मा :** सबसे पहली बात तो यह कि सामाजिक विकास के बारे में जो लोगों की धारणाएँ हैं, मेरी उससे अलग धारणा है। गण समाजों का युग हजारों सालों का रहा है, लोगों की कल्पना में यह बात नहीं है। आदिम साम्यवाद का युग हजारों सालों का रहा है। वर्ण व्यवस्था तो अभी दो सहस्राब्दियों की है। हजारों सालों की जो गण संस्कृति है, उसे हम भूल गए हैं। उसमें स्त्री स्वाधीन थी। आज भी विभिन्न प्रदेशों में स्त्री स्वाधीन है, जैसे—केरल। जहाँ मातृसत्तात्मक समाज के अवशेष बने हुए हैं, वहाँ वह अधिक स्वाधीन है। जहाँ फ्यूडलिज्म कम हावी था,

वहाँ भी स्वाधीन है, जैसे–मिथिला और भोजपुरी क्षेत्र में। भोजपुरी क्षेत्र की स्त्री अधिक स्वाधीन है मिथिला की स्त्री से, अवध की स्त्री से। कश्मीर की स्त्री के मुकाबले पंजाबी स्त्री अधिक दबंग है और महाराष्ट्र की स्त्री वह तो लगभग पुरुष के समान सबल है। भारत में विषम गति से विकास हुआ, यह बात ध्यान में रखने की है। तो स्त्री हर जगह गुलाम रही, यह बात सही नहीं है। सामन्तवाद ने स्त्री को गुलाम बनाया इसलिए सामन्तवाद से लड़ना हमारा फर्ज है। सामन्तवाद से लड़ने के लिए केवल ब्राह्मण का विरोध करना जरूरी नहीं है। भू-स्वामी और पुरोहित–इन दोनों को प्रश्रय दिया साम्राज्यवाद ने, इसलिए उसका विरोध किया जाना चाहिए, जैसाकि अन्य मार्क्सवादी देशों में हुआ। सोवियत संघ में हुआ। सामाजिक क्रान्ति के बिना स्त्री स्वाधीन नहीं हो सकती। मूल समस्या सम्पत्ति की है। स्त्री सम्पत्ति की अधिकारिणी हो जाए तो समस्या हल हो जाएगी। हम स्त्रियों के आरक्षण का भी विरोध करते हैं। हम कहते हैं कि आरक्षण से तुम सामाजिक क्रान्ति रोक रहे हो। सामाजिक क्रान्ति करने की तुममें हिम्मत नहीं है, इसलिए आरक्षण देते हो। ऐसी क्रान्ति करो जिससे साक्षरता फैले, सम्पत्ति का नैसर्गिक बँटवारा हो, खुली प्रतियोगिताएँ हों जिससे स्त्रियों को–दलितों को–आगे आने का मौका मिले। ऐसी परिस्थितियाँ तुम पैदा नहीं कर पाते इसलिए आरक्षण का सहारा लेते हो।

**नामवर सिंह :** इसीलिए आप माताजी को–विजय की माँ को–मालकिन कहते थे!

**रामविलास शर्मा :** यह नाम मेरे भाई का रखा हुआ है। वैसे वह भी मुझे मालिक कहती थीं।

**नामवर सिंह :** आपने लिखा है कि यह जो दौर है साम्राज्यवाद का, इस दौर का साहित्य खास तौर पर दूसरे महायुद्ध के बाद का साहित्य ह्रासशील है। यह पढ़कर आश्चर्य हुआ क्योंकि इसी दौर में साम्राज्यवादी देशों में और उससे पीड़ित देशों में श्रेष्ठ साहित्य लिखा गया है। बर्तोल्ट ब्रेष्ट, पाब्लो नेरुदा हुए। गार्सिया मार्केज जैसा उपन्यासकार हुआ। हमारे देश में भी इसी दौर में जब आप जैसा साहित्यकार हो और साथ में कवियों में मुक्तिबोध, नागार्जुन, केदारनाथ अग्रवाल, रघुवीर सहाय हों, व्यवस्था के विरोधी, जिसमें ज्यादातर मार्क्सवादी हैं–अच्छा साहित्य लिख रहे हैं तो ऐसे में आपका यह निषेधात्मक रूप क्यों है, इस बारे में हम जानना चाहते हैं।

**रामविलास शर्मा :** मैंने केदारनाथ अग्रवाल पर लिखा, मैंने नागार्जुन पर लिखा, मैंने मुक्तिबोध पर लिखा, मैंने त्रिलोचन पर लिखा। तुमने त्रिलोचन पर कितना लिखा, तुमने नागार्जुन पर कितना लिखा, तुमने केदारनाथ अग्रवाल पर कितना लिखा? तुम भी तो हो। सब काम मेरे ही जिम्मे थोड़े ही है? मैं ऋग्वेद पर लिख रहा हूँ, तुम ऋग्वेद पर नहीं लिख रहे हो।

मैं भारतीय संस्कृति के दो हजार साल के इतिहास पर लिख रहा हूँ। मुसलमानों पर बाकी है। तुर्कों पर विस्तार से लिखा है। मुसलमानों की भारतीय संस्कृति को देन—यह बड़ा ही महत्त्वपूर्ण विषय है। मैं एक निबन्ध तैयार कर रहा हूँ : 'भारतीय संस्कृति और मुसलमान'। उत्तर भारत में कोई ऐसी भाषा नहीं है जिसके अग्रदूत मुसलमान न हों। लेकिन मुसलमान एक अखंड इकाई नहीं है। यह हिन्दू राष्ट्रवादियों का काम है कि मुसलमानों को अखंड इकाई मानें। मुसलमानों में जो बुनियादपरस्त हैं, वे भी मुसलमानों को अखंड इकाई मानते हैं। ये लोग शासक वर्ग और जनता का भेद नहीं करते हैं। मुल्लाओं से सूफियों को अलग नहीं करते। सिन्ध से लेकर बंगाल तक पंजाब समेत सूफियों की बहुत जबरदस्त धारा बही थी। यह धारा लोक संस्कृति को लेकर आई थी। इसको हिन्दू राष्ट्रवाद अस्वीकार करता है।

**नामवर सिंह :** यह सब सुनते हुए तो लगता है कि आपकी कबीर में बहुत बड़ी रुचि होनी चाहिए लेकिन डॉक्टर साहब, आप कबीर के प्रति ज्यादा उदार नहीं हैं।

**रामविलास शर्मा :** पहले स्थापनाएँ कर ली जाएँ, फिर साहित्य लिखा जाए? समाज का यथार्थवादी चित्रण कहाँ ज्यादा दिखाई देता है? जायसी में ज्यादा दिखाई देता है या कबीर में दिखाई देता है?

**नामवर सिंह :** डॉक्टर साहब, आप गीतों के प्रशंसक हैं। स्पष्ट है कि प्रबन्ध काव्य में जीवन के ज्यादा चित्र आएँगे। क्या जरूरी है कि गीतों में भी उसी तरह जीवन के चित्र आएँ?

**रामविलास शर्मा :** गीतों में वह यथार्थ को स्वीकार करते हैं, जहाँ वेदान्त छोड़ देते हैं। अगर सबके अन्दर एक ही आत्मा है तो पांडे और कसाई में भेद करने की क्या जरूरत थी? दूसरी बात, हिन्दी में कबीर के समर्थक जहाँ कबीर ने हिन्दू पंडितों के खिलाफ लिखा है, उसका उद्धरण देते हैं लेकिन जो मुल्लाओं के खिलाफ बोला है, उसको लेकर चुप रहते हैं।

**नामवर सिंह :** नहीं, उसके बारे में भी कहते हैं। चुप रहते हैं, ऐसा कतई नहीं है।

**रामविलास शर्मा :** अच्छा, जिन आलोचकों को मैंने पढ़ा है, उसके आधार पर मैंने कहा। और अगर दोनों के बारे में कहते हैं तो उनको पुरोहितवाद का विरोध करना चाहिए। ब्राह्मणवाद का विरोध करते हैं लेकिन पुरोहितवाद का विरोध नहीं करते। पुरोहितवाद का विरोध क्यों नहीं करते हैं? इसलिए कि पुरोहितवाद में मुसलमान भी आ जाएगा। तुम अपने समाज को हिन्दू और मुसलमान में बँटा हुआ देखते हो। यहाँ जो जातीय भाषाओं का विकास हुआ, जातीय संस्कृतियों का विकास हुआ, इसे तुम नहीं देखते हो। हमारे-तुम्हारे दृष्टिकोण में यह अन्तर है।

**नामवर सिंह :** डॉक्टर साहब, आप भविष्य को किस रूप में देख रहे हैं? अब और सवाल मुझे नहीं पूछना है। बस, यह प्रश्न है कि इस समय देश की और विश्व

की जो दशा दिखाई दे रही है—अमेरिकी वर्चस्व, अन्तर्राष्ट्रीय मुद्रा कोष, विश्व बैंक, समाजवादी व्यवस्था के विघटन के बाद जो स्थिति है हमारे सामने—उसको लेकर आपको क्या लगता है कि आने वाला समय, आने वाली शताब्दी कैसी होगी?

**रामविलास शर्मा :** भविष्य इस पर निर्भर करता है कि हिन्दी प्रदेश के लोग संगठित होते हैं या नहीं? हिन्दी जाति भारत की सबसे बड़ी जाति है। दुनिया की बड़ी चार-पाँच जातियों में से एक है। अगर तुम जातीय एकता नहीं पहचानते, जाति के अस्तित्व को नहीं पहचानते...। मैं प्रादेशिक जाति की बात कर रहा हूँ। तुम केरल को देखो—वहाँ औरत-आदमी की आयु भारत के नागरिक की औसत आयु से कम है। वे निरक्षरता में सबसे पीछे, साक्षरता में सबसे आगे हैं। केरल में लोगों ने अपनी जाति का संस्कार लिया। हम हिन्दी प्रदेश के लोग निरक्षरता में आगे बढ़े, गरीबी में आगे बढ़े। हमारे यहाँ मार्क्सवादी आन्दोलन सिफर के बराबर है। हम लोग वर्ग के स्थान पर जाति को स्थापित कर रहे हैं। लोग समझते हैं कि हम तो राष्ट्रभक्त हैं, इसलिए हमें जातीयता की बात नहीं करनी चाहिए। जातिवादी सरकारें हमारे प्रदेश में हैं, साम्प्रदायिक सरकारें हमारे प्रदेश में हैं। इसलिए हिन्दी प्रदेश में जातीय आन्दोलन वर्ग-संघर्ष के साथ आगे नहीं बढ़ता है तो भारत का भविष्य अन्धकारमय है। कोई बचा नहीं सकता। लेकिन मैं समझता हूँ कि इस प्रदेश में 1857 का स्वाधीनता-संग्राम हुआ। उस समय वैसा संग्राम भारत के बाहर कहीं नहीं हुआ। केवल अमेरिका में अमेरिकी लोग लड़ रहे थे। हम उनका उस मुद्दे पर सम्मान करते हैं। भारत के जिस हिन्दी प्रदेश में 1857 का स्वाधीनता-संग्राम हुआ हो, उस प्रदेश के लोग हमेशा सोते नहीं रह सकते। हमारे बुद्धिजीवी और नेता उन्हें हमेशा के लिए गुमराह नहीं कर सकते। मैं समझता हूँ कि वे एक दिन उठेंगे और अपने साथ वे सारे देश को भी आगे बढ़ाएँगे। हिन्दी का भविष्य और हिन्दी साहित्य का भविष्य इस क्रान्तिकारी आन्दोलन के साथ जुड़ा हुआ है। हम साम्राज्यवाद का कितना विरोध करते हैं, हम विदेशी पूँजी को निर्मूल करने में सफल होते हैं या नहीं, यहाँ बहुराष्ट्रीय कम्पनियों का माल बिकता हो, विदेशों से कर्ज पाया जाता है, हम सूद चुका पाएँगे या नहीं—हमें इन प्रश्नों पर संघर्ष करना होगा। यह प्रक्रिया जब तक रोकी नहीं जाएगी तब तक भाषा और साहित्य का विकास असम्भव है। इसलिए हम हिन्दी प्रदेश की एकता और भारत में जनवादी क्रान्ति की आवश्यकता पर जोर देते हैं। इनके बिना सारी बातें बिलकुल बेकार हैं।

*[तद्भव : अंक-8, अक्टूबर, 2002]*

# इतिहास की 'शव-साधना'

और अन्त में रामविलास शर्मा भी पहुँचे *ऋग्वेद* पर। अपने 'अन्तिम अरण्य' में। प्रगति के पथ पर चलते-चलते। शताब्दी का अन्त होते-होते। अन्तिम दशक की प्रायः सभी पुस्तकें *ऋग्वेद* से ही शुरू होती हैं। पहले पुस्तकों के शीर्षक में मार्क्सवाद होता था या मार्क्स। कभी आगे, कभी पीछे। अब उस जगह *ऋग्वेद* है या वैदिक। 'पश्चिम एशिया और ऋग्वेद' (1994) में तो *ऋग्वेद* साफ ही है। लेकिन जहाँ ऐसा नहीं है, प्रस्थान-बिन्दु *ऋग्वेद* ही है; जैसे 'इतिहास-दर्शन' (1995) में। पहला अध्याय है 'ऋग्वैदिक आर्य और उनका परिवेश' और अन्तिम अध्याय 'इतिहास दर्शन और राहुल सांकृत्यायन'। मुख्य प्रयोजन है राहुल जी के इतिहास दर्शन से निपटना। इसी प्रकार 'भारतीय नवजागरण और यूरोप' (1996) का आरम्भ 'भारतीय नवजागरण और ऋग्वेद' से होता है। इस क्रम में 'भारतीय साहित्य की भूमिका' (1996) को तो 'ऋग्वेद के कवि और काव्य-शिल्प' से शुरू होना ही था। फिर 'भारतीय संस्कृति और हिन्दी प्रदेश' (1999) के केन्द्र में भले ही हिन्दी प्रदेश हो, भारतीय संस्कृति का गोमुख *ऋग्वेद* है।

अन्ततः इस वैदिक योजना में सुमेरु का स्थान मिलना था 'वैदिक कवियों का सौन्दर्यबोध और तुलसीदास' को, और उचित ही। 'लोकहुँ वेद विदित सब काहू'। लेकिन हुआ वह जो नहीं होना था। 'विधि न सकेउ सहि मोर दुलारा'। तुलसीदास पर कुछ नया और मूल्यवान पाने से हिन्दी समाज वंचित रह गया। वैसे, 'वैदिक सौन्दर्यबोध' वाला भाग लगभग पूरा हो चुका था!

वेदों से शुरू करने का शायद यही खतरा है। लोक अक्सर छूट जाता है। वहाँ तक पहुँचने की नौबत नहीं आती। एक बार कुछ ऐसा ही हुआ उदय नारायण तिवारी के साथ। लोकसाहित्य पर बोलना था। शुरू हुए वेदों से। नब्बे मिनट हो गए और लोकसाहित्य पर पहुँचे ही नहीं। बाद में फ़िराक साहब बोलने खड़े हुए तो अपने खास अन्दाज में बोले : 'भाई उदयनारायन, लोक से चलते तो शायद वेद तक पहुँच जाते। शुरुआत वेद से करोगे तो लोक तक कभी न पहुँचोगे।' यह वाकया 1952 का है। इलाहाबाद के प्रयाग संगीत समिति के सभागार में प्रगतिशील लेखक संघ का सम्मेलन हो रहा था। जहाँ तक मुझे याद है, रामविलास शर्मा भी उसमें मौजूद थे। उस समय

वे अखिल भारतीय प्रगतिशील लेखक संघ के महासचिव थे। तब तक उनके सिर पर *ऋग्वेद* के सवार होने के लक्षण न दिखाई पड़ते थे।

तुलसीदास से लगाव तब भी था। खास तौर से निराला के 'तुलसीदास' के कारण। उन्हें यह भी पता था कि तुलसीदास अक्सर लोक-वेद का हवाला देते हैं। फिर इस ओर उनका ध्यान क्यों नहीं गया कि वे लोक-वेद के जोड़े में वेद का नाम पहले नहीं लेते, बल्कि लोक को पहले याद करते हैं? हिन्दी में लोकजागरण के रूप में भक्तिकाव्य को प्रतिष्ठित करने में रामविलास जी की भूमिका अहम है और उनका लोक-प्रेम भी असन्दिग्ध है, फिर भी वे अपने तुलसीदास को पीछे रख *ऋग्वेद* की ओर क्यों भागे? बात अजीब लगती है, लेकिन जरा नजदीक से देखें तो उतनी अजीब भी नहीं।

दरअसल 'नवजागरण' का वह स्वर्णमृग है जो रामविलास जी को वैदिक अरण्य में खींच ले गया। और लोक की सीता का अपहरण हो गया। विधि की विडम्बना! अनहोनी हो गई। दुष्यन्त तो वे थे नहीं, जो कोई अन्य आकर्षण होता! यहाँ तो बस हरण ही हरण है और निश्चय ही वह हिरण भी! अब इसे मृगया की माया कहिए या शिकार का शौक! जहाँ न ले जाए!

हिन्दी प्रदेश में एक 'शक्तिशाली नवजागरण' की चिन्ता रामविलास जी को पहले से ही रही है। 6 दिसम्बर, 1992 को रामलला के लाड़ले कारसेवकों के हाथों तथाकथित बाबरी मस्जिद के विध्वंस के बाद स्वभावतः यह चिन्ता और प्रबल हो गई। 'भारतीय नवजागरण और यूरोप' नामक ग्रन्थ में उन्होंने स्पष्ट शब्दों में लिखा है : 'इस समय (1993 के उतरार्द्ध में) देश का बहुत बड़ा भाग पीछे हट रहा है, विशेष रूप से हिन्दी प्रदेश में एक शक्तिशाली नवजागरण की बहुत बड़ी आवश्यकता है।' (पृ. 327)

नवजागरण का खयाल आया नहीं कि ऐतिहासिक कल्पना ने पंख फैलाए और आँखों के सामने भारतीय इतिहास के क्षितिज पर नवजागरण का सतरंगा इन्द्रधनुष खिल उठा। यूरोप के पास सिर्फ एक 'रिनासांस' है तो भारत में नवजागरणों की एक लम्बी शृंखला है। यही नहीं, बल्कि यूरोप के नवजागरण में भारतीय नवजागरण का ही हाथ है जिसे स्वयं यूरोपीय विद्वान भी स्वीकार करते हैं।

इरा प्रगंग गें रागबिलारा जी ने उरी ग्रन्थ में भारतीय नवजागरणों की संक्षिप्त सारणी भी दी है। पहले नवजागरण का सम्बन्ध *ऋग्वेद* से है, दूसरे नवजागरण का उपनिषदों से। तीसरा नवजागरण भक्ति-आन्दोलन है जो एक तरह से लोकजागरण भी था। चौथा नवजागरण 19वीं सदी का है जिसे भारत का हर प्रदेश अलग-अलग नामों से पुकारता है।

जहाँ तक हिन्दी प्रदेश का प्रश्न है, उसके अन्तर्गत 19वीं सदी के नवजागरण के भी अनेक चरण हैं। हिन्दी नवजागरण के विकास की पूरी समय-सारणी 'महावीरप्रसाद

द्विवेदी और हिन्दी नवजागरण' (1977) में सुलभ है : 'गदर, सन् '57 का स्वाधीनता-संग्राम, हिन्दी प्रदेश के नवजागरण की पहली मंजिल है। दूसरी मंजिल भारतेन्दु हरिश्चन्द्र का युग है। गदर के केवल 10 साल बाद 1868 में उन्होंने 'कवि-वचन-सुधा' नाम की पत्रिका निकाली।' (पृ. 12) 'हिन्दी नवजागरण का तीसरा चरण महावीरप्रसाद द्विवेदी और उनके सहयोगियों का ही कार्यकाल है जो 1900 से 1920 की अवधि तक फैला हुआ है।' (पृ. 15) 'हिन्दी नवजागरण के सन्दर्भ में निराला का लेखन महावीरप्रसाद द्विवेदी के ही कार्य की अगली कड़ी है।' (पृ. 18) इसे चौथा चरण बताया नहीं गया है, लेकिन संकेत स्पष्ट है।

इस प्रकार भारत में चार नवजागरण हुए और हिन्दी में आधुनिक नवजागरण के चार चरण! जिस देश और प्रदेश के पास इतने नवजागरणों की पूँजी हो, उससे कोई भी ईर्ष्या कर सकता है—खास तौर से यूरोप और अमेरिका! ऐसी छिपी हुई सम्पदा का बोध कराने का श्रेय रामविलास जी को है और इसके लिए हम सबको उनके प्रति कृतज्ञ होना ही चाहिए।

आश्चर्य सिर्फ इस बात पर है कि भारतीय नवजागरणों की इस लम्बी परम्परा में बुद्ध का कहीं जिक्र नहीं है। साफ है कि *ऋग्वेद* से शुरू होनेवाले वैदिक नवजागरण की धारा से बुद्ध बाहर हैं और उनके साथ ही पूरी श्रमण परम्परा भी बहिष्कृत है। इसी तरह आधुनिक हिन्दी नवजागरण का चौथा चरण भी निराला के साथ स्थिर हो जाता है। इस क्रम में अखिल भारतीय प्रगतिशील आन्दोलन का जिक्र न पाकर थोड़ा आश्चर्य भी होता है—खास तौर से रामविलास शर्मा की मार्क्सवादी और प्रगतिशील छवि को स्मरण करते हुए!

स्पष्ट है कि रामविलास जी की नवजागरण की अवधारणा 'विशिष्ट' है—एक खास काट की, एक निश्चित साँचे की। यह ऐसा नवजागरण है जिसमें बुद्ध की बुद्धिवादी अथवा विवेकवादी चिन्तन-पद्धति के लिए कोई जगह नहीं है। इस धारणा की पुष्टि इस तथ्य से भी होती है कि उन्होंने प्रगतिशील लेखक संघ के घोषणापत्र से बुद्धिवाद (रैशनलिज्म) की बुनियादी शर्त को हटा देने का प्रस्ताव किया था। इस तथ्य का जिक्र उन्होंने स्वयं किया है 'मार्क्सवाद और प्रगतिशील साहित्य' (1984, पृ. 379) में।

यह और बात है कि 'महावीरप्रसाद द्विवेदी और हिन्दी नवजागरण' (1977) में उन्होंने द्विवेदी जी की 'सरस्वती' को हिन्दी का 'ज्ञानकांड' कहा और 'भारतीय विवेक-परम्परा और विज्ञान' शीर्षक अध्याय के द्वारा नवजागरण की मुख्य चेतना को रेखांकित किया। सम्भव है, यह 'ज्ञान' और 'विवेक' बौद्ध दर्शन और मार्क्सवाद के बुद्धिवाद से अलग किसी और कोटि का हो! कहीं ऐसा तो नहीं कि भारतेन्दु की 'वैदिकी हिंसा' की तरह यह भी कोई ऐसा वैदिक 'ज्ञान' है जहाँ अवैदिक ज्ञान के लिए कोई गुंजाइश नहीं है?

इस निषेध-वृत्ति के बावजूद रामविलास जी के नवजागरण की विशेषता यह है कि उसमें काफी विविधता है। हर नवजागरण का चरित्र अलग है। नाम एक, रूप भिन्न! 'एकं सद् विप्रा बहुधा वदन्ति' की अभिनव व्याख्या। अद्‌भुत अनेकान्तवाद! जिस 'एक' से नवजागरण 'अनेक' हुआ है, वह है *ऋग्वेद*। भारतीय नवजागरण का मूल स्रोत! चाहें तो मूलाधार भी कह लें। कहना न होगा कि नवजागरण की इस परिकल्पना में एक प्रकार की बुनियादपरस्ती है, जिसका प्रचलित नाम 'फंडामेंटलिज्म' है। रामविलास जी की इस परिकल्पना के प्रेरणास्रोत हैं स्वामी दयानन्द सरस्वती!

दयानन्द की ओर रामविलास जी का ध्यान पहली बार गया 1991 में। उस समय उन्होंने एक लेख लिखा : 'नवजागरण की परम्पराएँ और क्रान्तिकारी आन्दोलन : संन्यासियों का योगदान-1'। यह लेख 'स्वाधीनता-आन्दोलन : बदलते परिप्रेक्ष्य' (1992) शीर्षक पुस्तक में शामिल है। इस पुस्तक में कुछ पहले के प्रकाशित लेख हैं, लेकिन यह लेख नया है। विशेषतः इसी पुस्तक के लिए लिखा हुआ। इस लेख का निष्कर्ष है : 'स्वामी दयानन्द जैसे लोग *देशज प्रतिभा* के धनी थे। उनके आविर्भाव से सिद्ध हुआ कि नवजागरण की क्षमता इस देश में विद्यमान थी और यह क्षमता अंग्रेजी राज के समर्थन द्वारा नहीं, उसके विरोध द्वारा व्यक्त हुई थी। यथार्थ दृष्टि, उसके साथ उत्कट देशप्रेम—नवजागरण के इसी मार्ग पर चलने से भारतीय समाज का भावी विकास सुनिश्चित हो सकता है।' (पृ. 88)

अब तक रामविलास जी को पता चल गया था कि स्वामी जी 1857 के गदर में भी अपने ढंग से सक्रिय थे और उनकी देशभक्ति के लिए यह सूचना काफी थी। रामविलास जी की दृष्टि में दयानन्द देशप्रेम से ओतप्रोत होने के कारण ही ब्रह्म-समाज से दूर रहे और उन्होंने 'सत्यार्थ प्रकाश' के ग्यारहवें समुल्लास में मतभेद का कारण भी बता दिया : 'इन लोगों में देशभक्ति बहुत न्यून है...अंग्रेजों की प्रशंसा भरपेट करते हैं...ऐसा कहते हैं कि बिना अंग्रेजों के सृष्टि में आज पर्यन्त कोई भी विद्वान नहीं हुआ।' शायद इसीलिए रामविलास जी भी राजा राममोहन राय के प्रति ठंडे रहे। दयानन्द के देशप्रेम से रामविलास जी इतने अभिभूत थे कि उन्होंने श्रद्धानन्द के इस बयान को भी अनदेखा कर दिया कि 'स्वामी दयानन्द ब्रिटिश सरकार के समर्थक थे।...वे भारत में अंग्रेजों का राज स्थायी रूप से बनाए रखना चाहते थे ताकि उनके सुधार-कार्य और प्रचार में कोई बाधा उत्पन्न न हो।' श्रद्धानन्द ने यह बात अपनी अंग्रेजी पुस्तक 'आर्यसमाज एंड इट्स डिट्रैक्टर्स' में लिखी है जो 1911 में प्रकाशित हुई थी।

बहरहाल, मुख्य मुद्दा है भारतीय नवजागरण में दयानन्द की भूमिका और इस मामले में रामविलास जी पूरी तरह दयानन्द के साथ हैं कि नवजागरण की क्षमता इस देश में विद्यमान थी और उसमें अंग्रेजों की कोई भूमिका नहीं थी। दयानन्द के लिए इस क्षमता का सबसे बड़ा आधार *ऋग्वेद* है और यहाँ भी रामविलास जी

दयानन्द के साथ हैं। दयानन्द मानते थे कि *ऋग्वेद* में सब कुछ है, यहाँ तक कि तार विद्या, नौविमान विद्या जैसी आधुनिक टेक्नोलॉजी तो है ही, न्यूटन का आकर्षण-अनुकर्षण जैसा भौतिकी का सिद्धान्त भी। 'ऋग्वेद भाष्य' में उन्होंने 'अश्विन' का अर्थ किया है—भाप-चालित जहाज, जो पानी, जमीन और आसमान, सबमें समान रूप से चलता है। स्वामी जी के अनुसार 'अश्विन' कोई देवता नहीं है। निश्चय ही रामविलास जी स्वामी जी के साथ इतनी दूर तक नहीं गए हैं, लेकिन उन्होंने *ऋग्वेद* के देवों को रूपक मानकर काफी चमत्कारी व्याख्याएँ की हैं जिनसे यही सिद्ध होता है कि *ऋग्वेद* में बहुत से आधुनिक विचार पहले से विद्यमान हैं, यदि सब कुछ नहीं तो। ऐसी ही बातों के लिए रामविलास जी की दृष्टि में दयानन्द 'देशज प्रतिभा के धनी' हैं और प्रतिभा 'देशज' हो तो रामविलास जी क्यों न उसके मुरीद हों? वे भी तो 'भदेस' की वकालत करने में गर्व का अनुभव करते हैं और अक्सर किसान-चेतना का दावा भी करते रहते हैं।

*ऋग्वेद* का सबसे बड़ा आकर्षण है 'आर्य'। दयानन्द की दृष्टि में ये 'आर्य' इतने महत्त्वपूर्ण हैं कि उन्होंने हिन्दू की जगह आर्य, हिन्दुस्तान की जगह आर्यावर्त, हिन्दू समाज की जगह आर्यसमाज और हिन्दी भाषा की जगह आर्यभाषा कहने का चलन चलाया। इन संज्ञाओं के कुछ अवशेष अब भी मिलते हैं। यहाँ भी रामविलास जी स्वामी जी के साथ इस हद तक तो नहीं गए, लेकिन आर्यों के बाद और बहुत-सी बातों में भी दयानन्द के ही साथ हैं; जैसे—आर्य कहीं बाहर से भारत नहीं आए, बल्कि वे भारत के मूल निवासी हैं। वे यह भी मानते हैं कि वैदिक आर्यों की सभ्यता ही भारत की सबसे पुरानी सभ्यता है और इससे पहले यहाँ और कोई सभ्यता नहीं थी। इस मामले में दयानन्द और रामविलास जी की स्थिति में फर्क यह है कि दयानन्द के जीते-जी हड़प्पा की खुदाई नहीं हुई थी इसलिए उनका वैदिक सभ्यता को सबसे पुरानी कहने का अर्थ समझ में आता है। लेकिन रामविलास जी तो हड़प्पा सभ्यता के बारे में इतने अनुसन्धानों के बाद भी वहीं अड़े हैं जहाँ सौ साल पहले दयानन्द खड़े थे।

एक फर्क यह भी है कि दयानन्द सारे विश्व को आर्य बनाने का सपना देखते थे, जबकि रामविलास जी के अनुसार वैदिक आर्यों ने ही भारत से बाहर निकलकर ईरान और यूनान होते सम्पूर्ण यूरोप में सभ्यता का प्रसार किया—यहाँ तक कि यह प्रक्रिया उन्नीसवीं सदी के रोमांटिक पुनर्जागरण तक अबाध गति से चलती रही है। 'पश्चिमी एशिया और ऋग्वेद' तथा 'भारतीय नवजागरण और यूरोप' जैसे ग्रन्थों की मुख्य स्थापना यही है। तात्पर्य यह कि भारतीय नवजागरण में यूरोप का कोई योग नहीं है; बल्कि यूरोप के नवजागरण में भारत की ही महत्त्वपूर्ण भूमिका है। कहना न होगा कि यह एक प्रकार से यूरोपीय विद्वानों के कुख्यात 'ओरिएंटलिज्म' के जवाब में दूसरा 'अन्धराष्ट्रवादी प्राच्यवाद' है! भारतीय प्राच्यवाद की यह प्रतिक्रिया उतनी

ही विकृत है जितनी पाश्चात्य प्राच्यवाद की आक्रामक क्रिया दूषित थी। रामविलास जी का यह आक्रामक प्राच्यवाद दयानन्द के आर्यवाद से ज्यादा खतरनाक है क्योंकि यह आज संघ परिवार के फासिस्ट इरादों को एक हथियार प्रदान कर रहा है—बन्दर के हाथ उस्तरा देने से भी खतरनाक।

दरअसल बीसवीं सदी में रामविलास जी ने *ऋग्वेद* के साथ लगभग वैसा ही सलूक किया, जैसा उन्नीसवीं सदी में दयानन्द ने किया। उद्देश्य भी एक ही था : भारतीय नवजागरण। नवजागरण के लिए दयानन्द ने *ऋग्वेद* का एक नया भाष्य शुरू किया तो रामविलास जी ने भी नब्बे के दशक में लिखी सभी किताबों में टुकड़े-टुकड़े ऐसा ही कार्य किया—निश्चय ही आर्यसमाजी सातवलेकर के हिन्दी ऋग्वेद की मदद से, क्योंकि दयानन्द सिर्फ 72 वैदिक मंत्रों का ही भाष्य कर पाए थे।

इस प्रसंग में रामविलास जी दयानन्द की 'देशज' प्रतिभा की दाद देते समय यह भूल जाते हैं कि *ऋग्वेद* में दयानन्द की दिलचस्पी का श्रेय एक तरह से पाश्चात्य प्राच्यविदों को ही है। यह सही है कि दयानन्द को अंग्रेजी शिक्षा नहीं मिली थी। लेकिन रामविलास जी तो अंग्रेजी के ही अध्यापक थे। आर्य यूरोप से भारत भले ही न आए हों, आधुनिक युग में *ऋग्वेद* तो यूरोप होकर ही आया—यह मोटी-सी बात रामविलास जी न जानते रहे होंगे, यह कहना भी पाप है।

दयानन्द ने अपनी 'ऋग्वेद भाष्य भूमिका' 1878 में लिखी जबकि 1838 में फ्रीड्रिख रोज़ेन ने *ऋग्वेद* का लगभग आठवाँ भाग कलकत्ता से प्रकाशित कर दिया था। इसके बाद 1840 के आसपास पेरिस में 'कालेज दि फ्रांस' में संस्कृत के प्रोफेसर यूजीन बुर्नूफ ने *ऋग्वेद* पर काम शुरू किया और उन्हीं के शिष्य रूडोल्फ रोठ ने जर्मनी में वेद विद्या की नींव डाली। इसी परम्परा में आगे चलकर जर्मन मैक्स मूलर ने इंग्लैंड में *ऋग्वेद* का प्रथम संस्करण 1849 में प्रकाशित किया और यह कार्य 1875 में सम्पन्न हुआ। औरों की नहीं, मैक्स मूलर के वेद-सम्बन्धी प्रयास की सूचना उस समय ही भारतीय पंडितों को निश्चय ही थी। इसलिए दयानन्द इस सूचना से एकदम अनजान रहे होंगे, यह मानना कठिन है। यह तो तथ्य है कि दयानन्द कलकत्ता गए थे और वहाँ वे ब्रह्मसमाज के सम्पर्क में आए। ब्राह्मो विद्वानों की रुचि राजा राममोहन राय के जमाने से ही वेदों की अपेक्षा उपनिषदों में थी। फिर दयानन्द को वेदोन्मुख होने की प्रेरणा भारत के अन्दर और किस स्रोत से मिली ? जब तक इस प्रश्न का कोई ठोस उत्तर नहीं मिलता तब तक यही स्वीकार करना पड़ेगा कि यूरोपीय विद्वानों ने ही उन्नीसवीं सदी में भारतीयों को वेदों के पुनरुद्धार के लिए प्रेरित किया। निश्चय ही दयानन्द ऐसे भारतीय विद्वानों में अग्रणी और लोकप्रसिद्ध हैं। लेकिन यह न भूलना चाहिए कि उन्नीसवीं सदी में भारत के पंडितों के बीच यदि दयानन्द महर्षि कहलाते थे तो मैक्स मूलर भी मोक्ष मूलर भट्टाचार्य के रूप में विख्यात थे और कुछ लोग तो उन्हें ऋषि भी मानने लगे थे। दयानन्द से पहले ही मैक्स मूलर ने ही *ऋग्वेद* को

ध्यान में रखते हुए कहा : 'वह हमारी (यूरोप की) बचपन की उन स्मृतियों को पुनर्जीवित करता है जो हमेशा-हमेशा के लिए लुप्त हो गईं।' इसी क्रम में उन्होंने यह भी कहा कि 'हम सभी पूर्व से आए हैं और वह सब भी पूर्व से ही आया है जिसे हम मूल्यवान समझते हैं। इसीलिए पूर्व की ओर जाने का अर्थ है—अपने पूर्ववर्ती 'प्राचीन घर' की ओर वापसी।'

इस तरह मैक्स मूलर को *ऋग्वेद* पढ़कर अपना 'घर' याद आया तो फिर दयानन्द को भी अपना 'घर' क्यों न याद आए ? इसलिए तो और भी कि वह 'घर' दूसरों के कब्जे में था!

लेकिन रामविलास जी दयानन्द के *ऋग्वेद* पर ऐसे समय आए जब घर तो अपना हो गया लेकिन अब उसके अन्दर रहनेवाले ही घर की तोड़-फोड़ में लगे हैं और कुछ अपने ही लोगों को बाहर निकालने या घाट उतारने पर तुले हुए हैं। यह वही दशक है जिसमें अयोध्या की बाबरी मस्जिद का विध्वंस हुआ। इस विध्वंस में ऐसे लोग भी शामिल थे जो आर्यों के बारे में प्रायः दयानन्द के ही विचारों को दुहराते हैं और कुछ तो आर्यसमाज से ही संघ परिवार में आए भी हैं। इस विध्वंसक गिरोह में ऐसे लोगों की संख्या काफी है जो महावीरप्रसाद द्विवेदी की 'सरस्वती' को नहीं जानते लेकिन सभी स्कूलों में सरस्वती देवी की वन्दना को अनिवार्य बनाने पर तुले हुए हैं। इधर रामविलास जी हैं कि 'सरस्वती' पत्रिकावाले नवजागरण को भूलकर अब आर्यों की लुप्त सरस्वती नदी के नाम पर पुनर्जागरण करनेवालों के समर्थन में सामग्री जुटा रहे हैं। सरस्वती की इतनी चिन्ता तो स्वयं दयानन्द सरस्वती को भी न थी।

दयानन्द रामविलास जी के अन्दर कहीं इस कदर बैठे हैं कि भगतसिंह और रामप्रसाद बिस्मिल जैसे क्रान्तिकारियों के प्रसंग में भी याद आए बिना नहीं रहते। 'स्वाधीनता आन्दोलन : बदलते परिप्रेक्ष्य' (1992) में क्रान्तिकारियों के योगदान की चर्चा करते हुए वे फिर दयानन्द को याद करते हैं और बाद में वे उन्हें कबीर के बराबर खड़ा कर देते हैं। लिखते हैं : 'स्वामी दयानन्द ने सभी धर्मों की रूढ़ियों पर प्रहार किया था, उनका यह कार्य कबीर की परम्परा के अनुरूप था। कबीर पंथ की आलोचना के बावजूद उनके और कबीर के तर्कों और उनकी तर्क-शैली में भी बहुत बड़ी समानता है। यह तर्क-शैली मनुष्य को स्वतंत्र चिन्तन की ओर ले जानेवाली थी। रामप्रसाद बिस्मिल, लाला लाजपत राय और सरदार भगत सिंह इस स्वतंत्र चिन्तन की श्रेष्ठ देन हैं।' (पृ. 122)

आज कोई चाहे तो रामविलास शर्मा का नाम भी इस सूची में जोड़ सकता है, क्योंकि कबीर और दयानन्द की तर्क-शैली में समानता हो-न हो, दयानन्द और रामविलास जी की तर्क-शैली में काफी समानता है। समानता इस बात में भी है कि सारे विचार-स्वातन्त्र्य के बावजूद वेदों में आस्था दोनों की ही अडिग है।

वैसे, विचार-स्वातन्त्र्य के कारण ही किसी समय राहुल जी भी दयानन्द की ओर आकृष्ट हुए थे—यहाँ तक कि लगभग दस वर्षों तक उन्होंने आर्यसमाज के प्रचारक का भी काम किया। लेकिन 'आर्य सामाजिक संकीर्णता' देखकर अन्ततः वे 'आर्यसमाज' से बाहर आ गए। यही विचार-स्वातन्त्र्य उन्हें बुद्ध की ओर ले चला।

बुद्ध के विचार-स्वातन्त्र्य के कायल आज रामविलास जी भी हैं। 'भारतीय संस्कृति और हिन्दी प्रदेश' (1999) के पहले भाग में उन्होंने यह स्वीकार किया है : 'बुद्ध की सबसे शानदार घोषणा यह है कि किसी ने कहा, इसलिए मान लिया, किसी पुस्तक में लिखा है, इसलिए मान लिया। श्रद्धावश मान लिया, ऐसा न करना चाहिए। अपने विवेक से काम लेना चाहिए और विवेक से बढ़कर अनुभव से देखना चाहिए कि यह बात सही है या गलत। उन्होंने कालामो से कहा...' यह कहकर अपनी प्रिय उद्धरण-शैली के अनुसार बुद्ध के मूल वचन का अविकल हिन्दी भाषान्तर प्रस्तुत कर दिया है : 'हे कालामो! आओ। तुम किसी बात को केवल इसलिए मत स्वीकार करो कि यह बात अनुश्रुत है, केवल इसलिए मत स्वीकार करो कि यह बात परम्परागत है, केवल इसलिए मत स्वीकार करो कि यह बात इसी प्रकार कही गई है, केवल इसलिए मत स्वीकार करो कि यह हमारे धर्मग्रन्थ (पिटक) के अनुकूल है, केवल इसलिए मत स्वीकार करो कि यह तर्कसम्मत है, केवल इसलिए मत स्वीकार करो कि यह न्याय (शास्त्र)-सम्मत है, केवल इसलिए मत स्वीकार करो कि आकार-प्रकार सुन्दर है, केवल इसलिए मत स्वीकार करो कि यह हमारे मन के अनुकूल है, केवल इसलिए मत स्वीकार करो कि कहनेवाले का व्यक्तित्व आकर्षक है, केवल इसलिए मत स्वीकार करो कि कहने वाला श्रमण हमारा पूज्य है। हे कालामो, जब तुम आत्मानुभव से अपने-आप यह जानो कि ये बातें अकुशल हैं, ये बातें सदोष हैं, ये बातें विज्ञ पुरुषों द्वारा निन्दित हैं, इन बातों के अनुसार चलने से अहित होता है, दुःख होता है, तो हे कालामो, तुम उन बातों को छोड़ दो।' (पृ. 588)

'अंगुत्तर निकाय' (भाग 1, पृ. 192) से बुद्ध का यह कथन उद्धृत करने के ठीक बाद रामविलास जी जोड़ते हैं : 'इससे मिलती-जुलती घोषणा तैत्तिरीय उपनिषद में है। आचार्य ने शिष्य से कहा—*यानि अनवद्यानि कर्माणि तानि सेवितव्यानि नो इतराणि। यानि अस्माकं सुचरितानि तानि त्वया उपास्यानि नो इतराणि।* हमारे जो अनिन्दित कर्म हैं, उन्हीं का सेवन करना, दूसरों का नहीं। जो हमारे सुचरित हैं, उन्हीं को उपास्य समझना, दूसरों को नहीं।' (1.11.2)

अब सवाल यह है कि क्या उपनिषद की बातें बुद्ध के बयान से 'मिलती- जुलती' हैं? कोई भी सामान्य पाठक स्पष्ट अन्तर देख सकता है। बुद्ध ने कहा था कि 'केवल इसीलिए मत स्वीकार करो कि यह बात इसी प्रकार कही गई है।' फिर भी रामविलास जी बुद्ध के वचन के साथ उससे 'मिलती-जुलती' (?) बात क्यों प्रस्तुत करते हैं? और वह भी स्थूलाक्षरों में, जबकि बुद्ध की 'शानदार घोषणा' पतले अक्षरों

में है? बुद्ध 'श्रुति' का निषेध कर रहे हैं, और परम्परा का भी, फिर भी रामविलास जी हैं कि पूर्व परम्परा और वह भी वैदिक परम्परा के उपनिषद का हवाला देने से बाज नहीं आ रहे तो क्यों? क्या यह उनका वैदिक पूर्वग्रह नहीं है? यह कैसा विचार-स्वातन्त्र्य है—जिसमें हर बात के लिए वैदिक मुहर जरूरी है? जिसके लिए हर बात वेद में पहले ही से मौजूद है, उसके लिए तो बुद्ध के विचार-स्वातन्त्र्य का भी वेदों में नहीं तो वेदान्त यानी उपनिषदों में होना अनिवार्य है।

सम्भवतः यही वजह है कि रामविलास जी दयानन्द से चिपके हुए हैं। विडम्बना यह है कि जिस आर्यसमाज को राहुल जी 1920 के आसपास छोड़ चुके थे, उसी आर्यसमाज की ओर रामविलास जी 70 साल बाद लौट रहे हैं—वह भी ऐसे समय जब आर्यसमाज से जुड़े बहुत से लोग राष्ट्रीय स्वयंसेवक संघ, विश्व हिन्दू परिषद्, बजरंग दल, भारतीय जनता पार्टी आदि में से किसी-न-किसी संगठन के साथ हो चले हैं। 1920 के आसपास तो बात कुछ और थी। उस समय तो लाला लाजपत राय जैसे आर्यसमाजी भी स्वाधीनता-संग्राम के अग्रणी नेताओं में थे। यही नहीं, बल्कि प्रेमचन्द जैसे लोक-हृदय साहित्यकार भी आर्यसमाज से सहानुभूति रखते थे। इसलिए बीसवीं सदी के आरम्भ में राहुल जी का आर्यसमाज की ओर उन्मुख होना समझ में आता है। राहुल जी उन्हीं ब्राह्मणवादी रूढ़ियों से मुक्त होने के लिए दयानन्द के मार्ग पर आए थे जिनसे हिन्दू समाज को मुक्त करने के लिए दयानन्द ने पूरे उत्तर भारत में अभियान चलाया था।

वैसे, रामविलास जी को भी आर्यसमाज के पथभ्रष्ट होने की आशंका थी। पूर्वोक्त प्रसंग में ही उन्होंने यह एक वाक्य ऐसा लिखा भी है : 'आर्यसमाज के आन्दोलन को भी साम्प्रदायिक रूप देकर उसके क्रान्तिकारी तेज को नष्ट किया जा सकता है।' (पृ. 121)। लेकिन 1992 में जब उन्होंने यह आशंका व्यक्त की थी, वह वास्तविकता में बदल चुकी थी और आर्यसमाज का एक हिस्सा साम्प्रदायिक हो चुका था। फर्क इतना ही है कि रामविलास जी का दयानन्द-मोह उसे साफ-साफ स्वीकार करने के लिए तैयार नहीं था।

नवजागरण के साथ ही रामविलास जी की मुख्य चिन्ता है—परम्परा की रक्षा। अपने एक लेख में उन्होंने स्वयं कहा है कि 'मेरे लेखों में परम्परा की रक्षा और उसके विकास पर काफी जोर है।' इस लेख का शीर्षक है : 'प्रगतिशील साहित्यिक आन्दोलन, मार्क्सवाद और मेरी किताबें'। यह लेख खास तौर से 'मार्क्सवाद और प्रगतिशील साहित्य' (1984) नामक पुस्तक के लिए लिखा गया है। इससे पहले 'परम्परा का मूल्यांकन' (1981) के आरम्भ में ही उन्होंने परम्परा के महत्त्व पर प्रकाश डालते हुए लिखा है : 'जो महत्त्व ऐतिहासिक भौतिकवाद के लिए इतिहास का है, वही आलोचना के लिए साहित्य की परम्परा का है।...ऐतिहासिक भौतिकवाद कुछ अमूर्त सिद्धान्तों का संग्रह नहीं है, वह मानव-समाज के इतिहास का मूर्त ज्ञान है।

वैसे ही प्रगतिशील आलोचना किन्हीं अमूर्त सिद्धान्तों का संकलन नहीं है, वह साहित्य की परम्परा का मूर्त ज्ञान है। और यह ज्ञान उतना ही विकासमान है जितना साहित्य की परम्परा।' (पृ. 9)

इस सन्दर्भ में उल्लेखनीय है कि 1948 में उनके निबन्धों का जो संकलन प्रकाशित हुआ था, उसका शीर्षक था : 'प्रगति और परम्परा'। प्रगति पहले, परम्परा पीछे। यह उस समय तक प्रकाशित निबन्धों का दूसरा ही संकलन था। इसके बाद परम्परा फिर 'परम्परा का मूल्यांकन' (1981) में ही दिखाई पड़ी—एकदम अकेली। 'प्रगति' कहीं पीछे छूट गई।

1948 के बाद हिन्दी में वह दौर शुरू हुआ जिसमें 'परम्परा और आधुनिकता' पर बहस की शुरुआत हुई। इस बहस में रामविलास जी ने कभी भाग लिया हो, याद नहीं आता। आधुनिकतावाद के साथ ही आधुनिकता से भी उन्हें सम्भवतः परहेज था। किन्तु इस क्रम में उन्होंने 'परम्परा' की भी कोई व्याख्या प्रस्तुत करने की कोशिश शायद ही कहीं की हो। अधिक-से-अधिक वे कभी भारतेन्दु की परम्परा की बात करते थे तो कभी प्रेमचन्द की परम्परा की या फिर रामचन्द्र शुक्ल की परम्परा की। इस बात की ओर उनका ध्यान नहीं गया कि 'परम्परा' के ये प्रयोग सम्प्रदाय-निर्माण का अर्थ व्यंजित करते हैं। मध्यकालीन सन्तमत में कबीर पंथ, दादू पंथ, निरंजन पंथ का प्रचलन तो रहा है, किन्तु साहित्य में किसी कवि या लेखक के नाम पर परम्परा कायम करने की कोशिश नहीं हुई। इस नई परम्परा का श्रेय निश्चय ही रामविलास जी को है। कहानी के क्षेत्र में अवश्य एक समय कुछ लोगों ने 'प्रसाद स्कूल' और 'प्रेमचन्द स्कूल' चलाने की कोशिश की, किन्तु इसे स्वयं प्रेमचन्द ने ही खारिज कर दिया।

नृत्य, संगीत आदि क्लासिकी कलाओं तथा कुछ प्राचीन शास्त्रों में प्रायः गुरु-शिष्य परम्परा की चर्चा होती है और उन क्षेत्रों में इसका मान भी है। यहाँ इसी तरह का एक शब्द और चलता है—'घराना'। इस 'घराना' शब्द का प्रयोग जब राजघरानों के लिए किया जाता है तो वहाँ वंशावली और कुर्सीनामा को लेकर बहस होती है।

सम्भवतः इन्हीं सब बातों को ध्यान में रखकर अडोर्नो ने 'परम्परा' को एक 'सामन्ती' अवधारणा कहा था। धार्मिक सम्प्रदायों और रजवाड़ों के आपसी झगड़े परम्परा के सामन्ती उद्भव की ओर स्पष्ट संकेत करते हैं। इसीलिए यहाँ परम्परा की अटूट निरन्तरता का बड़ा महत्त्व है। इस सन्दर्भ में वैदिक धर्म को सनातन धर्म कहने के आग्रह का भी अर्थ खुल जाता है। सम्भवतः इसीलिए सनातनता के साथ ही किसी परम्परा की प्राचीनता भी अपने-आपमें एक मूल्य हो जाती है। परम्परा का प्रश्न उठते ही पहला सवाल यही किया जाता है कि आपकी परम्परा कितनी पुरानी है? यह अकारण नहीं है कि मध्यकाल के सभी राजघरानों में अपने-आपको वैदिक काल के सूर्यवंश या चन्द्रवंश में से किसी एक से जोड़ने की होड़ लगी हुई थी।

इस प्रक्रिया में कुछ मिथक भी गढ़े जाते हैं और परम्परा एक तरह से 'मिथक' बन जाती है। यदि यह सच है तो स्पष्टतः परम्परा इतिहास नहीं है। अधिक-से-अधिक परम्परा को 'संकलित इतिहास' या 'पुनर्निर्मित इतिहास' कहा जा सकता है। रामविलास जी भी इतिहास और परम्परा का प्रयोग अलग-अलग ही करते हैं किन्तु उन दोनों को साथ-साथ देखकर कभी-कभी एक होने का भ्रम भी होता है। प्राचीन काल में अपने यहाँ संस्कृत के पंडित भी इतिहास-पुराण का नाम साथ-साथ ही लेते थे। रामविलास जी की खूबी यह है कि अक्सर वे इतिहास भी पुराण की तरह लिखते हैं। इसलिए सामान्य पाठक के लिए यह निर्णय करना कठिन हो जाता है कि पुराण कहाँ खत्म होता है और इतिहास कहाँ शुरू होता है। शायद इसीलिए कुछ इतिहासकारों की दृष्टि में रामविलास जी इतिहास के नाम पर पुराण ही रचते हैं।

*ऋग्वेद* के आर्यों का जैसा दिव्य चित्र रामविलास जी ने प्रस्तुत किया है, उससे तनिक भी आभास नहीं होता कि वे आपस में कभी लड़ते भी थे। पूरा समाज योगियों का ऐसा अखाड़ा मालूम होता है जो हर समय कविता करने, गीत गाने और आग जलाकर नाचने में मग्न रहता था। अश्वों के लिए प्रसिद्ध आर्यों की दुनिया में दिग्विजय के अश्व भले ही हिनहिनाते दिखें, युवा कवि हरीशचन्द्र पांडे के वे 'लद्दू घोड़े' कहीं न मिलेंगे—'जबकि किसी भी स्वर्ण युग की कल्पना/बिना जख्मी पीठों के सम्भव नहीं।'

सच तो यही है कि 'सभ्यता का ऐसा कोई भी दस्तावेज नहीं है जो साथ-ही-साथ बर्बरता का भी दस्तावेज न हो।' वाल्टर बेन्जामिन की यह उक्ति रामविलास जी के ध्यान में शायद ही कभी आई हो! जबकि राहुल जी के 'ऋग्वैदिक आर्य' इस कटु सत्य का स्मरण बराबर कराते हैं। कहीं रामविलास जी के मन में भी कोई 'राहुल-ग्रन्थि' तो नहीं थी? इस ग्रन्थि का जिक्र सिर्फ इसलिए कि उनके लेखे पन्त भी 'निराला-ग्रन्थि' से पीड़ित थे! वरना कहाँ *ऋग्वेद* और कहाँ रामविलास! निराला क्या कम थे?

लेकिन सवाल परम्परा की 'रक्षा' का है? रक्षा क्यों और किससे? पतंजलि ने भी 'व्याकरण महाभाष्य' के आरम्भ में 'रक्षा' का प्रश्न उठाते हुए कहा था कि 'रक्षार्थं वेदानामध्येयं व्याकरणम्'। वेदों की रक्षा के लिए व्याकरण पढ़ना चाहिए। रक्षा का प्रश्न तभी उठता है जब कोई संकट हो! बुद्ध के धर्मचक्र प्रवर्तन और देवानां प्रिय अशोक के सम्राट होने के बाद वेदों को संकट में तो होना ही था। इधर हिन्दी में रामविलास जी के भी कुछ अपने वेद थे और उनके लिए यही परम्परा थी। इसकी तनिक-सी भी आलोचना उनकी दृष्टि में परम्परा पर हमला था। कहना न होगा कि यह 'रक्षा' शब्द ही आलोचना कर्म को धर्मयुद्ध में बदल देता है। टी.एस. इलियट ने भी सम्भवतः इसीलिए अपने आलोचनात्मक निबन्धों के प्रथम संग्रह का नाम 'पवित्र वन' रखा था। आखिर 'परम्परा और वैयक्तिक प्रतिभा' निबन्ध परम्परा की रक्षा के लिए ही तो लिखा गया था!

'परम्परा की रक्षा' में ही यह भाव निहित है कि परम्परा पवित्र है और जो पवित्र है, उसकी सिर्फ पूजा की जा सकती है; आलोचना की कोशिश की गई तो उसकी पवित्रता नष्ट हो जाएगी।

रामविलास जी परम्परा की रक्षा के साथ ही 'विकास' की भी बात करते हैं और यहाँ भी विकास का तात्पर्य 'निर्वाह' ही है, उसमें अपनी ओर से कुछ नया जोड़ने की कोई गुंजाइश यहाँ नहीं है। इस प्रसंग में विकास बहुत कुछ वैसा ही कार्य है, जैसे किसी सूत्र पर 'वृत्ति' और भाष्य! परम्परा की रक्षा तभी हो सकती है जब उसके मूल को अविकल सुरक्षित रखा जाए। अधिक-से-अधिक यहाँ पल्लवन की अनुमति है, और उसी का नाम विकास है। इस सीमा का उल्लंघन परम्परा का प्रतिवाद है। उसे परम्परा का विकल्प या वैकल्पिक परम्परा भी कह सकते हैं। कहना न होगा कि परम्परा के प्रति यह सनातनी दृष्टि है और रामविलास जी अन्ततः विकास, प्रगति आदि शब्दों का प्रयोग करने के बावजूद 'पवित्र वन' के उस ईसाई धर्मराज की तरह हैं जो अपने वन की रक्षा के लिए हाथ में नंगी तलवार लिये चौकन्ना घूमता रहता है और इस चिन्ता में उससे पलकें एक पल के लिए भी नहीं झपकतीं।

परम्परा का ऐसा सजग प्रहरी परम्परा को प्रमाण मानने के लिए अभिशप्त है। परम्परा को चुनौती देने की बात तो वह कभी सोच भी नहीं सकता। इसीलिए गौतम बुद्ध ने कालामो से कहा था कि 'केवल इसलिए मत स्वीकार करो कि यह बात परम्परागत है!' राहुल जी का रास्ता यहीं से अलग हो जाता है।

'ऐतिहासिक स्मृति' से अधिक परम्परा का कोई अर्थ नहीं है और विस्मृति भी इस स्मृति का ही एक अभिन्न अंग है। किसी व्यक्ति या जाति में भूलने का माद्दा न हो तो यादों के दबाव से माथा फट जाए! इसीलिए जैसाकि वाल्टर बेन्जामिन का कहना था, परम्परा की निरन्तरता को कभी-कभी पलीता लगाकर बीच से उड़ा देना जरूरी हो जाता है। शायद इसीलिए यादें सिलसिलेवार नहीं आतीं—यहाँ तक कि उनमें अन्तराल भी आते हैं। गौतम बुद्ध का 'प्रतीत्य समुत्पाद' सम्भवतः इसी ओर संकेत करता है। इस दृष्टि से परम्परा वस्तुतः विच्छिन्न प्रवाह है : फिर यह परम्परा चाहे इतिहास की हो, चाहे संस्कृति अथवा साहित्य की!

प्रवाह को विच्छिन्न किए बिना सिर्फ पुरावृत्ति ही होती है—पुरावृत्त में भी और उसे रचनेवाली चित्तवृत्ति में भी। स्वयं रामविलास जी का परवर्ती इतिहास-लेखन इसका सबसे सटीक उदाहरण है। विडम्बना यह है कि ऐसा करते ऊब भी नहीं महसूस होती, अब औरों को हो तो हो, खुद को धीरे-धीरे रस आने लगता है। गोया पूरा इतिवृत्त राम का नाम हो—बस, जपते जाइए :

*केसवदास आठो याम, राम राम राम राम*
*जपत रहत न डरत पुनरुक्ति को!*

और रामविलास जी निश्चय ही केशवदास तो नहीं ही कहलाना चाहेंगे।

परम्परा-मोह के साथ एक मुश्किल और है, और वह है उसके उद्गम यानी 'ओरिजिन' का पता लगाने की झक। यूरोपवालों ने भारोपीय भाषाओं के मूल स्रोत का पता लगाने के लिए आदि भारोपीय भाषा (अर्थात् प्रोटो-इंडो-यूरोपियन) की रूपरेखा बनाने में पूरी उन्नीसवीं सदी और फिर उसके बाद के भी कई दशक बर्बाद कर दिए। इधर उसका खंडन करके वैदिक आर्यभाषा को ही आदि भारोपीय भाषा साबित करने के लिए रामविलास जी ने 'भारत के प्राचीन भाषा परिवार और हिन्दी' नामक तीन जिल्दों के डेढ़ हजार पृष्ठ और अपने जीवन के अमूल्य डेढ़ दशक सर्फ कर दिये। यही नहीं, बल्कि वैदिक भाषा बोलनेवाले आर्यों को भारत का मूल निवासी साबित करने के लिए भाषायी दलीलों के अलावा पुरातत्त्व के उस प्रदेश में प्रवेश कर गए जो उनके लिए नितान्त अनजाना रहा है। उस बीहड़ सफर में अन्ततः वे सरस्वती नदी के कछार में ऐसे फँसे कि निकलने का रास्ता न सूझे।

इस प्रसंग में अनायास ही कुँवर नारायण की वर्षों पहले की लिखी कविता 'आदमी अध्यवसायी था' याद आ रही है। लिखी तो गई थी वह किसी अन्य प्रसंग के लिए, लेकिन रामविलास जी के 'अध्यवसाय' को देखते हुए पूरी तरह चस्पाँ बैठती है :

*उसको छूती आँखों का अधैर्य कि वह पारस क्यों नहीं*
*जो छूते ही चीजों को सोना कर दे? क्यों खोजना पड़ता है*
*मिथकों में, वक्रोक्तियों में, श्लेषों में, रूपकों में*
*झूठ के उलटी तरफ क्यों इतना रास्ता चलना पड़ता है*
*एक साधारण सचाई तक पहुँच पाने के लिए?*

यह विडम्बना नहीं तो और क्या है कि रामविलास जी ने *ऋग्वेद* की नदी सरस्वती के लुप्त होने के लिए जितनी कल्पना दौड़ाई, उसका शतांश भी यह सोचने में नहीं लगाया कि सभ्यताएँ—बड़ी सभ्यताएँ क्यों लुप्त हो जाती हैं; जैसे—सुमेर, माया या फिर अपने ही देश की हड़प्पा। इतना ही नहीं, बल्कि जो लुप्त नहीं हुईं, वे इतिहास के प्रवाह में प्रवाह-पतित क्यों हो गईं—पिछड़ क्यों गईं; जैसे—प्राचीन ग्रीक सभ्यता, प्राचीन रोमन सभ्यता और अपनी प्राचीन वैदिक सभ्यता?

यह सच है कि हमारी वैदिक सभ्यता लुप्त नहीं हुई, लेकिन पिछड़ तो गई ही। यह तो स्वीकार करना ही पड़ेगा। गनीमत है, रामविलास जी भी इस कड़वे सच को स्वीकार करते हैं। लेकिन आधा। आज तो पिछड़े हैं, लेकिन पहले दुनिया में सबसे आगे थे। पिछड़ने का सारा दोष अंग्रेजी राज पर। इस एक दोष को साबित करने के लिए रामविलास जी ने जितने पन्ने ज़ाया किए हैं, उसके आधे भी खुद अपनी यानी अपने सामाजिक ढाँचे की कमजोरियों को रेखांकित करने में लगाते तो पिछड़ेपन को दूर करने में थोड़ी मदद मिलती। इसके साथ ही अतीत के इतिहास

का चित्र भी अपेक्षाकृत अधिक यथार्थ होता और अपनी पुरानी परम्परा का मिथ्या गर्व भी थोड़ा कम होता।

दरअसल परम्परा के आदिस्रोत की खोज में निकलना भी एक जोखिम का काम है। पीछे जाने में खतरा यह है कि आगे जाने की बात ही भूल जाती है या फिर पीछे चलते-चलते मुसाफिर इतना थक जाता है कि आगे बढ़ने की ताकत ही नहीं बचती। यह आकस्मिक नहीं है कि 'प्रगति और परम्परा' के लेखक को फिर प्रगति की ओर बढ़ने की सुध ही न रही। प्रसंगवश फ़िराक साहब एक बार फिर याद आ रहे हैं और इस बार उनकी रुबाई :

*दामन उनका माज़ी से अटका सौ बार,*
*खाया हठधर्मियों का झटका सौ बार।*
*माज़ी के दोश पर गए थे चढ़ने,*
*माज़ी ने उठा-उठा के पटका सौ बार।*

इसके बाद भी कुछ माज़ीपरस्त पहलवान धूल झाड़कर दुबारा खड़े होने का हौसला रखते ही हैं, लेकिन उनसे क्या कलाम ? शायद वे भूत को ही भविष्य समझते हैं। ऐसे लोग पुनरुत्थानवादी कहलाते हैं और जाहिर है कि रामविलास जी जैसा मार्क्सवादी पुनरुत्थानवादी नहीं हो सकता, लेकिन दूसरों को पुनरुत्थानवादी कहने का हक तो उसे है ही। इसी अधिकार से रामविलास जी ने हजारीप्रसाद द्विवेदी को मरणोपरान्त पुनरुत्थानवादी घोषित किया। 'लोकजागरण और हिन्दी साहित्य' (1985) नामक पुस्तक की भूमिका में उन्होंने लिखा है कि हजारीप्रसाद द्विवेदी का साहित्य-चिन्तन 'हिन्दू पुनरुत्थानवाद से गम्भीर रूप से सम्बद्ध है।' (पृ. 90)

क्या विडम्बना है—वेदों की ओर लौटने का आह्वान करनेवाले दयानन्द तो हुए नवजागरण के अग्रदूत और कबीर के पक्ष से संघर्ष करनेवाले हजारीप्रसाद द्विवेदी 'हिन्दू पुनरुत्थानवाद' से सम्बद्ध ही नहीं, गम्भीर रूप से सम्बद्ध! रामविलास जी की कृपा से द्विवेदी जी यहाँ भी राहुल जी की अच्छी सोहबत में हैं।

हकीकत क्या है, यह जानने के लिए द्विवेदी जी के एक बहुत पुराने निबन्ध 'शव-साधना' (1944) का जिक्र अप्रासंगिक न होगा। निबन्ध में द्विवेदी जी कहते हैं : 'मैं जब-जब अपने देश के प्राचीन आचार-विचार और क्रिया-कलाप के अध्येताओं को देखता हूँ, तब-तब मुझे उस तांत्रिक शव-साधना की बात याद आ जाती है। शव-साधक शव को ही अपना लक्ष्य नहीं मानता, परन्तु फिर भी शव का कितना आदर उसके चित्त में होता है! मरे जमाने की पीठ पर बैठकर जो पंडित आज ज्ञान की साधना कर रहे हैं, वे भी प्राचीन और मरे हुए काल को उतना ही महत्त्वपूर्ण मानते हैं।...परन्तु हमारे प्राचीन ज्ञान का लक्ष्य क्या सभी साधकों को मालूम है? प्राचीन मर चुका है, वह जी नहीं सकता, फिर भी उसकी अच्छी जानकारी हुए बिना सिद्धि नहीं

हो सकती।...हम ऐसे साधकों को जानते हैं जिन्होंने अपने गम्भीर अध्यवसाय से प्राचीन युग का मुख अपनी ओर फेर लिया है।'

रामविलास जी द्विवेदी जी की इस 'शव-साधना' से अपरिचित नहीं हैं। सच तो यह है कि 1955-56 में द्विवेदी जी ने इस 'शव-साधना' के रूपक पर आधारित एक भाषण दिया था जिसकी अध्यक्षता रामविलास शर्मा ने ही की थी। सम्मेलन प्रगतिशील लेखक संघ का था। काशी में। द्विवेदी जी ने उद्घाटन भाषण दिया था। संयोजक के नाते पूरा दृश्य आज भी मेरी आँखों के सामने है। उद्घाटन-भाषण खत्म होते ही अध्यक्ष की कुर्सी से रामविलास जी ने अपने खास अन्दाज में टिप्पणी की : 'और कहीं शव का मुख उलटने के बदले साधक का ही मुख उलट जाए तो?'

द्विवेदी जी चुप। सभा में छत-फाड़ ठहाका।

अब रामविलास जी चुप हैं और इतिहास अट्टहास कर रहा है :

क्या वही सवाल रामविलास जी ने खुद अपने आपसे कभी पूछा?

क्यों पूछते? उनकी दिलचस्पी तो शव-परीक्षा में थी, शव-साधना में नहीं। और शव-परीक्षा के नुस्खे भी उन्होंने स्वामी दयानन्द से सीखे। खास तौर से शास्त्रार्थ के लिए। स्वामी जी ने गढ़ मुक्तेश्वर में गंगा से बहता शव निकाला; छुरी से चीरा; हृदय और मस्तिष्क की संरचना की परीक्षा की; शरीर-विज्ञान पर लिखी किताबों से भिन्न निष्कर्ष पाया; किताबें फाड़ डालीं और उन्हें भी शव के साथ बहा दिया। रामविलास जी ने इस शव-परीक्षा की दाद दी और ऐलान किया : यह है यथार्थवाद! यथार्थवाद ही नहीं, दार्शनिक यथार्थवाद! गनीमत है, भौतिकवाद नहीं कहा। वैसे भी भौतिकवाद का नाम अब कम ही लेते हैं।

प्रसंगवश उनके जीवन-दर्शन की पारिभाषिक शब्दावली में अब काफी उलट-फेर हो चुका है। अब वे 'डायलेक्टिक्स' को 'द्वन्द्ववाद' नहीं, बल्कि 'अनेकान्तवाद' कहते हैं और तर्क गढ़कर इसके औचित्य को समझाते भी हैं। अब उन्हें सर्वात्मवाद इतना भा गया है कि किसी-न-किसी बहाने 'सर्वं खलु इदं ब्रह्म' को मंत्र की तरह जपते रहते हैं। यह सर्वात्मवाद वही है जिसे यूरोपवाले 'पैंथिइज्म' कहते हैं और जो शेली जैसे कवियों का प्रिय दर्शन था। मार्क्स को शेली में समाजवादी होने की सम्भावना दिखी थी। रामविलास जी के लिए ये सूत्र पर्याप्त थे। उन्होंने सर्वात्मवाद में द्वन्द्वात्मक भौतिकवाद यानी मार्क्सवाद देख लिया!

ऐसे चमत्कार योग में ही सम्भव हैं और आकस्मिक नहीं कि रामविलास जी को ढलती उम्र में सहसा योग की शक्ति में विश्वास होने लगा। कोई इसे एकदम आकस्मिक परिवर्तन न समझ ले, इसलिए रामविलास जी ने 1995 में अपने तीन अनुवादों का पुनर्मुद्रण करवाया। ये सभी किताबें विवेकानन्द की हैं : 1. 'भक्ति और वेदान्त', 2. 'राजयोग', 3. 'कर्मयोग'। ये सारे अनुवाद रामविलास जी ने 1933 में किए थे। गरज कि योग में उनकी दिलचस्पी पहले भी थी। वैसे योग में

आस्था प्रगट हुई है ढलती उम्र और ढलती सदी के वर्षों में। *ऋग्वेद* के प्रसंग में उन्होंने योग की चर्चा इतने विस्तार से की है कि *ऋग्वेद* योगशास्त्र का ग्रन्थ प्रतीत होता है। वेद के ऋषि योगी हैं और देवता इन्द्र भी योगी है। जो योग को काव्य का शत्रु समझते हैं, उनका मुँह अब यह जानकर बन्द हो जाएगा कि वैदिक ऋषियों की वाणी से काव्य योग के कारण ही फूटा था। इसके बाद यदि रामविलास जी की इतिहास-दृष्टि को भी हम योग से प्रस्फुटित मान लें तो किसी को एतराज न होना चाहिए।

वैसे, द्विवेदी जी के 'शव-साधना' वाले रूपक पर जब उन्होंने कटाक्ष किया था तो वह कटाक्ष 'तांत्रिक साधना' पर ही था। यह और बात है कि निराला की साहित्य-साधना में भी 'साधना' विद्यमान है और स्वयं रामविलास जी भी अन्तिम दिनों में जो 'ऋषि' कहे जाने लगे थे, वह भी अपनी 'साधना' के ही कारण। कहना न होगा कि 'साधना' योग और तंत्र का अपना पारिभाषिक शब्द है। गरज कि इस पूरे प्रकरण में रामविलास जी की स्थिति विडम्बनापूर्ण है। दुखद यह है कि उन्हें न अपनी विडम्बना का बोध है, न इतिहास की विडम्बनाओं का।

इसके बरक्स हजारीप्रसाद द्विवेदी में विडम्बना का बोध भरपूर है। रामविलास जी के सवाल का जवाब उन्होंने दिया, लेकिन लगभग दस साल बाद और वह भी मनोहर श्याम जोशी को 1967 में। 'आलोचना' ने पंडित जी की षष्टिपूर्ति पर पत्रिका के विशेषांक की योजना बनाई थी और उस योजना के तहत जोशी जी को पंडित जी से बातचीत करने के लिए चंडीगढ़ भेजा था। जोशी जी की दृश्य-श्रव्य गुणों से समलंकृत अनूठी शैली में वह वार्ता 'आलोचना' (जुलाई-सितम्बर, 1967) में प्रकाशित है।

मनोहर श्याम जोशी ने पहले तो यह सवाल दागा : 'आपको इतिहास से इतना प्रेम क्यों है? क्या यह भी एक तरह का पलायन नहीं?' जवाब देखिए : 'इतिहास मनुष्य की तीसरी आँख है। एक गुजराती छात्र था, शान्तिनिकेतन में, जरा सिरफिरा-सा। एक दिन पूछ बैठा कि अगर ईश्वर को बुद्धि है तो उसने मनुष्य को दोनों आँखें सामने क्यों दीं? एक पीछे क्यों नहीं दे दी? इसका एक जवाब फौरन यह सूझा कि ईश्वर नहीं चाहता था कि मनुष्य पीछे की ओर देखे। लेकिन बाद में सोचा कि ईश्वर ने मनुष्य को पीछे की ओर देख सकनेवाला नेत्र दिया है और वह है उसका इतिहास-बोध!' इस पर जोशीजी ने टिप्पणी जड़ी : 'चलिए, पलायन न सही, शव-साधना तो यह जरूर है!'

'निश्चय ही है' के साथ द्विवेदी जी ने अपना निश्चय दुहराया और लगभग उन्हीं बातों की व्याख्या की जो 'शव-साधना' शीर्षक लेख में हैं। लेकिन इसमें सबसे मार्मिक है अन्त की वह आत्मस्वीकृति : 'मैं अपनी गणना इतिहास-शव के उन अधूरे साधकों में करता हूँ जिन्हें प्रलोभनों ने पथभ्रष्ट कर दिया है।'

इस आत्मस्वीकृति के बावजूद हजारीप्रसाद द्विवेदी समर्थ साधक थे क्योंकि वह मंत्र उन्हें सिद्ध था जिससे शव में प्राणों का संचार होता है और शव शिव हो जाता है। कितने लोगों के पास वह मंत्र है, मैं नहीं जानता।

मुझे मंत्र की तलाश भी नहीं है : इसलिए कि मेरे लिए इतिहास शव नहीं है। कृष्णा सोबती के शब्दों में, वह एक 'जिन्दा रुख' है, इसीलिए वह 'जिन्दगीनामा' है। ऐसा इसलिए कि मेरे अन्दर आज भी राहुल सांकृत्यायन और हजारीप्रसाद द्विवेदी जिन्दा हैं और इनके साथ ही इनके कटु आलोचक रामविलास शर्मा भी।

और ऐसा कहते समय अडोर्नो का वह वाक्य बराबर ध्यान में रहता है : 'One must have tradition in oneself to hate it properly.' परम्परा अपने अन्दर हो तभी उससे अच्छी तरह नफरत की जा सकती है।

अब न राहुल जी हैं, न द्विवेदी जी और न रामविलास जी ही। यह एक भरी-पूरी परम्परा है। परम्परा भी और पूर्व-परम्परा का उत्तर-चरण भी। मृत्यु के बावजूद यह परम्परा मेरी दृष्टि में शव नहीं है। यही कारण है कि प्रेत की तरह हमारे ऊपर मँडराती भी नहीं, जो मैं ज़ाक देरिदा के 'मार्क्स की प्रेतात्मा' की तरह डॉ. रामविलास शर्मा का विखंडन करूँ!

'इतिहास की शव-साधना' मेरे लिए एक तरह से आत्म-समीक्षा भी है क्योंकि राहुल जी और द्विवेदी जी की ही तरह रामविलास जी भी मेरे अन्दर जीवन्त और जाग्रत हैं। यह आत्म-समीक्षा आत्मसंघर्ष भी है जिसे कुछ लेखकों ने अपने 'अन्दर का दानव' कहा था। जाने क्यों मुझे इसी क्षण मुक्तिबोध का 'ब्रह्मराक्षस' याद आ रहा है और उसके सामने मैं इस वैदिक ऋचा के साथ सिर झुकाता हूँ :

*नमः ऋषिभ्यः पूर्वजेभ्यः।* (ऋक्. 10/10/15)

*[आलोचना : सहस्राब्दी अंक-5, 2001]*

# साक्षात्कार

**राजकुमार राकेश :** हिन्दी का जो वर्ग तर्क कर रहा है कि अब आप लाख तर्क भी दें, तो भी वे यही मानकर चल रहे हैं, कि आपने एक सोची-समझी योजना के चलते रामविलास शर्मा की बरसी के आयोजन पर उन्हें कठघरे में खड़ा करने की अवांछनीय कोशिश की है। इस पूरे विवाद के चलते अपने विरोधी विचार के इन सन्देहात्मक स्वरों पर अब आप क्या कहना चाहेंगे?

**नामवर सिंह :** उस लेख के क्रम में मुझे दो-तीन लेख और लिखने हैं। और चूँकि रामविलास जी ने बहुत लिखा है, तो उस क्रम में संक्षिप्त टिप्पणियों से उन बातों का स्पष्टीकरण नहीं हो पाएगा। फिर भी दो-तीन बातें संक्षेप में कह देना चाहता हूँ। उस लेख से कहीं यह प्रकट नहीं होता कि रामविलास जी के नये भक्तों और प्रशंसकों की तुलना में, उनके प्रति मेरी श्रद्धा में कुछ कमी है। इसका प्रमाण यह है कि रामविलास जी के प्रति श्रद्धा रखते हुए भी उनसे मतभेद का मेरा एक लम्बा इतिहास है।

पिछले पचास वर्षों से रामविलास जी की बहुत-सी बातों का समर्थन और सच पूछिए तो विश्वविद्यालयों में उनको स्थापित करने के लिए मैंने लम्बा संघर्ष किया है। विश्वविद्यालयों के पाठ्यक्रम से बाहर रहे हैं रामविलास जी, और चूँकि मैं विश्वविद्यालयों के अन्दर था, हिन्दी विभाग में, तो यह संघर्ष मेरा बहुत पुराना है—पचास साल का है। उसकी पूरी कहानी आज यहाँ मैं कहना नहीं चाहता। दिल्ली विश्वविद्यालय में डॉक्टर नगेन्द्र के साथ जो तनाव-टकराव हुआ और अधिकांश लिखने वाले दिल्ली विश्वविद्यालय के अध्यापक लोग ही हैं, यह बात वे भूल जाते हैं। एक पहलू यह है।

लेकिन उसके साथ ही प्रगतिशील चिन्तन में और प्रगतिशील आलोचना में रामविलास जी से मतभेद हमारा पहले भी बहुत-सी बातों पर चलता रहा है। सैद्धान्तिक, मार्क्सवाद की समझ, मार्क्सवादी सौन्दर्यशास्त्र की सौन्दर्यदृष्टि की समझ को लेकर, आन्तरिक कहिए, संवाद रहा है। उस क्रम में पिछले एक दशक से रामविलास जी के लेखन में जो परिवर्तन आया है, उसका मुख्य कारण लगा, जब 'पांचजन्य' के लोगों ने और राष्ट्रीय स्वयं सेवक संघ के लोगों ने रामविलास जी को अपनी विचारधारा के समर्थन में सबसे बड़ा स्तम्भ माना। लिखित रूप में यह चीज सामने आई है। तो मुझे लगा कि कुछ बातें हैं भी रामविलास जी में, तभी तो हिन्दुत्ववादी लोग उन्हें अपना सिद्धान्तकार मान रहे हैं। वे जड़ें कहाँ हैं?

इस दृष्टि से जब मैंने उनके लेखन की जाँच शुरू की तो उस क्रम में मैंने केवल एक बिन्दु लिया है कि वेदों की ओर रामविलास जी का जाना और वेद को प्रमाण

मान करके पुनः प्रतिष्ठित करना...एक ओर उनका और दूसरी ओर हमारे मानव संसाधन विकास मंत्री, जो हिन्दुत्व के सिद्धान्तकार हैं—मुरली मनोहर जोशी, वे वैदिक ज्योतिष, वैदिक गणित की बातें...विज्ञान तक को कहना चाहते हैं कि वेद से इसका सम्बन्ध है, यह आर्यसमाजी मनोवृत्ति है। दयानन्द ने यह शुरू किया था। लेकिन मुझे लगा कि समाज-दर्शन जो वेदों का...रामविलास जी का 'भारतीय संस्कृति और हिन्दी प्रदेश' नाम का जो ग्रंथ है, उसमें सारी संस्कृति का इतिहास लिखते हुए वे भूल जाते हैं कि...उस क्रम में मालूम हुआ कि अधिकांश भक्त लोग रामविलास जी को ही पढ़ते हैं। रामविलास जी के अलावा भी भारतीय संस्कृति पर मार्क्सवादियों ने...डी.डी. कोसम्बी ने लिखा है...प्राचीन भारत का इतिहास लिखने वाले रोमिला थापर और रामशरण शर्मा ने अध्ययन करके लिखा है...इसके अलावा भी और मार्क्सवादी लोगों ने लिखा है...गैर-मार्क्सवादी लोगों ने लिखा है, उस सिलसिले में लोग नहीं देखते कि...

इसमें एक छोटा-सा सवाल है। अभी दयाकृष्ण की एक पुस्तक आई है। वे पहले भी एक लेख लिख चुके थे कि वेदों की चर्चा एक हजार साल तक इस देश में नहीं हुई...कि गौतम बुद्ध से लेकर...600 ई. पूर्व से लेकर लगभग सायण की टीका तक वेदों की चर्चा नहीं हुई भारत में—एक हजार साल तक नहीं हुई। और उस समय भारतीय संस्कृति और दर्शन में सबसे ज्यादा चिन्तक बौद्ध दार्शनिक हुए। बौद्ध नैयायिक हुए। उनका बोलबाला था। सायण के भाष्य के बाद भी (लगभग चौदहवीं शताब्दी में उन्होंने लिखा था) लम्बे समय तक चर्चा नहीं हुई वेदों की...वेदों की चर्चा मैक्स मूलर से शुरू हुई और दयानन्द उसके बाद आए...तो बीच-बीच में वेद लुप्त होते रहे हैं और अब फिर वेदों का मूलोद्धार 1992 के बाद...बाबरी मस्जिद गिराने के बाद फिर हुआ है...

तो क्यों वेदों की चर्चा नये सिरे से आज शुरू हो रही है, इसका कोई विशेष अर्थ होना चाहिए? और उस चर्चा का मुख्य आधार मेरी समझ से यह है कि वेदों में एक मुख्य चीज थी—उसका पुरुष-सूक्त, जिसमें चार वर्ण की...चातुर्वर्ण व्यवस्था कायम की गई थी। ब्राह्मण को शीर्ष माना गया था। दलितों को पैर माना गया था। और इसे कहा गया था कि यह प्रकृति का नियम है। तो मानव शरीर की उपमा देकर उन्होंने कहा कि यह तो प्रकृति में 'हायर आर्की' है, तो समाज में भी उसके अनुसार 'हायर आर्की' होगी। यह प्राकृतिक नियम है, तो यह मानवीय नियम भी होगा। और किसी नियम को, प्राकृतिक आपदा जैसे है, एक तरह से स्वयंसिद्ध मान लिया जाता है। उसमें बहस नहीं की जा सकती। यह वेद का सार निकला और बुद्ध ने इसीलिए वेदों का निषेध किया था। आज के सन्दर्भ में यह चीज उठाने का मतलब यह है कि फिर से किसी-न-किसी रूप में, जब दलितों का आन्दोलन शुरू हुआ है, पिछड़े वर्गों का...मंडल का आन्दोलन शुरू हुआ है...तो अब फिर ब्राह्मणवाद अपने वेद का सहारा लेकर पुनः आ जाना चाहता है। इस बारे में रामविलास जी साफ-साफ, दो-टूक नहीं कहते और आज की लड़ाई...

इसलिए मैंने कहा कि रामविलास जी दयानन्द के बाद फिर...वही दयानन्द वाले जो हैं...और इसके राजनीतिक निहितार्थ हैं...। सामाजिक तो हैं ही कि हमारे सामाजिक जीवन में फिर दलितों और पिछड़े वर्गों के आन्दोलन के विरुद्ध, स्त्रियों के विरुद्ध—स्त्रियों के बारे में भी वेदों में बहुत कहा गया है।...उन सारी चीजों के विरुद्ध जब एक नया सामाजिक जागरण हमारे देश में दिखाई पड़ रहा है, ऐसे समय में रामविलास जी का वेदों को पुनः प्रतिष्ठित करके और उसी को प्रमाण के रूप में रखना...मैं समझता हूँ कि प्रगति का लक्षण नहीं है बल्कि समाज को पीछे ले जाने का लक्षण है। मैंने जिस ओर इशारा किया, इसकी यह राजनीति है। दयानन्द ने वेदों का उद्धार करके जो एक...जिसे हिन्दी नवजागरण हम कहते हैं...क्योंकि हिन्दी प्रदेश में दयानन्द ही हुए। बंगाल में राममोहन हुए। दक्षिण भारत में पेरियार हुए। महाराष्ट्र में फुले हुए...तो दयानन्द के द्वारा हिन्दी समाज में जो पुनर्जागरण या नवजागरण जिसे कहा जाता है, हुआ। उसका परिणाम हुआ कि स्वाधीनता-संग्राम में बहुत बड़ी एक हिन्दुत्ववादी प्रवृत्ति...जिसके प्रमाण दिये थे...पंजाब में लाला लाजपत राय ने, जिन्होंने हिन्दू महासभा कायम की थी...

बी.डी. सावरकर ने 1923 में 'हिन्दुत्व' नाम की किताब लिखी और लाला लाजपत राय ने 'ट्रिब्यून' में दिसम्बर, 1924 में एक लेख लिखा, जिसको दो राष्ट्रों का सिद्धान्त...कि भारत में दो राष्ट्र हैं : एक हिन्दू राष्ट्र और दूसरा मुस्लिम राष्ट्र! जिन्ना ने जब यह 1940 में किया, तो उससे सोलह-सत्रह साल पहले इन लोगों ने कहा कि भारत में दो राष्ट्र हैं। और लाला लाजपत राय ने तो इन दो राष्ट्रों का नक्शा भी पेश कर दिया था। कहा कि पश्चिमोत्तर प्रदेश, फ्रंटियर, पश्चिमी पंजाब, सिंध और पूर्वी बंगाल—यह हुआ मुस्लिम राष्ट्र और इसके अलावा जो हैं, वह गैर-मुस्लिम राष्ट्र के रूप में बाकी भारत है। यह लाला लाजपत राय ने 1924 में कहा है। यह सिद्धान्त इतना दूर तक प्रबल हुआ कि आगे चलकर देश के दो टुकड़े हुए। कैबिनेट मिशन तक मानता था कि एक महासंघ के अन्तर्गत दो स्वायत्त हिन्दू और मुस्लिम रह सकते हैं। यह कैबिनेट मिशन लेकर आया था। जिन्ना ने मान लिया था। कांग्रेस ने मना कर दिया कि हम इसे नहीं मानते। इस फेडरेशन या कन्फेडरेशन को मानने का सवाल ही नहीं है। अलग-अलग दोनों राज्य हैं...।

इसलिए मैं कहता हूँ कि दयानन्द से जो वेदों के आधार पर हिन्दुत्ववादी पुनर्जागरण शुरू हुआ, उसकी परिणति देश के बँटवारे में हुई, जिसकी जिम्मेदारी हम लोग अभी तक जिन्ना पर डालते रहे हैं, कि वे चाहते थे अलग होना, जबकि उसकी शुरुआत तो वहीं से हो चुकी थी। उस पुनर्जागरण को रामविलास जी ने हिन्दी नवजागरण के रूप में और उसी के साथ हिन्दी जाति नाम का और हिन्दी प्रदेश नाम का एक राज्य बने, इस राजनीतिक परिकल्पना के साथ...इतने निहितार्थ उसमें हैं...मुझे लगा कि ऐसे समय रामविलास जी की इन मान्यताओं के आगे प्रश्नचिह्न लगाना चाहिए। इसलिए मैंने यह जरूरी सोचा...।

यह काम मैं समझता हूँ कि देश के एक व्यापक हित में है कि यह सवाल उठाया जाए और साथ ही मार्क्सवाद के...क्योंकि आपको याद होगा कि आर.एस.एस. वालों ने कहा कि कम्यूनिस्टों ने 'टू-नेशन थ्योरी' बनाई थी। अभी अखबारों में वक्तव्य उनका आया था कि दो राष्ट्र होने चाहिए, यह सिद्धान्त तो कम्यूनिस्टों का है। किन्तु कायदे से तो यह सिद्धान्त आर.एस.एस. का रहा है। हिन्दू महासभा का रहा है। उसमें कांग्रेस का वह हिस्सा भी शामिल था जो कि गांधी जी के विरुद्ध राष्ट्रीय आन्दोलन में था। ये हिन्दुत्ववादी लोग थे, जिनमें सरदार पटेल थे, पुरुषोत्तम दास टंडन थे, और गोविन्द वल्लभ पन्त थे—एक बहुत बड़ी लॉबी थी, जो चाहती थी कि देश के दो टुकड़े हो जाएँ और हिन्दू राष्ट्र मिले, कि हम लोगों को सत्ता मिले। यह झगड़ा देर तक नहीं चलना चाहिए।

इसलिए देश के बँटवारे की जिम्मेदारी जब आर.एस.एस. वाले कम्यूनिस्टों पर डालने लगे हैं तब रामविलास जी...एक मार्क्सवादी हैं और हमारे अग्रज और नेता के रूप में रहे हैं—साहित्य-संस्कृति के...उनके विचारों के सामने प्रश्नचिह्न लगाना बहुत जरूरी है कि आखिर उनकी जड़ें कहाँ हैं? इसलिए मैंने लिखा है। और यह सब कुछ लिखा है उनको ध्वस्त करने के लिए नहीं, बल्कि एक जो आहत हृदय है...उस व्यथा, उस दर्द के साथ लिखा है, जो उस लेख में मौजूद है और जिसे लोगों ने नहीं पढ़ा है। अगर वे लोग उस दर्द को समझते...उनको दर्द नहीं है लेकिन मुझे तो है...इसलिए कि उनके साथ पचास वर्षों का सम्बन्ध है, प्रगतिशील आन्दोलन में वे साथ रहे हैं, हमारे महासचिव रहे हैं। सबसे बड़े विचारक और चिन्तक रहे हैं। उसी लगाव के कारण मैंने समझा कि यह आज के माहौल में उनका जिस रूप में उपयोग किया जा रहा है, तो ऐसे समय में सवाल उठाया जाना चाहिए। इसलिए मैंने उठाया है...।

बरसी पर इसलिए उठाया है...कुछ लोगों ने कहा कि उनके मरने के बाद उनकी बरसी पर यह सवाल उठाया है...मृत्यु के बाद श्रद्धांजलि-क्रान्ति जब निकली थी, तब मैंने नहीं लिखा था। अब बरसी पर विरासत का सवाल उठ रहा है। और विरासत का जब निर्णय हो तो रामविलास जी की विरासत...सच्ची विरासत क्या है? और क्या चीज ऐसी है, जिसे छोड़ दें—इसका निर्णय करने का अधिकार तो वारिस को है। तो सिर्फ वारिस के नाते मैंने यह सवाल उठाया है, जो बरसी पर ही उठाया जा सकता है। वर्ना बरसी के बाद तो आप देखेंगे कि लोग भूल जाएँगे...नाम नहीं लेंगे। इसलिए कुछ बातें ऐसी हैं, जो कायदे से गम्भीर चर्चा...गम्भीरता से विचार करना उनके प्रति सच्ची श्रद्धांजलि है...

यह परम्परा मार्क्सवाद की रही है। यह परम्परा हमारी भारतीय परम्परा है।

*[राजकुमार राकेश और अजीत राय से साक्षात्कार : 'जब तक पूँजीवाद है, मार्क्सवाद वैध रहेगा', पल-प्रतिपल, अप्रैल-जून, 2002]*

**सुधीर रंजन सिंह** : हमारी समझ से एक अच्छे लेखन में उत्तर देने का ही काम किया जाता है। दूसरी तरफ उस उत्तर के भीतर से भी कुछ सवाल पैदा होने चाहिए। असली जीवन व्यवहार में जहाँ से सवाल उठे होते हैं, लेखन व्यवहार में उनसे भी ज्यादा प्रभावशाली सवाल पैदा हो सकते हैं। लेकिन लिखने में कुछ सवाल छूट भी जाते होंगे, या थोड़ा दब जाते होंगे। उन्हें लेकर भी प्रश्न बना सकते हैं।...दूसरी बात, सवाल पूछने में जहाँ किसी लेखक के समग्र विकास-क्रम को ध्यान में रखना चाहिए, वहीं शुरुआत शुरू से न करके उसके हाल के लेखन से करनी चाहिए। और इसमें प्रक्रिया सही अपनाई गई तो मैं समझता हूँ कि एक साक्षात्कार जिसके साथ सम्पन्न किया जा रहा है, उसके लेखन के किसी बड़े भाग का या कम-से-कम उसके सद्यःलेखन का पूरक आराम से तैयार हो सकता है—या कहें, ऐसे साक्षात्कार के माध्यम से एक नया पाठ उभरकर आ सकता है। मुझे तो लगता है कि ठीक-ठीक साक्षात्कार वही है जिसमें एक बात शुरू करने के बाद अलग से सवाल करने की जरूरत ही न पड़े।...तो बजाय इसके कि मैं कोई तयशुदा प्रश्न करूँ, रामविलास शर्मा पर आपके उस लेख से बातचीत शुरू करते हैं जिसे लेकर कुछ लोगों ने थोड़ा रोष प्रकट किया है। 'इतिहास की शव-साधना'—उससे बातचीत शुरू करते हैं, या आप जहाँ से उचित समझें, बोलें! मेरा विश्वास है कि वे सवाल पैदा हो ही जाएँगे जिन्हें लेकर आपसे बातचीत करनी चाहिए।

**नामवर सिंह** : पहले रामविलास जी का लेखन देखिए। अक्सर वे अपनी हर किताब को अप-डेट करते चले गए हैं। मैं इस वृत्ति को गलत मानता हूँ। अप-डेट करना है तो आज लिखिए। पहले वाली किताब में नया जोड़ने की क्या जरूरत? मसलन 1857 पर आपकी समझ या मेरी समझ कुछ थी, आज मेरी समझ चिन्तन करने के क्रम में, लगता है कि, बदल गई है तो आज मुझे बदला हुआ कहना चाहिए। कहना चाहिए कि अब यह है मेरी समझ, या फिर कहिए कि हमारी समझ नहीं बदली है। लेकिन यदि समझ बदल गई है तो पहले वाली चीजों को ज्यों-का-त्यों रहने दीजिए। इसलिए किसी लेखक से या किसी विचारक से उसके विकास-क्रम का इतिहास पूछना बहुत जोखिम का काम है। वह आज जहाँ पहुँचा है, इस दृष्टि से बताने की कोशिश करेगा कि हमारा क्रमिक विकास हुआ है।

**सुधीर रंजन सिंह** : क्रमिक ह्रास भी।

**नामवर सिंह** : हाँ, क्रमिक ह्रास भी तो हमारा हो सकता है। हमेशा एकरेखीय विकास नहीं हुआ करता है। आप पीछे भी लौटते हैं। इसे लेकर नई चीज चली हुई है कहने की, कि यह अन्तर्विरोध हो गया आपका। पहले आप यह कहते थे, अब यह कहते हैं। यही कह रहे हैं न मेरे बारे में कि कभी रामविलास जी के बारे में आपकी यह धारणा थी और आज यह है? लेकिन यह भी तो देखें कि वह आदमी बदल गया है या नहीं, जिसके बारे में मैं कह रहा हूँ। दुनिया भी तो बदल सकती

है, मैं ही थोड़े बदल रहा हूँ। मसलन नेहरू का एक युग था जिसके बारे में किसी समय एक खास तरह की धारणा थी। लेकिन आज वह नहीं है। इन्दिरा गांधी के बारे में धारणा इमरजेंसी के पहले कुछ और थी, इमरजेंसी के बाद बदल गई। आज अमेरिका के साथ भारत का सम्बन्ध देखिए। जब लोगों से इस पर पूछा गया तो कई लोगों ने कहा कि आज इंदिरा गांधी होतीं तो घुटने नहीं टेकतीं अमेरिका के सामने। वह ज्यादा भारत की गरिमा की रक्षा करनेवाली थीं, अटल बिहारी वाजपेयी से। 50-55 साल के इतिहास में—स्वाधीनता से आज तक के इतिहास में—धारणाएँ कितनी बदलीं! इसलिए पाँच हजार साल के इतिहास के बारे में कितनी बदलेंगी, आप सोचिए। साहित्य के बारे में भी उसी तरह से है। सन् '50-51 के समय जो हम छायावाद के बारे में सोचते थे, उसी छायावाद के बारे में धारणाएँ बाद में बदल गईं। उदाहरण के लिए, लोग कह सकते हैं कि छायावाद पर किताब सन् '55 में मैंने लिखी थी तो मैंने उसमें प्रशंसा की थी और 'कविता के नए प्रतिमान' में छायावादी संस्कारों का मैंने विरोध किया। 'आलोचना' में वह बहस चल चुकी है। रामविलास जी से भी लिखवाया था। 'छायावाद और आधुनिकता' पर एक परिसंवाद था और उसमें रामविलास जी का एक भाषण है। उस समय वे छायावाद के समर्थक थे। जब प्रगतिवाद नया-नया आया था, उस समय छायावाद के बारे में शिवदान सिंह चौहान ने जो लेख लिखा था, रामविलास जी अन्त तक कहते रहे, उसके खिलाफ।

**सुधीर रंजन सिंह** : रामविलास जी का जो निबन्ध है 'आधुनिकताबोध और छायावाद', मेरे खयाल से आप उसकी बात कर रहे हैं?

**नामवर सिंह** : जी! 'आलोचना' में एक संवाद छपा है। उसी में।

**सुधीर रंजन सिंह** : ध्यान है। उसमें कहा था कि आधुनिकताबोध का अर्थ है छायावाद-विरोध, न कि प्रगतिवाद-विरोध। छायावाद का विरोध अपराध है रामविलास जी की दृष्टि में आधुनिकतावादियों का। यह काम तो 'कविता के नए प्रतिमान' में भी हुआ है—यानी छायावाद के विरोध का। रामविलास जी का कहना है कि छायावाद पर कीचड़ उछाला गया है आधुनिकतावादियों के द्वारा। ऐसी परिस्थिति में...।

**नामवर सिंह** : देखिए, रामविलास जी की सीधी समझ थी कि नई कविता अस्तित्ववाद के प्रभाव में लिखी गई है और छायावाद इस मामले में उससे बेहतर है। मुक्तिबोध नई कविता वाले कवि हैं, वह अस्तित्ववादी हैं। सच्ची प्रगतिशील कविता जो है, वह केदारनाथ अग्रवाल के यहाँ है। बाद में उन्होंने उसे बढ़ाने की कोशिश की। नागार्जुन के कुछ व्यंग्य वगैरह की तारीफ की। बहुत बाद में उन्हें त्रिलोचन दिखाई पड़े। रामविलास जी छायावाद के गहरे प्रशंसक रहे। छायावाद के काल में उनका संस्कार बना था। छायावाद का विरोध करनेवाले लोग दूसरे ढंग के थे। उस समय छायावाद का समर्थन करना अपने-आपमें बड़ी क्रान्तिकारी बात

मानी जाती थी। लेकिन अन्तिम दिनों में छायावादी कवि स्वयं छायावाद के विरोधी हो गए। उस समय भी रामविलास शर्मा छायावाद का समर्थन कर रहे थे। पन्त ने युगान्त घोषित किया। महादेवी वर्मा ने भी कहा टिप्पणी करते समय और स्वयं 'दीपशिखा' लिखकर बन्द कर दिया कविता लिखना। निराला 'तुलसीदास' लिखकर 'अणिमा' और 'नये पत्ते' लिखने लगे।...तो रचना के क्षेत्र में छायावाद को छोड़कर आगे बढ़ रहे हैं छायावादी कवि और उस समय रामविलास जी गुणगान कर रहे हैं। मतलब...।

**सुधीर रंजन सिंह :** मतलब इसका निकालने के लिए प्रगतिशील लेखक संघ का पहला अधिवेशन याद किया जाता है। सन् '36 के लखनऊ अधिवेशन में परम्परा की आलोचना की गई थी और छायावाद को भी पतनशील वगैरह कहा गया था। इस बात से रामविलास जी को एतराज रहा और अन्त तक रहा। दूसरे लोग भी...।

**नामवर सिंह :** स्वयं छायावादी कवि अब छायावाद की आलोचना कर रहे हैं और उसे छोड़ रहे हैं कि बहुत हो गया। पन्त ने 'रूपाभ' में लिखा कि अब कविता आसपास को छोड़कर धरती पर उतर रही है। इसलिए शिवदान सिंह चौहान ने जब प्रगतिवाद पर लिखते हुए छायावाद की सीमाएँ बताईं तो वे कौन सा गुनाह कर रहे थे? सर्जक स्वयं कह रहा है कि हम उस समय दुनिया से कटे हुए थे और गलती हो गई, और आप उसमें से स्वाधीनता ढूँढ़ रहे हैं। राष्ट्रीय आन्दोलन ढूँढ़ रहे हैं। इस पर किसी का ध्यान गया है?

**सुधीर रंजन सिंह :** आपकी किताब 'छायावाद' है, उसमें भी यह बात है बल्कि भूमिका में ही कि सामाजिक सत्य और स्वाधीनता-संग्राम के समानान्तर छायावाद में काव्यगत स्वाधीनता है। इस तरह उसमें भी मूल्य वही स्वाधीनता-आन्दोलन वाला है।

**नामवर सिंह :** मैंने जब वह किताब लिखी थी तब प्रगतिशील आन्दोलन मद्धिम पड़ गया था—यह बात ध्यान में रखिएगा। मैंने किताब सन् '54 में लिखी थी और सन् '53 में तो प्रगतिशील लेखक संघ खत्म हो गया था। दोनों बल्कि तीनों आन्दोलनों की सीमाएँ सामने आ चुकी थीं : छायावाद की, प्रगतिवाद की और प्रयोगवाद की भी। तब मैंने लिखी थी वह किताब।

**सुधीर रंजन सिंह :** इसमें दो राय नहीं कि छायावाद को लेकर या किसी को भी लेकर आपकी समझ यांत्रिक नहीं रही है। रामविलास जी पर जो आपने लिखा है, उसे भी केवल आपका अन्तर्विरोध कहना मेरी समझ से गलत है। 'वसुधा' के 'रामविलास शर्मा अंक' में जो एक क्रम में आपके तीन लेख छापे गए और उस पर सम्पादकीय टिप्पणी की गई कि ये तीनों लेख एक ही डॉ. नामवर सिंह के हैं, उसे भी मैं बहुत महत्त्व नहीं देता। वह बस मजे लेनेवाली बात जैसी है; बल्कि उसमें देखें तो आपके एक लेख को याद नहीं किया गया है—'साहित्य में प्रगतिशील आन्दोलन

की ऐतिहासिक भूमिका', जो 1986 में छपा था और 'इतिहास की शव-साधना' से पहले लिखे दोनों लेखों के बाद। उसमें आलोचना का तेवर वही है। इसलिए अन्तर्विरोध किस बात का, इसे तो बाद का विकास कहना चाहिए—चाहे यह ठीक हो या गलत। लेकिन मेरा प्रश्न दूसरा है, जो जुड़ा इसी से है पर मनोविज्ञान को लेकर है। मुझे लगता है कि रामविलास शर्मा में हजारीप्रसाद द्विवेदी-ग्रन्थि थी। यह बात मैं व्यक्तिगत अनुभव से भी कह रहा हूँ। मैं रामविलास जी से मिलने गया था। मेरे साथ जे.एन.यू. के एक छात्र थे। उन्होंने रामविलास जी से अपने शोध के लिए विषय माँगा। रामविलास जी ने जो विषय सुझाया, वह था 'हजारीप्रसाद द्विवेदी की आलोचना में तंत्र-मंत्रवाद'। जाहिर है कि वह कहने में भी व्यंग्य-भाव था। ऐसा ही कोई व्यंग्य-भाव मैं आपके यहाँ भी देखता हूँ। जैसे आप कहते हैं कि रामविलास जी ऋग्वेद में चले गए, वगैरह। तब लगता है कि जैसे रामविलास शर्मा में हजारीप्रसाद द्विवेदी-ग्रन्थि थी, उसी तरह आपमें भी रामविलास शर्मा-ग्रन्थि है। मुझे यह लगता है—यानी सिर्फ प्रश्न के रूप में यानी इसे घोषित विरोध के रूप में न देखकर 'ग्रन्थि' के रूप में देखें तो?

**नामवर सिंह :** ऐसा है कि एक-एक सवाल, एक-एक बिन्दु हम लोग लें तो ज्यादा अच्छा है। जैसे एक बिन्दु लें हजारीप्रसाद द्विवेदी और रामविलास शर्मा। 'शास्त्र और समाज' रामविलास जी का पहला लेख है हजारीप्रसाद द्विवेदी पर। और यह तब का है जब हजारीप्रसाद द्विवेदी शान्तिनिकेतन में थे। यह पुस्तक-समीक्षा है द्विवेदी जी के निबन्धों के संग्रह की। 'विचार और वितर्क' नाम से संग्रह प्रकाशित हुआ था और यह सम्भवतः द्विवेदी जी का पहला निबन्ध-संग्रह है। 'प्रगति और परम्परा' का 1952 का संस्करण मेरे पास है। यह दूसरा संस्करण है। प्रथम संस्करण 1948 का है। हो सकता कि 1948 के संस्करण में भी यह निबन्ध हो!

**सुधीर रंजन सिंह :** 1948 के संस्करण में भी है। बाद में यह 'कथा विवेचन और गद्य-शिल्प' में भी छपा है।

**नामवर सिंह :** उसमें काफी प्रशंसा है। सीमाएँ भी बताई गई हैं। शीर्षक ही बता रहा है कि द्विवेदी जी शास्त्र का सहारा लेते हैं। हल्का आलोचनात्मक स्वर है। प्रशंसा यह कि द्विवेदी जी समाजवाद को आकाश कुसुम समझते हैं और वे उसे इतना सुन्दर समझते हैं कि उन्हें विश्वास नहीं होता कि ऐसा सुन्दर फूल धरती पर खिल सकता है। आलोचना भी है इस रूप में कि कुछ निबन्ध व्योमकेश शास्त्री ने लिखे हैं—बताया नहीं कि वे कौन-से निबन्ध हैं—उनमें भावुकता ज्यादा है।...यानी तब तक, बाद में जितनी कड़ी आलोचना की है द्विवेदी जी की, वैसी बात नहीं थी। हजारीप्रसाद द्विवेदी जब काशी हिन्दू विश्वविद्यालय आ गए, उसके बाद की एक घटना का मैंने अन्यत्र भी उल्लेख किया है। यह घटना 1954-55 के आसपास की होनी चाहिए। प्रगतिशील लेखक संघ का एक सम्मेलन हुआ था बनारस में। यह सम्मेलन हिन्दू विश्वविद्यालय

के परिसर में हुआ था। द्विवेदी जी ने उद्घाटन किया था और रामविलास जी उसकी अध्यक्षता कर रहे थे। 'शव-साधना' वाली टिप्पणी की थी उन्होंने व्यंग्य में। उसके बाद 'समालोचक' नाम की पत्रिका निकाली थी रामविलास जी ने। उसमें शिवप्रसाद जी की पुस्तक की आलोचना की। द्विवेदी जी के निर्देशन में मैंने भी काम किया था अपभ्रंश पर—'हिन्दी में अपभ्रंश का योग'। मेरी थीसिस की आलोचना तो की ही 'भाषा और समाज' पुस्तक में, शिवप्रसाद जी का ब्रजभाषा पर शोधकार्य था—'सूर-पूर्व ब्रजभाषा', उसकी उन्होंने सख्त आलोचना की। महत्त्वपूर्ण यह नहीं है कि मेरी और शिवप्रसाद जी की पुस्तक की उन्होंने आलोचना की। हम दोनों शिष्य थे द्विवेदी जी के और हमारी पुस्तक की आलोचना के प्रसंग में द्विवेदी जी की भी आलोचना की। यह रास्ते से जरा हटकर हुआ—निर्देशक की आलोचना। कुछ ऐसी ही टिप्पणी थी उसमें। मुझे कुछ-कुछ याद पड़ता है। बहुत दिन हो गए। उसके काफी दिनों बाद जब मेरी पुस्तक आ गई 1982 वाली 'दूसरी परम्परा की खोज', उसके बाद उन्होंने बहुत विस्तार से 'लोक जागरण और हिन्दी साहित्य' में लिखा और द्विवेदी जी को हिन्दू सम्प्रदायवादी इत्यादि कहा। विश्वविद्यालय वाले जीवन का, व्यक्तिगत जीवन का भी हवाला दिया उन्होंने। इसलिए केवल विचारों का विरोध नहीं है, उसमें एक व्यक्तिगत कटुता दिखाई पड़ती है और उसका एक कारण है जो स्वयं रामविलास जी से ही मुझे मालूम हुआ। जो आगरा में क.मु. हिन्दी विद्यापीठ है—जिसके रामविलास जी निदेशक हुए। रामविलास जी के ठीक पहले उसके निदेशक पद पर हजारीप्रसाद द्विवेदी की नियुक्ति हुई थी। द्विवेदी जी गए नहीं। मेरा खयाल है कि डॉ. विश्वनाथ प्रसाद चले गए थे और पद खाली हुआ था। द्विवेदी जी चयन समिति के सदस्य थे और उन्हीं से आग्रह किया गया था कि बजाय किसी और आदमी के आप ही यह पद स्वीकार कर लीजिए। स्वीकार करने के बाद लगभग साल भर तक वह पद इनके नाम पर खाली रहा। इसके बाद रामविलास जी आए। रामविलास जी का खयाल है कि उनका चयन उसी समय हो गया होता, लेकिन द्विवेदी जी ने वह पद रोके रखा। इसके कारण द्विवेदी जी के व्यक्तित्व के बारे में या उनके चरित्र के बारे में उन्हें शक पैदा हुआ होगा! व्यक्तिगत कटुता का बीज मुझे वही मालूम होता है। यह अनुमान है मेरा। यही एक कारण रहा होगा, यह तो मैं नहीं मानता, लेकिन जो बात बाद वाली आलोचना में पैदा हुई है यानी कटुता के स्तर पर जाकर, 'शास्त्र और समाज' वाले समय में वह नहीं थी।

द्विवेदी जी प्रगतिशील लेखक संघ के साथ रहे हैं बराबर। उनकी 'हिन्दी साहित्य : उद्भव और विकास' नाम की पुस्तक है; मेरा खयाल है, 1952-53 के आसपास की है। उसमें उन्होंने कहा था कि भक्ति आन्दोलन के बाद सबसे बड़ा आन्दोलन प्रगतिशील आन्दोलन है। यदि वह अपने अन्दर कट्टरता का प्रवेश न होने दे तो और विशाल आन्दोलन हो सकता है। यह होते हुए भी बाद में उनके विचारों

को लेकर व्यक्तिगत कटुता के साथ और व्यक्तिगत धरातल पर रामविलास जी ने आलोचना की। उन्होंने तंत्र-मंत्रवाद वाली बात कही और यहाँ तक कहा कि द्विवेदी जी हिन्दू सम्प्रदायवादी हैं।

इसलिए इसे लेकर 'ग्रन्थि' आदि शब्दों का प्रयोग तो मैं नहीं करूँगा। मैंने कभी किया भी नहीं। राहुल-ग्रन्थि रामविलास जी में हो सकती है, यह मैंने कहा है। वैसे, शिवदान सिंह चौहान की आलोचना में भी रामविलास जी की व्यक्तिगत कटुता दिखाई पड़ती है। वह बात समझ में भी आती है। उनके पार्टी और संगठन दोनों से हटने के बाद रामविलास जी आए। इन दोनों में पूर्वापर सम्बन्ध है। चौहान जी और रामविलास जी के लेखन से यह व्यक्त होता है। उनकी साहित्यिक आलोचना में व्यक्तिगत कटुता कई जगहों पर दिखाई पड़ती है। खास तौर से प्रगतिशील आन्दोलन से जुड़े हुए लोगों के प्रति कटुता दिखाई पड़ती है रामविलास जी में। पहले शिवदान सिंह चौहान, फिर रांगेय राघव, फिर यशपाल, फिर अमृतराय, फिर राहुल सांकृत्यायन और उसी कड़ी में चाहें तो मेरा नाम भी रख सकते हैं। प्रायः प्रगतिशील आन्दोलन से जुड़े हुए लोगों की आलोचना करते समय रामविलास जी व्यक्ति और उसके विचार को साथ रख करके देखते हैं। और तो और, शमशेर बहादुर सिंह के बारे में भी यह बात दिखाई पड़ती है। नागार्जुन को लेकर भी दिखाई पड़ती है। व्यक्तिगत रागात्मकता अकेले केदारनाथ अग्रवाल के प्रति दिखाई पड़ती है। शमशेर पर तो बहुत तीखा, कड़ा और व्यक्तिगत प्रहार करते हुए 'धर्मयुग' में लिखा था उन्होंने। यह बात 1964 की है। उनके व्यक्तिगत जीवन पर टिप्पणी की थी। उसी तरह से मुक्तिबोध पर भी किया है।...तो एक लम्बा इतिहास है।

प्रगतिशील आन्दोलन में परस्पर आलोचना हो और मतभेद हो, इन सबके लिए जगह होनी चाहिए। ये सब अपनी जगह हैं। लेकिन इन चीजों में विचारों और साहित्यिक कृतियों के अलावा व्यक्ति को लेकर टिप्पणी हो तो उसका कोई कारण भी होना चाहिए। उस आलोचना को लेकर फिलहाल मैं कोई टिप्पणी नहीं करना चाहता, लेकिन यह प्रवृत्ति दिखाई पड़ती है रामविलास जी में और इसे एक कमजोरी के सिवा और क्या कहा जा सकता है?

**सुधीर रंजन सिंह :** उन्नीसवीं शताब्दी की अंग्रेजी आलोचना में नैतिकता का जो पक्ष होता था—आलोचना का काम बौद्धिक से ज्यादा नैतिक होता था और साहित्य को देखने का जो यह पैमाना था—क्या रामविलास जी को उससे जोड़कर...?

**नामवर सिंह :** यह तो बहुत जगहों पर मिलेगा, लेकिन जहाँ भी मिले...।

**सुधीर रंजन सिंह :** स्तालिनवादी मार्क्सवाद में भी यह बात खास तौर से मिलती है।

**नामवर सिंह :** केवल स्तालिनवाद में नहीं, मैं इतनी दूर तक कह सकता हूँ कि यह चीज रामचन्द्र शुक्ल में भी है, महावीरप्रसाद द्विवेदी में भी। हम लोग आखिर हाड़-मांस के इनसान हैं, मशीन नहीं। हमारा व्यक्तिगत सम्बन्ध हमारे लेखन में भी

उभरकर आता है। किसी व्यक्ति के प्रति हमारी खराब धारणा बनी हुई है तो अक्सर विचारों के टकराव में उसका असर पड़ता है। इस कटुता का असर बहुतों में मिलेगा। हिन्दी की परम्परा को देखते हुए मैं कहूँ तो कोई उससे ऊपर नहीं है। सबमें थोड़ी-बहुत होती है। शुक्ल जी ने मिश्र-बन्धुओं के बारे में जिस तरह से लिखा है, वह केवल साहित्यिक नहीं है, व्यक्तिगत भी है। और तो और, शुक्ल जी की आलोचनाओं में मिश्र-बन्धुओं के अलावा श्यामसुन्दर दास भी हैं। उन्होंने श्यामसुन्दर दास की किताबों को शिक्षोपयोगी कहा क्योंकि श्यामसुन्दर दास और उनके सम्बन्ध खराब हो गए थे। उसमें सारा दोष शुक्ल जी का ही था, मैं नहीं मानता। मैं ब्यौरे में नहीं जाना चाहता। लेकिन आम तौर से उम्मीद की जाती है कि प्रगतिशील आन्दोलन में जो लोग हैं, वे इन चीजों से मुक्त होने का प्रयास तो कर ही सकते हैं। इसके बरअक्स मैंने कहा कि जिन लोगों की रामविलास जी ने आलोचना की, मसलन शिवदान सिंह चौहान, रांगेय राघव, अमृतराय, मुक्तिबोध आदि की, उन लोगों ने रामविलास जी की आलोचना के प्रति जो रुख अपनाया, वह व्यक्तिगत नहीं था और उन्होंने बर्दाश्त किया। और तो और, पन्त जी रामविलास जी से बहुत स्नेह करते थे। रामविलास जी इसे स्वीकार भी करते हैं। लेकिन निराला और पन्त-विवाद खड़ा करने का पूरा श्रेय रामविलास जी को है।

**सुधीर रंजन सिंह :** और जीवनी में जिस तरह...।

**नामवर सिंह :** और जीवनी में जिस तरह से लिखा, उससे पन्त जी बहुत आहत हुए थे। यह बात और है कि बाद में चलकर पन्त जी ने उसे भुला दिया। यह उनका बड़प्पन था।

मैं उस दौर से वाकिफ हूँ जब पी.सी. जोशी को पार्टी से निकाला गया और बी.टी. रणदिवे आए। एक ऐसा दौर था जब नेताओं के बीच कटुता बेहद बढ़ गई थी। जहाँ तक मेरे और रामविलास जी के सम्बन्ध का सवाल है तो वैसा कोई कारण नहीं है। मैंने भोपाल वाले भाषण में कहा था कि मैं तो औपचारिक रूप से भी उनका उत्तराधिकारी हूँ। क.मा.मु. विद्यापीठ से जब उन्होंने अवकाश लिया तो उसके बाद उनसे मैंने चार्ज लिया। यह और बात है कि मैं वहाँ एक ही महीने रहा। जब तक मैं वहाँ था, उनका उत्तराधिकारी था। साहित्य में उत्तराधिकारी हूँ या नहीं, यह अलग बात है। मेरा-उनका व्यक्तिगत रूप से टकराव होने का सवाल ही नहीं है। इसलिए मेरी आलोचना जो उन्होंने की, उसमें व्यक्तिगत कटुता कभी नहीं रही है।

जहाँ तक रामविलास जी की प्रशंसा में लिखे हुए मेरे लेख का सवाल है तो उसका सम्बन्ध एक निश्चित दौर से है। बाद के दौर में उनकी दृष्टि अलग दिखाई पड़ती है। मार्क्सवाद के बारे में, कम्यूनिस्ट पार्टी के बारे में, प्रगतिशील आन्दोलन के बारे में—मुख्य रूप से ये मुद्दे लिये जाएँ जो 'भारत में अंग्रेजी राज और मार्क्सवाद' से उनकी दृष्टि बदलकर जिस दिशा में गई, उस पर अनेक मार्क्सवादी लोग, जो

साहित्यिक नहीं भी हैं, चौंके थे। मुझे अच्छी तरह याद है जब 'भारत में अंग्रेजी राज और मार्क्सवाद' किताब छपी तो मार्क्सवादी कम्यूनिस्ट पार्टी के लोगों ने कड़ी आलोचना की थी। प्रकाशित है वह। 'कलम' नाम की पत्रिका निकलती थी। अयोध्या सिंह ने एक लेखमाला शुरू की थी उस किताब के बारे में। उस किताब से रामविलास जी मार्क्सवादी इतिहासकारों की आलोचना शुरू करते हैं। मुख्यतः वह किताब राजनीतिक है। 1857 के बारे में रामविलास जी की अपनी एक समझ है। लेकिन सावरकर की किताब की प्रशंसा उन्होंने जिस तरह से की है, वहाँ से एक स्पष्ट मोड़ दिखाई पड़ता है। आर्यों को लेकर जो उनकी धारणा बनी, उसका बीज उससे पहले की किताब 'भारत के प्राचीन भाषा-परिवार और हिन्दी' में है। भाषाविज्ञान का अध्ययन करने के क्रम में आर्य-समस्या शुरू हुई और 1990 के बाद का जो दशक है, समाजवाद के विघटन के बाद और बाबरी मस्जिद ध्वस्त होने के बाद, इस बीच जो उन्होंने पूरा का पूरा लेखन कार्य किया है, उसमें भारतीय इतिहास के प्रति उनकी जो मान्यताएँ बनी हैं, वह इस समस्या से जुड़ी हैं। उन किताबों को पढ़कर मुझे लगा कि यह मोड़ जो रामविलास जी का है, वह बहुत ही खतरनाक है। मुझे लगा कि यह उनका भटकाव है। चूँकि लोग उन्हें रहनुमा मानते रहे हैं और उसकी ओर ध्यान अपना जा रहा है तो दूसरों का भी जाना चाहिए। इस दृष्टि से मैंने इधर की किताबों को बारीकी से देखने की कोशिश की। और हमें लगा कि अपनी असहमति तो दर्ज करानी चाहिए। यह तो विचार-विनिमय के दौरान मालूम होगा कि कौन-सा पक्ष सही है। हो सकता है कि हम ही गलत हों, वे सही हों!

**सुधीर रंजन सिंह :** रामविलास जी के बाद के लेखन को छोड़ दें और शुरू से देखें तो उसमें भी आप दोनों में स्पष्ट न सही लेकिन विरोध दिखाई पड़ता है। मेरे कहने का मतलब व्यक्तिगत विरोध से नहीं है। साहित्य, विचारधारा और पार्टी का प्रश्न लें। रामविलास जी साहित्य रूप को विचार-प्रणाली से भेद दिखाते हुए भी 'पार्टी लाइन' को ऊपर रखकर देखते हैं—या कहें कि उसकी तरफ से वे आदेशात्मक मुद्रा अख्तियार कर लेते हैं। आपमें यह बात नहीं है। शुरू से नहीं है। विचार-प्रणाली को आलोचनात्मक कार्य में उपयोगी मानते हुए भी आप कलात्मक उद्योग की विशिष्ट स्थिति को स्वीकार करते हैं। 'कविता के नए प्रतिमान' में तो यह है ही, जैसाकि अभी हमने छायावाद वाली किताब के बारे में कहा था कि उसमें 'काव्यगत स्वाधीनता' की बात आती है। 'कविता के नए प्रतिमान' वाली किताब को लेकर दूसरे लोगों ने तो आप पर रूपवादी रुझान का आरोप भी लगाया था और उसका आपने जवाब भी दिया था। लेकिन इसे लेकर मैं एक दूसरी बात कहना चाहता हूँ। हालाँकि आपने अपने लेखन में त्रोत्स्की के साहित्य सम्बन्धी विचार का शायद उल्लेख भी नहीं किया है, लेकिन मुझे लगता है कि साहित्यिक सोच के स्तर पर जो त्रोत्स्की पंथ बनता है और जो स्तालिनवाद रहा है, उसमें आप त्रोत्स्की के कला

सम्बन्धी विचारों के निकट हुए—यानी साहित्य की सापेक्ष स्वायत्तता होती है, इस बात को लेकर। दूसरी ओर, जैसाकि रामविलास जी की ओर से राजनीतिक विचार के स्तर पर भी घोषित तथ्य हैं, वे स्तालिन के निकट हैं।

**नामवर सिंह :** पहली बात तो मैं यह कह दूँ कि सिद्धान्त रूप में रामविलास जी में और मुझमें अन्तर नहीं है। होगा भी तो बहुत कम होगा। साहित्य को विचारधारा से मुक्त वे भी मानते हैं, मैं भी मानता हूँ। बहुत पहले, 'आस्था और सौन्दर्य' वाला वह जो लेख है, 1956 के आसपास का लिखा हुआ है। उसमें उन्होंने कहा कि साहित्य केवल विचारधारा नहीं है। साहित्य विशुद्ध विचारधारा का अंग नहीं है, क्योंकि उसमें विचारों के साथ-साथ इन्द्रियबोध और भावबोध भी मिला होता है। इन्द्रियबोध पर विचारधारा का दखल नहीं होता है। भावबोध पर दखल कम होता है। सबसे ज्यादा विचार के स्तर पर विचारधाराओं का असर होता है। यह उनकी स्थापना है। अगर इसे सुसंगत रूप में उसको लागू करना चाहें तो निराला पर लिखते हुए उन्होंने जो इन्द्रियबोध और भावबोध के आधार पर उनकी कविताओं का महत्त्व रेखांकित किया है, उसे देख सकते हैं। वे कट्टरपंथी या अर्थवादी मार्क्सवाद के शिकार नहीं हैं। यह बात तुलसीदास की आलोचना के सन्दर्भ में भी दिखाई देती है। विचारों को तो वे क्षेपक मानकर छोड़ देते हैं। जिन कविताओं को वे प्यार करते हैं, उनके सन्दर्भ में वे विचारधारा का जिक्र तक नहीं करते। वे तुलसीदास और निराला के सौन्दर्यबोध, भावबोध की ही प्रशंसा करते हैं। हाँ, जिन कविताओं को वे नापसन्द करते हैं, उनके सन्दर्भ में विचारधारा को जरूर ले आते हैं। इसलिए व्यवहार में उनमें फाँक हो सकती है कि इसके लिए यह और उसके लिए वह, लेकिन सिद्धान्त रूप में फाँक नहीं है। दूसरे ढंग से कहें तो विचारधारा का अंग साहित्य नहीं है, लेकिन सौन्दर्यबोध में इन्द्रियबोध और भावबोध आता है और वह कहीं न कहीं विचारधाराओं से प्रभावित भी होता है। भाव विचार से प्रभावित होते हैं। हमें क्रोध आता है तो किसी विचार के तहत आता है। हम जिसको प्यार करते हैं, वह काला भी होता है तो सुन्दर लगता है; और जब घृणा करते हैं तो वही काला बुरा लगने लगता है। इन्द्रियबोध भी प्रभावित होते हैं। वही सुगन्ध किसी में दिखाई पड़ती है जिसको हम बुरा समझते हैं तो वह दुर्गन्ध मालूम होने लगती है। अमेरिकी विचारधारा से आप असहमत हों, और उसे आप दुश्मन समझते हों, तो अमेरिकी समाज चाहे जितना सुन्दर हो, उसकी दुकानें, माल, बाजार—सब असुन्दर दिखाई पड़ेंगे। इसलिए असर पड़ता है विचार का। इसको रामविलास जी यांत्रिक रूप से देखते हैं, मैं नहीं देखता। रामविलास शर्मा स्तालिन-काल के मार्क्सवादी हैं। मैं स्तालिन-काल का नहीं हूँ। आरम्भिक काल में थोड़ा-सा प्रभाव आ गया हो तो नहीं कह सकता, लेकिन स्तालिन के प्रति मेरा वैसा लगाव कभी नहीं रहा। लेनिन के प्रति रहा है, त्रोत्स्की के प्रति नहीं रहा है। लेकिन मुख्य मुद्दा

हमारे बीच जो है, वह मार्क्सवाद की समझ को लेकर। पार्टी लाइन वाली बात आपने जो की तो 1952-53 के आसपास, बी.टी. रणदिवे का जब नेतृत्व बदला है, उसके बाद से रामविलास जी लगभग पार्टी लाइन के कार्यों से और प्रगतिशील लेखक संघ से विरक्त हो चुके थे। इसलिए उसके बाद पार्टी अनुशासन को मानने का सवाल उनके लिए बिलकुल नहीं था। उनके लेखन के लिए कम्यूनिस्ट पार्टी का अनुशासन जिम्मेदार नहीं है। आरम्भ में, उस दौर में जब वे पार्टी मेम्बर थे और बी.टी. रणदिवे के समय में 1947-48 से लेकर आगे के दो-तीन साल तक सख्ती थी और उस समय सख्ती इसलिए थी कि वे प्रगतिशील लेखक संघ के महासचिव थे। उसके बाद उनके विचारों को पार्टी से जोड़कर देखना पार्टी के साथ भी ज्यादती है और रामविलास जी के साथ भी। जहाँ तक मेरा सवाल है तो अपने अनुभव से जानता हूँ कि पार्टी ने कभी किसी लेखक या आलोचक को अनुशासित नहीं किया। पी.सी. जोशी के जमाने में तो बिलकुल ही नहीं किया था। पी.सी. जोशी उन कम्यूनिस्ट नेताओं में थे जिन्होंने प्रगतिशील लेखक संघ और इप्टा के लोगों को खुलकर छूट दी थी प्रयोग करने के लिए। आरम्भिक दौर में यह था और बाद के दौर में पार्टी की स्थिति यह थी ही नहीं कि वह अंकुश लगाए। यह जरूर है कि जब 1964 में पार्टी में टूट हुई और एक मार्क्सवादी कम्यूनिस्ट पार्टी अलग बनी और आगे उससे टूट करके मार्क्सवादी-लेनिनवादी कम्यूनिस्ट पार्टी बनी। उन दोनों पार्टियों में साहित्य-कला और इन तमाम चीजों के बारे में पुराने जमाने का, बी.टी. रणदिवे के दौर का, जो अनुशासन वाला काम हुआ करता था, वह लौट आया। यह मार्क्सवादी-लेनिनवादी पार्टी में है और मार्क्सवादी पार्टी में भी बाकायदा है। स्वयं लेखक वहाँ कितना मानते हैं, नहीं मानते हैं, नहीं कह सकता।

**सुधीर रंजन सिंह :** उनके पार्टी-साहित्य तक ही यह चलता होगा।

**नामवर सिंह :** जाहिर है। यह मैंने इसलिए कहा कि मैं जिस दौर में रहा, उसमें न किसी ने अंकुश लगाया और न मैंने खुद किसी अंकुश की माँग की। मुझे जैसा लगा, वही लिखा। इसलिए मैंने जो लिखा, उसका जिम्मेदार मैं खुद हूँ। यदि कहीं खोट है, दोष है तो मेरी समझ का है। अगर कोई अच्छी बात लगती है, उसका श्रेय कोई चाहे तो दे सकता है। इस मामले में सीधे कहूँ तो मैं खुद अपना सबसे सख्त आलोचक हूँ। इसलिए अनवरत रूप से अपनी मान्यताओं को जाँचता-परखता रहता हूँ। मेरी पहले की कोई भी धारणा रही हो, यदि बाद में लगा कि वह गलत है तो कोई दूसरा इशारा करे, उससे पहले मैं खुद कह देता हूँ कि पहले मैंने जो कहा था, वह गलत था।

*[सुधीर रंजन सिंह से साक्षात्कार : 'हिन्दी आलोचना की वृहत्त्रयी', वागर्थ, दिसम्बर, 2003]*

**प्रश्न :** दलित साहित्य को स्वीकृति देते हुए आपने अपने पूर्व कथन में, पूर्व निष्कर्ष में परिवर्तन को स्वीकार किया है। क्या आपके कुछ अन्य मतों में या निष्कर्षों में कोई और परिवर्तन आया है? ऐसा परिवर्तन जो बहुत स्पष्टता से शायद व्यक्त न हो पाया हो?

**नामवर सिंह :** कई चीजों में। राजेन्द्र यादव की शिकायत है कि नामवर में 'कन्सिस्टेन्सी' नहीं है। वे अपने विचार को बदलते रहते हैं। चिन्तन के क्षेत्र में, साहित्य के क्षेत्र में, मैं समझता हूँ कि यह गुण है। वे समझते हैं कि दोष है। रचनात्मक साहित्य को देखिए। सृजन का धर्म ही है—नवाचार, पुनर्नवता। कुछ नया करना। नहीं तो यह सृजन नहीं है और आप अपने को ही दोहराते चले जा रहे हैं। निराला ने जो पहली कविता लिखी थी अगर वही कविता अन्त तक लिखते रहे होते तो उनमें और सुमित्रानन्दन पन्त में फर्क नहीं रह जाता। 'रामचन्द्र शुक्ल संचयन' की भूमिका में मैंने लिखा है कि 'कविता क्या है' लेख उन्होंने 1909 में 'सरस्वती' में लिखा था, उसे 'विचार वीथी' में 1930 में कितना बदल दिया। रामचन्द्र शुक्ल ने 'हिन्दी साहित्य का इतिहास' जिस रूप में नागरी प्रचारिणी सभा से 1928 में छपाया था, उसे 1941 में इतना बदल दिया।

आपने दलित साहित्य का नाम लिया। पहले मैं मानता था कि दलितों के बारे में जो भी साहित्य लिखा जाए, उसे दलित साहित्य माना जाए, लिखने वाला चाहे गैर-दलित हो या दलित। प्रेमचन्द ने जो साहित्य लिखा, उसमें दलित साहित्य भी है। लेकिन ओमप्रकाश वाल्मीकि की आत्मकथा 'जूठन' और उनका कहानी संग्रह 'सलाम' जब मैंने पढ़ा तो मुझे कुछ ऐसे अनुभव हुए जो इसके पहले मैं नहीं जानता था। मरे हुए बैल की खाल निकालने का काम और मरे हुए जानवर को उठाना और उसको कैसे पहुँचाना बाजार में। कैसे उस समाज में रहनेवाले लोग—सूअर मारने वाली घटना है—कैसे अपनी जात छुपाते हैं। हम सवर्णों को कभी इस बात का एहसास नहीं होगा। हम अपनी जात छुपाते नहीं बल्कि धड़ल्ले से कहते हैं कि हम ब्राह्मण हैं, हम क्षत्रिय हैं, हम बनिया हैं, हम जैन हैं। कोई शर्म नहीं मालूम होती और एक आदमी है जो अपनी जात छिपाता फिरता है। यह दर्द जब मैंने जाना, तो मुझे लगा कि कुछ ऐसे अनुभव हैं जो दलित-कुल में जन्म लेने के बाद ही कोई आदमी जान सकता है। इसलिए सच्चा दलित साहित्य तो वही होगा। इसका मतलब यह नहीं है, जो भी दलित होगा, वह श्रेष्ठ साहित्यकार भी होगा। दलित साहित्य में भी उत्तम-मध्यम है और स्वयं दलित लेखक भी जानते हैं कि एक स्तर की कविताएँ सभी दलित कवियों की नहीं हैं। एक ही स्तर की कहानियाँ सभी दलित कहानीकारों की नहीं हैं। एक ही स्तर की आत्मकथाएँ भी नहीं हैं। तो मेरे विचार बदले हैं—मैंने यह ऐलानिया स्वीकार किया है। पहले मैं यह मानता था, अब नहीं मानता। उदाहरण के लिए पहले मेरी धारणा थी कि एक ही परम्परा होती है और इस बात की खोज करने में 20-30 वर्ष लगे जब मुझे यह अहसास हुआ कि कोई और परम्परा भी है।

जब मैं अपने गुरुदेव हजारीप्रसाद द्विवेदी के सम्पर्क में आया—तब मुझमें यह बोध नहीं जागा। उनके देहावसान के बाद उन्हीं को फिर पढ़ने लगा तो अचानक फ्लैश की तरह 'दूसरी परम्परा' का खयाल आया। वे सारी बातें पहले बता चुके थे लेकिन तब मुझे नहीं सूझा कि हमारी भारतीय परम्परा में एक और परम्परा है और वह परम्परा विद्रोह, विरोध और प्रतिरोध की परम्परा है यानी तुलसी और कबीर दोनों एक ही परम्परा के नहीं हैं। रामविलास जी भी यह मानते रहे हैं, प्रभाष जी भी कह रहे हैं कि इनको बाँटना नहीं चाहिए। लेकिन मैं देखता हूँ कि एक ही परम्परा को माननेवाले अक्सर 'मुख्य धारा' की बात करते हैं और इस तरह कुछ को हाशिए पर फेंक देते हैं। साफ है कि परम्परा का प्रश्न वर्चस्व से जुड़ा है और वही संघर्ष है। ऐसे भी दौर आते हैं कि जिसे आपने हाशिये पर डाल दिया है, वह मुख्य धारा बन जाती है और मुख्य धारा हाशिये पर चली जाती है। अगर हम सचमुच ही मानते हैं कि इतिहास में वर्ग-संघर्ष रहा है तो वर्ण-संघर्ष भी रहा है। लगभग 1980 में ही मैं इस बात को समझ सका।

'छायावाद' पर जब मैंने पुस्तक लिखी, तब छायावाद के बारे में ठीक-ठाक धारणा थी। बाद में छायावाद के बारे में 'कविता के नए प्रतिमान' में वह धारणा बदल गई। इसलिए रामविलास जी को लगा कि मैं पहले छायावाद की तारीफ कर चुका हूँ और 'कविता के नए प्रतिमान' में छायावाद के बारे में वह धारणा बदल गई। आगे तो मैं यह कहूँगा कि छायावाद का हिन्दी में अतिमूल्यन हुआ है। छायावाद से ज्यादा अच्छी कविताएँ पिछले दस सालों में जो नये लोग लिख रहे हैं, उन्होंने लिखी हैं। सुन्दरता की छायावाद की कल्पना और प्रेम की परिकल्पना और स्त्री के बारे में इधर जो कविताएँ लिखी गई हैं, वे ज्यादा यथार्थवादी और गहरे प्रेम की कविताएँ-कहानियाँ लिखी जा रही हैं। 'ओवररेटेड' है रोमांटिसिज्म। प्रयोगवाद को भी बहुत बढ़ा-चढ़ाकर आँका गया है। नई कविता के खास दौर की भी यह स्थिति है। इसलिए मेरे विचार बदले हैं, तो कहूँगा। किसी को अच्छा लगे या बुरा। साहित्य में यही तो हम विचार करते रहते हैं। रामविलास जी के बारे में मैंने उनकी प्रशंसा भी की है और उनकी आलोचना भी अभी मैंने की है और आगे भी उनकी प्रशंसा करूँगा और आलोचना भी। जो अच्छा है, वह खोद-खोदकर निकालेंगे। और मुझे पूरा हक है कि जैसे यह दुनिया अच्छी भी लगती है, बुरी भी लगती है। जो अच्छा लगेगा, उसे अच्छा कहूँगा; जो बुरा लगेगा, बुरा कहूँगा। इस पर कोई मुझे अवसरवादी कहता है तो शौक से कहे। अशोक वाजपेयी अक्सर कहते हैं कि नामवर जी अचूक अवसरवादी हैं। इसका पता लगाया जाए कि कुछ लोग अपने भावों या विचारों को बदले बिना ही अवसर का लाभ उठा लेते हैं और कोई विचारों को बदलकर भी अवसर का लाभ नहीं उठाते। मैंने क्या लाभ उठाया भाई? अवसरवाद तो वह होता है कि तात्कालिक लाभ के लिए हम अपने विचार बदल

दें। अवसरवाद होता है लाभ-लोभ के लिए। अवसरवाद वह नहीं होता कि जो विचार आपके बन रहे हैं, बदल रहे हैं, उसे आप व्यक्त कर दें। इसे और बुरा नाम देना चाहें तो दे दें लेकिन यह अवसरवाद नहीं है। खुला दिमाग रखता हूँ और अपनी पूर्वनिर्मित धारणा की गलती का एहसास होते ही उसे स्वीकार करने का साहस रखता हूँ। मैं यह ऐलानिया तौर पर स्वीकार करता हूँ कि पहले मैंने जो कहा, वह गलत था...आज भी...और इसकी कीमत अदा करने को तैयार भी हूँ।

*[आशुतोष दुबे और रवीन्द्र व्यास के साथ : 'वाचिक विमर्श क्यों?', आवेग, 2002]*

**मंडलोई :** डॉक्टर साहब, मैं प्रसंगवश एक बात जानना चाहता हूँ, क्योंकि आपने सभ्यता समीक्षा की बात की है और समालोचक के दायित्वों की भी चर्चा की है। इसलिए इस परिप्रेक्ष्य में यह जानना जरूरी है कि हिन्दी के आरम्भिक आलोचकों महावीरप्रसाद द्विवेदी, रामचन्द्र शुक्ल समेत अनेक आलोचकों पर यह आरोप है कि 'ये लोग सवर्णवादी मानसिकता के आलोचक थे।' दलित लेखकों ने अनेक उदाहरण देकर इस तथ्य को रेखांकित किया है। इन आलोचकों पर आरोप है कि ये लोग हिन्दूवाद के पोषक थे। इन्होंने हिन्दी साहित्य को हिन्दू साम्प्रदायिकता के आधार पर जानने-परखने की कोशिशें की हैं। पहले यह आरोप महावीरप्रसाद द्विवेदी और रामचन्द्र शुक्ल पर लगा। अब यह आरोप हजारीप्रसाद द्विवेदी और रामविलास शर्मा पर भी लग चुका है। आपने डॉ. धर्मवीर की हजारीप्रसाद द्विवेदी पर लिखी पुस्तक देखी होगी। आप बताएँ कि इन आरोपों में कितनी सचाई है? जब हम पूरी शताब्दी की आलोचना पर विचार करने बैठे हैं तो ऐसे आरोपों की सचाई जान लेना आवश्यक है, क्योंकि इन आरोपों से अब हिन्दी आलोचना का बना-बनाया प्रभामंडल ढह रहा है।

**नामवर सिंह :** देखिए, इन आरोपों की जाँच करने से पहले हिन्दी नवजागरण के पूरे इतिहास को देखने की जरूरत है। नवजागरण के आरम्भिक अभियान में भारतेन्दु युग के प्रताप नारायण मिश्र ने ही कहा था—'जपो सबै मिलि एक जबान/हिन्दी हिन्दू हिन्दुस्तान'। उस दौर में आर्यसमाज की हिन्दू धर्म के भीतर बड़ी भूमिका थी। हालाँकि आर्यसमाज इस्लाम, ईसाइयत के विरुद्ध हिन्दुत्व को वैदिक धर्म के रूप में व्याख्यायित कर रहा था। हिन्दुत्व की यह अवधारणा केवल हिन्दी समाज में ही नहीं थी बल्कि नवजागरण का अग्रदूत बंगाल भी हिन्दुत्व की व्याख्या कर रहा था। बंगाल में नवजागरण के पुरोधा और 'आनन्दमठ' के लेखक बंकिम ने हिन्दुत्व पर पूरी एक पुस्तक लिखी है। बंगाल में आगे चलकर यह परम्परा रामकृष्ण परमहंस, विवेकानन्द में भी दिखाई देती है। रामकृष्ण परमहंस और विवेकानन्द भी हिन्दुत्व की बात करते हैं। हमारे राष्ट्रीय आन्दोलन में भी एक

धारा हिन्दुत्ववादी थी। राजनीति में कांग्रेस के भीतर हिन्दुत्व की यह धारा शुरू से ही बड़ी प्रबल रही है जिसका सामना गांधी जी को स्वराज्य आन्दोलन के दौरान करना पड़ा था। अंग्रेजी राज के विरुद्ध 'इंडियन नेशनल कांग्रेस' ने जो मुहिम छेड़ी, उसमें विचारधारा के स्तर पर हिन्दुत्व का रंग बहुत गहरा था। राष्ट्रीय आन्दोलन के उस दौर में जो साहित्य लिखा गया, उस पर भी हिन्दुत्व की छाप थी। स्वयं मैथिलीशरण गुप्त की आरम्भिक कविताओं में हिन्दुत्व की छाप गहरे स्तर पर दिखाई देगी। जिन पौराणिक प्रतीकों का वे सहारा लिया करते थे, वे सब-के-सब हिन्दू धर्म से जुड़े हुए थे। एक बात गौर करिए, आम तौर से राष्ट्रीय आन्दोलन में चूँकि हिन्दू बहुमत में थे, अधिसंख्यक थे इसलिए हम लोग पश्चिम के साम्राज्यवाद से लड़ने के लिए हिन्दू पौराणिक प्रतीकों का सहारा लेते थे। उस दौर में उर्दू साहित्य में लिखे जा रहे साहित्य पर भी गौर करिए तो हाली ने अपना जो 'मुसद्दस' लिखा था, उसमें इस्लाम का पूरा इतिहास दर्ज है। तब साहित्य में अपनी धार्मिक परम्पराओं से ताकत ग्रहण करने की प्रवृत्ति थी। दोनों परम्पराओं के लोग धर्म से ताकत ग्रहण कर रहे थे। कहीं कोई धार्मिक वैमनस्य नहीं था। दोनों साथ चलकर राष्ट्रीय आन्दोलन में शरीक हुए थे।

लेकिन उसी बीच जैसे-जैसे राष्ट्रीय आन्दोलन तेज हुआ, उसका जनाधार व्यापक होता चला गया। तब उस समय राष्ट्रीय आन्दोलन में नेतृत्व मध्यवर्ग का था जो शिक्षित और शहरी था। उस दौर में यह परम्परा प्रबल रूप से सामने आई थी लेकिन जैसे-जैसे इस आन्दोलन में किसान-मजदूर संगठन के लोग शामिल हुए, दलित आए, स्त्रियाँ आईं, उससे राष्ट्रीय आन्दोलन में परस्पर आलोचना और आत्म-समीक्षा का दौर आरम्भ हुआ। कहना कठिन है कि उस दौर में राष्ट्रीय आन्दोलन का मिजाज सवर्णवादी था। इसके समानान्तर यदि साहित्य की पड़ताल की जाए तो देखा जा सकता है कि जब साहित्य राजनीतिक और सामाजिक दायित्व निभाएगा तो वह निरपेक्ष होकर कोई निरपेक्ष दुनिया नहीं बसा सकता। इसीलिए उस समय की आलोचना पर राष्ट्रीय भावधारा का असर पड़ा है। स्वयं रामचन्द्र शुक्ल में यह भावबोध महावीरप्रसाद द्विवेदी के मुकाबले प्रबल है। उस दौर में महावीरप्रसाद द्विवेदी ने 'सरस्वती' में भोजपुरी समाज के एक दलित कवि हीरा डोम की कविता प्रकाशित कर अपनी लोकधर्मी चेतना का परिचय दिया। दूसरी ओर उन्होंने यह प्रमाणित किया कि वे सवर्ण मानसिकता के पोषक नहीं हैं। जबकि शुक्ल जी में यह मानसिकता इतनी दूर तक है कि वे सूर और तुलसी की तुलनात्मक समीक्षा करते हुए रामभक्ति की परम्परा की ओर ज्यादा झुके दिखाई पड़ते हैं। यह आकस्मिक नहीं कि शुक्ल जी कृष्णभक्ति काव्य को लोकरंजन तक सीमित रखते हैं और रामभक्ति शाखा काव्य को लोकमंगल के नाते उसे पहले दर्जे का ओहदा देते हैं। पर इस दृश्य को आगे चलकर बदला हजारीप्रसाद द्विवेदी ने।

उन्होंने भक्तिकाव्य का मूल्यांकन करते हुए कबीर को केन्द्र में रखकर भक्ति काव्य में दूसरी परम्परा की खोज की। साहित्य में दूसरी परम्परा की यह खोज अत्यन्त क्रान्तिकारी और युग-प्रवर्तक है। इसे साहित्य के इतिहास में गौर से देखने की जरूरत है।

इसलिए मैं कह रहा हूँ कि क्रमशः जैसे-जैसे हमारा स्वाधीनता आन्दोलन अधिक लोकतांत्रिक होता गया, जनाधार इसका मजबूत होता गया, वैसे-वैसे समाज में बहुलतावादी शक्तियों का सम्मिश्रण पैदा हुआ। इस आन्दोलन में बाबा साहेब अम्बेडकर के आने के बाद गांधी जी ने सामाजिक परिवर्तन के लिए छुआछूत, अछूतोद्धार जैसे रचनात्मक कार्यक्रमों को सामाजिक परिवर्तन का मूलमंत्र कहा। उन्होंने कहा कि बिना सामाजिक परिवर्तन के आजादी की वास्तविक परिकल्पना अधूरी है। साहित्य की दुनिया को देखें तो रचनात्मक साहित्य में प्रेमचन्द, निराला और आलोचना में हजारीप्रसाद द्विवेदी ने साहित्य की पूर्ववर्ती सीमाओं को ध्यान में रखते हुए अपने लेखन के जरिये युगान्तर उपस्थित किया। शुक्ल जी की सीमाओं को ध्यान में रखकर ही हजारीप्रसाद द्विवेदी ने कबीर को आगे किया। यद्यपि इस महत्त्वपूर्ण प्रयास के बावजूद लोग द्विवेदी जी पर ब्राह्मणवाद की छाप मानते हैं। धर्मवीर ने जो लिखा है, उसे देखा है मैंने। लेकिन एक बात गौर करने की है कि हमारे समाज पर एक हजार वर्षों के जो बद्धमूल संस्कार हैं, उसे खत्म करने के लिए एक हजार बरस का समय अगर न भी लगे तो कम-से-कम सौ-दो सौ साल का समय तो लगेगा ही। यही कारण है कि एक साक्षात्कार, मैं अभी हाल में ही पढ़ रहा था—पता नहीं, यहाँ उसका उल्लेख कितना प्रासंगिक होगा—एक कम्यूनिस्ट नेता ने उस साक्षात्कार में कहा कि हम लोगों ने मार्क्सवाद को जब अपनाया था तो समझते थे कि भारतीय समाज में सबसे महत्त्वपूर्ण वर्ग संघर्ष है और वर्ग उत्पीड़न ही सबसे बड़ा उत्पीड़न है। हम भूल गए कि इस वर्ग संघर्ष के भीतर जाति उत्पीड़न की समस्या सबसे ज्यादा दमनकारी और समस्यामूलक है। इस ऐतिहासिक तथ्य को हम लोगों ने इतनी देर से समझा। हम भूल गए कि एक हजार साल के बने हुए जो दमन के संस्कार हैं, उसे केवल वर्ग संघर्ष की कोटि में रखकर समझा नहीं जा सकता। इसलिए आज समाज में जातियों के आधार पर जो समाज में ऊँच-नीच का भेदभाव बढ़ा हुआ है, वह ज्यादा दमनकारी है। इसलिए वर्ग संघर्ष की अवधारणा में जाति संघर्ष के मुद्दे को जब तक ध्यान में नहीं रखेंगे तब तक हम आम जनता के दुःख-दर्द की सच्ची लड़ाई नहीं लड़ सकते।

इतने दिनों बाद, जब एक कामरेड, जो इस देश का जाना-माना मार्क्सवादी नेता है, वह अब कह रहा है तो भाव जगत में रहने वाले साहित्यकारों की सीमा को आप भली भाँति समझ सकते हैं। शायद इसी प्रभावी विचारधारा का असर है कि रामविलास शर्मा जैसे मार्क्सवादी भी सवालों के घेरे में आ जाते हैं। अभी हाल

ही में प्रकाशित उनकी आलोचना पुस्तकें 'गांधी, अम्बेडकर, लोहिया' और 'भारतीय संस्कृति और हिन्दी प्रदेश' की अवधारणाएँ इन आरोपों से बरी नहीं हो सकतीं। उन्होंने मंडल कमीशन का विरोध करते हुए आरक्षण तक का विरोध किया है और अपनी मूल स्थापना पर कायम हैं कि बुनियादी रूप से समाज की जो श्रेणियाँ हैं, उनका आधार वर्ग संघर्ष है। रामविलास जी की इन स्थापनाओं से अनेक लोगों की असहमतियाँ हो सकती हैं। मेरी भी हैं। पर मैं इस बात को दुहराना चाहता हूँ कि हमारे समाज और संस्कृति में हजारों वर्षों से जो दबे हुए विचार हैं, उनसे कोई साहित्यकार अपनी तमाम प्रगतिशीलता के बावजूद बचा नहीं रह सकता। ऐसे में आलोचक बचा रहेगा, इसकी कल्पना कैसे की जा सकती है?

इसलिए मैं कहना चाहता हूँ कि यदि आलोचना शुद्ध साहित्यिक कर्म नहीं है बल्कि गहरे अर्थों में सभ्यता समीक्षा है तो उस पर अपने युग, अपने समाज और अपनी संस्कृति का प्रभाव जरूर पड़ेगा। हिन्दी आलोचना की एक धारा सम्प्रदायवादी रही है, कुछ हद तक जातिवादी भी। ऐसी विचारधाराओं के अवशेष हर काल में मिलेंगे। इस तथ्य से इनकार नहीं किया जा सकता है। पर देखना यह चाहिए खुद आलोचना अपने इन पूर्वग्रहों से कितना सीख सकी है। कितना अब सीख रही है अर्थात् वह अपने विवेक से खुद अपनी आत्मालोचना कैसे करती है। उसका रुख इन चीजों के प्रति कितना सचेत और आलोचनात्मक है। वह अपने पूर्व अर्जित संस्कारों से छूटने के लिए कितनी बेचैन है। बेचैन है भी या नहीं। इस मुद्दे को आज आलोचना में गहरे स्तर पर उतरकर छानबीन करने की जरूरत है। शुक्ल जी के शब्दों में कहूँ तो 'आलोचना बुद्धि की मुक्तावस्था' है। शुक्ल जी ने तो 'कविता को हृदय की मुक्तावस्था' कहा है। यह बुद्धि की मुक्तावस्था एक दिन में नहीं होती, एक युग में भी नहीं होती बल्कि यह आलोचना के गहरे आत्मसंघर्ष के बाद किसी आलोचक में पैदा होती है। यह युगों की प्रक्रिया है। इसे आनन-फानन में प्राप्त नहीं किया जा सकता। इस दौर से हम सबको गुजरना है। हमें आलोचना में पुनरुत्थानवादी शक्तियों से सावधान रहना है। जैसाकि आपने संकेत किया, डॉ. धर्मवीर की आलोचना-दृंष्टि इसी प्रक्रिया का अंग है, जिससे हमें मुक्त होना है।

**अरविन्द :** यह बुद्धि की मुक्तावस्था वाली स्थापना आपने कई वर्ष पहले की थी और तब कई लोगों के मन में यह सन्देह हुआ था कि आलोचना में 'बुद्धि की मुक्तावस्था' क्या होती है यानी किस अर्थ में आप 'बुद्धि की मुक्तावस्था' को परिभाषित करते हैं, बेहतर होगा कि आज आप इसे स्पष्ट कर दें?

**नामवर सिंह :** देखिए, बुद्धि से मुक्तावस्था का मतलब कोई यह न समझे कि यह बुद्धि से निरपेक्ष होने का मामला है, बल्कि बुद्धि यानी विवेक से लैस होना है। आज बहुत से लोग साहित्य को विचार से मुक्त कर रहे हैं। ऐसे में कविता को

विचारों से मुक्त करके कविता का एक स्वायत्त संसार बनाना चाहते हैं। आलोचना में इसके विरुद्ध हस्तक्षेप करने की जरूरत है। कभी-कभी बुद्धि को भी वृद्धावस्था असमय घेर लेती है। ऐसे में बुद्धि की मुक्तावस्था का धर्म है कि वह पुराने संस्कारों, जड़ताओं से छुटकारा पा ले। जो लेखक ऐसा बराबर करता रहता है, वही साहित्य में ठोस धरातल अर्जित करता है। जब तक आप जड़ता को तोड़कर समाज और साहित्य में लोकतांत्रिक मूल्यों की स्थापना नहीं करते तब तक आप बुद्धि की जड़ता में सड़ते रहेंगे।

**मंडलोई :** डॉ. साहब, बीसवीं सदी की हिन्दी आलोचना में देखा जाए तो विचारधारा के वर्चस्व के स्तर पर प्रगतिशील या मार्क्सवादी आलोचना ही लगातार केन्द्र में रही है। जो अन्य विचारधाराओं की आलोचना-पद्धति है, उनसे भी आप बेहतर ढंग से परिचित हैं। मार्क्सवादी आलोचना पद्धति पर यह आरोप लगाया जाता है कि वह बड़ी सख्त है। भारतीय परिवेश के साथ उपजे साहित्य का मूल्यांकन वह ठीक से नहीं कर पाती। यही नहीं, लोगों का कहना है कि इसके जितने भी औजार हैं, वे पश्चिमी मॉडल के हैं। पौर्वात्य काव्यशास्त्र को आत्मसात करके कोई नई राह बनाने की कोशिश नहीं की गई। आजादी के बाद लगभग यही हुआ है। इस बात को लेकर आप क्या सोचते हैं?

**नामवर सिंह :** मंडलोई जी! इसके दो पहलू हैं। पहली बात तो यह कि आलोचना की अपनी परम्परा, जिसे भारतीय परम्परा कहते हैं, वह संस्कृत काव्यशास्त्रों में समाहित है। वह निश्चय ही हमारी बड़ी निधि है। इस विरासत से आरंभ से ही लोग अपने काम की चीज चुनते रहे हैं। रामचन्द्र शुक्ल ने 'रस मीमांसा' नाम की पुस्तक लिखी और उन्होंने काव्य में रस, ध्वनि, अलंकार जैसी काव्यशक्तियों को मुक्त मन से स्वीकार किया है। उनके बाद के आलोचकों ने भी इन काव्य-मूल्यों को स्वीकार किया है। बल्कि कहना चाहिए, बीसवीं शताब्दी के उत्तरार्द्ध में डॉ. नगेन्द्र ने इन सबका हिन्दी अनुवाद करवा दिया। एक तरह से कहा जाए कि उन्होंने साहित्य में रस की धारा बहा दी। उन्होंने खुद 'रस सिद्धान्त' पर पुस्तक लिखी। पर मैं इस प्रवृत्ति को साहित्य में पुनरुत्थानवाद की प्रवृत्ति मानता हूँ। मैं कहना चाहता हूँ कि स्वाधीनता के बाद संस्कृत काव्यशास्त्रों का उत्खनन और हिन्दुत्व का पुनरुत्थान जिस रूप में हुआ है, आज उसे उसी रूप में साथ-साथ देखना चाहिए। इसलिए अपनी परम्परा से तत्त्व ग्रहण करना शुक्ल जी के लिए एक बात है और डॉ. नगेन्द्र का पुनरुत्थान करना दूसरी बात है। इन दोनों में फर्क करना चाहिए।

**मंडलोई :** दोनों में फर्क है।

**नामवर सिंह :** इसीलिए डॉ. नगेन्द्र को, इतना लिखने के बावजूद आलोचना परिदृश्य में स्वीकृति नहीं मिली। इसलिए मैं कहना चाहता हूँ कि आज संस्कृत

विद्वानों में राधावल्लभ त्रिपाठी, कमलेशदत्त त्रिपाठी सरीखे लोग संस्कृत काव्यशास्त्र की परम्परा से लोकधारा की चीजें चुन रहे हैं। वे भी संस्कृत काव्यशास्त्र के मर्मज्ञ हैं, पर वही चुनते हैं जो उनके काम का है। वहीं राममूर्ति त्रिपाठी कुछ और करते हैं। संस्कृत काव्यशास्त्र से, वेद से रामविलास जी ने बहुत सारा लिया है। ऋग्वेद का गुणगान करनेवाले दूसरे भी बहुत सारे लोग हैं। इनमें से ज्यादातर विश्व हिन्दू परिषद वाले हैं जिन्होंने ऋग्वेद को देखा ही नहीं है। पढ़ना, आत्मसात करना तो दूर की बात है पर वे वेदों की माला आजकल खूब जप रहे हैं। मुख्य बात है, आप क्या लेते हैं? लेने का ढंग भी आना चाहिए। यह नहीं कि सब कुछ घोट लिया और भारतीय काव्यशास्त्र के महापंडित होकर दूसरों को विधर्मी मानकर कोस रहे हैं। मैं स्वयं संस्कृत का विद्यार्थी हूँ। मैं लगातार संस्कृत काव्यशास्त्र पढ़ता रहा हूँ। थोड़ा-बहुत सीखा भी है। तो संस्कृत काव्यशास्त्र एक अक्षय निधि है। सवाल यह है कि आप उसमें से क्या बटोरते हैं? अमृत बटोरते हैं या विष, यह आपके विवेक के ऊपर है। हमें देखना चाहिए कि कौन क्या लेता है। पश्चिमी देशों में काव्यशास्त्र के मूल स्रोत अफलातून-प्लेटो और अरस्तू हैं। वहाँ से अनेक महत्त्वपूर्ण चीजों को दुनिया भर के आलोचकों ने ग्रहण किया है। ये चीजें नई समीक्षा के दौर में ही नहीं बल्कि इधर जिसे उत्तर-आधुनिकता के दौर में 'डिकंस्ट्रक्शन' यानी उच्छेदनवादी पद्धति कहते हैं, उसकी अवधारणा बहुत पुरानी है। इसलिए अपने यहाँ देखना यह है कि हम संस्कृत काव्यशास्त्र की परम्परा से क्या और कैसे लेते हैं। संस्कृत की परम्परा का नाम लेना और फिर दूसरे क्षण में यह कह देना कि नये लोग सब पश्चिम से ले रहे हैं, महज शास्त्रीयता का जाप भर है। विडम्बना की बात यह है कि हम अब तक अपनी अच्छी निधियों से वंचित हैं। उनका उपयोग नहीं किया गया। अच्छी निधि के उपयोग के लिए दृष्टि चाहिए। आप क्या लेते हैं, हमें देखना यह चाहिए। यह तो तय है कि हमें महज शास्त्रीयता नहीं चाहिए।

**परमानन्द श्रीवास्तव :** शुक्ल जी ने सचेत किया था कि हिन्दी आलोचना संस्कृत आलोचना का पर्याय नहीं है। हिन्दी आलोचना अलग शुरू हुई है।

**नामवर सिंह :** कायदे से देखा जाए तो संस्कृत में आलोचना थी ही नहीं। शास्त्र था, जिसे हमें समझना चाहिए। मैंने पहले ही कहा है। दूसरी बात पाश्चात्य समीक्षा से बहुत सारी चीजें लेकर रामचन्द्र शुक्ल ने हिन्दी आलोचना का विकास किया। पर उसका इस्तेमाल उन्होंने ज्यों-का-त्यों नहीं किया। आज हिन्दी आलोचना के विकास की कसौटी रामचन्द्र शुक्ल हैं। वे एक प्रमाण हैं। अगर शुक्ल जी को कोई भारतीय आलोचक इसलिए न माने कि उन्होंने पश्चिम से बहुत कुछ लिया है तो अब इसके बारे में क्या कहूँ? आज तो आधुनिक भारत की जो संस्कृति है, उसमें पूरब से लेकर पश्चिम तक बहुत सारा मिला-जुला है। विभिन्न समस्याओं

के मिलन स्थल को आप रोक नहीं सकते। यह मिलन इधर बहुत तेजी से हो रहा है और आगे और होगा।

**अरविन्द :** डॉ. साहब! आजादी के बाद के साहित्य में विवादों की अगर शृंखला देखी ज़ाए तो 'नई कविता' और 'नई कहानी' जैसे आन्दोलनों में आपकी बहसें सबसे ज्यादा उत्तेजक, अर्थवान और काफी विवादास्पद रही हैं, बल्कि उसी के बाद से आपको 'विवादास्पद आलोचक' का खिताब भी दे दिया गया। 'नई कविता' को लेकर 'नई कविता पर क्षण भर' बहस-माला को लोग भूले नहीं हैं जब आप और साही जी आमने-सामने भिड़े थे। 'नई कविता' आन्दोलन में आप मुक्तिबोध को लेकर एक ऐतिहासिक लड़ाई लड़ रहे थे। एक तरफ आप, 'परिमल ग्रुप' में साही, भारती, लक्ष्मीकान्त, जगदीशगुप्त आदि से, दूसरी तरफ 'नई कविता' में रस की समस्या को लेकर डॉ. नगेन्द्र से, तो तीसरी तरफ अज्ञेय के व्यक्तिवाद और क्षणवाद से जूझ रहे थे। ये सारी बहसें आज नये साहित्य के इतिहास में शामिल हैं। जाहिर है, मार्क्सवादी आलोचना के विकास में आपने जितना संघर्ष किया उतना शायद किसी ने नहीं। इतिहास में दर्ज उन बहसों, विवादों और उत्तेजनाओं को आप आज किस रूप में देखना पसन्द करेंगे?

**नामवर सिंह :** अपने बारे में कहना ठीक नहीं है लेकिन मैं तो शीतयुद्ध के माहौल में पैदा हुआ और बाद में लगा कि शीतयुद्ध अन्तरराष्ट्रीय स्तर पर अब समाप्त हो गया है। सोवियत संघ के विघटन के बाद लगा कि साहित्य में समाजवाद की परिकल्पना समाप्त हो जाएगी, लेकिन आज फिर देखता हूँ कि शीतयुद्ध समाप्त नहीं हुआ है; बल्कि इधर बढ़ता दिखाई दे रहा है। 'आलोचना' के कुछ अंकों में मुझे कुछ ऐसा ही स्वीकार करना पड़ा। लेकिन इधर फिर लगा कि नहीं, शीतयुद्ध जारी है। मैं चाहता हूँ कि शीतयुद्ध शीत न रहे बल्कि ऊष्मावान हो क्योंकि वे प्रवृत्तियाँ समाप्त नहीं हुई हैं जिनकी लड़ाई पहले जोर-शोर से लड़ी गई थी। शीतयुद्ध इसलिए भी बना हुआ है कि खुलकर उन प्रवृत्तियों पर बहस नहीं हुई। बहसें जब अनिर्णीत रह जाती हैं तो मसले ज्यों-के-त्यों बने रहते हैं। इसीलिए विवाद के मामले में जब बहस एक बिन्दु पर पहुँच जाती है तब लगभग एक आम राय बन जाती है कि यह पक्ष सही है, यह पक्ष गलत है। या जो सही है, उसमें भी इतना भाग गलत है और जो गलत माना जा रहा है, उसमें भी इतना भाग सही है। दुर्भाग्यवश साहित्य में इसका निराकरण नहीं हो सका। बुनियादी बहस आज यह है कि साहित्य में दो प्रवृत्तियाँ हैं : एक जनोन्मुखी है। आमजन के साथ उसका सीधा जुड़ाव है। उसकी वाणी को यह जनोन्मुखी साहित्य आवाज देता है। उन्हें पुकारता है। उसकी भाषा अलग है, उसका छन्द अलग है। वह कविता, कहानी, उपन्यास आदि सबमें अलग से दिखाई पड़नेवाली चीज है। दूसरी प्रवृत्ति उस साहित्य की है, जो शीतयुद्ध के दौर वाले साहित्य के साथ जुड़ी हुई है। उसकी राजनीति भी उससे

जुड़ी हुई है। ऐसे लोग राजनीति से परहेज करते हैं। पर इनकी साहित्यिक राजनीति हमेशा खतरनाक रही है। ऐसे लोगों के साहित्य को मोटे तौर पर कलावादी, रूपवादी भी कह सकते हैं। उनकी आलोचना भी इसी रुझान की है। चूँकि हमारे सामाजिक जीवन में ऐसे दोनों तत्त्व मौजूद हैं : एक ओर हिन्दुत्ववादी, सवर्णवादी, पुरुषप्रधान मनोवृत्ति वाले लोग हैं, जिनका अपना एक समाजशास्त्र और सौन्दर्यशास्त्र है और एक अलग साहित्यशास्त्र भी। उधर जो जनोन्मुखी धारा है, वह बुनियादी रूप से परिवर्तनकामी, संघर्षशील और साधारण मनुष्य के जीवन-व्यापार को महत्त्व देनेवाली है। इस दूसरी धारा का भी अपना एक समाजशास्त्र, सौन्दर्यशास्त्र और साहित्यशास्त्र है। इस धारा की अपनी एक तेजस्वी आलोचना परम्परा है। जाहिर है, इन दोनों के बीच एक चौड़ी खाई है। मैं चाहता हूँ कि साहित्य के स्वास्थ्य के लिए यह जरूरी है कि इन पर खुलकर बहस हो। तब शायद दोनों अपने पूर्वग्रहों से मुक्त होकर ऐसा रास्ता निकालें जहाँ दोनों की ग्राह्य बातें आमने-सामने आ सकें। यह जब सम्भव होगा तभी अच्छा साहित्य विकसित हो सकता है। इसके लिए पहल दोनों तरफ से होनी चाहिए ताकि खुलकर स्वस्थ वाद-विवाद हो। जब वाद-विवाद होगा तभी संवाद का कोई रास्ता निकलेगा। फिलहाल तो दोनों ओर शिविरबद्धता है।

**मंडलोई :** प्रसंगवश एक बात और। वह यह कि अगर हम बीसवीं शताब्दी की हिन्दी आलोचना पर बात करते हैं तो अधिकतर यह पाया जाता है कि आलोचना या तो कविता केन्द्रित रही है या कहानी केन्द्रित। कथेतर गद्य साहित्य पर अब तक हमारी आलोचना कुछ खास ध्यान केन्द्रित नहीं कर पाई है। इसकी क्या वजहें हैं?

**नामवर सिंह :** जरूरी मुद्दा उठाया आपने। इस अभाव की पूर्ति का अब तक छिटपुट प्रयास भर हुआ है। बहुत व्यवस्थित नहीं हुआ है। पर इधर कुछ लोग इस दिशा में काम कर रहे हैं। विचार अब गद्य को लेकर यहाँ तक किया जा रहा है कि कविता गद्य से क्या लेकर आगे बढ़ सकती है। इस प्रसंग में विनोद कुमार शुक्ल का इधर एक साक्षात्कार छपा है। उसमें गद्य की ताकत का जिक्र है। इधर पुस्तक-समीक्षाओं में संस्मरण, डायरी, जीवनी आदि विधाओं पर विचार हुआ है। ललित निबन्धों पर भी विचार हुआ है। पर जिस रूप में होना चाहिए, उस रूप में नहीं हुआ है। यह चिन्ता की बात है। हमें सतर्क रहना है कि आधुनिक युग मुख्यतः गद्य युग है। गद्य अनेक रूपों में प्रकट हो रहा है। आज की कविता में गद्य तेजी से उतर रहा है। उसकी एक नई चमक, एक नई कौंध कई कवियों में दिखाई पड़ रही है। रामविलास जी ने 'आलोचना' में 'अच्छे गद्य की पहचान' विषय पर एक गम्भीर लेख लिखा था—शमशेर के 'दोआब' पर, जो शमशेर की पुस्तक 'प्लाट का मोर्चा' में भूमिका के रूप में शामिल हुआ है। इस सिलसिले में इधर 'मलयज की डायरी', मैं समझता हूँ, डायरी विधा का एक नया उन्मेष है। इस पर लोगों का

ध्यान जाना चाहिए। रामस्वरूप जी आजकल लगातार गद्य पर विचार कर रहे हैं। गद्य पर रमेशचन्द्र शाह ने भी लिखा है।

अमृतराय का 'कलम का सिपाही' जिस हद तक प्रेमचन्द की जीवनी है, उसी हद तक प्रेमचन्द की आलोचना भी है। रामविलास जी की 'निराला की साहित्य-साधना' का पहला भाग एक ऐसी जीवनी है कि उसके बिना आप निराला को समझ नहीं सकते। इसीलिए मैंने अभी स्वाधीनता के बाद के साहित्य पर चार पुस्तकों के प्रकाशन की योजना बनाई है। उसमें सृजनात्मक गद्य पर एक पुस्तक, कथा पर दूसरी पुस्तक, कविता पर तीसरी पुस्तक, आलोचना पर चौथी पुस्तक। इस तरह मैं चाहता हूँ कि स्वाधीनता के इन पचास वर्षों में जो कुछ श्रेष्ठ लिखा गया है, उसकी एक झलक पाठकों को मिल जाए।

*[परमानन्द श्रीवास्तव, अरविन्द त्रिपाठी और लीलाधर मंडलोई के साथ साक्षात्कार : 'आलोचना बुद्धि की मुक्तावस्था है', वर्तमान साहित्य, जुलाई, 2002]*

**वीरेश चन्द्र :** 'तद्भव' : अंक-3 के उस लेख में आपकी स्थापना है : श्रेष्ठ आलोचना की चिन्ता साहित्य से अधिक संस्कृति की होती है और उसके सामाजिक सरोकार होते हैं, जैसाकि टी.एस. इलियट ने कहा है कि हर आलोचक इतिहास की या अपनी परम्परा की पुनः व्यवस्था करता है। यों कहें कि आलोचना का अपना एक 'कैनन' होता है यानी कि आपकी दृष्टि में जो सबसे महत्त्वपूर्ण है—सार्थक है—वह क्या है? आपकी सूची क्या है? आपकी सूची में कौन लोग हैं? आलोचक का दायित्व है प्रचलित 'कैनन' पर विचार करना और जरूरत हो तो उस 'कैनन' को बदल देना। आपकी इस टिप्पणी में कई प्रश्न आपस में गुत्थमगुत्था हैं : (1) पहले तो यह कि आलोचना का साहित्य से अलग कोई अस्तित्व है? (2) साहित्य अपने-आपमें स्वयं सांस्कृतिक-कर्म नहीं है? आपके अपने सन्दर्भ में इस सम्पूर्ण कथन की विस्तृत व्याख्या चाहूँगा।

**नामवर सिंह :** 'कैनन' अपना शब्द नहीं है। लाचार होकर उसका प्रयोग कर रहा हूँ। कोई सटीक शब्द मिल जाएगा तो इसे छोड़ दूँगा। टी.एस. इलियट ने भी इस शब्द का प्रयोग नहीं किया था। उनका अपना शब्द था : परम्परा। मैंने भी 'दूसरी परम्परा' की बात की है। इलियट ने ठीक ही कहा है कि युगों बाद किसी साहित्य में एक बड़ा आलोचक आता है जो उसके इतिहास को 'पुनर्व्यवस्थित' करता है। इलियट ने 'रिऑर्डरिंग' शब्द का प्रयोग किया है। व्याख्या करनेवाले आलोचक तो आते ही रहते हैं, लेकिन इतिहास को बदल देने का काम करनेवाले विरले ही आते हैं। मार्क्स ने भी यही कहा था : 'दार्शनिकों ने अभी तक संसार की तरह-तरह से व्याख्या भर की है जबकि असल काम तो है उसे बदलना।'

हिन्दी आलोचना के क्षेत्र में इस तरह का पहला प्रयास है 'हिन्दी नवरत्न'। यह 'नवरत्न' एक तरह का कैनन ही है : श्रेष्ठ कवियों की तालिका। यह घटना बीसवीं शताब्दी के आरम्भ की है। मिश्र-बन्धुओं ने 'नवरत्न' को अक्षरशः ग्रहण किया। वे नौ की संख्या में बँध गए। पसन्द के कवि नौ से ज्यादा निकले। लिहाजा उन्हें दो कवियों को साथ-साथ रखना पड़ गया। इस खींचतान में कुछ कवि छूट ही गए; जैसे—कबीर। आगे चलकर उन्हें भूल का अहसास हुआ तो कबीर को भी शामिल कर लिया। पर 'नवरत्न' कहने के लिए नौ-के-नौ ही रहे। 'सरस्वती' में आचार्य महावीरप्रसाद द्विवेदी ने इस उपहासास्पद प्रयास की सख्त आलोचना की। इस आलोचना का प्रतिवाद किसी ओर से नहीं हुआ। इससे साफ है कि द्विवेदी जी के साथ साहित्यकारों की आम सहमति थी।

आज भी 'नवरत्न' को देखने से यह आभास तो होता ही है कि मिश्र-बन्धु साहित्य के रसिया थे; वैसे ही जैसे एक जमाने के रईस हुआ करते थे। विचारों में वे काफी आधुनिक भी थे—शायद अंग्रेजी शिक्षा के कारण। यह और बात है कि उनकी आलोचनात्मक प्रज्ञा की अपनी सीमाएँ थीं। गुणवत्ता की दृष्टि से कवियों का क्रम निर्धारण करने में भी उन्होंने सामान्यतः लोकमत का ही अनुसरण किया था। नवरत्नों की सूची में प्रथम स्थान पर तुलसीदास ही थे और सूर का स्थान दूसरा था। 'सूर सूर तुलसी ससी' की प्रचलित उक्ति को उन्होंने ठुकरा दिया। चन्दबरदाई को आठवाँ स्थान देकर उन्होंने कालक्रम को भी दरकिनार कर दिया। अन्त में भारतेन्दु को नवरत्नों में स्थान देकर उन्होंने अपनी आधुनिक दृष्टि का भी प्रमाण दिया। इस पूरी व्यवस्था में मिश्र-बन्धुओं ने साहस का सिर्फ एक काम किया और वह था देव को बिहारी पर तरजीह और मजा यह कि वही विवादास्पद हो गया—सिर्फ इस एक वजह से समूचा 'हिन्दी नवरत्न' विवाद के घेरे में आ गया। फिर तो देव बनाम बिहारी हिन्दी आलोचना का केन्द्रीय मुद्दा बन गया और अलग-अलग दो खेमे बन गए। बहस लम्बी चली और दशकों तक खिंच गई। आचार्य शुक्ल के हस्तक्षेप से बिहारी का पलड़ा भारी पड़ा। विवाद की तात्कालिक गर्मी कम हुई तो आगे चलकर आचार्य शुक्ल ने भी देव के महत्त्व को स्वीकार किया और अब तो देव का कवित्व लगभग सर्वस्वीकृत हो चला है। किन्तु न भूलें कि हिन्दी साहित्य के 'कैनन-निर्माण' के सभारम्भ का श्रेय मिश्र-बन्धुओं को है और यह शुरुआत बीसवीं शताब्दी के आरम्भ में ही हो चुकी थी।

वस्तुतः हिन्दी साहित्यकारों का सुसंगत 'कैनन' बनाया आचार्य रामचन्द्र शुक्ल ने 'हिन्दी साहित्य का इतिहास' के द्वारा, जिसे अन्तिम रूप मिला 1941 में और यह एक युग का अन्त भी था। कहना न होगा कि छोटी-मोटी असहमतियों के बावजूद वही कैनन आज भी हिन्दी के बहुसंख्य पाठकों के संस्कार में है। इस नये 'कैनन' के अन्दर प्राचीन कवियों में जायसी और घनानन्द का विशिष्ट महत्त्व

मिला। आधुनिक कवियों में प्रकृति-प्रेम के कारण श्रीधर पाठक और सुमित्रानन्दन खुलकर सराहे गए और छायावाद-रहस्यवाद से अंशतः असहमति के बावजूद प्रसाद, निराला और महादेवी के मूल्यवान योगदान को इसी तारतमिक क्रम से स्वीकार भी किया गया।

इस 'कैनन' में पहला हस्तक्षेप किया 1942 में हजारीप्रसाद द्विवेदी ने अपनी 'कबीर' पुस्तक के द्वारा, फिर तो हस्तक्षेपों का सिलसिला ही चल निकला। इस प्रक्रिया में रामविलास शर्मा के हस्तक्षेपों का ऐतिहासिक महत्त्व है। उन्होंने आचार्य शुक्ल के महत्त्व को स्वीकारते हुए भी निराला को आधुनिक कवियों के सर्वोच्च स्थान पर बिठाया और उनके साथ ही प्रेमचन्द को पूरी तरह प्रतिष्ठित किया। इसी क्रम में उन्होंने आचार्य महावीरप्रसाद द्विवेदी को हिन्दी नवजागरण के अग्रदूत के रूप में प्रस्तुत किया, जबकि अभी तक वे केवल भाषा-संस्कार के लिए याद किए जाते थे। इसके अतिरिक्त रामविलास जी ने अपना समकालीन साहित्य का भी एक 'कैनन' बनाने की कोशिश की जिसमें कवि के रूप में केदारनाथ अग्रवाल और उपन्यासकार के रूप में वृन्दावनलाल वर्मा और अमृतलाल नागर सर्वोपरि हैं। वैसे दिनकर, नागार्जुन और त्रिलोचन के लिए भी गुंजाइश रखी है, लेकिन जो कथाकार, कवि या साहित्य सोच-विचारपूर्वक इस 'कैनन' से बाहर रखे गए हैं, उनमें सबसे उल्लेखनीय यशपाल, राहुल सांकृत्यायन, फणीश्वरनाथ रेणु, हजारीप्रसाद द्विवेदी, शमशेर और मुक्तिबोध हैं। खास बात यह है कि कबीर के लिए यहाँ कोई जगह नहीं है—न तीन में न तेरह में। रामविलास जी अपने इस 'कैनन' को साहित्य की जातीय परम्परा कहते हैं जिसके सचमुच के शिखर तीन ही हैं—तुलसी, निराला और रामचन्द्र शुक्ल, लेकिन चौखम्भा बनाना हो तो चौथे प्रेमचन्द भी।

इस 'कैनन' की छानबीन जरूरी है। लेकिन उसके लिए काफी समय चाहिए और वह आज इस समय सुलभ नहीं है। फिलहाल अपनी भूमिका के बारे में सिर्फ इतना ही कहना काफी है कि अभी तक मैंने 'कैनन' निर्माण की प्रक्रिया में दो या तीन छोटे-छोटे हस्तक्षेप किए हैं। नई कविता के अन्दर मुझे अज्ञेय और उनके मंडल के कवियों से भिन्न एक दूसरी परम्परा का अहसास तो 1956-57 से ही था और मैं यह महसूस करता था कि उस दूसरी परम्परा की सबसे समर्थ प्रतिभा मुक्तिबोध हैं। इस आशय के दो छोटे-छोटे लेख मैंने तभी लिखे थे। लेकिन उसे व्यवस्थित रूप दिया 1968 में प्रकाशित 'कविता के नए प्रतिमान' में जिसके केन्द्र में 'अँधेरे में' जैसी 'फंतासी' वाली लम्बी कविताओं के रचयिता मुक्तिबोध थे। उस समय पहला मोर्चा 'नई कविता का आत्मसंघर्ष' ही था। इसलिए उस मोर्चे के योद्धा मुक्तिबोध ही केन्द्र में थे। प्रसंगवश नागार्जुन, केदारनाथ अग्रवाल, त्रिलोचन आदि की भी चर्चा आई है पर कुल मिलाकर वे पार्श्वच्छवि ही रहे। उस बात को लेकर उस समय उस पुस्तक की काफी आलोचना भी हुई और उसमें निश्चित ही सत्यांश

है। कुछ दिनों बाद इलाहाबाद विश्वविद्यालय की प्रतिष्ठित 'निराला-व्याख्यानमाला' के अन्तर्गत अपने भाषण में मैंने इसे स्वीकार भी किया। उस भाषण का संक्षेप वहीं से प्रकाशित होनेवाली पत्रिका 'कथ्य रूप' में छप चुका है।

आगे चलकर मैंने 'त्रिलोचन के लिए एक नया काव्यशास्त्र' शीर्षक लम्बा लेख 'आलोचना' में प्रकाशित किया। उल्लेखनीय है कि तब तक डॉ. रामविलास शर्मा की दृष्टि त्रिलोचन की कविता पर नहीं पड़ी थी। उस लेख के बाद ही त्रिलोचन उनके दृष्टि-पथ पर आए। इसके अतिरिक्त त्रिलोचन के सत्तरवें जन्मदिन पर भी मैंने 'जनसत्ता' में एक लेख लिखा था। इसी तरह नागार्जुन पर तो मेरे अनेक लेख हैं—यहाँ तक कि अपनी भूमिका के साथ मैंने नागार्जुन की कविताओं का एक चयन भी प्रकाशित किया है। ऐसी ही बातें शमशेर के सन्दर्भ में भी उल्लेखनीय हैं। सारी सामग्री पुस्तकाकार प्रकाशित नहीं है, इसलिए लोगों के ध्यान में मेरा यह पक्ष नहीं आता। निकट भविष्य में कुछ व्यवस्थित रूप में सारी सामग्री सामने आएगी तो पता चलेगा कि वह 'कविता के नए प्रतिमान' का एक पूरक खंड ही है।

'कैनन' सम्बन्धी मेरी उधेड़बुन का सम्भवतः सबसे उल्लेखनीय प्रस्थान है 1982 में प्रकाशित पुस्तक 'दूसरी परम्परा की खोज'। इस पुस्तक का भी एक केन्द्र है और उस केन्द्र में हैं मेरे गुरुदेव आचार्य हजारीप्रसाद द्विवेदी। हमारी तथाकथित 'परम्परा' के अन्तर्गत ही एक और परम्परा के प्रतीक। इस पुस्तक के द्वारा सिर्फ यह कहने की कोशिश की गई है कि हमारे इतने लम्बे इतिहास में अनेक परम्पराएँ हैं और उनके बीच टकराव और सामंजस्य की प्रक्रिया निरन्तर चलती रही है। इसलिए किसी एक परम्परा को मुख्य धारा में स्थापित करने का अर्थ है—अन्य परम्पराओं का दमन। इस सन्दर्भ में 'महान परम्परा' और 'लघु परम्परा' जैसा विभाजन भी उसी वर्चस्ववादी दृष्टि का परिचायक है।

विचित्र बात है कि हमारे यहाँ साहित्य में तो 'कैनन' की बहस कुछ ठंडी पड़ गई है, किन्तु संस्कृति के क्षेत्र में 'परम्परा' की दुहाई काफी उग्र है और लगता है कि अन्ततः परम्परा का सांस्कृतिक संघर्ष साहित्य को भी प्रभावित करके रहेगा। दलित-विमर्श और स्त्री-विमर्श के चलते साहित्य का 'कैनन' देर तक अछूता न रह पाएगा। एक तरह से अतीत वर्तमान-संघर्ष का ही एक मोर्चा है जिसका प्रमाण है हड़प्पा और वैदिक सभ्यता के पूर्वापर क्रम तथा स्वदेशी-विदेशी होने को लेकर इतिहासकारों के बीच चलनेवाला महाभारत।

सच पूछिए तो इधर कुछ वर्षों से मेरे सोच-विचार के केन्द्र में 'परम्परा' से ही जुड़े प्रश्न हैं।

*[वीरेश चन्द्र से साक्षात्कार : 'रूपवाद, परम्परा और प्रतिबद्धता', आवर्त्त, जुलाई, 2001]*

**किरन :** आपके प्रशंसकों और विरोधियों ने समान रूप से अनुभव किया है कि आपके आलोचना-कर्म में संवेदना और चिन्तन के बीच एक दरार है। संवेदना के धरातल पर आप अनेक कवियों को पसन्द करते हैं, अनेक काव्य-प्रवृत्तियों को स्वीकृति प्रदान करते हैं लेकिन विचारधारा के स्तर पर उन्हें स्वीकार नहीं करते। आपके इस द्वन्द्व ने आपकी आलोचना को अनेक रूपों में प्रभावित किया है। एक प्रभाव तो यही हुआ कि आप मुक्त भाव से सारी साहित्यिक प्रवृत्तियों पर खास तौर से विरोधी खेमे के कवि, रचनाकार पर लिखने से कतराते रहे। आपने जो कम लिखा है या इसका एक कारण क्या आपका यह अन्तर्द्वन्द्व ही नहीं है, जिसकी ओर निर्देश किया है?

**नामवर सिंह :** एक दर्जन सवाल तुमने इसमें पूछे हैं। जितना समझ में आता है उतना कहता हूँ। पहली बात तो यह कि संवेदनशीलता और विचारधारा दोनों की फाँक मन में दिखाई पड़ती है। मैं इसके बारे में कोई सिद्धान्त तो नहीं कहना चाहता, फाँक सम्भव है। कभी-कभी लोग कहते हैं कि हृदय और बुद्धि के बीच में खाई है जिसे एलियट ने डिसोसिएशन ऑफ सेन्सिबिलिटी कहा था। किसी के भावबोध में पृथक्करण हो और इस आधार पर उसने कहा था कि अंग्रेजी साहित्य के इतिहास में किस तरह रोमांटिक (romantic) लोगों के बारे में लोगों की शिकायत थी और एलियट का खयाल था कि मेटाफिजिकल कवियों में डिसोसिएशन ऑफ सेन्सिबिलिटी नहीं थी। खुद उसकी समझ में, यानी आधुनिकतावादी एलियट की समझ में, फाँक नहीं थी। जो आदमी खुद आत्मसजग हो जाए तो मानना चाहिए कि उसके विचारों में और उसकी संवेदना में कोई फाँक है। अच्छा हुआ कि एलियट में एक फाँक है वर्ना उनके जो विचार थे, अगर उसे भावबोध का पर्याय मान लिया जाए तो बहुत ही घटिया कवि होता। जो आदमी राजनीति में लोकतंत्र के विरुद्ध राजतंत्र का समर्थन करता है, जो आदमी धार्मिक विश्वासों में एंग्लिकन चर्च का समर्थन करता हो, जो आदमी अपनी नीतियों में क्लासिसिस्ट भावबोध का आदमी हो, उस हिसाब से उसकी कविताओं में यही मान लिया जाए कि वही उसकी संवेदना भी थी तो बड़ा ही खतरनाक मामला होता, बड़ा ही बेकार होता एलियट। कभी-कभी दोनों में अनबन बनी रहे भावबोध में और विचार में तो इससे लाभ होता है। बहुत कम लोग हैं जिनके भावबोध और विचार, दोनों इतने एकरस हों यानी बड़े बर्बर, खूँखार, तानाशाहों में भी कहते हैं कि हिटलर तक को दोनों का फर्क खा गया है। एक ओर वह मोत्सार्ट का संगीत पसन्द करता था तो दूसरी ओर वह लोगों को गैस चेम्बर में भेजता था। दोनों के क्या सम्बन्ध हैं? जो लोग कहते हैं कि आपमें भी फाँक दिखाई पड़ती है, इसके लिए सफाई न देना चाहूँगा कि किसी को क्यों दिखाई पड़ती है। मैं उसका मुँह थामने न जाऊँगा और न मैं यह सफाई दूँगा कि नहीं साहब, यह न कहिए। मैं न कहूँगा लेकिन मैं सावधान रहूँगा। मैं नहीं मानता हूँ कि यह विभाजन अनिवार्य नहीं है। रामविलास जी ने एक जगह स्थापना की है अपने लेखों में कि

तीन चीजें मुख्य होती हैं—इन्द्रियबोध, भावबोध और विचार, और उनका खयाल है कि इन्द्रियबोध पर समाज का, युग का कोई प्रभाव नहीं पड़ता यानी मनुष्य छूता है या देखता है; अब रंगों को आदमी आज से साढ़े चार हजार वर्ष पहले भी देखता था, उसी तरह आज भी देखता है। शारीरिक चीज है यह और मनुष्य के शरीर में आज भी कोई बुनियादी परिवर्तन तो हुआ नहीं। आज भी दो ही आँखें हैं, तीन आँखें तो हुईं नहीं आदमी की। यहाँ परिवर्तन तो न्यूनतम होता है। मनुष्य के भाव में इन्द्रियबोध की अपेक्षा परिवर्तन तो होता है लेकिन कम होता है, विचारों में ज्यादा परिवर्तन होता है। लेकिन यह विभाजन उन्होंने यांत्रिक किया है। होता यह है कि कभी-कभी विचार नियामक होते हैं जिसके कारण एक विशेष विचार बन जाए किसी चीज की व्यवस्था के बारे में। अगर आपका राजनीतिक विरोधी हो, वह चाहे जितना अच्छा क्यों न हो, उदाहरण के लिए, जिन दिनों श्रीमती इन्दिरा गांधी ने इमरजेन्सी लगाई थी तो उनके विरोधियों के लिए इन्दिरा गांधी अपनी सुन्दरता खो बैठी थीं और वे क्रूर दिखाई देती थीं। कहाँ गया हमारा इन्द्रियबोध? ऐसा बनता है कि हम किसी चीज को बुरा समझते हैं तो उसकी शक्ल भी हमें बुरी दिखाई देती है और उसके लिए हमारा पहले का प्रेम होता है, वह भी नष्ट होता है, भाव भी हमारा बदलता है इसलिए मैं नहीं मानता कि विचारों से संवेदनशीलता या संवेदना प्रभावित नहीं होती। होता है प्रभावित। कभी-कभी जब इसका बोध आदमी के मन में बना हो तो हो सकता है, हम उसके विचार से असहमत होते हुए हम उनकी संवेदना की दाद दें। मैंने किया है स्वयं। अगर ऐसा न होता तो आधुनिक काल के कवियों में ही। प्राचीन तो बहुत दूर है। मैं कबीर, सूर, तुलसी का हवाला दूँ तो ठीक नहीं होगा। उदाहरण के तौर पर अज्ञेय जी की कई कविताएँ मुझे अच्छी लगती थीं और आज भी लगती हैं। निर्मल वर्मा जिस तरह बदले हैं, उनकी मैंने सख्त आलोचना की है लेकिन निर्मल जी में मुझे जो अच्छा लगा है—उनकी कहानियाँ, उनकी भाषा या उनका कोई लेख, तो मैं उसकी दाद देता हूँ। इसलिए नहीं कि यह मार्क्सवाद के अनुकूल है। मार्क्सवाद के अन्तर्विरोध के बारे में धारणा है कि अन्तर्विरोध कहाँ नहीं होता और किसमें नहीं होता! परमानेंट अगर कोई चीज है तो वह है अन्तर्विरोध। अन्तर्विरोध अनिवार्य है। पूँजी बढ़ाना बुरा नहीं है। पूँजीवाद में कुछ अच्छाइयाँ हैं तो बुराइयाँ भी हैं। अन्तर्विरोध तो होगा, अन्तर्विरोध देखना और स्वीकार करना यह मार्क्सवाद ने ही मुझे सिखाया है। बाल्जाक के बारे में मार्क्स ने कहा कि बाल्जाक के विचार बड़े ही प्रतिक्रियावादी थे। बल्कि कहना चाहिए कि विचारों में बाल्जाक तो सामन्ती विचारों का था लेकिन अपने उपन्यासों में दिखाता है कि नये पूँजीवाले लोग ज्यादा बेहतर हैं और सामन्त लोग हैं, वे ढहती हुई, मरती हुई सभ्यता के हैं। टॉल्स्टॉय के बारे में लेनिन ने कहा कि उसके विचार पुरातनपंथी थे। वह समझता था कि हरेक चीज का इलाज बाइबल है। मांस खाना छोड़ देना चाहिए, शाकाहारी

होना चाहिए, सादा जीवन जीना चाहिए—ऐसे ही समस्याओं का उद्धार हो जाएगा। इसमें यह बचकानापन है। लेकिन आर्टिस्ट वह महान है। इसलिए संवेदना के स्तर पर कोई चीज महत्त्वपूर्ण होती है। हर बड़े साहित्यकार, कलाकार में आपको यह अन्तर्विरोध दिखाई पड़ेगा। उस अन्तर्विरोध को पहचानना एक बात है। दूसरों की संवेदना और विचारों में अन्तर्विरोध देखना स्वयं आलोचक के अन्तर्विरोध का परिचायक नहीं है। जो आलोचक इसे देखता है तो इसका मतलब यह है कि उसके विचार और संवेदना दोनों सही जगह हैं, दोनों में तालमेल है। जो आँख दूसरे की संवेदना और विचार में फर्क देख सकती है और मूल्यांकन कर सकती है, स्वयं उस आदमी में, दोनों के बीच इतनी गहरी खाई नहीं है, यह प्रमाणित होता है, तर्क यह कहता है। तो अंशतः तुम्हें तुम्हारे प्रश्न का जवाब तो मिल गया होगा। उस सवाल में और बचा हो तो उसका जवाब दे दें। इसलिए मैंने बताया कि किसी साहित्य की या किसी की आलोचना करने का मतलब यह नहीं कि वह हमारा दुश्मन है। साहित्य किसी की जागीर नहीं है। जमीन-जायदाद का झगड़ा नहीं है कि इसके लिए मुकदमेबाजी हो जो कोई बीच में पड़े। मैं नहीं मानता हूँ। इसलिए अगर कहीं लगता हो और यदि मार्क्सवादी आलोचना में यह पाया गया है तो मैं समझता हूँ कि उसकी यह कमजोरी रही है कि एक खास संकीर्णतावादी दौर में कुछ साहित्यकारों को वर्गशत्रु समझा गया। एक जमाने में डॉ. रामविलास शर्मा ने यशपाल पर लिखा, राहुल सांकृत्यायन पर लिखा, सुमित्रानन्दन पन्त पर लिखा तो वह हमला था—वह जैसे उन्हें वर्गशत्रु समझ करके उन पर आक्रमण किया गया था। सम्भव है कि हमारे आरम्भिक लेखों में इसके कुछ अंश मिले। मैं इनकार नहीं करता। उन पर वह प्रभाव था, जिनके बारे में मैं ग़ालिब का वह शेर उद्धृत करूँगा कि—'हमने मजनूं पे लड़कपन में असद संग उठाया था कि सर याद आया', तो हमने आलोचना के लिखने के लड़कपन में मजनूं पर—जो रचनाकार हैं, पत्थर उठाया था—संग उठाया था, मारने के लिए संग उठाया था कि जल्दी ही अपना सिर याद आ गया। इस सर पर भी तो पत्थर पड़ सकते हैं। तो मैं यह बात स्पष्ट कर दूँ कि ऐसा मार्क्सवादी आलोचकों में था और उसका असर मुझ पर पड़ा होगा। उस अतिरेक तक नहीं गया ज़िस अतिरेक तक रामविलास जी गए। लेकिन अपने प्रगतिशील साहित्यकारों में जिन पर बहस चल रही थी, उग्रता तो है, पर कटुता नहीं, वह कड़वाहट नहीं। उसे वर्गशत्रु नहीं समझा जाता था। धीरे-धीरे युवाकालीन उत्साह और दुस्साहसिकता कुछ कम हुई तो माना कि हिन्दी के अधिकांश लेखक बेचारे सारे निम्न मध्यवर्ग हैं, कोई पूँजीपतियों का दलाल नहीं है। पूँजीपति तो है ही नहीं। वह अनजाने में भी पूँजीपतियों का दलाल नहीं और थोड़े समय के लिए रूस के विरोधी और अमेरिका के समर्थक कोई लेखक हो गए थे लेकिन धीरे-धीरे वे भी अमेरिका की असलियत को समझने लगे थे। हिन्दी में जितने भी लेखक थे, यदि वे, जिन्हें हम अमेरिकी

दलाल कहते थे, रूस की जिन बातों की आलोचना उन्होंने की थी, उसके साथ वे अमेरिका की प्रशंसा नहीं करते थे। रूस की आलोचना वे जरूर करते थे किन्तु अमेरिका में अच्छाइयाँ हैं, यह कहने की हिम्मत उस समय भी किसी को नहीं पड़ी थी। इसलिए उन मसलों को लेकर मैंने साहित्य में पढ़ा हो तो पढ़ा हो, समकालीन साहित्य में यह पक्षधरता कहाँ-कहाँ असन्तुलित हो उठी हो, लेकिन निकट अतीत और सुदूर अतीत के साहित्य के मूल्यांकन में शायद संवेदना और विचारधारा के बीच ऐसी गहरी खाई और अन्तर्विरोध नहीं मिलेगा।

*[किरन से साक्षात्कार : 'जीवन और आलोचना-कर्म का सिंहावलोकन', मार्च, 1994]*

**किरण :** आपने भारतीय नवजागरण पर कुछ लेख भी लिखे हैं। महत्त्वपूर्ण व्याख्यान भी दिये हैं। क्या आप भारतीय नवजागरण पर कुछ प्रकाश डालना चाहेंगे?

**नामवर सिंह :** देखो, भारतीय नवजागरण जैसे विषय की शुरुआत तो हमारे अग्रज डॉ. रामविलास शर्मा ने, 'महावीरप्रसाद द्विवेदी और हिन्दी नवजागरण' नाम की किताब से कर दी थी। जैसाकि उन्होंने स्वयं लिखा है कि वह पुस्तक तो एक तरह से बायप्रोडक्ट है। 'निराला की साहित्य-साधना' पर काम करते हुए उन्हें अचानक महावीरप्रसाद द्विवेदी की कुछ रचनाएँ पढ़ने को मिलीं और फिर उसी में से एक किताब महावीरप्रसाद द्विवेदी पर निकल आई। लोग महावीरप्रसाद द्विवेदी को केवल भाषा-सुधार करनेवाले लेखक के रूप में मानते थे कि उन्होंने हिन्दी भाषा खड़ी बोली का संस्कार किया। और रामविलास जी ने देखा कि भाषा-संस्कार से बड़ा काम तो उनका सामाजिक, राजनीतिक समझ का है और जो एक तरह से 19वीं शताब्दी के नवजागरण का एक महत्त्वपूर्ण चरण है। वह पुस्तक तात्कालिक उत्तेजना थी। उस पर मैंने लेख लिखा। मुझे लगा कि हिन्दी नवजागरण पर महावीरप्रसाद द्विवेदी के माध्यम से जिस तरह से बल दिया गया है, उसमें दो संकीर्णताएँ मुझे खटकीं। एक तो यह कि बंगाल के नवजागरण से हिन्दी नवजागरण को अलग करके देखना; दूसरी, साहित्य को हिन्दी प्रदेश की सीमा से बाँधना अर्थात् बंगाल के लोग बंगाली प्रान्तीयता के अहंकार से ग्रस्त हैं तो हिन्दी प्रान्तीयता को उसके बरक्स खड़ा करना। और इस तरह से भारतीय नवजागरण को, 19वीं शताब्दी का जो व्यापक नवजागरण था, उससे काटना था। विशिष्टता निरूपित करना एक बात है लेकिन महावीरप्रसाद द्विवेदी को सामने रखकर राजा राममोहन राय आदि को खारिज कर देना वह अलग बात है। मुझे लगा कि ठीक नहीं हो रहा है। फिर हिन्दी नवजागरण को गौरवान्वित करते हुए, उस नवजागरण की प्रवृत्ति को एक वर्ग के आधार तक सीमित कर देना था, जो अंग्रेजी पढ़ा-लिखा सम्पन्न वर्ग था, यह नवजागरण कर रहा था। उसकी वर्गीय सीमाएँ थीं। उसकी व्याप्ति कितनी थी, भारत की साधारण जनता से उसके

विचार कहाँ तक मिल रहे थे और उनमें पुनरुत्थान के नाम पर बहुत-सी ऐसी बातें नये सिरे से मिलाई जा रही थीं जिनको बहुत पहले भक्तों ने खर्च कर दिया था तो उस नवजागरण के कुछ और अन्तर्विरोधों पर ध्यान देना चाहिए। महावीरप्रसाद द्विवेदी में भी ये अन्तर्विरोध थे। हर अन्तर्विरोध को उचित ठहराना; उदाहरण के लिए उस अन्तर्विरोध में अंग्रेजी राजभक्ति भी बहुत थी तो उसका यह कहना कि भारतेन्दु का अंग्रेजी राज के प्रति प्रेम वैसे ही था, जैसे चन्द्रमा का कलंक। तो चन्द्रमा का कलंक बड़ा सुन्दर लगता है, जैसे किसी औरत के चेहरे पर तिल हो, तो तिल शोभा भी बढ़ाने वाला हो जाता है। वह राजभक्ति अगर थी तो हमारे नवजागरण की सीमा थी और उपनिवेशवाद के गिरफ्त में थे हम लोग विचारधारा की दृष्टि से। इसलिए नवजागरण के अन्तर्विरोधों पर ध्यान जाना चाहिए। नवजागरण के नाम पर जो कुछ हुआ—हर चीज को गौरवान्वित करना न वैज्ञानिक है, न मार्क्सवादी है और न ऐतिहासिक। चाहे वे महावीरप्रसाद द्विवेदी ही क्यों न हों, जिनके प्रति श्रद्धा हम सबकी है। इस क्रम में कुछ अन्य लेखकों की विचित्र बात हुई कि वहाँ मेरी दृष्टि कुछ स्वदेशी पंडितों पर पड़ी। विचित्र बात है कि जो संस्कृत की अपनी देशी परम्परा में पले लोग थे, उनमें अपेक्षाकृत कुछ स्वतंत्र लेखन दिखाई पड़ता है, जैसे—चन्द्रधर शर्मा 'गुलेरी', जैसे रामावतार शर्मा। अंग्रेजी जानते थे, पढ़े हुए थे। इनकी गहरी जड़ें अपने लोकजीवन में थीं। ये महावीरप्रसाद द्विवेदी में भी दिखाई पड़ता है, तो महावीरप्रसाद द्विवेदी स्वयं किसानों से जुड़े हुए थे। 'सम्पत्तिशास्त्र' नाम की पुस्तक में रामविलास जी ने ठीक लिखा है—ये संस्कृत के पंडित, और ये सब ब्राह्मण हैं, जाति-पाँति व्यवस्था का विरोध करते हैं। उनकी सहानुभूति अछूतों के प्रति, विधवाओं के प्रति, गरीबों के प्रति है। और अंग्रेजी राज्य के इतने कुछ कानूनों के कारण, इतने ठग न होते हुए भी, परोक्ष रूप से हर अंग्रेजी चीज का विरोध कर रहे थे और ये हिन्दी लिखते वह ठेठ हिन्दी—भाषा की मुक्ति। इस पर मैं चिन्तन करता रहा हूँ। कुछ लेख भी मैंने लिखे हैं। इसी क्रम में मैंने यह देखा कि जिस नवजागरण के कई चरण रामविलास जी ने गिनाए, उस नवजागरण के कुछ पहलुओं, पक्षों और व्यक्तियों को उन्होंने छोड़ दिया। उनमें से एक हैं महापंडित राहुल सांकृत्यायन। महापंडित राहुल सांकृत्यायन इसलिए हैं कि अधिकांश भारतीय नवजागरण, गीता, उपनिषद, वेद और वेदान्त पर आधारित हैं; जो ब्राह्मण परम्परा के आधार ग्रन्थ हैं। पंडित राहुल पहले आदमी हैं जिन्होंने नवजागरण में बुद्ध के दर्शन की चर्चा की, जो अपेक्षाकृत उपनिषदों से कहीं ज्यादा क्रान्तिकारी था—सामाजिक दृष्टि से, धार्मिक दृष्टि से। उस नवजागरण में बंगाल का नवजागरण, महाराष्ट्र का नवजागरण, प्रायः गीता, उपनिषद, वेदान्त पर था। हिन्दी नवजागरण की यह खूबी है, जिसमें राहुल जैसा विद्वान हुआ जो धर्मकीर्ति के ग्रन्थों के उद्धार के लिए तिब्बत गए। 'बुद्धचर्या' नामक ग्रन्थ लिखा। अपनी जीवन-यात्रा के द्वारा बौद्ध-चिन्तन का समावेश किया।

राहुल का यह कृतित्व इसलिए महत्त्वपूर्ण है कि बहुत दिनों बाद स्वाधीनता के संग्राम में और भारत के नवनिर्माण के विकास में आगे चलकर दलितों के मसीहा बाबा साहेब अम्बेडकर नव बौद्ध हुए और बुद्ध का सहारा लेकर उन्होंने ब्राह्मणवाद पर प्रहार किया। इसकी शुरुआत तो हिन्दी में राहुल जी कर चुके थे। रामविलास जी की नवजागरण की सारी परिकल्पना ऐसी है जिससे राहुल बाहर हैं, गौतम बुद्ध बाहर हैं। उसमें इस नवजागरण के कई पहलू हैं। एक पहलू विज्ञान है। मैं आजकल कुछ और पढ़ रहा हूँ कि इस विज्ञान का नवजागरण में क्या स्थान था। और हमारे चिन्तन को, जिसको 'साइंटिफिक टेम्पर' जवाहरलाल नेहरू कहते थे, वह साइंटिफिक टेम्पर कितना आया, कितना नहीं आया और यह साइंस कोलोनियल कितना उपनिवेशवादी था और कितना एंटिकोलोनियल था? क्योंकि हमें नहीं भूलना चाहिए कि पश्चिम में विज्ञान बहुत बड़ा हथियार था। पर विज्ञान की हर बात जरूरी नहीं कि उपनिवेशवादी जरूर हो। उदाहरण के लिए, डार्विन का विकासवाद, इंग्लैण्ड में पुरोहितों के खिलाफ था और समझा जाता था, बड़ा क्रान्तिकारी था। लेकिन डार्विन का विकासवाद 'सर्वाइवल ऑफ फिटेस्ट' का सिद्धान्त था। वे जीव जो बचे रहते हैं, जिसको निराला ने 'जागो फिर एक बार' में गाया है : 'योग्य जन जीता है, जीता है, जीता है'। यानी जो ताकतवर आदमी होता है, वह बच जाता है और जो कमजोर होते हैं, मर जाते हैं। यह सिद्धान्त उपनिवेशवाद का अमोघ अस्त्र था। पश्चिम ताकतवर है इसलिए जिएगा और जीतेगा। एशिया का भारत कमजोर है। वह मरेगा। इसलिए उस सभ्यता को मरना चाहिए। डार्विन का विकासवाद और विज्ञानवाद, जिसकी महावीरप्रसाद द्विवेदी ने बड़ी तारीफ की थी, महावीरप्रसाद द्विवेदी डार्विन के विकासवाद का सहारा ले रहे थे। लेकिन डार्विन के विकासवाद में यह भी तो एक रूप था। अकबर इलाहाबादी, उर्दू के कवि, जो विज्ञान का विरोध करते थे और बड़े धार्मिक प्रवृत्तिवाले आदमी थे। 'रोशनी आती है और नूर चला जाता है'—जब बिजली आई तो कहा कि बिजली आने से रोशनी तो आई, पर हुआ यह कि नूर चला गया। 'बेपर्दा नजर आई चन्द बीवियाँ...' अंग्रेजी पढ़ाई अब यूँ लगेगा कि ये पोंगा पंडित थे इसलिए आधुनिक विज्ञान का विरोध कर रहे थे लेकिन उसके पीछे निहित जो विरोध था, वह विरोध पश्चिम का था और साम्राज्यवादी विज्ञान था, उसको लोग भूल जाते हैं। अनेक पहलू हैं। राजभक्ति बनाम देशभक्ति है। विज्ञान बनाम धर्म, धर्म बनाम मिथक। विज्ञान मिथकों का विरोधी था। धीरे-धीरे मालूम हुआ कि मिथक किसी स्वाधीनता, किसी स्वाधीनता-संग्राम करनेवाली जाति की बहुत बड़ी ताकत होते हैं। यह पुनरुत्थान हमारे यहाँ मिथकों का, रामायण और महाभारत का हुआ। ईसाई, पादरी, हिन्दुओं की आलोचना करते हुए कहते थे कि ये लोग मिथकों में विश्वास करनेवाले अन्धविश्वासी लोग हैं। आज हम समझ रहे हैं कि वे मिथक हमारी अस्मिता को, हमारी स्वाधीनता को ताकत देनेवाले मिथक

थे। वे अन्धविश्वास के नहीं थे, इसलिए नवजागरण की उन स्थापनाओं पर मैं समझता हूँ कि आज की रोशनी में और नये प्राप्त होनेवाले तथ्यों के आधार पर नये सिरे से विचार करने की जरूरत है। अभी हमारे सामने खुला हुआ यह प्रश्न है। अभी भारतीय नवजागरण की सभी भाषाओं में यह साहित्य...यद्यपि अंग्रेजी में भी अनुवाद कम हुआ है...अपनी-अपनी भाषा में हुआ है। तुम्हारे पिताजी डॉ. महावीर सिंह चौहान से उनकी उस योजना के तहत मैंने उनसे एक बार अनुरोध किया था। तुम तो जानती ही हो, उन्होंने 'गुजरात का नवजागरणकालीन साहित्य' नाम से सवा चार सौ पृष्ठों का निकाला है। उसमें नर्मद का, नवल शंकर का जो साहित्य हमारे सामने आया, उससे लगा कि भारतीय नवजागरण का एक महत्त्वपूर्ण अध्याय गुजरात में छिपा हुआ है। हम लोग बंगाल नवजागरण, महाराष्ट्र नवजागरण, महात्मा फुले और रानडे और तिलक का बड़ा जिक्र करते रहे हैं लेकिन गुजरात का कर्म महत्त्वपूर्ण नहीं है तो एक मुकम्मल लकीर कितनी भाषाओं में है, तेलगू का, तमिलनाडु का, मलयालम का, कन्नड़ का, उड़िया का और उसी में देखना चाहिए कि आदिवासियों में बिरसा मुंडा हुआ था, जिस पर पूरा उपन्यास लिखा है—'जंगल के दावेदार' महाश्वेता देवी ने। देखना चाहिए कि नवजागरण केवल आर्य जातियों में ही नहीं; जिसे हम अनार्य कहते हैं, द्रविड़ कहते हैं, आदिवासी कहते हैं, उनमें भी पूरा भारत एक नई शक्ल ले रहा था। उस समय मालूम होना चाहिए कि कश्मीर में क्या हो रहा था, पंजाब में क्या हो रहा था। तब हमें उस भारतीय नवजागरण की पूरी मुकम्मल तसवीर जो सामने होगी, तब हम उसमें देखेंगे कि हमारा हिन्दी नवजागरण क्या था और कहाँ था। उस नवजागरण के जिसे अंग्रेजी मुहावरे में कहते हैं—'विलेन ऑफ पीस' यानी खलनायक लोग दयानन्द को मानते हैं और कहते हैं कि आज की साम्प्रदायिकता का मूल स्रोत तो स्वामी दयानन्द में है। नये सिरे से स्वामी दयानन्द का मूल्यांकन करने की जरूरत है। खलनायक के रूप में, जैसा सम्प्रदायी के रूप में उपस्थित किया गया है, वे विश्व हिन्दू परिषद के जनक नहीं हैं। एक जमाने में आर्यसमाजी, हमारे स्वाधीनता-संग्राम की लड़ाई में सबसे आगे लाला लाजपत राय क्या थे? कहीं-न-कहीं गहरे रूप में दयानन्द ने, एक स्तर पर, उस देशभक्ति को, देश-प्रेम को पश्चिम से मुक्त होने का योगदान दिया था।

*[किरन से साक्षात्कार : 'जीवन और आलोचना-कर्म का सिंहावलोकन', मार्च, 1997]*

**किरन :** आपने भारतीय नवजागरण पर कुछ लेख भी लिखे हैं। महत्त्वपूर्ण व्याख्यान भी दिये हैं, क्या आप भारतीय नवजागरण पर कुछ प्रकाश डालना चाहेंगे?

**नामवर सिंह :** नवजागरण से आशय यदि 'रिनेसांस' है तो वह इटली की तरह ही भारत में भी तथाकथित 'मध्ययुग' में हुआ। बल्कि इटली से कुछ पहले ही शुरू

हुआ। फर्क इतना ही है कि इटली के सन्दर्भ में उसे 'रिनेसांस' कहते हैं और भारत में हम लोग भक्ति आन्दोलन कहते हैं। तमिल आलवार भक्ति को याद करो तो भारतीय नवजागरण की शुरुआत आठवीं शताब्दी में ही हो चुकी थी। और बात यह है कि वह आन्दोलन धीरे-धीरे उत्तर की ओर फैलता हुआ सोलहवीं-सत्रहवीं शताब्दी में शिखर पर पहुँचा। मेरी दृष्टि में असली भारतीय नवजागरण बड़ी भक्तिधारा है जिसका मूल उत्स सामान्य लोकजीवन है। इसकी विशेषता यह है कि इसकी अगुआई करनेवालों में ज्यादातर समाज के निचले स्तर के सन्त थे, लेकिन इसकी व्यापकता पर दृष्टिपात कीजिए तो शूद्र से ब्राह्मण तक सभी जातियों के जागरूक जन शामिल हुए। व्यापकता के साथ ही गहराई में भी यह 'नवजागरण' उन्नीसवीं शताब्दी के तथाकथित 'नवजागरण' से कहीं अधिक धर्म और समाज की बुनियादी समस्याओं की तह में आ गया।

अब सवाल यह उठता है कि यदि सचमुच का नवजागरण भक्ति आन्दोलन था तो 19वीं शताब्दी के भारत में जिस नई चेतना का उदय हुआ, वह क्या था? नाम देने की जल्दबाजी करने से पहले यह देखें कि जो कुछ हुआ, उसका स्वरूप क्या था और फिर उसका ऐतिहासिक सन्दर्भ क्या था?

इसमें कोई शक नहीं कि भक्ति आन्दोलन की तरह ही 19वीं शताब्दी की यह नई लहर भी अपनी व्याप्ति में अखिल भारतीय थी। यह और बात है कि बंगाल में शुरुआत पहले हुई और हिन्दी में कुछ देर से। ऐतिहासिक सन्दर्भ पर ध्यान दें तो अंग्रेजी राज जहाँ पहले कायम हुआ, वहाँ इसकी शुरुआत पहले हुई। इसका सम्बन्ध अंग्रेजी शिक्षा से भी है। जहाँ अंग्रेजी की पढ़ाई पहले शुरू हुई, वहाँ इस चेतना का उदय पहले हुआ। कलकत्ता, बम्बई और मद्रास इस चेतना के पहले केन्द्र बने। इसीलिए बांग्ला, मराठी, गुजराती और तमिल, तेलगू, कन्नड़, मलयालम आदि में इस चेतना की अभिव्यक्ति उत्तर की भाषाओं से कुछ पहले ही हो गई। स्पष्ट है कि इस चेतना के उदय का ऐतिहासिक सन्दर्भ उपनिवेशवाद है। इसलिए औपनिवेशिक सन्दर्भ के बिना इस नई चेतना की प्रकृति की सटीक व्याख्या सम्भव नहीं है।

वस्तुतः 19वीं शताब्दी के तथाकथित नवजागरण के अग्रदूत मुख्यतः मध्यवर्ग के आधुनिक शिक्षा-प्राप्त नये बौद्धिक थे—अधिकांशतः सवर्ण। अपवाद थे तो महाराष्ट्र के महात्मा फुले। इसलिए मराठी के 'नवजागरण' में 'गुलामगीरी' के विरोध का एक अछूता आयाम जुड़ा।

भक्ति आन्दोलन की तरह इस नये सांस्कृतिक आन्दोलन का भी मूल स्रोत धर्म ही था। इस बार चुनौती ईसाई मिशनरियों की ओर से आई थी। बाइबल के अनुवाद धड़ल्ले से हो रहे थे। बड़ी भाषाओं में ही नहीं, स्थानीय बोलियों में भी धर्मान्तरण का अभियान चल रहा था। ईसाई मिशनरी हिन्दुओं के साथ-साथ

मुसलमानों के धर्म की खिल्ली उड़ा रहे थे। इस तरह पूरे देश में जगह-जगह धार्मिक बहसें शुरू हो गईं। पुराने धर्मशास्त्र फिर से निकाले गए और उनकी व्याख्याएँ होने लगीं। इस धार्मिक शास्त्र में एक ओर धर्म-रक्षा की प्रवृत्ति बढ़ी तो दूसरी ओर धर्म-सुधार की चिन्ता भी जाग्रत हुई। धर्म-रक्षा के नये संगठन बने तो धर्म-सुधार के लिए भी नये समाज बने।

इस प्रक्रिया में एक ओर सती प्रथा, बाल-विवाह, विधवा-विवाह आदि प्रथाओं की समीक्षा का सिलसिला चला तो दूसरी ओर हिन्दू समाज की जाति-प्रथा भी फिर से विचार के केन्द्र में आई। विशेष बात यह है कि यह वाद-विवाद नाटक, कविता, कथा-साहित्य का भी विषय बना और बौद्धिक जागरण एक व्यापक साहित्यिक-सांस्कृतिक जागरण में रूपान्तरित हो गया।

इस बीच एक नई बात यह हुई कि अंग्रेजी शिक्षा के साथ पश्चिमी विज्ञान का भी प्रवेश हुआ और उसके साथ एक प्रकार की प्रारम्भिक वैज्ञानिक दृष्टि की ओर भी लोग आकृष्ट हुए। इस तरह धर्म और विज्ञान रू-ब-रू हुए और विज्ञान की दृष्टि से भी धार्मिक मामलों की जाँच-पड़ताल करने का उत्साह पैदा हुआ।

इस बीच कलकत्ता, बम्बई, मद्रास जैसे महानगरों के साथ-साथ कुछ दूसरे शहरों में छापेखाने खुले, जिनमें पुरानी-नई पोथियों के मुद्रण के साथ पहली बार भाषायी समाचार-पत्र और पत्रिकाओं का प्रकाशन आरम्भ हुआ। इस प्रकार मौखिक परम्परा में पला-पुसा समाज एक आधुनिक मुद्रित समाज में रूपान्तरित होने की प्रक्रिया से गुजरने लगा।

कहना न होगा कि यह संक्रमण एकदम सीधा-सरल और समरस न था; बल्कि इसके अन्दर परस्पर काफी घात-प्रतिघात थे; अनेक प्रकार के द्वन्द्व और अन्तर्विरोध थे। कोई दाएँ था तो कोई बाएँ और बहुत से लोग हमेशा की तरह बीच में। कुछ आमूल-चूल सुधार के पक्ष में तो कुछ सर्वथा सुधार-विरोधी। कभी एक पक्ष ताकतवर होता, तो कभी दूसरा पक्ष। परम्परा और आधुनिकता का अन्तर्द्वन्द्व इस काल की चारित्रिक विशेषता है।

भक्ति आन्दोलन की तरह ही 19वीं शताब्दी का यह जागरण बहुत-सी बातों में समान होते हुए भी प्रत्येक भाषा की अपनी सांस्कृतिक परम्परा के कारण कुछ निजी विशिष्टता लिये हुए था। इस दृष्टि से हिन्दी प्रदेश के जागरण की विशिष्टता पर अलग से विचार करना जरूरी है।

रामविलास जी ने हिन्दी नवजागरण को 1857 के 'प्रथम स्वाधीनता संग्राम' से जोड़कर पूरे विमर्श को एक नया मोड़ दे दिया। इस राजभक्ति बनाम देशभक्ति नवजागरण का मुख्य मुद्दा बन गया। केन्द्र में 1857 के आते ही हिन्दी नवजागरण भारतीय नवजागरण की माला का सुमेरु बन गया क्योंकि गदर की रंगभूमि तो मुख्यतः हिन्दी प्रदेश ही था। इस प्रस्थान के कारण हिन्दी के साथ-साथ उर्दू

नवजागरण भी स्वभावतः आ गया, जिसकी अन्तिम परिणति यह हुई कि हिन्द प्रदेश का नवजागरण हिन्दू और मुस्लिम दो समाजों के अनुसार दो टुकड़े हो गया। यह प्रसंग इतना नाजुक और जटिल है कि फिलहाल संक्षेप में इस पर कुछ भी कहना भ्रामक हो सकता है। फिर भी यह तो कहना ही पड़ेगा कि एक राजनीतिक मोड़ देने से 19वीं सदी का भारतीय नवजागरण सांस्कृतिक जागरण नहीं बल्कि राष्ट्रीय जागरण है।

इस प्रक्रिया में हम यह भी भूल गए कि उस दौर के लोग अपनी-अपनी भाषा में उस दौर को किस नाम से पुकारते थे। उदाहरण के लिए गुजराती में उस दौर को 'सुधारा युग' के नाम से याद किया जाता है, तो मराठी में 'प्रबोधन काल' कहते हैं। अपनी हिन्दी में किसी समय उसे 'पुनरुत्थान काल' कहा जाता था। अकेला बंगाल है जो अंग्रेजी की 'रिनेसांस' संज्ञा का प्रयोग करता था। मेरे मन में इस ऐतिहासिक विविधता के लिए पूरा सम्मान है, और किसी प्रकार की अवधारणात्मक एकरूपता को थोपने से गुरेज करता हूँ।

जहाँ तक अपनी हिन्दी का सवाल है, मुझे उस दौर को 'पुनरुत्थान युग' कहने में किसी प्रकार का कालदोष नहीं दिखता। इस संज्ञा के द्वारा 19वीं शताब्दी का नवजागरण 15वीं शताब्दी के 'नवजागरण' से अपना सम्बन्ध भी पुनः परिभाषित कर देता। भारतेन्दु के 'वैष्णवता और भारतवर्ष' निबन्ध को याद करें तो स्पष्ट हो जाता है कि इस दौर में भी पुराने वैष्णवों के संस्कार स्मृति-शेष थे।

*[किरन से साक्षात्कार : 'जीवन और आलोचना-कर्म का सिंहावलोकन', मार्च, 1997]*

**महावीर अग्रवाल :** एक रचनाकार और आलोचक द्वारा की गई आलोचना में मुख्य फर्क क्या होता है?

**नामवर सिंह :** रचनाकारों और आलोचकों द्वारा लिखी हुई आलोचना में कुछ तो फर्क होता ही है। और यह फर्क आता है रचनाकार के अपने सर्जनात्मक अनुभव के मर्म से। अपनी रचना-प्रक्रिया से वह कुछ ऐसी कलात्मक अन्तर्दृष्टि प्राप्त करता है जो सामान्यतः आलोचक को प्राप्त नहीं होती। उदाहरण के लिए, निराला ने अपनी 'तोड़ती पत्थर' कविता की जो सूक्ष्म व्याख्या की है, वह डॉ. रामविलास शर्मा जैसे निराला के अत्यन्त निकटवर्ती समालोचक के लिए भी सम्भव न हो सकी। इसी तरह के उदाहरण और भी दिये जा सकते हैं किन्तु रचनाकारों की आलोचना की एक सीमा भी है। वह संकेतपूर्ण तो होती है किन्तु उसके साथ ही संक्षिप्त और एक हद तक अपूर्ण होती है। बरक्स इसके, दृष्टिसम्पन्न आलोचक की लिखी हुई आलोचना अपेक्षाकृत सर्वाश्लेषी, सर्वांग और व्यवस्थित होती है। प्रयत्न करने पर वह यथातथ्य और सन्तुलित भी हो जाती है—खास तौर से मूल्यांकन के बिन्दु पर।

बहुत बार ऐसा होता है कि रचनाकार आलोचना लिखते समय अपनी रचना-प्रक्रिया पर बात करने लगता है। इस कारण भी रचनाकारों की आलोचना सामान्यतः कुछ अधिक वैयक्तिक और आत्मनिष्ठ होती जाती है जबकि अपने सर्वोत्तम रूप में समालोचक की आलोचना अपेक्षाकृत वस्तुनिष्ठ और आत्मनिरपेक्ष होती है। वैसे मुक्तिबोध का उदाहरण लें तो वे ऐसे रचनाकार-आलोचक हैं जिनकी आलोचना में यह अन्तर बहुत कुछ मिटता-सा दिखाई पड़ता है। वे ऐसे कवि और कथाकार हैं जिनके अनेक आलोचनात्मक लेख ठेठ आलोचक के लिए मालूम होते हैं।

**महावीर अग्रवाल :** आपकी दृष्टि में समकालीन लेखन की बुनियादी पहचान क्या हो सकती है?

**नामवर सिंह :** अध्ययनशीलता और सजगता रचनात्मकता की शक्ति है। सृजनात्मक साहित्य में विविधता को गुण माना जाता है। इसके बाद भी लेखन का मेरुदंड चिन्तन है। साहित्य को साहित्य समझकर उसके रचनात्मक महत्त्व को समझा जाए, यह तो ठीक है लेकिन समकालीन लेखन हमारे आस-पास की जमीन से, हमारे आस-पास के जीवन से निकलकर आना चाहिए। हमारी सामाजिक जिन्दगी का साफ- सुथरा विश्लेषण जरूरी लगता है।

यह सही है कि हमारे समाज में शोषण और नैराश्य बहुत बढ़ा है। इसके साथ यह भी है कि निराशा जितनी बढ़ी है तो प्रतिरोध की शक्तियाँ भी उसके खिलाफ मजबूती के साथ खड़ी हुई हैं। रचनाकार इन सारी बातों को देख रहा है और लिख भी रहा है। समकालीन लेखन की यह बुनियादी पहचान गहरी अन्तर्दृष्टि द्वारा सामने आ रही है।

**महावीर अग्रवाल :** रचना के कथ्य और शिल्प में आप किसे प्रमुख मानते हैं और क्यों?

**नामवर सिंह :** इस प्रश्न का उत्तर मैं बहुत बार दे चुका हूँ। दोनों अपनी-अपनी जगह महत्त्वपूर्ण हैं। शिल्प या रूप-विधान पिछले 50 वर्षों में कितना बदलता गया है! उसी प्रकार आप देखिए, अन्तर्वस्तु में भी क्रान्तिकारी बदलाव आया है। अन्तर्वस्तु या कथ्य जब एकदम साफ होता है तो विचारों में तारतम्य बहुत अच्छी तरह बन जाता है। पिछले चार-पाँच दशकों में भाषा और संवेदना की दृष्टि से बहुत अच्छे प्रयोग हुए हैं। शिल्प की दृष्टि से भी कविता और कहानी की काया का कायाकल्प हो गया है। रचना में कल्पनाशीलता बहुत अहमियत रखती है। जीवन का कोई सच यथार्थवादी शैली में ही आए, यह जरूरी नहीं है। वह फैंटेसी के रूप में भी आ सकता है। मैं यह मानता हूँ कि अन्तर्वस्तु और रूप की एकता के सम्बन्ध में रचनाकार को सचेत रहना चाहिए। फॉर्म और कन्टेंट का सटीक सन्तुलन एक अच्छी रचना को सामने लाता है। कथ्य और शिल्प क़ा मेरे पास कोई बना-बनाया नुस्खा नहीं है। मेरा तो सूत्र वाक्य है, 'शास्त्र को अपने ऊपर सवारी

मत करने दो, शास्त्र पर सवारी करो—फिर चाहे वह भारतीय काव्यशास्त्र हो या पश्चिमी काव्यशास्त्र हो।'

**महावीर अग्रवाल :** क्या आप रामचन्द्र शुक्ल को आलोचना के सिद्धान्तों और मूल्यांकन के मानदंडों के प्रवर्तक/जनक मानते हैं या यह कार्य किसी दूसरे आलोचक ने किया है?

**नामवर सिंह :** आचार्य रामचन्द्र शुक्ल की आलोचना से ही मैंने अपने आलोचना-कर्म की शुरुआत की थी। आचार्य शुक्ल की दृष्टि के सम्बन्ध में एक बात मैं जरूर कहना चाहता हूँ। रामचन्द्र शुक्ल जब हिन्दी साहित्य को देख रहे थे, तो कहाँ से देख रहे थे? विश्वविद्यालय में थे जरूर, पर जहाँ से देख रहे थे, वह जगह रमईपट्टी मिर्जापुर थी, जहाँ से वे आए थे। 'पद्मावत' के बारहमासा में 'पियसन कहेउ संदेशड़ा हे भौंरा हे काग' की मार्मिक व्याख्या से पता चल जाता है कि आचार्य शुक्ल साहित्य को कहाँ से देख रहे थे, किस जगह से। इससे सारा पर्सपेक्टिव बदल जाता है। उनकी यह समर्थ दृष्टि साफ-साफ बताती है कि वे कितनी ऊँची सोच और हैसियत के आलोचक स्वीकार किए गए। आचार्य रामचन्द्र शुक्ल की सार्थकता और प्रासंगिकता इसी बात में है कि उन्होंने अपने समय के नये काव्य प्रयोग—छायावाद से संवाद स्थापित किया। यह और बात है कि छायावादी कवियों के भावबोध के साथ आचार्य शुक्ल का पूरी तरह साधारणीकरण न हो सका, फिर भी अपनी सूक्ष्म भाषिक-संवेदना और शिल्पबोध के सहारे उन्होंने नये काव्यलोक में अन्तःप्रवेश का साहसपूर्ण प्रयास किया। कहने की आवश्यकता नहीं कि इस मुठभेड़ से आचार्य शुक्ल से साहित्य सिद्धान्त में अनेक मूल्यवान आलोचनात्मक अवधारणाएँ विकसित हुईं।

*तुमने जो दिया दान—दान वह*
*हिन्दी के हित का अभिमान वह*
*सच्चा कल्याण वह अथच है।*
*यह सच है॥*

निराला की ये पंक्तियाँ रामचन्द्र शुक्ल के लिए कही जा सकती हैं। आचार्य रामचन्द्र शुक्ल ने 'हिन्दी साहित्य का इतिहास' विद्यार्थियों को पढ़ाने के लिए भले ही लिखा हो, लेकिन उस इतिहास के द्वारा उन्होंने हिन्दी भाषा-भाषी जाति को अपनी जातीय पहचान दी, अपनी संस्कृति की सच्ची विरासत से परिचित कराया। उनका आलोचना-कर्म एक तरह से समाज, संस्कृति और साहित्य का अद्भुत मिश्रण है।

**महावीर अग्रवाल :** क्या आप मानते हैं कि रामचन्द्र शुक्ल के बाद आलोचना का विकास होता जा रहा है? वह किस रूप में हुआ है? उसे आगे बढ़ाने में किनका-किनका योगदान आपकी दृष्टि से रेखांकित करने योग्य है?

**नामवर सिंह :** हमारे यहाँ आलोचना की एक परम्परा है—सामान्य पाठक से संवाद करने की परम्परा। महावीरप्रसाद द्विवेदी हैं, आचार्य रामचन्द्र शुक्ल हैं

और फिर आगे चलकर आचार्य हजारीप्रसाद द्विवेदी और डॉ. रामविलास शर्मा हैं। यह विडम्बना ही है, महावीर जी, अनेक नये साहित्य-प्रेमी आचार्य शुक्ल को छोड़कर और किसी दूसरे को साहित्यवादी आलोचक ही नहीं मानते। अनेक आलोचकों ने अपनी सीमाओं के बावजूद आलोचना के क्षेत्र में अच्छा काम किया है। आचार्य शुक्ल के बाद द्विवेदी जी और रामविलास जी का योगदान बहुत महत्त्वपूर्ण है।

**महावीर अग्रवाल :** अपने समकालीन आलोचकों से आप किस सीमा तक प्रभावित हैं? आलोचना के क्षेत्र में अपना सहयात्री आप किन आलोचकों को मानते हैं?

**नामवर सिंह :** 'सहयात्री' शब्द अपने भाव और अपनी व्यंजना में बहुत दूर तक जाता है। महावीर जी, आपका यह प्रश्न बहुत समय की माँग करता है। फिलहाल इसे छोड़ दीजिए।

**महावीर अग्रवाल :** आप प्रगतिशील विचारधारा के साथ-साथ सौन्दर्यपरक मूल्यों और उदारता-उदात्तता से युक्त रचना को अधिक महत्त्वपूर्ण मानते हैं या वैसी रचना को, जो प्रगतिशील विचारधारा से न होते हुए भी सौन्दर्यपरक मूल्यों, उदात्तता और यथार्थ को रेखांकित करनेवाली होती है?

**नामवर सिंह :** आलोचक के लिए यह एक कठिन प्रश्न की तरह सामने आता है—अन्तंर्विरोध से भरा हुआ। रचना जब अपने समय के गम्भीर प्रश्नों से टकराती है तब वह सामाजिक वास्तविकताओं को सामने लाती है। इस दृष्टि से मैं प्रगतिशील विचारधारा को बहुत महत्त्वपूर्ण मानता हूँ। दूसरी ओर, रचना जब यथार्थ से दूर केवल कल्पनालोक में विचरण करती है और उसको कोई सामाजिक सरोकार नहीं होता तो यह मुझे बहुत अपील नहीं करती। लेनिन ने कहा था—'नथिंग इज फाइनल'—(कोई भी चीज अन्तिम नहीं है) लेकिन टॉल्स्टॉय के विचारों से असहमत होते हुए भी उन्हें बड़ा साहित्यकार मानते थे। मार्क्स ने स्वयं बाल्जाक के बारे में कहा है कि उसके राजनीतिक विचारों से मैं सहमत नहीं हूँ लेकिन वह बड़ा साहित्यकार है। डॉ. रामविलास शर्मा द्वारा रामचन्द्र शुक्ल के मूल्यांकन को मैं पूरी तरह गलत मानता हूँ, इसके बाद भी मैं स्वीकार करता हूँ कि डॉ. रामविलास शर्मा हिन्दी के बड़े आलोचक हैं। दूसरी ओर, मैं खुद निर्मल वर्मा के भारतीयता और हिन्दुत्व के विचारों से असहमत हूँ। वे मार्क्सवाद का विरोध भी करते हैं। यह मुझे अच्छा नहीं लगता। इसके बाद भी मैं मानता हूँ कि निर्मल वर्मा महत्त्वपूर्ण साहित्यकार हैं। मार्क्सवादी आलोचना केवल राजनीतिक आलोचना नहीं है बल्कि एक मुकम्मल सौन्दर्यशास्त्र है। इससे किसी भी रचना पर बात करते समय हमारा दायित्व बढ़ जाता है।

*[महावीर अग्रवाल से साक्षात्कार, मधुमती, मार्च, 2003]*

**अजय तिवारी :** द्वन्द्ववाद बिलकुल सही है, पर यह जो क्षेत्रीय भाषाओं का आग्रह बढ़ा है...क्षेत्रीय भाषाओं का अस्तित्व रहे, उसमें अभिव्यक्ति हो, साहित्य लिखा जाए, सभी सांस्कृतिक कार्य-व्यापार हो, लेकिन क्षेत्रीय भाषाओं का विरोध अंग्रेजी से नहीं हो! वह पहले से विद्यमान अपनी जातीय भाषाओं के विरुद्ध खड़ी है।

**नामवर सिंह :** ऐसा है अजय, कि रामविलास जी का यही रुख रहा है। रामविलास जी कैसे साध लेते थे, उसको समझो—अवधी के प्रति अगाध श्रद्धा रखते हुए भी खड़ी बोली के लिए लड़ना और यह जो भाषा के स्तर पर अलगाववाद हो रहा है, उसके विरुद्ध संघर्ष करना। हिन्दी प्रदेश का नारा भी इसलिए दिया उन्होंने। कुछ लोग इसको सहअस्तित्व कह सकते हैं, कुछ लोग अन्तर्विरोध कह सकते हैं। कैसे देखते हो, उससे पता चलेगा।

**अजय तिवारी :** अभी हमने आपसे सवाल किया था कि इस तरह के अस्मिताओं के आन्दोलनों में दोनों तरह की सम्भावनाएँ निहित हैं। एक सम्भावना प्रगतिशील और जनतांत्रिक दिशा में जाने की है और दूसरी, जिसे अरुण (माहेश्वरी) विघटनकारी और प्रतिक्रियावादी सम्भावना कह रहे थे, वह है। सवाल यह है कि कोई अस्मिता अपना विपक्ष—अपना 'अदर' या बेगाना—किसको बनाती है...?

**नामवर सिंह :** देखिए, यहाँ मैं असहमत हूँ। मैं विनम्रता से कहना चाहूँगा कि जिस विघटन से आप डर रहे हैं, अपनी केन्द्रीयता के द्वारा समाज को उसी विघटन की तरफ ठेलकर ले जा रहे हैं। देखो, हर जगह दो सम्भावनाएँ रहती हैं। राजनीतिक समझ वह है कि दोनों सम्भावनाओं में से एक को समझो, उसे पहचानो। मैं एक उदाहरण दूँ। रूस में (सोवियत संघ में), यू.एस.एस.आर. में, जब भाषा का सवाल आया, वहाँ की कम्यूनिस्ट पार्टी में 'ऑफिशियल लैंग्वेज', राजभाषा का सवाल आया तो अगर उस समय की बहसों की किताबें देखो, तो कहा जाता था कि रूस के संविधान में लिखा हुआ है कि कोई हमारे यहाँ राजभाषा नहीं है। सभी भाषाओं का समान अधिकार है। और प्रत्येक भाषा का यह देश है। यह लिखा था। व्यवहार में हुआ यह कि रूसी भाषा को एकमात्र, यानी हिन्दी से भी ज्यादा सख्ती से वहाँ लागू किया गया। हमारे यहाँ तो फिर भी...नतीजा यह हुआ कि आगे चलकर जब बिखराब आया, यू.एस.एस.आर. जब टूटा तो उसमें बहुत बड़ा मुद्‌दा भाषाओं का था। चिंगीज आइत्यातोव और बाकी लेखक कहते थे कि हमको दबाया गया था उस समय और रूसी में लिखने के लिए मजबूर किया गया था। जब तक रूसी में न लिखें तब तक नहीं छप सकता था। उस समय हम लोग उस आधार पर कहा करते थे और 1951-52 में जो कम्यूनिस्ट पार्टी की कांग्रेस हुई थी, उस समय 15 भाषाओं को राजभाषा कहा गया था और पार्टी ने कहा था कि कोई एक भाषा राजभाषा नहीं होगी। और मैं

समझता हूँ, वह बहुत सही लाइन थी और रामविलास जी उस कानून के विरुद्ध थे। आज हम लोग घूम-फिरकर यहीं पहुँच रहे हैं कि गलती हो गई। जबर्दस्ती एक भाषा नहीं थोपनी चाहिए। इनके बीच में धीरे-धीरे शायद एक भाषा निकलती। हम लोगों ने एक 'नॉन-डाइलेक्टिकल', गैर-मार्क्सवादी समझ का परिचय दिया। उसका नतीजा हुआ कि रूस सत्तर साल बाद टूट गया भाषा के आधार पर। वह तो जबर्दस्ती की नहीं जा सकती, ऐसी सरकारें आईं कि ये लोग एक भाषा की बातें तो करते हैं, लेकिन भाजपा की भी कोई दिलचस्पी नहीं है हिन्दी को राजभाषा बनाने में; अच्छा है यह तो, जहाँ बहुत कुछ जा रहा हो...और फिर मैं कहूँगा कि 'पैट्रनाइज' मत कीजिए बोलियों को। बोली का मतलब होता है संस्कृति। खाली बोली का सवाल नहीं है, संस्कृति का है। और अगर उस संस्कृति को हम लोगों ने 'पैट्रनाइज' किया होता तो हिन्दी प्रदेश के तीन राज्य बँट के टुकड़े नहीं होते। केवल हिन्दी बँटी है। मराठी को बाँट के क्यों नहीं बना दिया विदर्भ? और अभी और टुकड़े होंगे। अभी कम हुआ है। हरित प्रदेश की माँग है ही।

*[अजय तिवारी से साक्षात्कार : 'अस्मिता की राजनीति', स्वाधीनता, 2001]*

**अजित राय :** डॉ. रामविलास शर्मा ने हिन्दी इलाके के पिछड़ेपन का कारण अंग्रेजों की पक्षपाती नीतियों को माना है। क्या आप इससे सहमत हैं?

**नामवर सिंह :** बिलकुल नहीं। इस तरह के सारे प्रयास वैसे ही हैं, जैसे यह कहना कि मेरे परदादा ने घी खाया था, आप मेरा हाथ सूँघ लीजिए। मेरे गुरु आचार्य हजारीप्रसाद द्विवेदी ने 'कंजर्वेटिव' शब्द का हिन्दी अनुवाद 'रक्षणशील' किया था। वे कहते थे कि यह मध्यदेश विचार के मामले में तो पूरी छूट देता है पर आचरण के मामले में रक्षणशील है। यही वजह है कि नवजागरण के दौरान महाराष्ट्र, बंगाल और दक्षिण भारत में बड़े सामाजिक सुधार और बदलाव हुए पर हिन्दी क्षेत्र में आज भी जाति-प्रथा और अन्य भेदभाव कायम हैं। क्या वजह है कि आज ज्ञान का साहित्य हिन्दी में नहीं आ रहा है जबकि 1947 से पहले यह बात नहीं थी। आप देखिए कि द्वितीय विश्वयुद्ध के दौरान जब अमेरिका ने जापान पर परमाणु बम गिराया था तो उत्तरांचल, गढ़वाल के कवि चन्द्र कुँवर बरनवाल ने 1946 में 'हिरोशिमा का शाप' शीर्षक से एक कविता लिखी—'एक दिन न्यूयॉर्क भी मेरी तरह हो जाएगा/जिसने मिटाया है हमें वह भी मिटाया जाएगा/आज ढाई लाख में कोई नहीं जीवित रहा/एक दिन न्यूयॉर्क में भी कोई नहीं रह जाएगा'। सन्तोष की बात केवल इतनी है कि हिन्दी क्षेत्र सामाजिक, आर्थिक या राजनीतिक दृष्टि से चाहे जितना पिछड़ा हो, बौद्धिक और साहित्यिक दृष्टि से

आगे है। साहित्य आज भी मार्ग प्रशस्त कर रहा है। शब्दों के द्वारा हम आगे-आगे रास्ता बना रहे हैं। अब यह राजनीति का दायित्व है कि वह इस रास्ते पर चलती है या नहीं।

*[अजीत राय से साक्षात्कार : 'अतीत का गुणगान करना पिछड़े समाजों की खास विशेषता होती है', रोशनाई, पटना, 2 अक्टूबर]*

**प्रकाश मनु :** नामवर जी, सोवियत संघ के पतन के कारणों के बारे में कुछ कहिए। सोवियत संघ अपने अन्तर्विरोधों के कारण टूटा या बाहरी कारण ही प्रमुख थे?...कुछ लोगों का यह भी कहना है कि वहाँ कम्यूनिस्ट शासन था ही नहीं, बस, कम्यूनिज्म का मुखौटा था, तो इस कारण उसे एक न एक दिन टूटना ही था...।

**नामवर सिंह :** प्रकाश जी, अब तो इस बारे में इतना साहित्य आ गया है, इतने लेख लिखे गए हैं कि इस सवाल पर अपनी ओर से जोड़ने की गुंजाइश कम ही है। इसलिए फिलहाल इस सवाल को यहीं छोड़ दें।

**प्रकाश मनु :** ठीक है, विस्तार में न जाएँ, लेकिन आप उनमें से किस तरह की थीसिस को ठीक मानते हैं, इसकी ओर संकेत तो आप कर ही सकते हैं?

**नामवर सिंह :** देखिए, इस बारे में एक थीसिस तो यह है जो मुझे बहुत सरलीकरण लगता है—जैसे आप रामविलास जी से पूछेंगे तो वह झट से कहेंगे कि सोवियत संघ में कम्यूनिज्म तो स्टालिन के जमाने तक ही रहा...और वह ख्रुश्चेव को, ब्रेझनेव को, गोर्बाचौफ को खलनायकों की तरह पेश करेंगे जिन्होंने उनके खयाल से समझौतावादी या संशोधनवादी रूप अपनाया और धीरे-धीरे कम्यूनिज्म को खत्म करते चले गए...और गोर्बाचौफ तक आते-आते तो वहाँ कम्यूनिस्ट शासन था ही नहीं...तो फिर उसे ढहना ही था...।

पर मुझे लगता है, यह इतना सरल नहीं है!...सोवियत संघ मुझे लगता है, अपने संरचनात्मक अन्तर्विरोधों के कारण टूटा जिन्हें वक्त और ढंग से सुलझाया नहीं गया। यह एक तथ्य है कि सोवियत संघ का आर्थिक ढाँचा बहुत समय से चरमरा रहा था और अनेक समस्याएँ वहाँ पैदा हो गई थीं—मसलन उत्पादन की गति धीमी होना...सब्सिडी वहाँ हर चीज में इतनी ज्यादा दी जाती थी कि उसका सीधा बोझ सरकार और अर्थ-व्यवस्था पर पड़ता था...लेकिन सवाल यह है कि कितनी सब्सिडी आप देंगे और किस हद तक उसको ले जाएँगे? फिर सरकार और अर्थ-व्यवस्था चलेगी कैसे? दूसरी ओर उत्पादन में वहाँ ठहराव आ ही गया था और उसकी कोई विशेष चिन्ता करने के बजाय गलत प्राथमिकताओं के कारण सोवियत संघ हथियारों के उत्पादन पर बहुत खर्च करने लगा। यह शायद महाशक्ति

के रूप में जमे रहने की आकांक्षा ही थी जिसने एक गलत होड़ को जन्म दिया। अमेरिकी पूँजीवाद का अर्थतंत्र मुख्यतः हथियारों के उत्पादन के एकाधिकार पर कायम रहा हैं। अमेरिका की आर्थिक स्थिति ऐसी थी कि सोवियत संघ का समाजवादी अर्थतंत्र इसे 'अफोर्ड' नहीं कर सकता था...इसीलिए आपको याद होगा, ख्रुश्चेव ने अन्तिम दिनों में हथियारों पर रोक लगाने की बात जोर-शोर से कहनी शुरू कर दी थी जिसे आगे चलकर गोर्बाचौफ ने परिणति तक ले जाने की कोशिश की।

दूसरी एक बात और थी।...सोवियत संघ में जो जीवन-स्तर था—एक आम आदमी का जो जीवन-स्तर था, वह सरकारी सुविधाओं आदि के कारण काफी उच्च स्तर का था। कोशिश यह रहती थी कि साम्राज्यवादी देशों में लोग जैसे रहते हैं, हम भी वैसे क्यों न रहें!...लेकिन चूँकि यह सारा कुछ सरकारी कृपा पर आश्रित था, इसलिए सरकार पर बोझ लगातार बढ़ता जा रहा था। मकान, भोजन, वस्त्र, भत्ते—सबमें सरकारी मदद लोगों को उपलब्ध थी...और एक बार सुविधाएँ देने के बाद आप उन्हें रोक नहीं सकते। तो सरकार पर बोझ एक हद से ज्यादा बढ़ गया था...

मुझे लगता है, गोर्बाचौफ जो पेरस्त्रोइका और ग्लास्नोस्त लाए, उसमें उनका तरीका गलत था। पहले पेरस्त्रोइका आना चाहिए था, फिर ग्लास्नोस्त की बात की जाती...जबकि ग्लास्नोस्त पर जोर कहीं ज्यादा दिया गया और इससे सन्तुलन बिगड़ गया...।

(एक क्षण रुककर) तो मेरा खयाल है प्रकाश जी, गोर्बाचौफ की प्राथमिकताएँ गलत थीं, इस कारण यह सब हुआ...गोर्बाचौफ कोई बदनीयत आदमी था, यह मैं पहले भी नहीं मानता था, अब भी नहीं मानता हूँ...तो मुझे अकेले गोर्बाचौफ को दोष देने या गोर्बाचौफ की बदनीयती वाली बात ठीक नहीं लगती प्रकाश जी।

*[प्रकाश मनु से साक्षात्कार : 'एक आलोचक के रूप में मेरी सबसे बड़ी मुश्किल अपने संस्कारों से संघर्ष करना है!', 1999]*

**रवीन्द्र त्रिपाठी :** बात आपने 1957 की की जब सौ साल पूरे हुए हैं, उस समय इरफान हबीब के पिता मोहम्मद हबीब ने जो लेख लिखा, तो खुद उनके दिमाग में 1857 को ले करके कई तरह की दुविधाएँ थीं और इसको वे 'वॉर ऑफ इंडिपेंडेंस' मानने को तैयार नहीं थे। अब जा करके इरफान हबीब डेढ़ सौ साल के बाद तैयार हुए।

**नामवर सिंह :** मैं कह रहा हूँ कि डेढ़ सौ साल बाद। पहले लोग रिबेलियन कहते थे। रिवोल्यूशन कहने के लिए श्रेय देना चाहिए डॉ. रामविलास को। उन्होंने

इसको 'राज्यक्रान्ति' कहा है। उनकी पुस्तक है–'1857 की राज्यक्रान्ति'। पी.सी. जोशी वाली किताब में भी 'रिबेलियन' शब्द है। 'रिबेलियन' है, 'रिवोल्यूशन' नहीं है। उस समय सीधे-सीधे 'राज्यक्रान्ति' शब्द का प्रयोग किया डॉ. रामविलास शर्मा ने और अब मैं 'इकोनॉमिक पॉलिटिकल वीकली' में एक लेख देखता हूँ–'कौशिक राय : दि बिगनिंग ऑफ पीपुल्स वॉर इन इंडिया'। 'पीपुल्स वॉर' कहा है कौशिक राय ने। इसलिए उसके लेख पर उन्होंने दिया है कि क्यों, कैसे है? डेढ़ सौ साल लगे 1857 की घटना को यह कहने में, यह समझने में कि वो गदर या बलवा या रिबेलियन या म्यूटिनी या सिपाही म्यूटिनी नहीं था। असल में गदर, अनुवाद 'म्यूटिनी' का है। 'म्यूटिनी' का अनुवाद 'गदर' है। यह अंग्रेजों ने कहा था। इसलिए हम लोग...अंग्रेजों ने जो इसको कहा, नाम एक दे दिया, देर तक लोग दोहराते रहे–50 साल बाद कम-से-कम यह दाद देनी चाहिए कि सावरकर ने उसको स्वातंत्र्य संग्राम कहा है। उस जमाने के जो क्रान्तिकारी लोग थे...और 100 साल बाद डॉ. रामविलास शर्मा ने उसको 'राज्यक्रान्ति' कहा।

*[रवीन्द्र त्रिपाठी से साक्षात्कार : '1857 मूलतः जमीन से जुड़े लोगों का विद्रोह था', प्रगतिशील वसुधा, जनवरी-मार्च, 2008]*

**शशि प्रकाश :** इंटरव्यू का प्रसंग चल रहा है तो मुझे आपका विरल रूप रामविलास शर्मा के साक्षात्कार लेने के क्रम में देखने को मिला। उसमें आपने रामविलास जी से अथक संवाद कायम करने की कोशिश की लेकिन बात कुछ बनी नहीं।

**नामवर सिंह :** असल में उस मुलाकात का आयोजन रामविलास जी के घर पर ही किया गया था। उस समय 'जनसत्ता' में अच्युतानन्द जी थे जो अब माखनलाल चतुर्वेदी पत्रकारिता विश्वविद्यालय में कुलपति हैं। तो उनकी पहल पर यह भेंटवार्ता हुई थी। पूरे ताम-झाम एवं तैयारी के साथ मनोहर नायक एवं मंगलेश उनके घर पहुँचे। उसमें सिरे से ही बातचीत उखड़ी-उखड़ी-सी रही। रामविलास जी बीच-बीच में झल्ला जाते थे। दाँत टूट जाने के कारण उनकी आवाज फुसफुसाहट में बदल जाती थी। तो इस तरह कुछ चीजें ठीक से रिकॉर्ड नहीं हुईं। उस समय उन लोगों ने उसे छापा भी नहीं और बात आई-गई हो गई थी। फिर बाद में मैंने मंगलेश से कहा कि भाई, वह 'कैसेट' निकालो–तुम्हारे यहाँ पड़ा हुआ है, तुम ले गए थे। इस तरह उस भेंटवार्ता का उद्धार हुआ और लुप्त होने से बच गई। अखिलेश ने 'तद्भव' में उसे छापा है।

*[शशि प्रकाश आदि से साक्षात्कार : वागर्थ,मई, 2008 ]*

**प्रियंवद :** दो छोटे-छोटे सवाल करके समाप्त करते हैं। एक तो यह कि अब पीछे पलटकर अगर आप देखें...अस्सी वर्ष की आयु के लगभग अपने जीवन की ऐसी कौन-सी एक या दो चीजें हैं जिन पर आप गर्व करना चाहेंगे और क्या एक या दो चीज ऐसी, जिन पर आपको अब शर्मिन्दगी महसूस होगी?

**नामवर सिंह :** गर्व करने लायक तो कुछ भी नहीं।

**प्रियंवद :** अस्सी साल की उम्र में कुछ भी नहीं है?

**नामवर सिंह :** कुछ भी नहीं...।

**प्रियंवद :** ऐसा कैसे हो सकता है? क्या अस्सी साल का जीवन व्यर्थ गया?

**नामवर :** नहीं, व्यर्थ तो नहीं गया। मैंने कहा, गर्व करने लायक कुछ नहीं, गर्व भी नहीं...शर्म भी नहीं...

**प्रियंवद :** आपने टालने-सा जवाब दे दिया कि गर्व भी नहीं है—शर्म भी नहीं है। इतने लम्बे जीवन में ऐसा कैसे हो सकता है?

**नामवर सिंह :** पश्चात्ताप जरूर है...

**प्रियंवद :** चलिए, यही बताइए...।

**नामवर सिंह :** पश्चात्ताप यह कि कई चीजें जो मैं करना चाहता था और चाहता हूँ, अब भी वह नहीं कर पाया...अधूरा रह गया। यह जरूर हुआ।

**प्रियंवद :** जैसे कि क्या?

**नामवर सिंह :** कई योजनाएँ मेरी हैं और वे नहीं हो पाईं। इसमें दोष किसी को नहीं देना है। इसको कहें, जैसे...ऐसा संकल्प लेना है, जैसा रामविलास जी ने ले लिया था। संन्यास ले लिया था—किसी गोष्ठी में नहीं जाना है, कहीं भाषण करने नहीं जाना है, बैठ करके लिखना है।...तो यह काम मैं नहीं कर सका। कमजोरी कह लीजिए। कोई आता है तो 'न' करना नहीं जानता। इसलिए अब भी जो कुछ थोड़ा समय बचा है, मैं सोचता हूँ कि कहीं से किसी प्रकार यह हो कि...दिल्ली से बाहर जाना और दिल्ली में भी गोष्ठियों में जाना बन्द करूँ और जो कुछ इतने नोट्स बना करके रखे हुए हैं—ढेरों हैं...

**प्रियंवद :** रामविलास जी ने तो बहुत काम किया है।

**नामवर सिंह :** वही मैं कह रहा हूँ...देखिए, रामविलास जी उस तरह का दृढ़ निश्चय कर सके। उन्होंने तय कर लिया था—नहीं जाना है। पर वे लिखते नहीं थे, वे बोलकर लिखवाया करते थे। डिक्टेट नहीं कर सकता। नोट्स बने हुए हैं। मैं तो अपने हाथ से ही लिख सकता हूँ, वह भी कलम से। टाइपराइटर या कम्प्यूटर से मैं लिख नहीं सकता। पछतावा इसी चीज का है मुझे...जो कुछ चीज हैं मेरे दिमाग में, योजनाएँ बनी हुई हैं, उनको पूरा करके मैं लिख जाना चाहता हूँ।

**प्रियंवद :** रामविलास जी ने इस मामले में अतुलनीय काम किया है। आखिरी समय तक लिखते रहे। उन्होंने जैसे कर लिया, आप भी उनकी तरह संकल्प कर लीजिए कि गोष्ठी में, विमोचन में, नहीं जाते कहीं, बस लिखेंगे। यह पश्चात्ताप खत्म होगा।

**नामवर सिंह :** संकल्प करके जो उन्होंने लिखा है, बस, ऐसा ही लिखा है।

**प्रियंवद :** लेकिन लिखा तो है...फिर असली बात तो यह संकल्प करने की ही है कि लिखना है।

**नामवर सिंह :** वैसा मैं नहीं लिखना चाहता।

*[प्रियंवद से साक्षात्कार : 'मैं अपने पिता की तरह अकेला हो गया हूँ', आकार-14, अगस्त-नवम्बर, 2006]*

**प्रश्न :** किसी भी विषय पर आपको बोलने को बुलाया जाए, रामविलास जी के खिलाफ एक लाइन जरूर बोलेंगे—सन्दर्भ हो, न हो। सन्दर्भ ढूँढ़ लेंगे। ऐसा क्यों?

**नामवर सिंह :** इसे विघ्नेशवन्दना के रूप में ग्रहण करना चाहिए। जहाँ तक मुझे मालूम है कि इससे स्वयं डॉ. रामविलास शर्मा उतने नाराज नहीं होते जितने रामविलास-भक्त। इस बात का महत्त्व लोग तब समझेंगे जब गोष्ठियों में रामविलास जी का नाम तक नहीं सुनाई पड़ेगा।

*[कृपाशंकर चौबे से : 'ईमानदारी के साथ समझदारी भी जरूरी', 1993]*

# टिप्पणियाँ

“‘मैं जब-जब अपने देश के प्राचीन आचार-विचार और क्रिया-कलाप अध्येताओं को देखता हूँ तब-तब मुझे तांत्रिक शव-साधना की बात याद आती है।’ पंडित हजारीप्रसाद द्विवेदी का यह वाक्य पढ़कर स्वयं उनकी याद न आना असम्भव है। मरे हुए जमाने की पीठ पर बैठकर, जो पंडित ज्ञान की साधना कर रहे हैं, उनमें द्विवेदी जी अन्यतम हैं। लेकिन अक्सर कितनी गलतफहमी का शिकार हुई है यह इतिहास की शव-साधना! मुझे 1955 का एक प्रसंग याद आता है। काशी हिन्दू विश्वविद्यालय में प्रगतिशील लेखकों की एक संगोष्ठी थी। अध्यक्ष थे डॉ. रामविलास शर्मा और पंडित हजारीप्रसाद द्विवेदी उद्घाटनकर्ता। पंडित जी ने अपने भाषण में उसी चिरपरिचित शव-साधना के सादृश्य पर इतिहास की व्याख्या करते हुए विस्तार से बतलाया कि किस प्रकार साधना से शव का मुँह उलटकर साधक की ओर हो जाता है। एक तो पंडित जी की ओजस्वी वाणी; दूसरे, तांत्रिक प्रतीक का चमत्कार। खूब तालियाँ बजी थीं। अन्त में डॉ. शर्मा बोले : ‘इस शव-साधना में खतरा यह है कि शव की जगह साधक का ही मुँह उलट जाता है।’ यह वाक्य मुझे अब भी याद है। जोर से तालियाँ बजीं। लगा कि सारी साधना उड़ गई। अब किस-किसको समझाइए कि स्वयं द्विवेदी जी ही इस खतरे से आगाह कर चुके हैं। लेकिन ‘विचार और वितर्क’ ढूँढ़कर ‘शव-साधना’ शीर्षक निबन्ध पढ़ने की जहमत कौन उठाए?”

*[आलोचना और विचारधारा, पृ. 211]*

“डॉ. रामविलास शर्मा पर ‘आलोचना’ में प्रकाशित मेरे लेख ‘इतिहास की शव-साधना’ पर हर जगह मुझसे सवाल किए जा रहे हैं। मैं कई बार कह चुका हूँ कि वह लेख मैंने डॉ. रामविलास शर्मा को ध्वस्त करने के लिए नहीं लिखा। जो लोग स्वयं को मार्क्सवादी और वामपंथी समझते हैं, उनके बीच तीन दिन की चर्चा हो तो पता चलेगा कि कौन सही है। मुख्य मुद्दा यह है कि वामपंथी आज की स्थिति को किस रूप में देख रहे हैं। साम्राज्यवाद की कोख से हिटलर का फासिज्म निकला था, जैसे आज अमेरिकी साम्राज्यवाद से तालिबान पैदा हुआ है। तब और अब की स्थितियों में बहुत बड़ा फर्क आ गया है। अब फासिज्म उसी रूप में नहीं आएगा। द्वितीय महायुद्ध के समय और आज की स्थिति में सबसे बड़ा फर्क यह है कि तब समाजवाद था, अब

नहीं है। इस दौर में डॉ. रामविलास शर्मा जिस रूप में हिन्दी जाति के इतिहास और भारतीय संस्कृति को देख रहे हैं, ठीक उसी रूप में राष्ट्रीय स्वयंसेवक संघ भी देख रहा है। इससे फासीवाद को एक बड़े मार्क्सवादी चिन्तक की वैचारिक सहमति मिल जाती है। संघ की पत्रिका 'पांचजन्य' में उनका साक्षात्कार छपता है। उन पर लेख लिखे जाते हैं। हमारे समाज के सामने फासीवाद के संकट की इस घड़ी में डॉ. रामविलास शर्मा पूरी भारतीय परम्परा को सतत सनातन धारा के रूप में देखते हैं। विजयी लोगों का ही इतिहास 'सतत सनातन' होता है जबकि दलित-शोषित लोगों का इतिहास 'फ्रैक्चर्ड' होता है। आज उस 'सतत सनातन' परम्परा को तोड़ने की जरूरत है। रामविलास जी की किताब 'भारत में अंग्रेजी राज और मार्क्सवाद' पर 'कलम' में बहुत पहले अयोध्या सिंह लेख लिख चुके हैं। उर्दू वाले भी हिन्दी जाति की उनकी अवधारणा को फासिस्ट मानते हैं। यह अवधारणा हिन्दी को एक क्षेत्रीय भाषा के रूप में देखती है। सोवियत संघ में समाजवादी मॉडल जिस तरह लागू किया गया और टूट गया, उसी तरह जिस दिन भारत के सभी हिन्दी प्रदेशों को एक कर दिया गया, देश टूट जाएगा। क्या वजह है कि दलित और पिछड़े भी हिन्दी प्रदेश की अवधारणा का समर्थन नहीं करते? आखिर क्यों बिहार, उत्तर प्रदेश और मध्य प्रदेश में विभाजन का विरोध वहाँ की जनता ने नहीं किया? हमारी सांस्कृतिक परम्परा में 'जम्बूद्वीपे भारत खंडे' कहा गया है। संघ सम्प्रदाय आदिवासियों को वनवासी कहता है, क्योंकि वह इन्हें मूल निवासी नहीं मानता। इस मुद्दे पर रामविलास शर्मा चुप हैं। संघ परिवार आर्यों के वर्चस्व के नाम पर जो सांस्कृतिक राष्ट्रवाद लाना चाहता है, वही रामविलास शर्मा भी मानते हैं। आचार्य हजारीप्रसाद द्विवेदी और राहुल सांकृत्यायन की संस्कृति सम्बन्धी अवधारणाएँ रामविलास शर्मा से अलग हैं। रामविलास शर्मा की अवधारणाएँ संघ सम्प्रदाय के साथ एक 'आइडियोलॉजिकल कोलेबरेशन' (वैचारिक गठजोड़) हैं। मैंने पूरी सावधानी और गम्भीरता से रामविलास शर्मा को पढ़ा, निष्कर्ष निकाला और लिखा। यदि आप मेरी बातों से सहमत न हों तो हम मिल-बैठकर फिर से विचार कर सकते हैं। मेरा मानना है कि आज हमें ऐसा कुछ भी नहीं लिखना चाहिए, जिससे फासीवाद को मदद मिले।"

*[आलोचना और विचारधारा, पृ. 10-11]*

"यह जो आलोचना में उपभोक्तावाद (Consumerism) है—इसका एक दूसरा काम है, अंग्रेजी में जिसको कहते हैं—Appropriation अर्थात् अधिग्रहण समझा जाता है। आलोचक का यह काम है कि साहित्य की जो महान, पुरानी विरासत है, उस विरासत को पाठक की अपनी सम्पत्ति बना दे, यानी आप कालिदास, भवभूति, तुलसीदास आदि को पढ़कर उनके साहित्य की जो निधि, विचार-भाव सम्पदा है, उसे आज के

पाठक तक पहुँचा दें यानी उसे रेलिवेंट बना दें। आपने बड़ी बहस सुनी होगी। आलोचक का काम है अपने क्लासिक्स को, अपने प्राचीन साहित्य को रेलिवेंट बनाना, प्रासंगिक बनाना। इसलिए प्रेमचन्द की प्रासंगिकता पर बहस हो रही है, सूरदास की प्रासंगिकता पर बहस हुई है। इस बीच हिन्दी का हर महान कवि प्रासंगिक बनाया गया है, और कहा गया है कि उनमें और हममें कोई फर्क नहीं है। जो प्रेमचन्द ने लिखा है, वह आज भी सत्य दिखलाई पड़ रहा है। नहीं देखते कि प्रेमचन्द ने 'सद्गति' नाम की एक कहानी लिखी थी, आज घर-घर में सद्गति हो रही है। इसलिए प्रेमचन्द रेलिवेंट हैं। तुलसीदास भी रेलिवेंट हैं। कबीरदास भी रेलिवेंट हैं। यहाँ मैं कहूँगा कि हमारे प्रगतिशील आलोचकों और मार्क्सवादी आलोचकों ने इधर बहुत सतर्कता बरती है। किसी जमाने में पुराने लेखकों को, सामन्तीकाल के लेखकों को, सामन्त वर्ग का चाकर कहकर छोड़ दिया जाता था, बाद में देखा गया कि अरे, यह तो बड़ा गलत है, वे हमारे कितने महान कवि हैं! इस देश के प्रतिक्रियावादी, धार्मिक अन्धविश्वासी, दकियानूसी लोग तुलसी को, सूर को, वाल्मीकि को, कालिदास को अपना बनाए ले रहे हैं, जबकि हमारा काम यह है कि उनमें जो जनवादी तत्त्व, प्रगतिशील तत्त्व हैं, उन्हें उभारें। वाल्मीकि, कालिदास, तुलसीदास, कबीर, सूर आदि उन तमाम लोगों के जनवादी तत्त्वों को उभार करके रखें और कहें कि नहीं, उनके बारे में जो प्रतिक्रियावादी लोग बातें कहते हैं, वे ठीक नहीं हैं। वाल्मीकि बहुत प्रगतिशील हैं, कालिदास बहुत प्रगतिशील हैं, तुलसीदास बहुत प्रगतिशील हैं। 'ढोल गँवार सूद्र पसु नारी' आदि क्षेपक हैं। आपने देखा होगा कि इस दिशा में बहुत बड़ा काम डॉक्टर रामविलास शर्मा ने किया है। हिन्दी ही नहीं बल्कि संस्कृत के काव्यों में उन पक्षों को उजागर किया है, जहाँ प्रगतिशील जीवन-दृष्टि उभरकर आती है। उदाहरण के लिए वाल्मीकि की रामायण या आदिकाव्य पर बहुत से ग्रन्थ लिखे गए होंगे। डॉ. रामविलास शर्मा मेरी जानकारी में हिन्दी में पहले आदमी हैं, जिन्होंने कहा कि वाल्मीकि रामायण का मूल कथ्य मानव का जयघोष है, जो गूँजता है। राम लंका में रावण को हरा करके, मार करके जब सीता को फिर वापस लेते हैं, तो कहते हैं—दैव सम्पादितो दोषो मानुषेण मर्यादितः—दैव ने जो दोष सम्पादित किया था, मनुष्य होकर मैंने उसका निराकरण किया है। यह है दैव पर, भाग्य पर मनुष्य की विजय का प्रतीक। इसलिए आदिकाव्य मानव काव्य है। मानव का घोषणा-पत्र है। मानव का जयघोष है। वहाँ ज्यादा कठिनाई नहीं थी। कालिदास में थोड़ी कठिनाई हुई, क्योंकि कालिदास दरबारी कवि थे। 'ऋतुसंहार' भी लिखा है उन्होंने। तो कालिदास को लेकर उन्होंने स्थायी मूल्यों की समस्या पर विचार किया। तुलसीदास में बहुत ज्यादा कठिनाई थी। वर्णाश्रम का समर्थन किया है बाबा ने। रामविलास जी ने कहा है—वह क्षेपक है। लेकिन तुलसीदास अवध की संस्कृति के, अवधी के कवि हैं, और जहाँ अवध और अवधी आ जाए तो रामविलास जी

बाकी सारी विचारधारा एक तरफ रख दें और अवध में उतर जाएँगे। इस प्रकार आलोचना का यह एक रूप इधर दिखाई पड़ रहा है कि आलोचक का कार्य है कि प्राचीन कृतियों को रेलिवेंट बनाए। रामविलास जी के लिए मेरे मन में बहुत श्रद्धा है, बहुत-कुछ सीखा है मैंने उनसे, मैं मानता हूँ, लेकिन कुछ दिनों से इस पूरे सवाल पर मैं सोचता रहा हूँ और मुझे लगा और मैं विचार करता रहा कि क्या मार्क्स ने भी ऐसा ही काम अपने पूर्ववर्ती अर्थशास्त्रियों और दार्शनिकों के बारे में किया था? और इसी तरह मार्क्स ने उनको रेलिवेंट बनाया था? तुलसी में से हम कुछ काम की चीजें निकालकर रखें और कहें कि तुलसी बड़े भारी प्रगतिशील हैं और दूसरे लोग तुलसी में से अपने काम की चीजें निकाल करके कुछ कहें, हमारे खिलाफ इस्तेमाल करते चलें और अन्त में फैसला इस पर माना जाए जो जितना ज्यादा लिख दे या जो जितना ज्यादा तर्क दे दे, उसी से साबित हो जाए। क्या यह सही रणनीति (Strategy) है, क्या सत्य भी यही है अर्थात् कब तक हम लोग यह काम करेंगे?

अपने युग के अनुरूप धार्मिक मान्यताओं और सामाजिक व्यवस्था के कारण पुराने कवियों में अन्तर्विरोध थे। यह कवि की विशेषता थी कि उसने एक बड़े व्यापक जीवन-दर्शन से लगभग अन्तर्विरोध का शमन करने का प्रयास किया है। लेकिन दोनों पक्ष तो मौजूद हैं। उस युग की पुरानी चीजें भी मौजूद हैं और वे आज के पाठक तक आती हैं; पहुँचती हैं, अखरती हैं। उनकी ओर इशारा न करके हम केवल अच्छी-अच्छी बातों को साबित करें कि नहीं, तुलसीदास के बारे में जो रामचन्द्र शुक्ल कहते थे, वह गलत है। रामविलास जी ने साबित कर दिया है कि यह प्रगतिशील हैं, तो हैं प्रगतिशील! यह तर्क और युक्ति का काम हो गया है—'यत्राधिक कल्पना-कुशलिनः ते तत्र विद्वज्जनाः', यानी साहित्य की चर्चा लगभग-लगभग अदालत बन गई है कि जिस वकील के पास अदायगी और एडवोकेसी है और पूरा केस बिल्ट कर ले गया तो झूठ को सच कर दिया यानी कि सारी की सारी आलोचना वकालत बन जाएगी, यह तो केस बनाने वाली बात है भाई, एडवोकेसी है। तुलसीदास को आज प्रगतिशील साबित कर दिया और तालियाँ बज गईं कि वाह-वाह, और प्रगतिशील लोग मूँछों पर ताव दिये हुए निकले कि कैसा दिखाया! लेकिन कुल मिला करके सचमुच क्या ऐसा होता है? मैं उदाहरण देना चाहता हूँ और कहना चाहता हूँ कि एक दूसरी परम्परा है जो ज्यादा सही है, उपयोगी है, कारगर है और जो कॉमनसेंस के विरुद्ध है। यह अन्तिम बात है, जिसे कहके मैं खत्म करना चाहूँगा।"

*[आलोचना और विचारधारा, पृ. 37-39]*

"पर कभी-कभी बड़े आलोचक भी आत्मरति के शिकार हो जाते हैं और उनके भी कई अन्धबिन्दु होते हैं। डॉ. रामविलास शर्मा ने सुमित्रानन्दन पन्त पर जो लिखा, वह

'आत्मरति' ही था। इसी प्रकार कार्ल मार्क्स के लिए 'वर्ग संघर्ष' एक ऐसा अन्धबिन्दु है, जिससे परे वे कुछ और देख ही नहीं सके। दुर्भाग्यवश भारत में कई मार्क्सवादियों ने भी उनके 'अन्धबिन्दु' को ज्यों-का-त्यों उठा लिया। वे मजदूर के शोर में किसान को और वर्ग के शोर में जाति और वर्ण को भूल गए।"

*[आलोचना और विचारधारा, पृ. 5]*

"मुक्तिबोध की आलोचना करते हुए रामविलास जी ने जो अस्तित्ववाद ढूँढ़ा है, वह दूसरी दुनिया की चीज है। 'अँधेरे में' कविता का अस्तित्ववाद से दूर-दूर तक नाता नहीं है, किन्तु रामविलास जी शास्त्री होने के कारण वहाँ अस्तित्ववाद पैदा कर देते हैं। इसलिए आलोचना साहित्यशास्त्र नहीं है। काशी हिन्दू विश्वविद्यालय की परम्परा में हजारीप्रसाद द्विवेदी ने 'साहित्य-सहचर' लिखकर यह साबित कर दिया कि वह संस्कृत काव्यशास्त्र जानते थे, पंडित तो थे। बावजूद इसके कबीर की आलोचना करते समय वह अपने शास्त्र-ज्ञान के बोझ से दबे नहीं हैं। कबीर के व्यक्तित्व के लिए उन्होंने अक्खड़ और फक्कड़ शब्दों का इस्तेमाल किया है। अक्खड़ तो योगी हुआ करते थे, कबीर ऐसे ही थे। उन्होंने जिस पर व्यंग्य किया तो लापरवाही के साथ। कबीर ऐसे अक्खड़ हैं कि बड़े सहज भाव से कहते चले गए—'दुइ जगदीश कहाँ से आया'। जैसे कुछ साधु लोग गाते हैं—'मेरा मन लागा फकीरी में' या 'कुछ लेना न देना, मगन रहना'। यह कबीर के अनहद की ऊँचाई है, जिसे आचार्य शुक्ल नहीं पहचानते हैं, आचार्य द्विवेदी पहचानते हैं। जब द्विवेदी जी इस बात को समझा रहे होते हैं, तब न कोई शास्त्र, न लक्षणा, न व्यंजना, न कोई सिद्धान्त, न ध्वनि, न औचित्य, वहाँ कृति में डूबना होता है। कृति का साक्षात्कार करना होता है। इसीलिए आलोचना एक रचनात्मक कर्म है, यह दोयम दरजे का काम नहीं है। यदि आपमें सर्जनात्मकता नहीं है तो आप आलोचना नहीं कर सकते।

आलोचना का कार्य अतीत की रक्षा के साथ-साथ यह भी है कि वह समकालीनता में हो, अर्थात् समकालीन रचनाओं को जाँचे-परखे, मूल्य-निर्णय दे। एक आम धारणा है कि समय इसका निर्णय करेगा। यह गलत धारणा है। यदि ऐसा ही है तो फिर आप किसलिए हैं? रचना करनेवाला यह नहीं कहता कि समय रचना करेगा, वह स्वयं रचना करता है—आज, अभी। आलोचक की सार्थकता इस बात में है कि समकालीन साहित्य को उसने कितना जाँचा-परखा है। आलोचना की मुख्य चुनौती समकालीन रचनाएँ ही होती हैं। आलोचना सिद्धान्त से पैदा नहीं होती है, बल्कि अपने पर्यवेक्षण से, अपने देखने-दिखाने से पैदा होती है और यह सारा देखना-दिखाना साहित्य के अन्दर ही होता है। मेरी पक्की धारणा है कि आचार्य शुक्ल जिस समय कविता की परिभाषा कर रहे थे, उस समय उनकी दृष्टि में कोई शास्त्र नहीं था, कोई परम्परा

नहीं थी, बल्कि बीसवीं सदी का लिखा हुआ साहित्य था। उस साहित्य से उन्हें जो काव्य-दृष्टि मिली, उसी के आधार पर उन्होंने परिभाषा गढ़ी। आचार्य शुक्ल रीतिकालीन काव्य में डूबकर ही घनानन्द को रसमूर्ति कह पाए हैं। घनानन्द, बिहारी, देव पर आचार्य शुक्ल ने जो कुछ भी लिखा है, वह इस बात का प्रमाण है कि शुक्ल जी की आलोचना-दृष्टि का निर्माण उनके समय में रचे जा रहे साहित्य ने किया। घनानन्द में वह जो कुछ देख सके हैं, वह इसी कारण सम्भव हुआ कि उन्होंने श्रीधर पाठक, प्रसाद, पन्त आदि की कविताओं में अवगाहन करते हुए अपनी आलोचना-दृष्टि को धार दिया था।"

*[आलोचना और विचारधारा, पृ. 149-150]*

"डॉ. रामविलास शर्मा ने अपनी पुस्तक में हिन्दी क्षेत्र के गौरवशाली अतीत का बखान किया है और यह दिखाने की कोशिश की है कि हमारे पिछड़ेपन का सारा दोष अंग्रेजों का है। इस तरह के सारे प्रयास वैसे ही हैं, जैसे 'मेरे परदादा ने घी खाया था, आप मेरा हाथ सूँघ लीजिए।' इस पिछड़ेपन के कारणों का पता लगाने के लिए हमें अपने गिरेबान में झाँकना होगा, आत्म-समीक्षा करनी होगी। यदि हम अब भी ऐसा नहीं करेंगे तो हमारा भगवान ही मालिक है। डॉ. रामविलास शर्मा इस पिछड़ेपन का सारा दोष अंग्रेजी शासन को देते हैं। इससे मेरी असहमति है।"

*[आलोचना और विचारधारा, पृ. 2-3]*

"रामविलास शर्मा अंग्रेजी के अध्यापक थे, शिक्षा लखनऊ में हुई; अधिकांश जीवन आगरा में बीता। वह प्रगतिशील लेखक संघ से जुड़े हुए थे। इसलिए जहाँ तक हिन्दी के प्रतिष्ठान हैं, उनमें से किसी से भी रामविलास शर्मा नहीं जुड़े थे। जब उन्होंने आचार्य रामचन्द्र शुक्ल पर पुस्तक लिखी, तब यह लगा कि वह आचार्य शुक्ल की परम्परा से जुडने की कोशिश कर रहे हैं। इसके पहले उनका लेखन दूसरे प्रकार का है। ऐसा एक ही उदाहरण मिल सकता है—संस्कृत काव्यशास्त्र में, राजशेखर किसी सम्प्रदाय से नहीं जुड़े थे। कभी-कभी कोई व्यक्ति ही स्वयं संस्थान बन जाता है। बाद में उसके समर्थक-प्रशंसक उससे जुड़ करके उसका विकास करेंगे या ऐसी की तैसी करेंगे, यह महत्त्वपूर्ण बात है। रामविलास जी के प्रशंसकों या समर्थकों का एक दल खड़ा हो गया है, वही रामविलास जी की सबसे ज्यादा क्षति करेगा। रामविलास जी ने अनेक मुद्दे उठाए हैं। उनके नवजागरण सम्बन्धी विचार, वेद सम्बन्धी विचार, भाषा-विज्ञान सम्बन्धी विचार बड़े मुद्दे हैं। उनके विषय में अभी तक मैंने अन्तिम शब्द नहीं कहा है। अनेक समस्याएँ हैं, उलझनें हैं, अभी मैं पढ़ रहा हूँ और बोल रहा हूँ। इस प्रश्न को पूछनेवाले से मेरा भी सवाल है, इन्हीं विषयों पर कुछ और भी लिखा

गया है, उनको भी पढ़ें। कितने ही लोग हैं, जिन्होंने रामविलास जी और मेरे अलावा किसी को पढ़ा ही नहीं, और पढ़िए तो पता चलेगा कि इन चीजों के बारे में कुछ और भी कहा गया है और रामविलास जी वही कह रहे हैं, जो दूसरे लोग लिख चुके हैं। वह अंग्रेजी में लिखा गया है, पढ़ेंगे तो पता चलेगा, सीमाएँ मालूम होंगी, असंगतियाँ मालूम होंगी। व्यक्ति-पूजा छोड़कर साहित्य-चिन्ता से जुड़िए।

नवजागरण पर वीरभारत तलवार की पुस्तक आई है—'रस्साकशी'। बंगला नवजागरण और मराठी नवजागरण पर भी कई पुस्तकें लिखी गई हैं। 'हंस' हर वर्ष की भाँति इस वर्ष भी प्रेमचन्द जयन्ती पर संगोष्ठी आयोजित कराने जा रहा है। यह गोष्ठी 3 जुलाई को है, इसमें दिन भर नवजागरण पर ही बहस चलनी है। उस बहस में देश भर के विद्वान—साहित्यकार, दार्शनिक, अर्थशास्त्री, शिक्षाशास्त्री, राजनीतिशास्त्री, इतिहासकार आदि शामिल होंगे, उसकी खबर 'हंस' में प्रकाशित होगी, उसे देखिएगा तो पता चलेगा। रामविलास जी ने उन्नीसवीं शताब्दी के हिन्दी नवजागरण की जो अत्यन्त चिकनी-चुपड़ी और गौरवशाली अवधारणा हमें दी है, वह उतनी सुहावनी नहीं है, उतनी क्रान्तिकारी नहीं है। उस दौर में कई कमजोरियाँ थीं। इधर जैसे-जैसे उन कमजोरियों से सम्बन्धित शोधपूर्ण अध्ययन सामने आ रहे हैं, वैसे-वैसे पता लग रहा है कि नवजागरण के जिस क्रान्तिकारी तेवर पर हम इतने मुग्ध हैं, वह किसी हद तक हमारे अल्पज्ञान का भी सूचक है।

हैवरमॉस जर्मनी के एक समाजशास्त्री हैं। मार्क्सवादी विचारकों द्वारा भी समादृत हैं। उन्होंने कहा कि आधुनिकता का जो एजेंडा है, वह अनफिनिश्ड एजेंडा है, अधूरा है। उन्नीसवीं शताब्दी में धर्म के सम्बन्ध में जितना विचार-विमर्श हुआ, वह बीसवीं शताब्दी में राजनीतिक विमर्श के कारण अधूरा रहा। इस प्रकार तमाम मोर्चों पर हम आगे तो बढ़े, पर किन्हीं कारणों से उन्हें बीच में ही छोड़ते गए। अब यदि अगली पीढ़ी उसे ही पूरा मान बैठे तो यह उसकी नादानी है। बाबा साहब अम्बेडकर का पूरा-का-पूरा चिन्तन इतिहास का पूरक है। स्त्री समस्या के सम्बन्ध में अंग्रेजी में ज्यादा लेखन हुआ, इधर भारत में भी खूब लिखा जा रहा है। यहाँ उन्नीसवीं शताब्दी में जो स्त्री-विमर्श शुरू हुआ था, बाद के 40-50 वर्षों तक उस पर कोई चर्चा नहीं हुई। जब फिर विमर्श शुरू हुआ तो मालूम हुआ कि हम लोगों ने इसे भी अधूरा छोड़ दिया था। उस समय हमारा जो सामाजिक एजेंडा था, उसके अधूरे छूट जाने के कारण ही शायद हम उन्हीं समस्याओं के दौर से गुजर रहे हैं। लग रहा है कि समस्याएँ जो कभी हल हो जानी चाहिए थीं, पर हल नहीं हुईं। आज *जाति-विमर्श, स्त्री-विमर्श* और *सम्प्रदाय-विमर्श* चल रहे हैं। मुक्तिबोध ने बहुत पहले कहा था कि हम लोगों ने परिवार पर तो विचार किया ही नहीं, जो समाज का मूल आधार होता है। परिवार ही हमारे धार्मिक, सामाजिक, राजनीतिक, सांस्कृतिक विचारों का निर्माण करता है। मुक्तिबोध ने सही कहा था कि घर के बाहर क्रान्तिकारी होना बड़ा आसान है।

बड़े-बड़े क्रान्तिकारी जब घर के अन्दर आते हैं तो दुम दबाकर सारी क्रान्तिकारिता भूल जाते हैं। अगर आधुनिकता का एजेंडा इतना अधूरा था तो रामविलास जी ने जो लिखा है, मैं तो किसी गिनती में नहीं हूँ, तो हम लोगों ने जो लिखा है, वह कितना अधूरा है, आगे आनेवाली पीढ़ी को विचार करना है। ब्रजेश जी की पीढ़ी को विचार करना है। मेरी और उनकी बात पर माथापच्ची करने के बजाय, समस्याओं की लीक पीटने के बजाय कुछ नये सत्य, नये तथ्य तलाशिए। आज की कहानियों और उपन्यासों को अच्छी तरह पढ़ने पर वे सत्य, वे तथ्य पाए जा सकते हैं।

आज की आलोचना के लिए सबसे बड़ी चुनौती आज की कहानियाँ, उपन्यास व कविताएँ हैं। रामविलास जी की सबसे बड़ी विडम्बना यह थी कि उन्होंने जीवन के अन्तिम चालीस वर्षों का साहित्य पढ़ा ही नहीं। उन्होंने ईमानदारी से स्वीकार किया है कि मैं दूसरों का लिखा नहीं पढ़ता। जो आदमी अपने जमाने के 40 वर्षों की रचनाओं को नहीं पढ़ रहा हो, उसका पूरा-का-पूरा चिन्तन एक गुफा में बैठे उस साधु के समान होगा, जिसका आज के यथार्थ से कुछ भी ताल्लुक नहीं। इस पर आपका ध्यान नहीं जाता और नामवर सिंह ने कह दिया तो सिर पर सोंटा लेकर खड़े हो गए।"

*[हिन्दी समीक्षा और आचार्य शुक्ल, पृ. 225-226]*

"काशी हिन्दू विश्वविद्यालय में द्विवेदी जी को यदि शुक्ल-विरोधी के रूप में प्रचारित किया जा रहा था, तो मानना पड़ेगा कि विरोधियों का शुक्ल-पक्ष, अपनी घोषणा के बावजूद कुछ और था। काशी का यह शुक्ल-पक्ष वस्तुतः आचार्य शुक्ल का कृष्ण-पक्ष था : घोर दकियानूसी हथियारों को छिपाने के लिए आचार्य शुक्ल के उज्ज्वल नाम की नकाब!

यह मिथ्या विरोध स्थानीय ईर्ष्या-द्वेष का एक उदाहरण ही बनकर रह जाता, यदि इसी दौरान एक साहित्यिक महत्त्व की घटना न घट गई होती। सन् 1955 की गर्मियों में आई डॉ. रामविलास शर्मा की पुस्तक 'आचार्य रामचन्द्र शुक्ल और हिन्दी आलोचना'। पुस्तक लिखने की आवश्यकता यह बतलाई गई कि 'पिछले वर्षों में शुक्ल जी पर तरह-तरह के आक्षेप किए गए थे।' भूमिका में आक्षेप करनेवालों की जो सूची दी गई है, उसमें हजारीप्रसाद द्विवेदी का नाम नहीं है, लेकिन पुस्तक के अन्दर मुख्य रूप से यदि किसी के आक्षेपों (?) का जवाब दिया गया है तो वह द्विवेदी जी हैं—विशेषतः 'सन्त साहित्य में योगियों की भूमिका' और 'इतिहास, जातीयता और साहित्य के रूप' शीर्षक दो अध्यायों में। निष्कर्ष यह निकलता है कि आचार्य शुक्ल तो अपने विचारों में मूलतः प्रगतिशील हैं और द्विवेदी जी प्रगति-विरोधी। इस पुस्तक के कुछ ही दिनों बाद अपनी पत्रिका 'समालोचक' के एक अंक में

डॉ. शर्मा ने आचार्य हजारीप्रसाद द्विवेदी के निर्देशन में सम्पन्न डॉ. शिवप्रसाद सिंह के शोध प्रबन्ध 'सूर-पूर्व ब्रजभाषा' की लम्बी समीक्षा 'आचार्य शुक्ल और ब्रजभाषा की परम्परा' शीर्षक से प्रकाशित की। इस समीक्षा का अन्त इस प्रकार होता है : 'इस ग्रन्थ में शुक्ल जी को तो धता बताई गई है और उन आचार्यों की स्तुति की गई है जो शोध ग्रन्थ के निर्देशक थे या आगे उनके परीक्षक हो सकते थे। इस मनोवृत्ति को बढ़ावा देनेवाले ये आचार्य लोग ही हैं जो शुक्ल जी के समान आदर और सम्मान न पाने से हिन्दीभाषियों से रुष्ट हैं।' प्रसंगवश एक जगह यह भी कहा गया है कि 'फिर द्विवेदी जी स्वर्गीय आचार्य शुक्ल के स्थानापन्न प्राध्यापक हैं। किंचित् से अधिक रोष भी उन्हें शोभा दे सकता है।' समूची समीक्षा की दिशा स्पष्ट है : शुक्ल जी की कुर्सी पर बैठकर द्विवेदी जी ईर्ष्यावश स्वयं तो उनका विरोध कर ही रहे हैं, अपने शिष्यों को भी ऐसा करने के लिए बढ़ावा दे रहे हैं। अन्ततः आलोचना के लक्ष्य हैं काशी हिन्दू विश्वविद्यालय के हिन्दी विभाग के आचार्य और अध्यक्ष हजारीप्रसाद द्विवेदी!

आखिर काशी के रूढ़िवादी शुक्ल-पूजक भी तो द्विवेदी जी पर यही आरोप लगा रहे थे! हुआ यह कि इस आलोचना से उन्हें एक मजबूत आधार मिल गया। दिशाएँ भले ही विपरीत हों, लक्ष्य तो एक था! प्रत्यक्ष सम्बन्ध भले न हो, परोक्ष सम्बन्ध तो जुड़ ही गया। इतिहास की यह भी एक विडम्बना ही है! प्रेमचन्द के पक्षधर, प्रगतिशील आन्दोलन के सहचर हजारीप्रसाद द्विवेदी को काशी के पंडितों द्वारा छेड़े हुए धर्मयुद्ध में कैसी प्रगतिशील सहायता मिली!"

*[हिन्दी समीक्षा और आचार्य शुक्ल, पृ. 117-118]*

"परिवर्तन शुरू होता है प्रगलिशील आलोचक डॉ. रामविलास शर्मा की ओर से। वे तीसरे बड़े आलोचक व रीतिकाव्य के मर्मज्ञ हैं। उन्होंने 1943 में, जब तरक्की-पसन्द तहरीक़ शुरू हो चुकी थी, सम्भवतः वे उसके सदस्य भी हो गए थे, 'काव्य-भाषा और युग-बोध' नामक लेख लिखा। इसमें वे लिखते हैं : 'भाषा में अत्यधिक मिठास की खोज स्वाभाविक ह्रास का चिह्न है। वाक्पटुता जबान का चटकारापन, अत्यधिक परिष्कार, बनाव-शृंगार आदि गुण तो पतनशील साहित्य में भी मिलते हैं। यह सही है कि हिन्दी के पुराने कवियों में बिहारी और देव के अलावा भाषा को किसने सँवारा है, परन्तु साहित्यिक और सामाजिक प्रगति में उनका क्या स्थान है। अंग्रेजी साहित्य में पोप से अधिक भाषा को सभ्य और परिष्कृत किसने बनाया है। पर हम जानते हैं कि पोप और उसके साथियों ने रोमांटिक कवियों के विद्रोह को अनिवार्य कर दिया।' ये वाक्य पढ़ते हुए मुझे अनायास फ्रेडरिक जेम्सन के एक लेख 'दि पॉलिटिक्स ऑफ प्लेजर' की याद आ रही है। उसने कहा कि 'साहित्य के मूल्यांकन में मार्क्सवादी

लोग क्यों इतने 'प्यूरिटन' होते हैं। आनन्द की वस्तु से क्यों इनको इतना परहेज रहता है?' यही कारण है कि मार्क्स बनाम फ्रायड लिखते हुए फ्रायड का घोर विरोध इन लोगों ने किया था यानी इनका बस चले तो सबको बन्दी कर दिया जाए। इसलिए रीतिकाव्य के विरुद्ध दो प्रकार की चीजें खड़ी होती हैं। एक तो जो पोंगापंथी लोग हैं, जिनको संस्कृत कविता में अश्लीलता दिखाई नहीं पड़ती, रीतिकाव्य का विरोध अश्लीलता, नैतिकता जैसे सवालों के आधार पर करते हैं। दुःख की बात तो यह है कि अपने को प्रगतिशील कहने-समझने वाले लोग भी ऐसे सिद्धान्त के आधार पर उन्हीं की पाँत में जा खड़े होते हैं। यानी, शेख-बरहमन, दोनों एक। इसलिए रीतिकाव्य दोनों ओर से मारा गया। इस पृष्ठभूमि को ध्यान में रखते हुए रीतिकाव्य पर नये सिरे से पुनर्विचार किया जाना चाहिए।"

*[साहित्य की पहचान, पृ. 42-43]*

"मैथ्यू अर्नाल्ड जो अंग्रेजी का बहुत पुराना लेखक है, उसने एक बहुत अच्छी बात कही है : जो आलोचक जितना ही सिस्टमेटिक होता है और सिस्टम के अनुसार लिखता है वह उतना ही बुरा और खतरनाक होता है और उतना ही गलत हुआ करता है। आप असहमत हो सकते हैं, पर यह सच है कि आई.ए. रिचर्ड्स ने व्यावहारिक आलोचना नहीं लिखी। ठीक उनके समकालीन डॉ. एफ.आर. लेविस ने कोई सिस्टम नहीं बनाया। उन्होंने जो दर्शन दिया है कि उनसे कहा गया कि आलोचना का मानदंड बताओ तो उन्होंने कहा कि आलोचना का काम मानदंड बताना नहीं है, यह संवेदनशील पाठक की प्रक्रिया है। हर साहित्यिक कृति मूल्यों पर निर्भर ही नहीं करती, वह मूल्यों का पुंज हुआ करती है। लेखक क्या अच्छा है, क्या बुरा है, क्या सही है, क्या गलत है—बताता है। बताता नहीं तो संकेत करता है। जो जज नहीं करता मनुष्यों को, वह साहित्यकार नहीं है। वह 'राम की भी जय, रावण की भी जय' करनेवाला व्यक्ति होता है। इसलिए मूल्यांकन निहित है, लेकिन उसमें कोई सिस्टम नहीं है।

डॉ. रामविलास शर्मा के मूल्यांकन का क्या मानदंड है, सिवाय इसके कि आप मोटे तौर पर कहें कि वह मार्क्सवादी आलोचक हैं। आचार्य शुक्ल तक ने मानदंड निकालने की कोई योजना जरूर बनाई होगी, लेकिन स्वयं उनका बना-बनाया कोई सूत्रबद्ध मानदंड नहीं है। हम-आप उसमें से निकालते हैं कि ऐसा है। इसलिए पहली बात, जिसे मैं स्पष्ट करना चाहता हूँ, वह यह है कि जिसे हम पहचान कहते हैं, हम अलग-अलग कृतियों को पहचानते रहते हैं, पहचानने में तारतम्य जरूर होता है, होना चाहिए। लेकिन उन पहचानों के क्रम लोप हैं।"

*[साहित्य की पहचान, पृ. 210]*

"मैं कहना चाहता हूँ, अतीत की महान प्रतिभाओं की 'ग्रेट ट्रेडिशन' होने के बावजूद हमारी महान परम्परा की महानता आम जनता वाली नहीं है; बल्कि वह महान परम्परा उच्च वर्ग और उच्च वर्ग के लोगों की महान परम्परा है—ग्रेट ट्रेडिशन ऑफ ईलीट—जिसको आजकल कुछ लोग ब्राह्मणवादी कहते हैं। ब्राह्मणवादी नहीं, भद्र वर्ग की, शिष्ट लोगों की, उच्च वर्ण-उच्च वर्ग के लोगों की महान परम्परा है। जिस महान परम्परा से कबीर जैसे लोग बाहर हैं, आदिवासी बाहर हैं, दलित बाहर हैं, स्त्रियाँ बाहर हैं। इस महान परम्परा में सारे प्रगतिशील तत्त्व हम लोगों ने मार्क्सवाद के सहारे ढूँढ़ लिये। डॉ. रामविलास शर्मा ने सन् 1857 के बारे में लिखा तो बताया कि उसमें फ्रांस की राज्य क्रान्ति का भी तत्त्व है और सोवियत रूस की समाजवादी क्रान्ति के भी बीज हैं। हमने सोचा कि परम्परा को इस्तेमाल वे लोग भी कर रहे हैं, फासिस्ट हिन्दुत्ववादी भी कर रहे हैं, तो हम भी क्यों न परम्परा का इस्तेमाल करें? अकबर इलाहाबादी ने कहा था, 'बूट डासन ने बनाया, हमने एक मजमूं लिखा : मेरा मजमूं चल न पाया, उनका जूता चल गया'। उनकी परम्परा की व्याख्या चल गई। ज्योतिष भी ले लिया उन्होंने। हर जगह संस्कृत पढ़ाई जा रही है। इटली में भी हुआ था लेटिन का पुनरुद्धार। इन लोगों के जमाने में हुआ था। जैसे हमारे यहाँ संस्कृत का हो रहा है। बोलियाँ मर रही हैं और आप लेटिन को देवभाषा का दर्जा देते चले जा रहे हैं। इसलिए हम लोगों ने देखा कि राजनीतिक दृष्टि से परम्परा उपयोगी है। तो हम लोगों ने अपनी परम्परा से वे अच्छी-अच्छी बातें, प्रगतिशील बातें चुन करके नवजागरण का ऐसा भव्य रूप पेश किया कि इसके आधार पर हम इसका मुकाबला करेंगे। लेकिन जैसा मैंने कहा कि 'मेरा मजमूं चल न पाया, उनका जूता चल गया'।

ग्राम्शी ने पहली बार कहा कि परम्परा के नाम पर आप उसमें से उपयोगी तत्त्व चुनेंगे, तो जो बचे हुए तत्त्व हैं, वे तत्त्व खत्म नहीं हो जाएँगे। दूसरा आदमी उसी परम्परा से आपके विरुद्ध तत्त्व ढूँढ़ेगा। राजनीतिक दृष्टि से उपयोगी चीज़ें चुनकर हम परम्परा को परस्पर-विरोधी रूप में उपयोग करते हैं। यह नहीं हो सकता कि अपनी महान परम्परा में से सुविधा के लिए कुछ तत्त्व आप ढूँढ़े तो दूसरे लोग उसके विरुद्ध तत्त्व नहीं ढूँढ़ेंगे। हिन्दी में हमारे अत्यन्त श्रद्धेय वरिष्ठ अग्रजों में डॉ. रामविलास शर्मा ने नवजागरण की एक ऐसी तसवीर दी है, उसमें सारे तथ्य उसी जनजागरण के अन्दर से ढूँढ़कर दिखाए जा रहे हैं, तो लग रहा है कि सारे हिन्दुत्व के मूल बीज भी उसी जनजागरण में भरे पड़े हैं।

हमारे बड़े पुराने मित्र विष्णुकान्त शास्त्री रामविलास जी के अनन्य भक्त थे। बड़ी श्रद्धा उनकी रही-है। क्यों? इसलिए कि वे तुलसीदास को भारत का सर्वश्रेष्ठ कवि और प्रतिनिधि कवि मानते हैं और दूसरा, 1857 को मानते हैं, साथ ही हिन्दी नवजागरण में हिन्दी जाति की और जाति की संस्कृति की इतनी महिमा गाते हैं। बंग्लादेश जब मुक्त हुआ था तब वे भी बड़े उत्साहित होकर बंग्लादेश गए थे।

शास्त्री जी ने एक पूरी किताब लिखी थी, तुलसी के बारे में। ऐसी अनेक चीजें मिलती हैं जो आज के जमाने में आपको असुविधाजनक लगेंगी। प्रगतिशील लेखक संघ के दिनेश कुशवाह ने, जो आजकल रीवा में हैं, तुलसीदास के एक दोहे की ओर मेरा ध्यान आकर्षित किया। मैंने भी दोहावली पढ़ी थी, लेकिन मेरा ध्यान इस ओर नहीं गया था। तुलसीदास सोलहवीं शताब्दी में लिख रहे हैं कि 'अविदित महिमा वेद की, तुलसी किए विचार। जे निन्दक निंदित भए, विदित बुद्ध अवतार ॥' बौद्ध धर्म खत्म हो चुका था। सत्रहवीं शताब्दी में बाबा फिर बुद्ध को मार रहे हैं। मरी हुई चीज को मार रहे हैं। क्या जरूरत पड़ी थी? आप 'रामकथा' लिखने चले थे, बुद्ध को छोड़ देते। एक अवतार आपको मिल गए थे, बख्श देते आप बुद्ध को। नहीं—'जे निन्दक निंदित भये, विदित बुद्ध अवतार'—तो तुलसीदास यह भी कहते हैं। और विचित्र बात है—बुद्ध के बारे में अपनी 'भारतीय संस्कृति' वाली पुस्तक में रामविलास जी ने जो टिप्पणियाँ की हैं, वे राहुल जी से अलग टिप्पणियाँ हैं। और राहुल जी के बारे में अनेक आलोचनाओं में बार-बार यह कहा गया कि यह मार्क्सवादी नहीं थे, ये बौद्ध थे। इसलिए मैं यह कहना चाहता हूँ कि फिर लड़ो उस अतीत के इतिहास से। हमें नहीं भूलना चाहिए कि इतिहास एक हद तक काम आता है। इतिहास आपके लिए लड़ेगा नहीं। आजकल एन.सी.ई.आर.टी. की किताबों को लेकर सारे इतिहासकार लड़ाई कर रहे हैं। बाल की खाल निकाल रहे हैं। क्या पाया उन्होंने, क्या जीता? इसलिए यह जो आज के जमाने की लड़ाई है, वह अतीत और पुरखों के नाम पर नहीं लड़ी जा सकती। आप यह नहीं कर सकते कि दादा जी ने घी खाया था, हमारे हाथ सूँघ लीजिए। हम आपके हाथ की ताकत देखेंगे। आपके दादा ने कितना घी खाया था, इससे काम नहीं चलेगा।

एक दौर था जब कहा जाता था कि प्रगतिशील लोग अपनी परम्परा को नहीं जानते। इसलिए दुश्मनों को जवाब देने के लिए हम लोग इस पर तुल गए। 'प्रगति और परम्परा' नाम की किताब लिखी गई है। तो इन लोगों ने सोचा कि हम परम्परा-द्रोही, परम्परा-वंचित, परम्परा का तिरस्कार करनेवाले माने जा रहे हैं, इसलिए बार-बार इतना जोर दिया कि प्रगति करना छोड़ करके हम केवल परम्परा की पूजा करने लगे हैं, प्रगतिशील हो गए हैं। नई चुनौतियाँ अनदेखी रह गईं। नतीजा यह हुआ कि एक समाजवाद नाकामयाब हुआ तो पूँजीवाद को ही हमने ठेका दे दिया कि उत्पादन के नये साधन, नई व्यवस्था पूँजीवाद करेगा—क्या समाजवाद एक नये समाज की परिकल्पना नहीं कर सकता? हमने मान लिया है कि उदारीकरण और विनिवेश आदि सुधारों के अलावा अर्थतंत्र में कोई विकल्प नहीं है। कांग्रेस यह मानती है। यशवन्त सिन्हा या जसवन्त सिंह वही बोली बोल रहे हैं जो अन्तरराष्ट्रीय मुद्रा कोष, वर्ल्ड बैंक ने डिक्टेट की है, जो मनमोहन सिंह ने शुरू की थी। वही गीत ये गाते चले जा रहे हैं। हम लोग साम्राज्यवाद के दिये हुए प्रोग्राम को अमेरिकी साम्राज्यवाद को लागू कर रहे हैं, जैसे इसका कोई विकल्प ही नहीं हो! राजनीति में भी हम लोग सोचते

हैं कि और कोई मॉडल हो। लेखक, साहित्यकार तो इस सृष्टि को बनाने वाले ब्रह्मा को चुनौती देता है, तुमने यह दुनिया बनाई है, देखो! मैंने अपनी कविता और उपन्यास के द्वारा एक नई दुनिया बनाई है। इक़बाल ने कहा कि—तुमने चाँद और तारे बनाए हैं रोशनी के लिए और मैंने भी दीया बनाया है। मैंने एक नई दुनिया बनाई है। आनन्दवर्धन ने कहा—साहित्यकार भी एक प्रजापति होता है। नई सृष्टि बनाने वाला विधाता होता है। साहित्यकार के धर्म में है कि हमारी जो जिन्दगी है, उसके समानान्तर एक बेहतर जिन्दगी; जो दुनिया है, उस दुनिया के समानान्तर एक ऐसी दुनिया पेश करेंगे, जो उससे खूबसूरत हो, इससे बड़ी हो, सुन्दर हो, नई हो। प्रगतिशील लेखकों के ऊपर यह अतिरिक्त दायित्व है कि कविता और कहानी के द्वारा वह सपना जीवित रखें। हम वह दुनिया बनाएँगे। तभी सम्भव है कि आम जनता के बीच एक चेतना जगेगी और इस धरती पर अर्थतंत्र में, राजनीति तंत्र में एक नया विकल्प उभरेगा और समाज में एक नया समाज बनाने की दृष्टि और ताकत मिलेगी।'

*[झारखंड प्रगतिशील लेखक संघ के राज्य अधिवेशन में दिया गया उद्‌घाटन भाषण, वसुधा-68 में प्रकाशित]*

*[जमाने से दो दो हाथ, पृ. 43-45]*

"नई कविता ने कविता के नये मूल्यों को प्रतिष्ठित करने के साथ ही कविता पढ़ने की नई पद्धति की आवश्यकता भी प्रदर्शित की है। इस पद्धति से अनभिज्ञ होने के कारण आज बहुत-से लोग नई कविता को सहानुभूतिपूर्ण दृष्टि से देखने की सदिच्छा के फलस्वरूप उनके भाव-सम्बन्धी प्रयोगों और बिम्ब-योजनाओं की प्रशंसा करके अपनी उदारता प्रकट कर लेते हैं। यह प्रवृत्ति बहुत-कुछ वैसी ही है, जैसी पिछले युग में केवल अभिव्यंजना-प्रणाली के लिए छायावादी काव्य की प्रशंसा। विडम्बना यह है कि ऐसे सभी लोग सिद्धान्त-रूप में शब्द और अर्थ तथा भाषा और भाव की अभिन्नता के कायल हैं। सवाल यह है कि किसी कविता में कथ्य का तिरस्कार करके उसकी भाषा-शैली की प्रशंसा करना कहाँ तक संगत है? ऐसे निर्णायकों से यह पूछना असंगत नहीं है कि उन्होंने कथित कविता का कथ्य किस प्रकार और किस माध्यम से प्राप्त किया? माध्यम काव्यगत शब्द ही हैं, इससे तो शायद वे भी इनकार न करेंगे, किन्तु जिस प्रकार वे शब्दों को स्पृहणीय मानते हुए भी कथ्य को अमान्य ठहराते हैं, उससे स्पष्ट है कि कविता का कथ्य प्राप्त करने की उनकी विधि कोई और है और इसीलिए उनका उपलब्ध काव्य-कथ्य भी कुछ और ही है।

इस सन्दर्भ में सामान्य रूप से दो प्रकार के भ्रान्त पाठकों की चर्चा की जा सकती है : एक तो अतीतजीवी अबोध अथवा जड़ पाठक; दूसरे, भविष्यजीवी सामाजिक जागरूक पाठक। किन्तु इस मामले में दोनों प्रकार के पाठक एक हैं कि दोनों ही के

सिर हर समय 'सामान्यताओं' से भन्नाते रहते हैं और हर कविता से वे उन्हीं में से किसी एक की पुष्टि की आशा लगाए रहते हैं और जाहिर है कि इसके लिए उन्हें प्रस्तुत कविता की ओर विशेष ध्यान देने की आवश्यकता नहीं रह जाती। इसीलिए उन्हें एक ही विषय की दो कविताओं में अधिक-से-अधिक केवल भाषागत अन्तर दिखाई पड़ता है और इसी कारण वे जिस कविता को पसन्द करते हैं, उसके भाषा-सौष्ठव अथवा शिल्प-सौन्दर्य की प्रशंसा करके सन्तोष कर लेते हैं। कहना न होगा कि काव्यपाठ की इस विधि में किसी कविता के विशेष कथ्य की प्राप्ति असम्भव है; क्योंकि जिसके लिए प्रयास ही नहीं, उसकी प्राप्ति क्या?

सम्भवतः इसीलिए 'तीसरा सप्तक' की सम्पादकीय भूमिका में अज्ञेय ने जोर देकर यह कहने की आवश्यकता अनुभव की कि 'काव्य का विषय और काव्य की वस्तु (कंटेंट) अलग-अलग चीजें हैं; पर जान पड़ता है कि इस पर बल देने की आवश्यकता प्रतिदिन बढ़ती जा रही है। यह बिलकुल सम्भव है कि हम काव्य के लिए नये-से-नया विषय चुनें पर वस्तु उसकी पुरानी ही रहे; जैसे यह भी सम्भव है कि विषय पुराना रहे पर वस्तु नई हो।...विषय केवल 'नये' हो सकते हैं, 'मौलिक' नहीं—मौलिकता वस्तु से ही सम्बन्ध रखती है। विषय सम्प्रेष्य नहीं है, वस्तु सम्प्रेष्य है। नये (या पुराने भी) विषय की, कवि की संवेदना पर प्रतिक्रिया, और उससे उत्पन्न सारे प्रभाव जो पाठक-श्रोता-ग्राहक पर पड़ते हैं, और उन प्रभावों को सम्प्रेष्य बनाने में कवि का योग—मौलिकता की कसौटी का यही क्षेत्र है।'

अज्ञेय का यह कथन कवि को जितना सम्बोधित है, उतना ही पाठक या आलोचक को भी। 'वस्तु' की जो 'मौलिकता' कवि का अभिप्रेत सम्प्रेष्य है, आलोचक के लिए ग्राह्य भी वही है; इसलिए जो आलोचक किसी कविता की उस 'वस्तुगत मौलिकता' को प्राप्त करने का प्रयास नहीं करता, उसके बारे में असंदिग्ध रूप से यह कहा जा सकता है कि उसने उस कविता को पढ़ा ही नहीं। किसी कविता की 'वस्तुगत मौलिकता' की पहुँच में होनेवाला आलोचक कथ्य का तिरस्कार करके केवल भाषा-सौष्ठव या बिम्ब-विधान की प्रशंसा करके सन्तोष नहीं कर सकता। प्रस्तुत शब्दों में प्रारम्भ करके विविध अर्थ-सारणियों पर क्रमशः संचरण करते हुए सम्भाव्य कथ्य तक पहुँचने में आलोचक को स्वयं जो आभास होता है, उसी से वह कवि की शब्द-साधना का भी अनुमान करता है और तदनुसार मूल्यांकन भी करता है। किसी काव्यकृति के आयत्तीकरण की इस प्रक्रिया में कथ्य से अलग शब्दों और बिम्बों की सुन्दरता का सवाल ही नहीं उठता। वहाँ कथ्य के आलोक में शब्द-बिम्ब-लय आदि की सार्थकता का प्रश्न मुख्य होता है। इसलिए मूल्य-निर्णय समग्र होता है।

आवश्यक नहीं कि यह पद्धति केवल जटिल भाव-बोध और रूप-गठनवाली कविताओं के लिए उपयुक्त हो। अपने भाव-बोध और रूप-विन्यास में सरल-से-सरल कविताएँ भी इस अवधानता की अपेक्षा रखती हैं। इस विश्लेषण-पद्धति के

साथ सबसे बड़ी सुविधा यह है कि भावोच्छ्वसित अथवा 'शिथिल-समाधि' की अकाल-सम्भवा कृतियाँ अपने वाग्जाल एवं खंडित रूप-विधान के कारण तत्काल ही अपनी दुर्बलता उद्घाटित कर देती हैं। इस प्रकार यह सतर्क-विश्लेषण-पद्धति केवल पद्धति नहीं बल्कि मूल्यांकन का अनिवार्य अंग है—स्वतः एक मूल्य है।

इस पद्धति के विरुद्ध एक आपत्ति यह हो सकती है कि इससे कविता वस्तु-रूप में निःशेष हो जाती है और इस प्रकार यह रूपवादी प्रवृत्ति की द्योतक है। नई कविता के कुछ आलोचकों ने सम्भवतः इसी युक्ति का सहारा लेकर नई कविता के रूपगत प्रयोगों की प्रशंसा करते हुए भी कथ्य के तिरस्कार के लिए युक्ति दी है कि नई कविता के सामाजिक-नैतिक मूल्यों से उनका विरोध है। इस आधार पर नई कविता की अनास्था, कुंठा आदि की आलोचना करते हुए भी रूप-सम्बन्धी नये प्रयोगों की प्रशंसा की गई है। इस प्रकार यह प्रश्न अन्ततः कवि और आलोचक के अपने-अपने 'विश्वासों' के अन्तर पर आ टिकता है। सिद्धान्त के स्तर पर इस समस्या का समाधान जितना मुश्किल और अनिर्णायक दिखाई पड़ता है, व्यवहार में उतना मुश्किल नहीं है। आस्था के लिए जिन कविताओं की प्रायः प्रशंसा की गई है, उन्हें यदि तथाकथित अनास्थावाली नई कविताओं के परिपार्श्व में रखकर देखें तो स्पष्ट हो जाएगा कि उन आस्थावादी कवियों के समान ही आस्थावादी आलोचकों की कविता-सम्बन्धी धारणा भी काफी स्थूल और सपाट है। इसलिए यहाँ भी मूल प्रश्न 'विश्वासों' का उतना नहीं है, जितना कविता के अन्तर्गत सार्थक शब्द के प्रयोग की विधि का है, जिसे आम तौर से 'रूपवाद' कहा जाता है। डॉ. रामविलास शर्मा ने नई कविता के मुकाबले शिवमंगलसिंह 'सुमन' की 'आज कहाँ से फिर आ पहुँचा फागुन में सावन', गिरिजाकुमार माथुर के 'धूप के धान' कविता-संग्रह की 'पहिए' शीर्षक कविता और बच्चन की 'बुद्ध और नाचघर' कविता को श्रेष्ठ बतलाया है और इन कवियों के साथ ही नीरज और वीरेन्द्र मिश्र के गीतों को भी खुली दाद दी है। उससे स्पष्ट हो जाता है कि आस्था से अधिक महत्त्वपूर्ण कविता-सम्बन्धी धारणा या रुचि है।

इस रुचि का स्पष्ट परिचय प्राप्त करने के लिए पसन्द की गई कविताओं की बानगी देखना आवश्यक है। सबसे पहले शिवमंगलसिंह 'सुमन' के गीत का एक अंश :

*सोंधी-सोंधी मिट्टी महकी*
*गमक उठा उपवन।*
*बिजली कौंधी आसमान मे*
*धरती में सिहरन।*
*होली में कजली गाने का*
*फिर ललचाया मन।*
*आज कहाँ से फिर आ पहुँचा*
*फागुन में सावन।*

स्पष्ट है कि गीत का सारा चमत्कार 'फागुन में सावन' के स्थूल विरोधाभास पर आधारित है, जिसकी अभिव्यक्ति होली में कजली गाने की भोंडी वृत्ति में होती है। जहाँ तक भाषा-प्रयोग का प्रश्न है, उसमें किसी ओर से भी सृजनशीलता का आभास नहीं मिलता। फिर भी डॉ. रामविलास शर्मा के अनुसार ये पंक्तियाँ 'यह साबित करती हैं कि जीवन के छोटे-छोटे अनुभवों को लययुक्त सरल शब्दावली में बाँधना उच्चकोटि का कवि-कौशल है।' अनुभव यदि बड़ा और जटिल होता तो उसे सरल शब्दावली में बाँधने के प्रयास को 'उच्च कोटि का कवि-कौशल' कहने का कोई तुक भी था। किन्तु यह कौन-सा कवि-कौशल है जिसमें 'छोटे' अनुभव को ही 'सरल' शब्दावली में बाँधा गया है? 'बाँधने' की यह क्रिया निश्चय ही काफी सूक्ष्म होगी। डॉ. शर्मा को इसमें 'उद्‌दीपन विभावों और रहस्यमय संकेतों से अलग सूक्ष्म संवेदन' के दर्शन होते हैं; अर्थात् सोंधी-सोंधी मिट्‌टी का महकना 'उद्‌दीपन विभाव' नहीं बल्कि 'सूक्ष्म संवेदना' है!

इसी प्रकार 'व्यंग्य' और 'बौद्धिक चमत्कार' के लिए बच्चन की 'बुद्ध और नाचघर' कविता का यह अंश उद्धृत किया गया है :

*बुद्ध भगवान,*<br>
*अमीरों के ड्राइंग रूम*<br>
*रईसों के मकान*<br>
*तुम्हारे विचारों से अनजान*<br>
*सपने में भी उन्हें इसका नहीं आता ध्यान।*<br>
*शेर की खाल, हिरन की सींग*<br>
*कला-कारीगरी के नमूनों के साथ तुम भी हो आसीन,*<br>
*लोगों की सौन्दर्यप्रियता को*<br>
*देते हो तस्कीन*<br>
*इसलिए तुमने एक की थी आसमान-जमीन।*

यह सपाट कथन ही व्यंग्य है तो फिर व्यंग्य की परिभाषा बदलनी पड़ेगी। माना कि इसमें अमीरों और रईसों की आलोचना है और इस दृष्टि से यह कविता प्रगतिशील भी कही जा सकती है किन्तु इसमें व्यंग्य किधर से है : कला-कारीगरी के नमूनों के साथ बुद्ध के भी आसीन होने में या लोगों की सौन्दर्यप्रियता को 'तस्कीन' देने में? किन्तु क्या 'इसीलिए तुमने एक की थी आसमान-जमीन' जैसा वाक्य सारे व्यंग्य को पटरा नहीं कर देता? व्यंग्य के लिए बच्चन ने जिस ठेठ हिन्दुस्तानी का प्रयोग किया है, वह भोंडे हास्यरस के बाजारू कवियों की अंग्रेजी-मिली हिन्दी से अधिक कलात्मक नहीं है। जहाँ तक इस कविता के मुक्त छन्द का प्रश्न है, उसमें मकान, अनजान, ध्यान तथा आसीन, तस्कीन, जमीन के तुकों के निर्वाह के सिवा शायद ही कोई और सौन्दर्य हो! फिर भी ये तुक इस कविता की सपाट

गद्यमयता को तोड़ने में सर्वथा असमर्थ प्रमाणित होते हैं। स्पष्ट है कि डॉ. शर्मा ने इन पंक्तियों के कवित्व की परख करने की अपेक्षा इसकी अभिधात्मक विषयवस्तु की 'प्रगतिशीलता' के आधार पर इसकी प्रशंसा की है।

इसी क्रम में डॉ. रामविलास शर्मा ने सुमित्रानन्दन पन्त के 'अतिमा' काव्यसंग्रह की 'सन्देश' शीर्षक कविता की भी प्रशंसा की है। पन्त जी के काव्य के कटु आलोचक डॉ. रामविलास शर्मा के मुख से पन्त जी की किसी कविता की प्रशंसा निश्चय ही कुछ लोगों के लिए आश्चर्य का विषय होगा, किन्तु प्रस्तुत उद्धरण से स्पष्ट है कि यहाँ प्रश्न कवित्व का उतना नहीं, जितना आस्था का है। पन्त जी की यह कविता इसलिए अच्छी है कि उन्होंने इसके अन्त में 'मन की कुंठित कूपवृत्ति से बाहर' होकर 'पाहुन प्रकाश के निरवधि क्षण में' डूबने की बात कही है। अन्त भला तो सब भला। इस न्याय के अनुसार कविता में व्यक्त कुंठा और घुटन भी सुन्दर हो गई। जिस कुंठा और घुटन की बात प्रयोगवादी प्रचारक करते हैं, उसकी 'सुन्दर अभिव्यक्ति' जिन पंक्तियों में डॉ. रामविलास शर्मा को दिखाई पड़ी, वे ये हैं :

*मैं सोच रहा था जाने क्या हो गया मुझे*
*मन किन अनजानी डगरों में है भटक गया*
*कितने अँधियारे कोने हैं मानव मन के!*
*कुछ किए नहीं बनता, दिन यों ही बीत रहे*
*इस निरुद्देश्य जीवन से किसको लाभ भला*
*भूभार बने रहने से तो मरना अच्छा!*

डॉ. शर्मा के अनुसार, 'यह तीव्र अवसाद कठोर आत्म-निरीक्षण के प्रकाश में पाठक को निरुत्साहित न करके जीवन की विषम परिस्थितियों का सामना करना सिखाता है।' किन्तु वे 'विषम परिस्थितियाँ' कौन-सी हैं, इसका पता इस कविता से कहीं चलता है? क्या इस विषाद का विभावन-व्यापार इन पंक्तियों में विद्यमान है? स्पष्ट है कि ये पंक्तियाँ ठेठ इतिवृत्तात्मक हैं और भाषा की इतिवृत्तात्मकता से ही स्पष्ट है कि इसमें न तो अवसाद की 'तीव्रता' है और न आत्मपरीक्षण की 'कठोरता'! इस तनावहीन भाषा से अनुभूति की तीव्रता अथवा अन्तर्द्वंद्व की उम्मीद करना व्यर्थ है। जितनी सरलता और सुगमता के साथ कवि ने अपनी व्यथा का कथन यहाँ किया है, वह रोमानी भावुकता का ही निरावेश तथ्यकथन है; इसलिए छन्द-विधान के बावजूद ये पंक्तियाँ निष्प्राण गद्य का आभास देती हैं।

इस प्रकार के काव्य-विवेक के लिए डॉ. रामविलास शर्मा के नवीन निबन्ध-संग्रह 'आस्था और सौन्दर्य' का 'आधुनिक हिन्दी कविता : विकास की दिशा' शीर्षक निबन्ध विशेष रूप से द्रष्टव्य है। यहाँ 'आस्था' के लिए प्रशंसित कविताओं को एक नजर देखने से ही पता चलता है कि प्रयास कविता को कविता के रूप में पढ़ने का उतना नहीं है, जितना कविता को 'दस्तावेज' या 'वक्तव्य' के रूप में! इन वक्तव्यों

में शब्दों का जैसा स्थूल प्रयोग मिलता है, उससे कवि के साथ ही आलोचक की भी आस्था की स्थूलता प्रदर्शित होती है। 'आस्थावादी' कवि के समान ही 'आस्थावादी' आलोचक के लिए अपनी 'सामान्य' आस्था इतनी महत्त्वपूर्ण है कि उन्हें व्यक्त करनेवाले शब्द स्वभावतः महत्त्वहीन हो जाते हैं। ऐसी स्थिति में चिर-परिचित रूढ़ शब्द-योजना ही नहीं बल्कि परम्पराभुक्त छन्दविन्यास और रूपविन्यास भी काम का साबित होता है; क्योंकि नये प्रयोगों में सामान्यतः अपेक्षित और अति-परिचित आस्था के विकृत होने का खतरा रहता है। इस पद्धति के अभ्यस्त आलोचक जब 'आस्था' की सूक्ष्म एवं जटिल कृतियों की ओर मुड़ते हैं तो अभ्यासवश उसी प्रकार शब्दों की अवज्ञा करते हुए सामान्य वक्तव्य के रूप में आस्था के स्थूल सूत्र निकालने का प्रयास करते हैं और अभीष्ट की सिद्धि न होने पर कभी तो सम्पूर्ण रचना को तिरस्कृत कर देते हैं और कभी उदारतावश केवल भाषा और बिम्बों की प्रशंसा करके अपनी काव्य-विषयक गुण-ग्राहकता का परिचय देते हैं।

नई कविता ने अपने 'अन्तर्ग्रथन' द्वारा यह काव्य-सिद्धान्त प्रस्तुत किया है कि कविता में किसी 'सामान्यता'—सामान्य विचार, भाव या धारणा—का 'वक्तव्य' उतना नहीं होता जितना एक स्थिति-विशेष का 'नाट्यकरण' अथवा 'नाट्यरूपांतर (dramatization)। इस प्रकार यदि कविता में ऐसा कोई 'सन्देश' नहीं है जिसे उसके समूचे कथ्य के रूप में पूरा-का-पूरा निचोड़कर अलग किया जा सके तो उससे एकदम सहमत या असहमत होने का सवाल या तो उठता ही नहीं या फिर सहमति-असहमति का निर्णय करना मुश्किल हो जाता है। कविता में स्थिति-विशेष का जो 'नाट्य-रूप' सामने आता है, उसमें कवि का अपना पक्ष भले ही अन्तर्निहित हो, किन्तु उस नाट्य-रूप के ग्राहक के लिए, कवि के निजी पक्ष से सहमति या असहमति की अपेक्षा वह नाट्य-रूप अधिक स्पृहणीय होता है; क्योंकि सहमति की स्थिति में न तो वह अनावश्यक होता है और न असहमति की स्थिति में सर्वथा निष्फल। इसीलिए कवि के समान ही आलोचक के लिए भी एक 'अन्तर्ग्रथित' कविता की प्रक्रिया के ब्यौरे विशेष महत्त्वपूर्ण होते हैं।

इस सन्दर्भ में अज्ञेय के 'तार सप्तक' के द्वितीय संस्करण के अपने वक्तव्य का यह अंश विशेष रूप से उल्लेखनीय है : 'सामाजिक उत्तरदायित्व ओढ़ लेने से ही कृतित्व के क्षेत्र में कोई समस्या नहीं हल होती—इतना ही होता है कि रोजमर्रा जीवन में काम आनेवाली 'प्रयोजनवती भाषा' का व्यवहार करते समय आप अधिक सतर्क हो जाते हैं—चाहे प्रयोजनों के सामाजिक मूल्यांकन में, चाहे अपनी बात और अपने काम (या अपनी नीयत) में सामंजस्य के मूल्यांकन में यानी आप रह जाते हैं सामाजिक मूल्यों के क्षेत्र में ही; रचना-प्रक्रिया के क्षेत्र में प्रवेश नहीं पाते। लेकिन शब्द की अर्थवत्ता की खोज में शब्द की ऐतिहासिक और अर्थ की सामाजिक परख दोनों निहित हैं, और अर्थवान् शब्द का संवेदन (सम्प्रेषण) हो ही नहीं सकता बिना

युग-सम्पृक्ति के। जो कवि शब्द के संस्कार के प्रति सजग नहीं है (और जैसे जीव का हर कर्म उसके संस्कार को बदलता है, वैसे ही शब्द का प्रत्येक उपयोग उसे नया संस्कार देता है), वह अर्थवान शब्द का साधक नहीं है, और मैं कहूँगा कि वह कवि नहीं है, न होगा।'

कविता के ग्रहण और मूल्यांकन के सम्बन्ध में इस कथन का विस्तार करते हुए निस्संकोच कहा जा सकता है कि जो आलोचक कविता में अर्थवान शब्द की समस्त सम्भावनाओं की खोज किए बिना ही एक सामान्य वक्तव्य या सन्देश के आधार पर किसी कविता पर मूल्य-निर्णय देने का दावा करता है, वह कविता का आलोचक नहीं है, न होगा। इस मान्यता के मूल में कविता का अपना अन्तर्ग्रथन सम्बन्धी एक निश्चित मूल्य निहित है, जिसका सम्बन्ध कविता की सापेक्ष स्वतंत्रता से है। शताब्दियों पूर्व ध्वन्यालोकलोचनकार अभिनव गुप्त ने 'अपूर्व यद्वस्तु प्रथयति विना कारणकलाम्' और काव्यप्रकाशकार मम्मट ने 'नियति-कृत-नियम-रहिताम् अनन्यपरतंत्राम्' कहकर कविता की जिस स्वकीयता, स्वायत्तता और सापेक्ष स्वतंत्रता की स्थापना की थी और आधुनिक अंग्रेजी कवि इलियट ने 'द सेक्रेड वुड' के द्वारा कविता की निजी 'इंटिग्रिटी' की रक्षा का प्रयास किया, नई कविता ने हिन्दी में आज कविता के उसी स्वधर्म की पुनः प्रतिष्ठा का संकेत दिया है। कहना न होगा कि यह मान्यता कविता के तथाकथित सभी नये प्रतिमानों की आधारशिला है और इससे काव्य-पाठ एवं काव्य-विश्लेषण की पद्धति का प्रश्न सबसे पहले उभरकर सामने आता है।

निस्सन्देह प्रतिमान के समान ही इस पद्धति के भी कुछ-न-कुछ सूत्रबद्ध होने का खतरा है, जो अनसधे हाथों यंत्रवत् इस्तेमाल किया जा सकता है। फिर भी प्रतिमानों को लागू करने की तुलना में अवधानतापूर्वक काव्यपाठ की पद्धति इतनी ठोस, वस्तुगत, परीक्षण के लिए हमेशा खुली हुई, इसलिए श्रमसाध्य है कि यहाँ आसानी से फतवे देने की गुंजाइश कम-से-कम है। फिर भी इस पद्धति के बारे में सामान्यतः इतना कहना आवश्यक है कि किसी रचना के प्रति पूजाभाव भले ही न सही, काव्य की अर्थगत सम्भावनाओं से युक्त समग्र काव्यानुभव के लिए एक खुलापन अभीष्ट है। इसीलिए नुस्खेबाजी के हर सम्भव खतरे की ओर सतर्क करते हुए इलियट ने कविता के आलोचक के लिए अत्यन्त सहज भाव से सिर्फ इतना कहा कि उसे 'समझदार' होना चाहिए, क्योंकि समझदार होने के अलावा और कोई अगवाह रास्ता नहीं है। इसी को कहते हैं कि सीधी रेखा खींचना टेढ़ा काम है। प्रसंगात् इलियट के इस सीधे-सादे कथन में भी 'समझदार' शब्द पर्याप्त अर्थगर्भी है। रोमांटिक कवि-आलोचक जहाँ 'भावुकता' और 'सहृदयता' की माँग करते रहे, आधुनिक कवि ने 'समझदारी' की माँग की थी।"

*[कविता के नए प्रतिमान, पृ. 35-42]*

"निष्कर्ष जब पहले से ही निश्चित हो तो प्रतिमान को अधिक-से-अधिक प्रभावशाली और आकर्षक बनाने का काम रह जाता है और कहना न होगा कि डॉ. नगेन्द्र की मुख्य समस्या यही है। इसके लिए उन्होंने नई कविता के दायरे से 'मानव-व्यक्तित्व की सार्थकता' और 'आत्म-साक्षात्कार' जैसे आधुनिक फिकरों को लेने में भी संकोच नहीं दिखाया, बल्कि इनसे अपने रस-बोध को सजाकर आधुनिक रंग दे डालने की पूरी कोशिश की है। किन्तु मूल्यांकन का निष्कर्ष आधुनिक दिखनेवाले इस 'रस' की सारी कलई खोलकर रख देता है। विचार और अनुभूति नामक पुस्तक की समीक्षा करते हुए डॉ. रामविलास शर्मा ने काफी पहले कहा था कि 'नगेन्द्र जी की अनुभूति सन् '36 के छायावादी की है, उनके विचार सन् '26 के अधकचरे फ्रायड-भक्तों के।' तब से इतनी तरक्की तो हुई है कि सन् '26 के उन विचारों का जिक्र अब नहीं सुनाई पड़ता; किन्तु सभी जानते हैं कि अनुभूति से मुक्त होना मुश्किल है; और इस लेख से स्पष्ट है कि अनुभूति अब भी वही सन् '36 वाली है। इजाफा हुआ है तो यह कि अब उसका राष्ट्रीय-सांस्कृतिक नाम है—रसात्मक-बोध। इलियट ने एक कविता में कहा है : 'इन द बिगनिंग वाज माइ एंड'। इस आत्म-साक्षात्कार से बचने के बावजूद डॉ. नगेन्द्र का भी अन्त उनकी शुरुआत में है : वही सन् '36 वाली छायावादोत्तर सीमा—पूरे छायावादी भी नहीं, पतनकालीन छायावादी।"

*[कविता के नए प्रतिमान, पृ. 59-60]*

" 'उर्वशी' एक काव्यकृति है—सम्भवतः सफल एवं महत्त्वपूर्ण काव्यकृति है, इससे किसी को बहस नहीं है; बहस है तो उसके महत्त्व को लेकर। आलोचकों का एक वर्ग ऐसा है जो उसे 'रामचरितमानस' के बाद 'कामायनी' के समकक्ष नहीं तो उससे कुछ ही घटकर मानता है और यदि छायावादोत्तर कविता के सन्दर्भ में 'उर्वशी' के मूल्यांकन का प्रश्न उठे तो वे उसे असंदिग्ध भाव से इस दौर की सर्वोत्कृष्ट कृति घोषित कर दें। किन्तु स्पष्ट है कि 'महत्त्व' का प्रश्न मूल्यों से सम्बद्ध है। इसलिए नये मूल्यों की खोज और निर्माण में रत नये सर्जक यदि 'उर्वशी' के उस महत्त्व के सामने प्रश्नचिह्न लगाते हैं तो यह मूल्यगत अराजकता के प्रसार का प्रयास नहीं बल्कि पुराने और नये मूल्यों का सर्जनात्मक टकराव है।

परिचर्चा में भाग लेनेवाले अन्य लेखकों को छोड़कर यदि केवल 'तार सप्तक' के कवियों के विचारों तक ही अपने को सीमित रखें, तो अत्यंत रोचक तथ्य उपलब्ध होते हैं। अज्ञेय को 'उर्वशी' के काव्यगुण पर कुछ कहने की आवश्यकता प्रतीत नहीं हुई, किन्तु संयोग से 'तार सप्तक' के पाँच कवियों ने उस पर अपना मत व्यक्त किया है—रामविलास शर्मा, प्रभाकर माचवे, नेमिचन्द्र जैन, भारतभूषण अग्रवाल और मुक्तिबोध। इनमें केवल रामविलास शर्मा और भारतभूषण अग्रवाल को 'उर्वशी' पसन्द आई और

महत्त्वपूर्ण भी लगी। रामविलास शर्मा के अनुसार, 'दिनकर जी उदात्त भावनाओं के कवि हैं। उनके स्वरों में ढलकर उर्वशी की प्राचीन कथा सहज ही रीतिकालीन शृंगार-परंपरा से ऊपर उठ गई है। निराला जी के बाद मुझे किसी वर्तमान कवि की रचना में ऐसा मेघमंद्र स्वर सुनने को नहीं मिला, जैसा दिनकर की 'उर्वशी' में। इस काव्य में जीवन-सम्बन्धी ऐसे अनेक प्रश्न प्रस्तुत किए गए हैं जिन्हें वर्तमान युग का कवि ही प्रस्तुत कर सकता था। 'उर्वशी' में नारी-सौन्दर्य के अभिनन्दन के अतिरिक्त मातृत्व की प्रतिष्ठा भी है। आज के कुंठावादी मरुप्रदेश में आस्था के ये स्वर मुझे अच्छे लगते हैं :

*चिन्तन कर यह जान कि तेरे*
*क्षण-क्षण की चिन्ता से,*
*दूर-दूर तक के भविष्य का*
*मनुज जन्म लेता है।*
*उठा चरण यह सोच कि*
*तेरे पद के निक्षेपों की*
*आगामी युग के कानों में*
*ध्वनियाँ पहुँच रही हैं।*

भारतभूषण अग्रवाल को 'उर्वशी' इसलिए महत्त्वपूर्ण लगती है कि 'प्रणय-काव्य होते हुए भी 'उर्वशी' में लुजलुजी कोमलता नहीं है, उसमें ओज का विलक्षण सम्मिश्रण है। यह प्रमाण है कि कवि प्रणय-कथा कहने नहीं बैठा है, नया सन्देश देने आया है। नारी-जीवन का कोई भी पक्ष उसकी दृष्टि से नहीं छूटा है।' इस प्रकार 'यह एक प्रौढ़ कवि की प्रौढ़ कृति है, जो हिन्दी-काव्य की प्रौढ़ता की घोषणा करती है।' यही नहीं बल्कि भारतभूषण अग्रवाल की दृष्टि में समसामयिक हिन्दी काव्य के चार उल्लेखनीय प्रबन्ध-काव्य 'कुरुक्षेत्र', 'अन्धायुग', 'कनुप्रिया' और 'उर्वशी' में 'शिल्प और काव्यत्व की दृष्टि से 'उर्वशी' इनमें अन्यतम है।'

इसके विपरीत प्रभाकर माचवे और नेमिचन्द्र जैन को दिनकर की 'उर्वशी' की अपेक्षा 'कुरुक्षेत्र' पसन्द है। नेमिचन्द्र जैन की राय में 'कुरुक्षेत्र' की तुलना में 'उर्वशी' बहुत ही अक्षम और दुर्बल है। माचवे को दिनकर की कविता में केवल एक विशेषता दिखाई पड़ती है—वक्तृत्व-गुण। नेमिचन्द्र जैन की दृष्टि में 'इस पंचांकी नाटक का तीसरा अंक केन्द्र ही नहीं, उसका सारभाग है' जिसमें मार्मिक स्थल विपुल हैं; फिर भी 'कुल मिलाकर 'उर्वशी' में अनावश्यक और अनर्गल की मात्रा बहुत अधिक है। उसमें आन्तरिक असंगति, अस्पष्टता, उद्देश्य तथा उसके कार्यान्वित होने में शिथिलता, भागवत तथा रूपगत, दोनों प्रकार की मिथ्या स्फीति, छोटी बात को बढ़ाकर कहने, भारी-भरकम बनाने और विस्तार देने की प्रवृत्ति इतनी अधिक है कि उसकी बहुत-सी मार्मिकता और सुन्दरता मरुप्रदेश की धारा की भाँति विलीन रहती है।' यही नहीं

बल्कि रामविलास शर्मा और भारतभूषण अग्रवाल के मत के सर्वथा विपरीत नेमिचन्द्र जैन का यह दृढ़ मत है कि 'उर्वशी' आधुनिक चेतना का काव्य नहीं है।'

मुक्तिबोध की बुनियादी आपत्ति दिनकर की काव्यभाषा पर है जिसमें माचवे को 'वक्तृत्व गुण' दिखाई पड़ता है और रामविलास शर्मा को निराला के बाद 'मेघमंद्र स्वर' सुनाई पड़ता है। भाषा के प्रति अपनी संवेदनशीलता का परिचय देते हुए मुक्तिबोध लिखते हैं कि पुरूरवा और उर्वशी 'वागाडम्बर द्वारा, शब्द-सुख द्वारा, रति-सुख का पुनः-पुनः बोध करते-से, सांस्कृतिक ध्वनियों और प्रतिध्वनियों का निनाद करते हैं, मानो पुरूरवा और उर्वशी के रति-कक्ष में भोंपू लगे हों, जो शहर और बाजार में रति-कक्ष के आडंबरपूर्ण कामात्मक संलाप का प्रसारण-विस्तारण कर रहे हों!' इसका कारण 'बलात् उत्तेजित कल्पना' है; इसलिए 'प्रयास-सिद्ध होने के कारण वह भाषा को भी आयाससिद्ध और जड़ बना देती है।' इस प्रकार मुक्तिबोध काव्य-भाषा से अपना विश्लेषण आरम्भ करके 'उर्वशी' की रचना-प्रक्रिया की बारीकियों में प्रवेश करते हैं और वागाडम्बर के मूल स्रोत को खोज निकालते हैं। निष्कर्षस्वरूप ''उर्वशी' का मूल दोष यह है कि वह एक कृत्रिम मनोविज्ञान पर आधारित काव्य है।' वास्तविकता यह है कि 'वे कामात्मक मनोरति और संवेदनाओं में डूबना-उतराना चाहते हैं; साथ ही इस गतिविधि को सांस्कृतिक-आध्यात्मिक श्रेष्ठत्व प्रदान कर, उस श्रेष्ठत्व का प्रतिपादन करना चाहते हैं। अतएव, उन्हें काव्यात्मक स्थिति के बाहर जाकर भी सोचना पड़ता है। इसलिए भाषा में बोझिल गुण हैं, विचित्र-विचित्र प्रयोग हैं, शब्दों की तोड़-मरोड़ है, ठूँस-ठाँस है। भाषा का अनायास प्रांजल, निर्मल, सरल, चपल प्रवाह देखने को भी नहीं मिलता। भाषा भी समारोहपूर्वक चलती है—बृहत आयोजन के साथ; इसलिए उसकी प्रदीर्घ पंक्तियों में सांस्कृतिक ध्वनियों और प्रतिध्वनियों का निनाद है, और बहुत-से स्थानों पर अर्थ की वायवीय शून्यताएँ हैं।'

मुक्तिबोध ने 'उर्वशी' की जो आलोचना की है, उसके पीछे नई कविता का आत्मसजग भावबोध है और प्रकारान्तर से 'उर्वशी' की आलोचना में उस नये भावबोध की ही विभिन्न छायाएँ प्रकट हुई हैं। 'उर्वशी' के निमित्त स्वयं 'तार सप्तक' के प्रयोगशील कवियों के काव्य-बोध के बहुरंगी स्तरों का उद्घाटन हो जाता है और पता चलता है कि किसके बोध में पिछली रूमानियत का कितना रंग अवशिष्ट है। 'उर्वशी' की आलोचना के प्रसंग में यदि रामविलास शर्मा एक छोर पर हैं और मुक्तिबोध दूसरे छोर पर—तो केवल संयोग की बात नहीं है। अन्तर भाषा-बोध का ही नहीं बल्कि मूल्य-बोध का भी है। एक के लिए जो भाषा उदात्त है, दूसरे के लिए कोरा वागाडम्बर है। एक को जहाँ आस्था का स्वर सुनाई देता है, दूसरे को थोथी दार्शनिकता। दोनों ही 'तार सप्तक' के कवि हैं और साथ ही प्रगतिशील विचारधारा से सम्बद्ध भी, फिर भी काव्यबोध में इतना अन्तर? स्पष्ट ही यह व्यक्तिगत रुचि-भेदमात्र नहीं बल्कि दो भिन्न सुसंगत मूल्य-प्रणालियों का अन्तर है, जिनके सीधे

टकराव में सार्थक एवं प्रसंगानुकूल मूल्यों के विकास की सम्भावना निहित है। सम्प्रति नई पीढ़ी ने मुक्तिबोध में रचनात्मक सम्भावना का पुनराविष्कार कर प्रमाणित कर दिया है कि उस टकराहट में मुक्तिबोध की ही दिशा ठीक थी।"

*[कविता के नए प्रतिमान, पृ. 69-72]*

"मुक्तिबोध ने 'एक साहित्यिक की डायरी' में 'कलाकार की व्यक्तिगत ईमानदारी' पर विचार करते हुए इस प्रकार के 'सेंसर्स' यानी 'गहरे अन्तर्निषेधों' का विस्तार से विश्लेषण किया है। जिस तरह इन अन्तर्निषेधों के खिलाफ संघर्ष करने से कलाकार की ईमानदारी प्रकट होती है, उसी तरह सामान्य मनुष्य के लिए भी ईमानदारी का तकाजा है कि वह अपने अन्तर्निषेधों से संघर्ष करे। इसीलिए मुक्तिबोध ने आत्मसंघर्ष पर इतना अधिक बल दिया है। वैसे तो विभक्त मन के दो पक्षों में आत्मसंघर्ष की प्रवृत्ति स्वाभाविक है, पर बहुत-से लोग इन दोनों पक्षों के बीच 'शान्तिपूर्ण सहअस्तित्व' की स्थिति स्थापित करके सहज आत्मसंघर्ष को दबा देते हैं। इसीलिए मुक्तिबोध को आत्मसंघर्ष पर विशेष बल देने की आवश्यकता पड़ी। किन्तु आत्मसंघर्ष ही काफी नहीं है। मुक्तिबोध यह मानते हैं कि 'आत्मपक्ष और परिस्थिति-पक्ष एक ही वास्तविकता के दो अंग हैं और इन दोनों में गहरे अन्तःसम्बन्ध हैं।' इस प्रकार आत्मसंघर्ष का गहरा सम्बन्ध बाह्य सामाजिक संघर्ष से है। जाहिर है कि सामाजिक संघर्ष में भाग लेकर ही इस आत्मसंघर्ष को निर्णायक दिशा की ओर उन्मुख किया जा सकता है। इसलिए मुक्तिबोध की अधिकांश कविताओं का अन्त किसी हड़ताल या जन-आन्दोलन अथवा किसी जनक्रान्ति के आरम्भ से होता है और काव्य-नायक कभी तो उस आन्दोलन या क्रान्ति का द्रष्टा मात्र होता है, और कभी उसका प्रेरक। जो भी हो, किसी-न-किसी रूप में काव्य-नायक उस घटना से अपना लगाव जरूर महसूस करता है। इस तरह आत्मसंघर्ष की परिणति अन्ततः सामाजिक संघर्ष में होती है। कुल मिलाकर मुक्तिबोध के सम्पूर्ण साहित्य के कथ्य का बुनियादी ढाँचा यही है। यह सही है कि प्रत्येक रचना में यह पूरा ढाँचा नहीं आ सका है, किन्तु अपनी आंशिक सीमा में भी हर रचना किसी-न-किसी प्रकार इस समग्र कथ्य का आभास अवश्य देती है।

स्पष्टतः इसी ढाँचे में न रहस्यवाद के लिए गुंजाइश है और न अस्तित्वबाव के लिए। फिर भी कुछ आलोचक हैं जिन्हें मुक्तिबोध में रहस्यवाद भी दिखाई पड़ता है और अस्तित्ववाद भी। 1969 के 21 और 28 दिसम्बर के 'धर्मयुग' में डॉ. रामविलास शर्मा ने 'मुक्तिबोध का आत्मसंघर्ष और उनकी कविता' शीर्षक जो लम्बा लेख प्रकाशित किया है, उसमें मुक्तिबोध की कविता में रहस्यवाद और अस्तित्ववाद, दोनों के तत्त्व सोदाहरण निरूपित किए गए हैं। रहस्यवाद और अस्तित्ववाद पैदा होते हैं आत्मग्रस्तता से और डॉ. शर्मा की धारणा है कि 'मुक्तिबोध बाहर की दुनिया में मार

खाकर अन्तर्मुख तथा आत्मग्रस्त हो गए।' किन्तु मुक्तिबोध की एक भी कविता ऐसी नहीं है जिसमें नितान्त अन्तर्मुखता हो। सर्वत्र अन्तर्मुखता के साथ बहिर्मुखता अनिवार्यतः जुड़ी चली आती है। उदाहरण के लिए डॉ. शर्मा ने जिन तीन कविताओं– 'मुझे पुकारती हुई पुकार', 'कल जो हमने चर्चा की थी' और 'एक स्वप्न-कथा' के आधार पर रहस्यवाद और अस्तित्ववाद की स्थापना की है, उनमें भी कवि की आत्मपीड़ा का आधार जगत-पीड़ा ही है। 'मुझे पुकारती हुई पुकार' में 'प्राण की उदास भूमि' के साथ 'उजाड़ विश्व' की 'समस्त नग्नता' का चित्र है। 'कल जो हमने चर्चा की थी' में चर्चा के अन्तर्गत स्पष्ट कहा गया है कि 'देश-देश की पीड़ाओं के उन सत्यों की बातें की थीं।' और 'एक स्वप्न-कथा' में तो स्वप्न के सागर तल पर एक ऐसा जुलूस दिखता है जिसमें जाने-पहचाने 'नेता-विक्रेता, अफसर और कलाकार' जैसे अनगिन चरित्र शामिल हैं। क्या ये बाहरी दुनिया के सारे चित्र आत्मग्रस्त चित्र के निजी बिम्ब हैं?

'मुझे पुकारती हुई पुकार' कविता में डॉ. शर्मा को रहस्यवाद इसलिए दिखा कि उसमें एक पंक्ति है : 'तिमिर-विवर में पड़ी अशांत नागिनीः'! 'नागिनी' दिखते ही बोल उठे कि 'वह कुंडलिनी है।' 'कल जो हमने चर्चा की थी' कविता में तो और भी सुविधा है; क्योंकि उसमें साफ-साफ 'कुंडलिनी' का ही जिक्र है और साथ-साथ 'इड़ा-पिंगला-सुषुम्ना' का भी। इतने प्रमाण एकत्र मिलने पर वे क्यों न मुक्तिबोध में हठयोगियों का 'साधनात्मक रहस्यवाद' देखें? खास तौर से तब जब कविता में ज्वालामुखियों के गर्भ में उतरने की बात भी कही गई हो और आगे चलकर 'एक स्वप्न-कथा' में काले सागर के तल में पैठने का भी जिक्र हो!

इसमें कोई शक नहीं कि ये सारे प्रतीक नये-पुराने रहस्यवादी कवियों के हैं किन्तु सवाल यह है कि मुक्तिबोध ने इनका इस्तेमाल किस प्रकार किया है और कविता के कथ्य के ढाँचे में ये प्रतीक क्या अर्थ ग्रहण करते हैं? 'तिमिर-विवर में पड़ी अशांत नागिनी' के मुख से रहस्यानुभूति का अमृत नहीं झरता है, बल्कि 'भूल-चूक ध्वंसिनी अनावृता हुई'। यही नहीं बल्कि पुकारती हुई 'पुकार ने समस्त खोल दी छिपी प्रवंचना'। यह प्रवंचना रहस्यवादियों का आन्तरिक पाप-बोध नहीं, बल्कि किसी 'उजाड़ प्रान्त की महान मानवी कथा' से जुड़ी हुई है। निःसन्देह कवि के अनुसार बाहर से पुकारती हुई यह पुकार वस्तुतः उसके अन्दर की ही है किन्तु इतने ही से वह रहस्यवादी नहीं हो जाती। इससे इतना ही प्रमाणित होता है कि 'आज भी नवीन प्रेरणा यहाँ न मर सकी/न जी सकी, परन्तु वह न डर सकी'। क्या प्रेरणा का यह स्वर रहस्यवाद है?

'कल जो हमने चर्चा की थी' में रहस्यवादी रहस्य की शोध करते-करते डॉ. शर्मा ने जिस कौशल से मुक्तिबोध की 'सूर्यकन्या' को पोलिश महिला अग्न्येश्का में बदल दिया है, उस 'भौतिकवाद' की जितनी दाद दी जाए, कम है। इस शोध से मुक्तिबोध

के रहस्यवाद का उद्घाटन हो न हो, आलोचना के तिलिस्मी, ऐयारी और जासूसी रूप की एक झलक अवश्य मिल जाती है। बचे, इड़ा-पिंगला-सुषुम्ना और कुंडलिनी जैसे चिर-परिचित रहस्यवादी प्रतीक! क्या ये प्रतीक इस कविता में किसी रहस्यानुभूति का विवरण उपस्थित करते हैं? क्या इस कविता में मुक्तिबोध यह कह रहे हैं कि कल जो हमने चर्चा की थी, वह योग-साधना का कोई रहस्यात्मक अनुवाद था? क्या इस कविता में मुक्तिबोध अग्न्येश्का को उत्तरसाधिका या योगिनी बनाकर कोई गुह्य साधना करते दिखाई पड़ रहे हैं?

निःसन्देह इस कविता में एक बातचीत के तीव्र अनुभव का भावावेगपूर्ण वर्णन है, किन्तु जरूरी नहीं कि यह बातचीत सचमुच किसी और से—किसी समानधर्मा से ही हुई हो! मुक्तिबोध की अन्य कृतियों की तरह यह बातचीत अपने-आपसे भी हो सकती है। चर्चा का विषय है देश-देश की पीड़ाएँ। इन पीड़ाओं का विश्लेषण ऐसा है, जैसे कोई ज्वालामुखियों में उतरकर जीवन की सचाई और सही बात के उत्तर ढूँढ़ रहा हो! कहने को यह अपना ही अन्तस्तल है, पर एक तरह से यह जन-मन का भी अन्तस्तल कहा जा सकता है। 'आस्था का अक्षयवट' यहीं मिलता है और 'वेगवान पीड़ा की कन्या' भी, जो अपने गुणों में 'कर्मनिष्ठा जनजन्या' है। यह कन्या जितनी पृथ्वीतनया है, उतनी ही सूर्यकन्या भी। मुक्तिबोध के शब्दों में 'आत्मा का प्रतीक है सूरज' तथा जन-अनुभव 'पृथ्वी के भीतर की रज' है। न यह सूरज कोई रहस्य है और न यह धरती। वस्तुतः इस कविता में भी जगत-जीवन की पीड़ाओं के बीच आस्था की प्राप्ति के अनुभव का प्रतीकात्मक चित्र है। कविता के इस कथ्य की आँच में सारे रहस्यवादी प्रतीक पिघलकर नितान्त लौकिक सामयिक अर्थ-दीप्ति प्राप्त कर लेते हैं।

इस तरह देखें तो 'एक स्वप्न-कथा' रहस्यवाद से और भी मुक्त है। वैसे, रहस्यवाद ढूँढ़नेवालों के लिए इसमें 'एक अनहद नाद निनादित सर्वतः' भी मौजूद है। 'एक स्वप्न-कथा' में आदि से अन्त तक एक 'सियाह समुंदर' लहराता है। प्रश्न है : 'काले समुन्दर की व्याख्या क्या, भाष्य क्या?' एक रहस्यवाद-खोजी की नजर में यह उपचेतन है। किन्तु यह कैसा उपचेतन है जिसके बारे में मुक्तिबोध यह कहते हैं कि 'इस काले सागर का/सुदूर स्थित पश्चिम किनारे से/जरूर कुछ नाता है/इसीलिए हमारे पास सुख नहीं आता है'? क्या फ्रायड या युंग के उपचेतन को भी इस 'पश्चिम किनारे' से नाते का अहसास था? कवि फिर कहता है कि 'सहस्रों वर्षों से यह सागर/उफनता आया है/उसका तुम भाष्य करो। उसका व्याख्यान करो'।

व्याख्यान करता है सागर से उठा हुआ पर्वताकार भयानक देव :

*शोषण की अतिमात्रा*
*स्वार्थों की सुखयात्रा*
*जब-जब सम्पन्न हुई*

*आत्मा से अर्थ गया, मर गई सभ्यता।*
*भीतर की मोरियाँ अचानक खुल गईं।*
*जल की सतह मलिन*
*ऊँची होती गई*
*अन्दर सूरख से*
*अपने उस पाप से*
*शहरों के टॉवर सब मीनारें डूब गईं*
*काल समुंदर ही लहराया, लहराया।*

ऊपर की पंक्तियों से स्पष्ट है कि भीतर की जिन मोरियों के खुलने से यह काला समुंदर लहराया है, वे 'शोषण की अतिमात्रा' से बनी हैं। ये 'आभ्यंतर ग्रंथियाँ' वस्तुतः 'बहिःसमस्याएँ' ही हैं। मणि के समान चमकनेवाली स्फूर्तियाँ इसी सागर की जल-खोहों में डूब जाने को विवश हुई हैं। ये मणियाँ किसी रहस्यवादी साधक के आत्मसत्य के समान मन के अन्दर पहले ही से छिपी नहीं बैठी हैं, जो नाक-आँख मूँदकर प्राण मात्र साधने से उपलब्ध हों।

निस्सन्देह इस कविता में मुक्तिबोध ने एक ऐसे पत्थर का प्रतीक लिया है जो 'पूरे ब्रह्मांड की केन्द्र-क्रियाओं का तेजस्वी अंश हो।' किन्तु यह 'युगानुग तिमिर सागर के विरुद्ध निज आत्मा की महत्त्वपूर्ण सत्ता' के द्वारा अपने वास्तविक अर्थ का उद्घाटन करता है। यह पत्थर कोई शाश्वत-सनातन सत्य नहीं है, बल्कि मुक्तिबोध की दृष्टि में इसका स्वरूप 'ऐतिहासिक' है। इसके पूर्व इतिहास की ओर संकेत करने के लिए ही कविता में 'यह खयाल आता है कि एक ज्ञानी पूर्वज ने नदी का पानी काट, मंत्र पढ़ते हुए गहन जलधारा में गोता लगाया था और एक गोलमोल मनोहर तेजस्वी शिलाखंड तपोमय जल में से निकाला था और उसे देव बना पूजा की।' इस पुरागाथा से यह ध्वनित होता है कि मुक्तिबोध स्वयं भी उसी पत्थर को खोज रहे हैं जिसे वे देव बनाकर पूजा कर सकें? मुक्तिबोध आज के युग में भी वह ज्ञानी पूर्वज होना चाहते हैं या उसके देव-पूजन को एक निश्चित ऐतिहासिक अर्थ देने का प्रयास कर रहे हैं? स्पष्टतः मुक्तिबोध की दृष्टि में जिस तरह 'सहस्रों वर्षों से' यह सागर उफनता आया है, उसी तरह 'सहस्रों वर्षों से' उसे थाहकर पत्थर निकालने का भी प्रयास होता आया है। यह पत्थर उतना ही 'ऐतिहासिक' है जितना सागर। कभी उस पत्थर का रूप धार्मिक था, लेकिन आज भी उसका धार्मिक होना आवश्यक नहीं है। हाँ, उसकी प्राप्ति में जान का जोखम तब भी था और अब भी है। कहने की आवश्यकता नहीं कि यह ऐतिहासिकता रहस्यवाद नहीं, बल्कि रहस्यवाद का दुश्मन है।

डॉ. शर्मा का यह कथन शुद्ध कपोल-कल्पना है कि मुक्तिबोध उस ज्ञान से उकता उठे थे जो सतत विकासमान हो और उन्हें चाहिए था पूर्ण ज्ञान। यदि उन्हें 'पूर्ण ज्ञान' से सन्तोष करना होता तो वे 'एक साहित्यिक की डायरी' में यह न लिखते

कि 'ज्ञान को अधिकाधिक मार्मिक यथार्थमूलक और विकसित करने का जो संघर्ष है, वह वस्तुतः कलाकार का सच्चा संघर्ष होता है।' क्या वह कवि सतत विकासमान ज्ञान से उकता उठा था जो 'निरन्तर वस्तु-तत्त्व के वस्तुमूलक आकलन' पर बल देता रहा, जो यह मानता था कि लेखक की निष्ठा और आत्मविश्वास कोई ऐसी शक्ति नहीं है जो उसके साहित्य को फ्रॉड बन जाने से बचाए; जो यह कहता था कि 'ईमानदारी के भीतर ही एक बहुत बड़ा संघर्ष होता है', और जिसका यह विश्वास था कि 'जीवन-जगत् का जो बोध है, उसका व्यापक होना, पुष्ट होना, विश्व में ज्ञान का जो आज विकास-स्तर प्राप्त है, उसको आत्मसात् करना और उससे आगे बढ़ना आवश्यक है?' यदि मुक्तिबोध को वही पूर्ण ज्ञान अभीष्ट होता जो रहस्यवाद दे सकता है तो फिर इतने तीव्र आत्मसंघर्ष की आवश्यकता क्या थी? मुक्तिबोध का आत्मसंघर्ष इस बात का प्रमाण है कि उन्हें उसी ज्ञान की तलाश थी जो सतत विकासमान हो। मार्क्सवाद पूर्ण ज्ञान का दावा नहीं करता, इस बात का एहसास मुक्तिबोध को उन लोगों से कहीं ज्यादा था जो तोता-रटंत इस वाक्य को दुहराते रहने के बावजूद व्यवहार में मार्क्सवाद के लिए ही पूर्ण ज्ञान का दावा नहीं करते बल्कि मार्क्सवाद के बारे में अपने पूर्ण ज्ञान का भी दावा करते हैं। मार्क्सवाद पूर्ण ज्ञान का दावा भले न करे, मार्क्सवादी तो कर ही सकता है और ऐसी हालत में जब कि स्वयं मुक्तिबोध ने अपनी कृतियों में अपने-आपको मार्क्सवादी न कहा हो, उन्हें गैर-मार्क्सवादी साबित करना और भी आसान हो जाता है।

'एक स्वप्न-कथा' ऐसी कविता है, जिसमें डॉ. रामविलास शर्मा के अनुसार 'मुक्तिबोध फिर मनोविश्लेषण-शास्त्र, रहस्यवाद, अस्तित्ववाद और मार्क्सवाद में सामंजस्य स्थापित करने का प्रयत्न करते हैं।' इस प्रयत्न में यदि किसी की संगति नहीं बैठती है तो मार्क्सवाद की; क्योंकि कविता के अन्त में 'क्षोभ-विद्रोह-भरे संगठित विरोध' के 'साहसी समाज' को जो जहाज 'अकस्मात्' आता है, उसकी कोई संगति नहीं है। संगति न होने का कारण है 'अकस्मात्'; क्योंकि जो जहाज अकस्मात् आता है, वह अकस्मात् डूब भी सकता है। डॉ. शर्मा का जितना ध्यान 'अकस्मात्' पर है, उतना यदि 'एक स्वप्न-कथा' पर होता तो शायद इस 'जहाज' की संगति पर ऐसी आपत्ति न होती! यदि इस स्वप्न-कथा में मार्क्सवाद के प्रतीक जहाज की संगति नहीं है तो फिर मनोविश्लेषण-शास्त्र के प्रतीक उन 'पक्षियों' की क्या संगति है जो सहस्रों वर्षों से उफनते हुए सागर का भाष्य करने की सीख देते हैं? फिर क्या संगति है रहस्यवाद के प्रतीक उस 'पत्थर' की जो 'पूरे ब्रह्मांड की क्रियाओं का अंश' है और जिसे सागर तल में खोजना है?—इसी तरह ग्लानिकर लहरों में गश आना, सतहों पर छटपटाकर गिरना, माथे पर चोट लगना, लहरों द्वारा रक्त का चूसा जाना आदि अस्तित्ववादी भावजगत् के कार्यक्रम की भी संगति है। स्वप्न-कथा के अन्दर यदि संगति है तो उन सभी की, जो किसी-न-किसी तरह सागर से सम्बद्ध हैं या फिर किसी

की नहीं। एक बात और ध्यान देने योग्य है कि 'एक स्वप्न-कथा' स्वप्न नहीं बल्कि 'फैंटेसी' में रची हुए कविता है, जिसकी रचना-प्रक्रिया पर मुक्तिबोध ने 'एक साहित्यिक की डायरी' के अन्तर्गत 'तीसरा क्षण' में विस्तार से लिखा है। बुनियादी भ्रम वहीं है जहाँ सियाह सागर को मनोविश्लेषण के 'उपचेतन' का प्रतीक मान लिया जाता है; जबकि कविता के अन्तर्गत यह सियाह सागर एक गतिशील प्रतीक की तरह हर नये स्वप्न-चित्र में अपना रूप बदलता जाता है। इसलिए इस कविता में मनोविश्लेषण-शास्त्र और रहस्यवाद देखना उतना ही गलत है जितना अस्तित्ववाद देखना। डॉ. शर्मा ने जिन क्रियाकलापों के आधार पर इस कविता में अस्तित्ववाद का निरूपण किया है, उससे लगता है कि उनकी दृष्टि में अस्तित्ववाद कोई निश्चित जीवन-दृष्टि नहीं बल्कि भावजगत् के कुछ क्रियाकलापों की रूढ़ियों का सामूहिक नाम है। उन्हें जब मुक्तिबोध में दुनिया को लिजलिजी कहने, उसे देखकर उबकाई आने, सड़ने, कनखजूरे रेंगने आदि की क्रियाएँ नहीं मिलतीं तो वे कह उठते हैं कि मुक्तिबोध का अस्तित्ववाद सार्त्र की भावभूमि से अलग है। लेकिन इसके बाद जब 'चंबल की घाटी में' 'खामोश सिसकियाँ भरनेवाला मन' दिखाई पड़ता है तो वे चट बोल पड़ते हैं कि यह कीर्केगार्द और काफ्का के प्रदेश में विचरण करनेवाला अस्तित्ववाद है। इस प्रकार यदि ग्लानिकर सागर में गश खाना और टीले पर खामोश सिसकियाँ भरना ही अस्तित्ववाद है तो कहने की आवश्यकता नहीं कि इस अस्तित्ववादी तंबू के नीचे दुनिया का बहुत सारा साहित्य आ जाएगा। दरअसल सवाल भावजगत् के उस ढाँचे का है जिसमें ये क्रियाकलाप एक निश्चित अस्तित्ववादी अर्थ ग्रहण करते हैं और तय है कि मुक्तिबोध की 'एक स्वप्न-कथा' कविता के भावजगत् का ढाँचा उनकी अन्य कविताओं की ही तरह अस्तित्ववादी ढाँचे से बाहर पड़ता है। यदि ऐसा न होता तो 'एक स्वप्न-कथा' में ये पंक्तियाँ न होतीं :

*मैं ही नहीं वरन्*
*अन्य अनेक जन*
*दुःखों के द्रोहपूर्ण*
*शिखरों पर चढ़ करके*
*देखते*
*विराट् उन दृश्यों को!*

अस्तित्ववादी अन्तर्मुख अकेला व्यक्ति इस प्रकार 'अनेक जन' की बात सोच भी नहीं सकता—स्वप्न में भी नहीं।

मुक्तिबोध पर अस्तित्ववाद के प्रभाव के रूप में एक और बात कही गई है—अपराध-बोध या पाप-बोध। इस सन्दर्भ में यह भी कहा गया है कि आत्म-भर्त्सना का ऐसा प्रखर स्वर हिन्दी के किसी दूसरे कवि की रचनाओं में नहीं सुनाई देता। मुक्तिबोध की रचनाओं में आत्म-भर्त्सना का स्वर असंदिग्ध है लेकिन इस आत्म-भर्त्सना

को स्वयं मुक्तिबोध की आत्म-भर्त्सना कहना भारी भ्रम है। वस्तुतः मुक्तिबोध ने अपनी रचनाओं में 'मैं' के द्वारा अपने पूरे वर्ग मध्यवर्ग की आत्म-भर्त्सना को अभिव्यक्त किया है। इसलिए इस अपराध-बोध को अस्तित्ववादी व्यक्ति की अपराध-स्वीकृति समझना भूल है।

इसी प्रकार मुक्तिबोध की कविताओं में जहाँ कहीं काव्य-नायक अपनी दुर्बलता और असमर्थता स्वीकार करता दिखाई पड़ता है, वहाँ उसे स्वयं मुक्तिबोध के साथ चिपकाकर अस्तित्ववादी प्रभाव का प्रमाण पेश कर दिया गया है। उदाहरण के लिए 'अँधेरे में' कविता में काव्य-नायक का यह कथन कि 'यह भी तो सही है कि कमजोरियों से ही लगाव है मुझको।' ऐसा लगता है कि मुक्तिबोध जैसे इस आशंका से पूर्ण परिचित थे। उन्होंने 'एक साहित्यिक की डायरी' में एक सच्चे लेखक को आलोचक से अलगाते हुए लिखा है : 'आलोचक साहित्य का दारोगा है।' माना कि दारोगापन बहुत बड़ा कर्तव्य है—साहित्य, संस्कृति, समाज, विश्व तथा ब्रह्मांड (वही 'ब्रह्मांड' जिससे डॉ. रामविलास शर्मा बहुत पीड़ित हैं—ना.) के प्रति। लेकिन मुश्किल यह है कि वह जितना ऊँचा उत्तरदायित्व सिर पर ले लेता है, अपने को उतना ही महान अनुभव करता है। और सच्चा लेखक जितनी बड़ी जिम्मेवारी अपने सिर पर ले लेता है, स्वयं को उतना ही अधिक तुच्छ अनुभव करता है। उसे अपनी अक्षमता और आत्मसीमा का साक्षात् बोध होता रहता है। ऐसा क्यों? इसलिए कि वह अपनी अभिव्यक्ति की तुलना जी में धड़कनेवाले केवल वस्तु-सत्य से ही नहीं करता, वरन् अपनी स्वयं की साक्षात्कार-सामर्थ्य की तुलना उस वस्तु-सत्य की विशालता से करता है। आत्म-सत्य भी कह सकते हैं उसे, जिसकी धारणा के लिए उसे लगता है कि जितनी आवश्यक मनःशक्ति उसमें होनी चाहिए, उतनी नहीं है। कभी-कभी तो उसे केवल आभास-संवेदन से ही काम चला लेना पड़ता है। तब अपनी विषयवस्तु की विशालता और गहराई की तुलना में लेखक अपने को हीन क्यों न अनुभव करे, जबकि वह खूब जानता है कि उसने जो कुछ वस्तुतः सम्पन्न किया है, उससे भी अच्छा किया जा सकता था? विषयवस्तु के प्रति लेखक का यह संवेदनात्मक उत्तरदायित्व उसकी मनःशक्ति को किस तरह भंग किए रखता है, यह किसी सच्चे लेखक से ही जाना जा सकता है।'

इस कथन के बावजूद यदि कोई आलोचक कवि मुक्तिबोध की अक्षमता सम्बन्धी आत्म-स्वीकृतियों की अस्तित्ववादी व्याख्या करता है, तो उसे साहित्य का दारोगा ही समझना चाहिए। इस वक्तव्य के आलोक में मुक्तिबोध की रचनाओं के उस 'मैं' की अक्षमताओं को भी समझा जा सकता है जो मध्यवर्ग का सबसे संवेदनशील और जाग्रत व्यक्ति है, जिसे अपने अभीष्ट सामाजिक उत्तरदायित्व की विशालता के सम्मुख आत्म-साक्षात्कार का पीड़ा-भरा बोध भी तुच्छ लगता है। आत्मसंघर्ष इसी पीड़ा की उपज है और कहने की आवश्यकता नहीं कि मुक्तिबोध

के साहित्य का यह आत्मसंघर्ष अस्तित्ववादी आत्मपीड़न से भिन्न ही नहीं, बल्कि उससे बहुत आगे बढ़कर मार्क्सवादी सिद्धान्त और कर्म की सीमा में प्रवेश करता है। वे मार्क्सवाद के साथ रहस्यवाद के समन्वय का प्रयत्न नहीं करते बल्कि मार्क्सवादी जीवन-दृष्टि के द्वारा इन दोनों की सीमाओं का अतिक्रमण करते हैं। यदि मुक्तिबोध की किसी कविता का 'मैं' कभी मन की गुहा में पैठता है, कभी अकेलेपन की निराशा में डूबता है और कभी जन-क्रान्ति के स्वप्न में डूबकर मुक्ति का अनुभव करता है तो इसका यह मतलब नहीं कि मुक्तिबोध रहस्यवाद और अस्तित्ववाद के साथ मार्क्सवाद के समन्वय का प्रयत्न करते हैं। सवाल पूरी कविता के कथ्य के ढाँचे में इन स्थितियों के नियोजन का है और काव्यबोध की समग्रता का तकाजा है कि इन स्थितियों का मूल्यांकन खंडशः अलग-अलग वाद के रूप में करने के बजाय उन्हें एक अखंड काव्य-कथ्य के अंग के रूप में देखा जाए। इस दृष्टि से देखने पर जाहिर है कि मुक्तिबोध की रहस्यात्मक-से-रहस्यात्मक कविता भी रहस्यवादी नहीं है और वैयक्तिक निराशा के गहरे-से-गहरे अन्धकार में डूबी हुई कविता भी अस्तित्ववादी नहीं है। मुक्तिबोध की 'संकल्पधर्मा चेतना का रक्त-प्लावित स्वर' सारे कुहासे, अनिश्चय, संशय, एकाकीपन, बेचैनी, अपराध-बोध, स्वप्न-दृष्टि, आशा, आकांक्षा, दुर्बलता, दृढ़ता आदि अनेक मनःस्थितियों को अपने ताप में पिघलाकर एक वैज्ञानिक विश्वदृष्टि और मानव-आस्था में ढाल देता है।"

*[कविता के नए प्रतिमान, पृ. 236-244]*

"मार्क्सवादी साहित्य-दृष्टि बराबर ही कविता की 'सापेक्ष स्वतंत्रता' पर बल देती रही है। हिन्दी से और उदाहरण लें तो मुक्तिबोध के अलावा, जिनका मत 'कविता के नए प्रतिमान' में उद्धृत है, डॉ. रामविलास शर्मा के 'आस्था और सौन्दर्य' में भी यही मान्यता व्यक्त की गई है। वस्तुतः यही वह आधार है जिससे मार्क्सवादी आलोचक एक ओर शुद्ध कविता के समर्थक रूपवादी आलोचकों से लोहा लेते रहे हैं और दूसरी ओर कविता को समाज का पर्याय माननेवाली स्थूल समाजशास्त्रीय आलोचना से संघर्ष करते रहे हैं। निस्सन्देह 'सापेक्ष स्वतंत्रता' में 'सापेक्षता' की तनी हुई रस्सी पर सब समय सन्तुलन के साथ चल पाना सम्भव नहीं हो पाता।"

*[कविता के नए प्रतिमान, द्वितीय संस्करण की भूमिका से]*

"इधर के आलोचकों ने यथास्थान अपनी बात स्पष्ट करने के लिए इसी तरह की अलंकृत भाषा का सहारा लिया है। आलोचना-कर्म को स्पष्ट करते हुए श्री विजयदेव नारायण साही एक जगह कहते हैं कि 'यंत्र-जगत् की एक स्थूल उपमा के द्वारा हम

यों कह सकते हैं कि रेडियो की सुई को उचित लहर-मान पर लाकर लगा-भर देना आलाचेना का काम है, बाकी ट्रांसमीटर से आता हुआ गायन तो रेडियो-सेट स्वयं पकड़ेगा। अब अगर यहाँ से गायन आ ही न रहा हो या आवाज में ही गड़बड़ी हो, तो आलोचक गानेवाले के स्वर में स्वर मिलाकर गा नहीं सकता।' यह उपमा देने से पहले ही उसे 'स्थूल' कहना नये आलोचक की आत्मसजगता का सूचक है जो पहले विरल थी। इसीलिए बहुत-से आलोचक अपनी उक्ति को नाकामयाब होते देख कवि के स्वर में स्वर मिलाकर गाने का भी हौसला रखते थे। और आज भी आलोचना में अलंकृत भाषा बहुतों के लिए विवशता से अधिक शौक है। हिन्दी में सम्भवतः 'सामान्य भाषा' में आलोचना लिखने का सफल प्रयास डॉ. रामवलिास शर्मा ने किया है जो कभी-कभी अतिसरलीकृत प्रतीत होती हुई भी अपने सर्वोत्तम रूप में आज भी आदर्श है। तात्पर्य यह कि 'सामान्य भाषा' का अर्थ सपाट भाषा नहीं है। मूल प्रश्न है भाषा की वाचकता या व्यंजकता का।"

*[वाद विवाद संवाद, पृ. 27]*

"आलोचना अपनी कोख से ही 'आलोचनात्मक' रही है। हिन्दी में 'आलोचना' शब्द की व्युत्पत्ति भले ही 'लुच्' धातु से बताकर चारों ओर अच्छी तरह देखने के अर्थ में इसका प्रयोग किया जाए, इस देखने के 'तेवर' कई तरह के रहे हैं। आलोचना के देखने का एक तेवर वह भी रहा है जो चीजों के आर-पार देखता है। देखने की वह भी एक दृष्टि होती है जो सारे छद्म को तार-तार करके रख देती है। यह वह दृष्टि है जिससे बने हुए सभ्य और संस्कृतजन घबराते हैं, डरते हैं, थर्राते हैं। अंग्रेजी का 'क्रिटिसिज्म' शब्द अपने उस आलोचनात्मक अर्थ को आज भी सुरक्षित रखे हुए हैं। दोष-दर्शन और छिद्रान्वेषण के अर्थ में आज भी आलोचना का व्यवहार देखा और सुना जाता है। अंग्रेजी में मैथ्यू आर्नल्ड से पहले साहित्यिक आलोचना का दोष-दर्शन वाला रूप प्रचलित था और शायद प्रबल भी। साहित्य के आलोचक सामाजिक आलोचना के लिए भी इस अस्त्र का उपयोग करते थे। रूस में बेलिंस्की जैसे तेजस्वी आलोचक ने साहित्यिक आलोचना को जिस तरह सामाजिक और राजनीतिक आलोचना के प्रखर अस्त्र के रूप में इस्तेमाल किया, वह उन्नीसवीं सदी के पूर्वार्द्ध के इतिहास का सम्भवतः सबरो शानदार अध्याय है। हिन्दी में भी उन्नीसवीं सदी के उत्तरार्द्ध से चलकर बीसवीं सदी में महावीरप्रसाद द्विवेदी, रामचन्द्र शुक्ल, हजारीप्रसाद द्विवेदी, रामविलास शर्मा से आती हुई साहित्यिक आलोचना का वह सामाजिक-राजनीतिक तेवर अब भी बरकरार है।"

*[वाद विवाद संवाद, पृ. 44]*

“आप देखेंगे कि जितने रूप मैंने गिनाए हैं, आज की आलोचना में वे विविध रूप, ‘रसात्मक बोध के विशिष्ट रूप’ आपको दिखाई पड़ेंगे ! इन तमाम चीजों के बारे में, ‘फ्रेमवर्क’ में, आज की आलोचना को जब हम देखते हैं, तो क्या ऐसा दिखाई पड़ता है कि समकालीन रचनाओं की जाँच-परख करते हुए भी कुछ लोग अपनी पूरी परम्परा का पुनर्मूल्यांकन कर रहे हैं? मैं एक आलोचक डॉ. रामविलास शर्मा का नाम लेना चाहूँगा, जिन्होंने इधर जीवन का बहुत ज्यादा समय ‘भारत के प्राचीन भाषा परिवार और हिन्दी’ के ऊपर व्यय किया है। वे लगभग दस-पन्द्रह साल से यह पुस्तक लिख रहे थे, जो तीन किस्तों में समाप्त हुई है। वे इसी बीच एक दूसरी पुस्तक भी लिखते रहे हैं, जिसकी घोषणा भी हो चुकी है–‘भारत में अंग्रेजी राज और मार्क्सवाद’ (अब प्रकाशित–सं.)। ‘हिन्दी आलोचना का विकास’ जैसे ग्रन्थों में उनका जिक्र ज्यादा आता है, लेकिन इन पत्रिकाओं में डॉ. रामविलास शर्मा का जिक्र करना जरा कम होता है। हमारी साहित्यिक पत्रकारिता लगभग राजनीतिक या दैनिक अखबारों जैसी हो गई। जब तक कोई आलोचक हर समय सक्रिय न रहे, उसके ‘आउट ऑफ डेट’ हो जाने का खतरा बना रहता है। बावजूद इन तमाम चीजों के, और ऐसा कहते हैं कि समकालीन साहित्य वह नहीं पढ़ रहे हैं, उसे लिख रहे हैं, इस बीच उनकी ‘नई कविता और अस्तित्ववाद’ नाम की पुस्तक आई है। इसके साथ मूल्यांकन के क्रम में उन्होंने पुस्तक लिखी है ‘निराला की साहित्य-साधना’ के अलावा उन्होंने ‘महावीरप्रसाद द्विवेदी और हिन्दी नवजागरण’ नाम की पुस्तक लिखी है। इसमें से जिन लोगों ने ‘भारतीय साहित्य की भूमिका’ शीर्षक दो बड़े निबन्ध, जो एक बड़ी पुस्तक के अंग हैं, वे कन्हैयालाल माणिकलाल मुंशी हिन्दी विद्यापीठ की पत्रिका ‘भारतीय साहित्य’ में आज से तीन-चार साल पहले प्रकाशित हुए थे, देखे होंगे, वे अन्दाजा लगा सकते हैं। डॉ. रामविलास शर्मा समकालीन साहित्य के साथ शायद ऐसी आवश्यकता महसूस कर रहे हैं कि अपनी इस परम्परा के पुनर्मूल्यांकन की जरूरत है। इसका आशय यही है कि अपनी साहित्यिक और सांस्कृतिक विरासत में लोक के लिए, जन के लिए, व भारतीय समाज के भावी निर्माण के लिए जो आवश्यक तत्त्व हो सकते हैं, जो प्रगतिशील तत्त्व हो सकते हैं, उनको नये सिरे से रेखांकित करने की जरूरत है। कवि परम्परा की उस धारा का रूप फिर से उपस्थित करने की जरूरत है, जिसे पहले के आलोचक आचार्य रामचन्द्र शुक्ल और आचार्य हजारीप्रसाद द्विवेदी उपस्थित कर चुके हैं। इसलिए आज भी जो समर्थ आलोचक हैं, समकालीन साहित्य का मूल्यांकन करते हुए अपनी पूरी परम्परा के पुनर्मूल्यांकन का प्रयास कर रहे हैं और इस कड़ी में जो भी प्रयत्न हो रहे हैं और जहाँ भी प्रयत्न हो रहे हैं, उनकी ओर संकेत करते हुए मैं कहना चाहूँगा कि हिन्दी आलोचना आज भी बुनियादी तौर पर जागरूक है। समकालीन साहित्य को जाँचते-परखते हुए अपनी पुरानी परम्परा के कुछ उपेक्षित, छूटे हुए या जिनकी गलत व्याख्या की हुई है, जिन

पर ज्यादा जोर दिया गया है, उन पर फिर से विचार करने की कोशिश आलोचना कर रही है। इसका अर्थ यह है कि हिन्दी आलोचना जागरूक है—उस उत्तरदायित्व के प्रति, जो इतिहास ने उसे सौंपा है।"

*[आलोचक के मुख से, पृष्ठ 99-100]*

"'क्षात्रधर्म का सौन्दर्य' में कुछ ऐसे राजनीतिक संकेत हैं जिनसे शुक्ल जी की विकसित राष्ट्रीय चेतना का आभास मिलता है। उपनिवेशवादी शोषण पर प्रहार करते हुए वे कहते हैं : 'बड़े-बड़े राज्य माल की बिक्री के लिए लड़नेवाले सौदागर हो गए हैं। अब सदा एक देश दूसरे देशों का चुपचाप दबे पाँव धन-हरण करने की ताक में रहता है। कोई-कोई देश लोभवश इतना माल तैयार करते हैं कि उसे किसी देश के गले मढ़ने की फिक्र में दिन-रात मरते रहते हैं। जब तक यह व्यापारोन्माद दूर न होगा तब तक इस पृथ्वी पर सुख-शान्ति न होगी। दूर यह अवश्य होगा; पर जिस प्रकार और सब पागलपन दूर होते हैं उसी प्रकार। क्षात्रधर्म की संसार में फिर प्रतिष्ठा होगी। चोरी का बदला डकैती से लिया जाएगा।' (चि., तीसरा भाग, पृ. 188)

यहाँ प्रथम विश्वयुद्ध का कटु अनुभव ही नहीं बोल रहा है, बल्कि 'चोरी का बदला डकैती' के द्वारा जलियाँवाला बाग के जवाब में चौरीचौरा का प्रतिशोध-भाव भी प्रज्वलित है। जहाँ यह राजनीतिक अन्तर्दृष्टि है कि विश्वयुद्ध उपनिवेशवादी राज्यों की बाजार सम्बन्धी आपसी होड़ का नतीजा था, वहीं राष्ट्रीय स्तर पर इतना लड़ाकूपन है कि गांधी जी के सत्य-अहिंसा से काम न चलेगा। निबन्ध के अन्त में स्वाधीनता संग्राम की ओर स्पष्ट संकेत करते हुए शुक्ल जी कहते हैं : 'आज संसार के बीच अपनी स्थिति बनाए रखने के लिए जिस युद्ध में हम प्रवृत्त हैं, उसमें विजय प्राप्त करने की कामना से हम मर्यादा पुरुषोत्तम की भू-भार-हारिणी विजय का स्मरण करते हैं।' (वही, पृ. 190)

इन तमाम बातों से डॉ. रामविलास शर्मा के इस अनुमान की पुष्टि होती है कि 'प्रथम महायुद्ध के दौरान शुक्ल जी ने अवश्य ही अपने मानसिक विकास की कई मंजिलें पार की होंगी। रूढ़िवादी आस्तिकता से हटकर वह चेतना और संसार के परस्पर सम्बन्ध के नये व्याख्याकार बने, विकासवादी विचारक हैकेल की पुस्तक का अनुवाद किया, भक्ति और रीति के सम्बन्ध में अपनी मान्यताएँ स्थिर कीं। हिन्दी साहित्य के सुपरिचित आचार्य शुक्ल का यह विकास प्रथम महायुद्ध के दौरान और भारत के नवीन राष्ट्रीय उत्थान के साथ हुआ।' ('आचार्य रामचन्द्र शुक्ल और हिन्दी आलोचना', तृतीय संस्करण, 1973, पृ. 233)"

*[हिन्दी समीक्षा और आचार्य शुक्ल, पृष्ठ 146-147]*

"इसके ठीक बाद शुक्ल जी का 'काव्य में रहस्यवाद' नामक ग्रन्थ प्रकाशित हुआ जिस पर निराला ने 'काव्य-साहित्य' शीर्षक निबन्ध में टिप्पणी करते हुए लिखा : 'पंडित रामचन्द्र शुक्ल जी की 'काव्य में रहस्यवाद' पुस्तक उनकी आलोचना से पहले उनके अहंकार, हठ, मिथ्याभिमान, गुरुडम तथा रहस्यवादी या छायावादी कहलानेवालों के प्रति उनकी अपार घृणा सूचित करती है। ऐसा दुर्वासा समालोचक कभी भी किसी कृति-शकुन्तला का कुछ बिगाड़ नहीं सके, अपने शाप से उसे और चमका दिया है।'

इस प्रसंग में डॉ. रामविलास शर्मा की टिप्पणी उल्लेखनीय है—विशेषतः इसलिए कि उन्हें आचार्य रामचन्द्र शुक्ल को प्रतिष्ठित करने का श्रेय है। डॉ. शर्मा ने 1948 में प्रकाशित 'निराला' नामक अपनी पुस्तक में निराला के पक्ष से शुक्ल जी की आलोचना करते हुए लिखा कि 'रहस्यवाद के नाम पर नई गीतात्मकता, भावव्यंजना, शब्दावली, छन्द आदि के प्रति भी शुक्ल जी उदासीन रहे। छायावादी कवियों ने साहित्य के सभी रूपों में जो व्यापक परिवर्तन किए थे, उन पर रहस्यवाद का पर्दा डालकर एक महान परिवर्तन का तिरस्कार किया गया। इस एकांगी आलोचना से साहित्य का अहित ही हो सकता था।'

इस सन्दर्भ में शुक्ल जी की 'एकांगी आलोचना' का कारण बतलाते हुए डॉ. शर्मा ने यह भी लिखा है कि 'शुक्ल जी द्विवेदी-युग के सामाजिक रूढ़िवाद के समर्थक थे। तुलसीदास पर अपनी पुस्तक लिखते हुए उन्होंने इस बात को भी एक आदर्श के रूप में स्वीकार किया है कि गोस्वामी जी ने वर्णाश्रम धर्म का समर्थन किया था। कबीर को वह केवल एक ध्वंसात्मक और विशृंखल विचारों का कवि मानते थे। इन दोनों कवियों के ही क्रान्तिकारी पहलू उनकी दृष्टि से ओझल रहे। इसलिए यह स्वाभाविक था कि नये कवियों ने रूढ़ियों के प्रति जो विद्रोह किया था, उनका मूल्य वे न आँक सके। छायावाद का विरोध करके वे द्विवेदी-युग की रूढ़ियों को स्थायी बनाने का असफल प्रयत्न करते रहे।'

आगे चलकर 1972 में अप्रकाशित 'निराला की साहित्य-साधना' के दूसरे भाग में डॉ. शर्मा ने अपने इन विचारों में सिर्फ इतना ही परिवर्तन किया कि 'अनेक दृष्टियों से विचारधारा में प्रगतिशील होने पर भी शुक्ल जी भावबोध की उसी दुनिया में रहते थे जिसके सम्राट महावीरप्रसाद द्विवेदी थे।' इस क्रम में उन्होंने आचार्य शुक्ल की सीमा की ओर संकेत करते हुए यह भी कहा कि 'शुक्ल जी प्रकृति के सौन्दर्य पर तो मुग्ध हो लेते थे, नारी के सौन्दर्य को साधारणतः लोक-मंगल की भावना का विरोधी समझते थे।'

यदि आचार्य शुक्ल के भावबोध की ये सीमाएँ हैं तो निश्चय ही इनके कारण उनकी साहित्य-दृष्टि भी सीमित हुई होगी; किन्तु क्या यह भावबोध विचारधारा की सीमा का भी संकेत नहीं देता? सिद्धान्त के स्तर पर विचारधारा और भावबोध के

बीच अन्तर्विरोध की सम्भावना को स्वीकार करते हुए भी इस मामले की सूक्ष्म परीक्षा आवश्यक है। फिलहाल ब्यौरे में जाने के लिए अवकाश नहीं है, इसलिए संक्षेपतः इतना ही कहना काफी होगा कि कबीर और निराला के क्रान्तिकारी कृतित्व का विरोध केवल भावबोध की सीमा नहीं हो सकती, बल्कि इसका कुछ-न-कुछ सम्बन्ध विचारधारा से भी होना चाहिए।"

*[हिन्दी समीक्षा और आचार्य शुक्ल, पृष्ठ 152-153]*

"आलोचना शास्त्र नहीं है, बल्कि आलोचना उसमें निहित है, जिसको मूल्य-निर्णय कहते हैं। शास्त्र लक्षण गिना सकता है, उदाहरण दे सकता है, यह बता सकता है कि कहाँ लक्षणा है, कहाँ व्यंजना है। व्यंजना तो कहीं भी हो सकती है, लेकिन जरूरी नहीं कि वह उत्तम काव्य भी हो। जरूरी यह भी नहीं है कि जिसे कभी उत्तम काव्य कहा गया, वह हर समय के लिए उत्तम काव्य हो! इसमें सिद्धान्त का आग्रह इतनी दूर तक होता है कि अच्छी और बुरी कविता का भेद मिट जाता है। शास्त्र की सीमाएँ वहाँ होती हैं, जहाँ से आलोचना शुरू होती है। मम्मट का सन्दर्भ लें। कालिदास के 'कुमारसम्भवम्' में एक प्रसंग आता है कि जब सुन्दरी उमा शिव के निकट आती हैं और कामदेव अपनी पूरी शक्ति के साथ शिव पर आक्रमण करता है तो शिव का मन थोड़ा विचलित हो जाता है, बिम्ब फल के समान सुन्दर अधरों की तरफ देखकर शिव के नेत्र थोड़ी देर के लिए फैल जाते हैं :

हरस्तु किंचित् परिवृत्ति धैर्यैः चन्द्रोदयारम्भइवाम्बुराशिः।
उमामुखे बिम्बफलाधरोष्ठे व्यापारयामास विलोचनेन॥

मम्मट कहते हैं, यहाँ व्यंजना गूढ़ हो गई। शिव का मन थोड़ा-सा विचलित हुआ कि उन्होंने उमा के अधरों की तरफ अपने नेत्र तनिक फैला दिये। यहाँ ध्वनि नहीं उभर रही है, व्यंग्य गुणीभूत रह गया है, इसलिए यह प्रथम कोटि का काव्य नहीं है। किन्तु मम्मट आलोचक नहीं थे, काव्यशास्त्री थे। उनका सारा ध्यान शास्त्र-सिद्धान्त की रक्षापूर्ति पर है। वह देख रहे हैं कि ध्वनि खुलकर नहीं व्यक्त हो पा रही है, सिद्धान्त की पूर्ति नहीं हो रही है, इसलिए उनकी नजर में दूसरी श्रेणी की कविता हो गई। लेकिन प्रश्न उठता है कि किसके मन के विचलित होने की बात की जा रही है, शिव के, वह महादेव हैं। यहाँ कालिदास की काव्यदृष्टि देखिए! शिव की एक मर्यादा है, इसलिए उनके मन के क्षोभ को कालिदास किस प्रकार उपमित कर रहे हैं और उस क्षोभ का जो प्रभाव दिखा रहे हैं, उसमें निहित औचित्य को मम्मट नहीं देख पाते। मम्मट क्या अपेक्षा कर रहे हैं कि महादेव भी लफंगों की भाँति उमा के सौन्दर्य पर उमड़ पड़ते, विकल हो जाते, तब व्यंजना उत्तम कोटि की होती?

मुक्तिबोध की आलोचना करते हुए रामविलास जी ने जो अस्तित्ववाद ढूँढ़ा है, वह दूसरी दुनिया की चीज है। 'अँधेरे में' कविता का अस्तित्ववाद से दूर-दूर तक नाता नहीं है, किन्तु रामविलास जी शास्त्री होने के कारण वहाँ अस्तित्ववाद पैदा कर देते हैं। इसलिए आलोचना साहित्य शास्त्र नहीं है। काशी हिन्दू विश्वविद्यालय की परम्परा में हजारीप्रसाद द्विवेदी ने 'साहित्य-सहचर' लिखकर यह साबित कर दिया कि वह संस्कृत काव्यशास्त्र जानते थे, पंडित तो थे। बावजूद इसके कबीर की आलोचना करते समय वह अपने शास्त्र ज्ञान के बोझ से दबे नहीं हैं। कबीर के व्यक्तित्व के लिए उन्होंने 'अक्खड़' और 'फक्कड़' शब्दों का इस्तेमाल किया है। अक्खड़ तो योगी हुआ करते थे, कबीर ऐसे ही थे। उन्होंने जिस पर व्यंग्य किया तो लापरवाही के साथ। कबीर ऐसे अक्खड़ हैं कि बड़े सहज भाव से कहते चले गए—'दुइ जगदीश कहाँ से आया'। जैसे कुछ साधु लोग गाते हैं—'मेरा मन लागा फकीरी में' या 'कुछ लेना न देना, मगन रहना'। यह कबीर के अनहद की ऊँचाई है, जिसे आचार्य शुक्ल नहीं पहचानते हैं, आचार्य द्विवेदी पहचानते हैं। जब द्विवेदी जी इस बात को समझा रहे होते हैं, तब न कोई शास्त्र, न लक्षणा, न व्यंजना, न कोई सिद्धान्त, न ध्वनि, न औचित्य, वहाँ कृति में डूबना होता है। कृति का साक्षात्कार करना होता है। इसीलिए आलोचना एक रचनात्मक कर्म है, यह दोयम दर्जे का काम नहीं है। यदि आपमें सर्जनात्मकता नहीं है तो आप आलोचना नहीं कर सकते।"

*[हिन्दी समीक्षा और आचार्य शुक्ल, पृष्ठ 220-21]*

"एक आपत्ति मेरे इस कथन पर है कि हिन्दी में आचार्य शुक्ल को प्रतिष्ठित करने का श्रेय डॉ. रामविलास शर्मा को है, आपत्ति करनेवाले हैं डॉ. राममूर्ति त्रिपाठी। त्रिपाठी जी ने सामान्यतः संस्कृत काव्यशास्त्र और विशेषतः रस पर लिखा है। जहाँ तक मुझे याद है, त्रिपाठी जी ने आचार्य शुक्ल की आलोचना ही की है और जगह-जगह यह दिखाने की कोशिश की है कि आचार्य शुक्ल को संस्कृत काव्यशास्त्र की सही जानकारी न थी। अब यदि आचार्य शुक्ल को हिन्दी में प्रतिष्ठित करने का यही तरीका है, तो मुझे कुछ नहीं कहना, लेकिन इस प्रयास में त्रिपाठी जी अकेले नहीं हैं, ऐसे पंडित और भी हैं जिन्होंने संस्कृत काव्यशास्त्र के विषय में आचार्य शुक्ल को 'भ्रान्तियों के उद्घाटन' (?) से ही सुख-लाभ कमाया है।

वस्तुतः शुक्लोत्तर आलोचना का अधिकांश शुक्लेतर है—शुक्ल-विरोध में भी और शुक्ल-समर्थन में भी। एक तरह से देखें तो वह हिन्दी आलोचना का शुक्ल पक्ष नहीं, कृष्ण पक्ष है। विरोधियों में एक वर्ग उन आलोचकों का है जो अपने-आपको छायावादी काव्य का पक्षधर कहते थे। पं. नन्ददुलारे वाजपेयी इनमें विशेष रूप से

उल्लेखनीय हैं। यह सही है कि बाद में वे शुक्ल जी के रस-सिद्धान्त के समर्थक हो गए थे किन्तु शुक्ल जी के 'रस' को भी उन्होंने अपने तथाकथित सौष्ठववादी साँचे में ढाल लिया था, अन्यथा, शुक्ल जी की लोकवादी साहित्य-दृष्टि पर तो उन्होंने प्रहार ही किए थे जिसकी दिलचस्प दस्तावेज है 'हिन्दी साहित्य : बीसवीं शताब्दी'। इसी क्रम में 'रस-सिद्धान्त' के शुक्लोत्तर हिमायती डॉ. नगेन्द्र का भी उल्लेख किया जा सकता है, जिनकी दृष्टि में शुक्ल जी का 'रस-सिद्धान्त' बहुत-सी बातों में सदोष और असंगतिपूर्ण था। इसी प्रकार 'छायावाद का पतन' के लेखक डॉ. देवराज भी आचार्य शुक्ल की छायावाद सम्बन्धी आलोचना से सहमत होने और उनकी क्लासिकी साहित्य-दृष्टि का समर्थन करने के बावजूद 'काव्य में लोक-मंगल की साधनावस्था' को अस्वीकार करते दिखाई पड़ते हैं।

दूसरी ओर शिवदान सिंह चौहान और रांगेय राघव जैसे प्रगतिवादी आलोचक हैं जो आचार्य शुक्ल पर 'ब्राह्मणवाद' और 'एकांगी समाजशास्त्रीयता' का आरोप कर रहे थे।

जहाँ तक विश्वविद्यालयों के हिन्दी विभागों का सवाल है, उनमें से बहुतों को आचार्य शुक्ल के आचार्यत्व में भी सन्देह था। इलाहाबाद विश्वविद्यालय से डी.फिल. की उपाधि के लिए स्वीकृत और प्रकाशित 'तुलसीदास' नामक एक शोध-प्रबन्ध में तो यहाँ तक कहा गया कि शुक्ल जी साधारण बातों को असाधारण ढंग से कहने में कुशल थे; अर्थात् वाग्जाल को हटाकर देखें तो उनकी बातें साधारण ही हैं।

यह है शुक्लोत्तर हिन्दी आलोचना का मानचित्र, जिसमें आचार्य शुक्ल के विरुद्ध रूढ़िवादी, छायावादी और प्रगतिवादी आलोचक तथा विश्वविद्यालयों के डॉक्टर–प्रोफेसर–सभी एक पाँत में खड़े दिखाई पड़ते हैं। इस पंक्ति में जो अनुपस्थित हैं, जैसेकि प्रयोगवादी और नई-कवितावादी, उन्होंने तो शुक्ल जी को विरोध के योग्य भी नहीं समझा, जिसका स्पष्ट अर्थ है कि उनके लिए आचार्य शुक्ल का अस्तित्व ही न था।

डॉ. रामविलास शर्मा की पुस्तक 'आचार्य रामचन्द्र शुक्ल और हिन्दी आलोचना' इसी वातावरण में आई–आचार्य शुक्ल के निधन के 14 वर्ष बाद, 1955 में। डॉ. शर्मा ने आचार्य शुक्ल पर तब तक किए गए समस्त आक्षेपों का तथ्यपूर्ण और तर्कपूर्ण उत्तर देते हुए उनकी साम्राज्यवाद-विरोधी, सामन्तवाद-विरोधी लोकवादी जीवन दृष्टि तथा लोक-मंगलकारी साहित्यिक मान्यताओं को दृढ़ता के साथ प्रतिष्ठापित किया। जरूरी नहीं कि डॉ. शर्मा की सभी मान्यताओं से हमारी सहमति हो ही, किन्तु यह तथ्य है–ऐतिहासिक तथ्य कि तमाम विरोधों और आक्षेपों के बीच आचार्य शुक्ल को साहित्य में प्रतिष्ठित करने का श्रेय डॉ. रामविलास शर्मा को ही है, और मैं बिना हिचक कह सकता हूँ कि आचार्य शुक्ल पर डॉ. शर्मा की पुस्तक से बेहतर पुस्तक अभी तक नहीं लिखी गई।

वस्तुतः इस पुस्तक के द्वारा डॉ. रामविलास शर्मा ने स्वयं प्रगतिशील लेखकों को भी आचार्य शुक्ल की बहुमूल्य विरासत से अवगत कराया, साथ ही यह प्रमाणित कर दिया कि आचार्य शुक्ल की लोकवादी विचारधारा के सच्चे वारिस प्रगतिशील लेखक हैं और उन्हीं पर शुक्ल जी की परम्परा को सुरक्षित और विकसित करने का दायित्व भी है!

इसलिए डॉ. राममूर्ति त्रिपाठी की आपत्ति न आकस्मिक है और न आश्चर्यजनक ही!"

*[हिन्दी समीक्षा और आचार्य शुक्ल, पृष्ठ 155-56]*

"मित्रो, आपमें से अधिकांश लोगों को मालूम है कि हमारे यहाँ नवजागरण या पुनर्जागरण के नाम से बहुत दिनों तक हिन्दी भाषा-भाषी क्षेत्र के विद्यार्थी और विद्वान जो कुछ पढ़ते-लिखते और जानते रहे हैं, वह बहुत कुछ बंगाल पुनर्जागरण का ही अखिल भारतीय परिवेश रहा है, जिसमें राजा राममोहन राय, बंकिमचन्द्र चट्टोपाध्याय, रामकृष्ण परमहंस, विवेकानन्द, केशवचन्द्र सेन आदि की विस्तृत चर्चा होती रही है और हिन्दी-भाषी क्षेत्र में अगर इसमें योगदान देनेवाले कोई आचार्य दिखाई पड़ते हैं तो वे हैं आर्यसमाज के प्रतिष्ठाता दयानन्द। इस नवजागरण की या भारतीय नवजागरण की एक ऐसी तसवीर हमारे सामने उपस्थित की जाती रही है, जिसमें सारा का सारा योगदान लगभग उस क्षेत्र का माना जाता रहा है, जो किन्हीं ऐतिहासिक कारणों से भारतवर्ष में आधुनिक युग में अग्रदूत की भूमिका निभाता रहा है। लेकिन यह गर्व की बात है (और स्वयं इसका श्रेय प्रगतिशील लेखकों को दिया जाना चाहिए और प्रगतिशील आन्दोलन को) कि पहली बार डॉ. रामविलास शर्मा ने अपने शोधों के द्वारा अपने चिन्तन के काम में यह स्थापित करने की कोशिश की है कि भारतीय नवजागरण या भारतीय पुनर्जागरण वही नहीं है, जो केवल राजा राममोहन राय, रामकृष्ण परमहंस, विवेकानन्द आदि से जुड़ा हुआ है, बँधा हुआ है, बल्कि भारतीय नवजागरण की तसवीर कहीं अधिक व्यापक है और उस व्यापक तसवीर में महत्त्वपूर्ण भूमिका हिन्दी-भाषी प्रदेश ने भी अदा की है, उस हिन्दी-भाषी प्रदेश ने, जिसने सन् 1857 में पहली बार स्वाधीनता का संग्राम किया था। इस नवजागरण में 'हिन्दी नवजागरण' नाम का विशेषण लगाकर विशेष रूप से अखिल भारतीय परिवेश में हिन्दी की जातीय विशेषता को रेखांकित करने का कार्य जिस प्रसिद्ध प्रगतिशील और मार्क्सवादी आलोचक ने किया है, निश्चित रूप से और असन्दिग्ध रूप से वह आलोचक डॉ. रामविलास शर्मा हैं। एकमात्र डॉ. रामविलास शर्मा ने इसके लिए प्रयास किया! उन्होंने अपने अनुसन्धानों के द्वारा यह दिखाने का प्रयत्न किया है कि अखिल भारतीय नवजागरण के अन्तर्गत हिन्दी नवजागरण

की कुछ अपनी जातीय विशेषताएँ हैं। यह केवल धार्मिक और सामाजिक सुधारकों की देन नहीं है, बल्कि हिन्दी नवजागरण की जो मुख्य विशेषता है, वह यह कि इस नवजागरण में यहाँ के बौद्धिकों और मुख्य रूप से साहित्यकारों और लेखकों ने भूमिका अदा की है। इसमें भारतेन्दु हरिश्चन्द्र और भारतेन्दु-मंडल के अन्य साहित्यकारों के बाद आचार्य महावीरप्रसाद द्विवेदी, पंडित चन्द्रधर शर्मा गुलेरी और रामचन्द्र शुक्ल जैसे साहित्यकारों की भूमिका महत्त्वपूर्ण है और नियामक है। इसलिए आचार्य रामचन्द्र शुक्ल का नाम लेते समय हम उन्हें केवल साहित्य के विचारक, विवेचक और आलोचक तक ही सीमित न रखें, बल्कि उनका गहरा सम्बन्ध उस व्यापक हिन्दी नवजागरण से है, जिसने भारतीय जीवन में एक नई चेतना उत्पन्न की। यह कार्य, जैसा मैंने कहा, उल्लेखनीय इसलिए है कि यह समूचे हिन्दी-भाषी प्रदेश में उन लोगों ने किया, जो हिन्दी के लेखक हैं, हिन्दी के साहित्यकार हैं; जिन्होंने हिन्दी की पत्रिकाएँ निकालीं, प्रेस खोला और हिन्दी में लिखा। यह इसलिए उल्लेखनीय है कि कदाचित् अन्य क्षेत्रों में अन्य भाषा-भाषी क्षेत्रों में अंग्रेजी के माध्यम से नवजागरण की भूमिका अदा की गई थी। हिन्दी-भाषी क्षेत्र में जैसे तब था कदाचित् आज भी हिन्दी के माध्यम से नवजागरण का प्रयत्न जो लोग कर रहे हैं, उनका कृतित्व कहीं अधिक महत्त्वपूर्ण है, उनकी अपेक्षा, जो एक विदेशी और उपनिवेशवादी भाषा के माध्यम से नवजागरण का मंत्र फूँकते रहे हैं। इस लम्बी कड़ी में भारतेन्दु हरिचन्द्र, महावीरप्रसाद द्विवेदी, चन्द्रधर शर्मा गुलेरी और आचार्य रामचन्द्र शुक्ल के नाम हैं। आगे चलकर प्रेमचन्द, जयशंकर प्रसाद, निराला जैसे साहित्यकारों ने इसी नवजागरण के विभिन्न सोपानों को समृद्ध किया है और उस चेतना को और भी आगे ले जाने की कोशिश की है। इस नवजागरण को आम तौर से समाज-सुधार का रूप देकर प्रायः इसके महत्त्व को कम करने की कोशिश की जाती है, लेकिन जिस प्रकार दूसरे देशों के, अन्यत्र के नवजागरण एक बृहत्तर मानववाद या मानवतावाद के अग्रदूत रहे हैं, उसी प्रकार यह हिन्दी नवजागरण भी उस मानववाद का अग्रदूत रहा है। आधुनिक युग के इस नवजागरण की सबसे बड़ी विशेषता है वह वैज्ञानिक चेतना, जिसके बिना किसी भी नये चिन्तन या नई जीवन-दृष्टि का विकास नहीं हो सकता है।

आप सभी लोगों को मालूम है कि 1955 से पहले आचार्य रामचन्द्र शुक्ल की तमाम पुस्तकों का उल्लेख किया जाता था। यदि उल्लेख नहीं किया जाता था तो उस पुस्तक का, उस पुस्ताक की लिखी हुई लगभग एक दूसरी पुस्तक के आकार की भूमिका का, जिसे हम लोग 'विश्वप्रपंच' के नाम से जानते हैं। 1921 में प्रकाशित इस पुस्तक का 1956 तक ही नहीं, बल्कि 1961 तक दूसरा संस्करण नागरी प्रचारिणी सभा ने नहीं निकाला। क्या वजह है कि आचार्य रामचन्द्र शुक्ल के 'हिन्दी-साहित्य का इतिहास', 'तुलसी ग्रन्थावली', 'भ्रमरगीत-सार' और 'जायसी

ग्रन्थावली' की भूमिकाओं, 'चिन्तामणि', 'रस-मीमांसा' आदि समस्त ग्रन्थों की चर्चा होती रही, लेकिन 'विश्वप्रवंच' प्रकाशित होकर, मुद्रित होकर लाइब्रेरियों की शोभा बढ़ाता रहा? किसी दूसरे आदमी का ध्यान ही नहीं गया कि एक ऐसी भी पुस्तक है, जो 'रिडल ऑफ द यूनिवर्स' के नाम से किसी समय समूचे पश्चिमी जगत् में विवाद के केन्द्र में थी। उस पुस्तक का अनुवाद रामचन्द्र शुक्ल ने किया और अनुवाद ही नहीं किया, बल्कि उसकी लगभग एक सौ पचास पृष्ठों से अधिक की भूमिका लिखी। इस भूमिका की ओर हिन्दी-जगत् का ध्यान सबसे पहले आकृष्ट करने का श्रेय डॉ. रामविलास शर्मा को है। यह भी 'आचार्य रामचन्द्र शुक्ल और हिन्दी आलोचना' नाम की पुस्तक के दूसरे संस्करण में उनका ध्यान जा सका, प्रथम संस्करण में नहीं। जहाँ तक मुझे मालूम है, उसकी ओर, इस पुस्तक की ओर, डॉ. शर्मा का ध्यान हमारे आदरणीय मित्र त्रिलोचन शास्त्री ने बनारस में ही आकृष्ट किया था। उन्होंने उनसे कहा था कि शुक्ल जी पर तुमने एक पुस्तक लिखी है, एक और पुस्तक है उनकी 'विश्वप्रपंच', दो भागों में छपी हुई, जिनमें से एक भाग भूमिका है, दूसरा अनुवाद है। अपनी पुस्तक के दूसरे संस्करण में डॉ. रामविलास शर्मा ने 'विश्वप्रपंच' की भूमिका पर अपनी समीक्षा लिखकर समस्त 'हिन्दी जगत' का ध्यान उसकी ओर आकृष्ट करने की कोशिश की। यह वह पुस्तक है, जो हिन्दी नवजागरण के महत्त्वपूर्ण पहलू की ओर हिन्दी जाति और हिन्दी जनता का ध्यान आकृष्ट करती है। हिन्दी नवजागरण की परम्परा इस देश में भौतिकवादी चिन्तन के प्रचार की परम्परा है। आधुनिक विज्ञान के द्वारा धर्म की पुरानी रूढ़ियों, अन्धविश्वासों और धार्मिक विभेदों और विद्वेषों को समाप्त करने की वैज्ञानिक दृष्टि जो हो सकती थी, जिसकी शुरुआत 'सरस्वती' पत्रिका के माध्यम से स्वयं आचार्य महावीरप्रसाद द्विवेदी ने की थी, इसका सम्बन्ध उससे था। डॉ. रामविलास शर्मा ने 'विश्वप्रपंच' की भूमिका पर लिखने के बाद आगे चलकर 'महावीरप्रसाद द्विवेदी और हिन्दी नवजागरण' के द्वारा दिखाया कि हिन्दी प्रदेश में इस सदी के आरम्भ से ही आचार्य महावीरप्रसाद द्विवेदी लगातार डार्विन के विकासवाद, स्पेंसर के दर्शन, जॉन स्टुअर्ट मिल की 'लिबर्टी' नाम की पुस्तक (जिसका उन्होंने 'स्वाधीनता' नाम से अनुवाद किया था) के माध्यम से हिन्दी-भाषी क्षेत्र में नवजागरण की चेतना फैला रहे थे। जो यूरोप में उस दौर में आधुनिक विज्ञान की दृष्टि से सामाजिक रूढ़ियों पर प्रहार करनेवाली थीं, धार्मिक अन्धविश्वासों पर प्रहार करनेवाली थीं और जनवादी और जनतांत्रिक मूल्यों की प्रतिष्ठा करनेवाली थीं—ऐसी तमाम पुस्तकों के प्रचार, अनुवाद और उन पर लिखी गई टिप्पणियों के माध्यम से हिन्दी नवजागरण वैज्ञानिक जीवन-दृष्टि का प्रचार और प्रसार करने के क्रम में स्वयं अपने भारतीय दर्शन की परम्परा को वैज्ञानिक विकास के साथ जोड़ रहा था। आचार्य रामचन्द्र शुक्ल ने 'विश्वप्रपंच' की भूमिका में केवल डार्विन की खोजों और विकासवाद के सिद्धान्तों की स्थापना नहीं

की है, बल्कि स्वयं इस देश के सांख्य, न्याय, वैशेषिक दर्शनों और चार्वाकों के भौतिकवादी विचारों से क्रमशः आगे बढ़ते हुए वेदान्त-दर्शन जिस प्रकार भेदों में अभेद की दृष्टि का विकास कर रहा था, सम्पूर्ण दार्शनिक विकास के साथ उनका सम्बन्ध जोड़ा है। इसलिए नवजागरण की प्रवृत्ति के अनुरूप केवल 'पश्चिम की वैज्ञानिक दृष्टि ही नहीं, बल्कि उस वैज्ञानिक दृष्टि के बीज हमारे यहाँ के स्वयं प्राचीन चिन्तन में जिस रूप में मिलते हैं, उन्होंने उनको उससे जोड़कर दिखाने की कोशिश की थी। मैं नहीं जानता कि उस समय के तत्कालीन भारतीय नवजागरण में स्वयं बंगाल का नवजागरण या पुनर्जागरण किस हद तक वैज्ञानिक था और किस हद तक रहस्यवादी था। इसकी और खोज की जानी चाहिए और जाँच-पड़ताल की जानी चाहिए।"

*[हिन्दी समीक्षा और आचार्य शुक्ल, पृष्ठ 168-71]*

"शुक्ल जी ने कविता में जो नई प्रवृत्ति जगाई, उसने पूरी प्रवृत्ति को 'रहस्यवाद' कहकर खारिज कर दिया। इस रहस्यात्मकता के कारण जो एक नया 'लिरिसिज्म', जो प्रगीत आया था, और प्रगीत उस युग की नई संवेदनाओं का, नये रूप-विधान आदि का सूचक था, उसकी पहचान वे नहीं कर सके। छायावाद नाम की एक अमूर्त्त धारणा, एक अमूर्त्त वाद के तम्बू के नीचे जो कविताएँ लिखी गईं, वे विविध प्रकार की थीं। वे सारी की सारी रोमांटिक नहीं थीं, सारी की सारी रहस्यवादी नहीं थीं। एक गहरा यथार्थवाद भी था उनमें! आज डॉ. रामविलास शर्मा जैसे प्रगतिशील मार्क्सवादी आलोचकों के कारण हम समझ सके हैं कि छायावाद की छायामयी कविताएँ सच पूछिए तो स्वाधीनता-संग्राम की ही गहरी प्रतिच्छवि थीं। वे गहरे स्तर पर जनता की चित्तवृत्ति की अभिव्यक्ति कर रही थीं। मैथिलीशरण गुप्त की अपेक्षा, माखनलाल चतुर्वेदी की अपेक्षा, दिनकर की अपेक्षा, यहाँ तक कि बालकृष्ण शर्मा 'नवीन' की अपेक्षा यानी उस दौर की राष्ट्रवादी कविताओं की अपेक्षा ये प्रेम की, प्रकृति की, नितान्त स्वानुभूति की कविताएँ अपने निराशावाद, अपने रहस्यवाद आदि के बावजूद एक नये सौन्दर्य बी सृष्टि कर रही थीं। यह नया सौन्दर्य सारा का सारा स्वाधीनता-संग्राम से दूर नहीं था। इसकी सृष्टि उसके बिना हो ही नहीं सकती थी। यह डॉ. रामविलास शर्मा ने निराला की आलोचना के दौरान छायावाद की आलोचना करते हुए दिखाया है; दूसरे लोगों ने भी दिखाने की कोशिश की है। आचार्य शुक्ल छायावाद की इस मूल शक्ति, उसमें काम करनेवाली जो सर्जनात्मक शक्ति है, जो नई सौन्दर्य-दृष्टि है, उसे पहचान न सके। जैसा प्रातःकाल भी कहा गया, रहस्यवाद और लाक्षणिक वैचित्र्य इन दो छोरों के बीच बहुत सारा जो काव्य था, वह यथार्थ-काव्य था। 'राम

की शक्ति-पूजा' का जहाँ उल्लेख-भर हो, 'सरोज-स्मृति' का नाम-भर लिया जाए, जहाँ निराला के 'बादल राग' से कहीं उद्धरण तक न हों, अवश्य कहीं न कहीं, अपने युग की रचनात्मकता में संलग्नता की कमी थी। जो इतिहास बनानेवाली शक्ति थी, कहीं न कहीं उसमें साझेदारी में कमी थी। विचित्र विडम्बना है कि जो लोग इतिहास बनाने में साझेदारी निभा रहे थे, नन्ददुलारे वाजपेयी जैसे लोग, शान्तिप्रिय द्विवेदी जैसे लोग, वे छायावाद को प्रतिष्ठा न दिला सके। लेनिन ने नेता का लक्षण बताया था कि जनता के साथ, मगर एक कदम आगे। इतिहास वह व्यक्ति बनाता है। जो जनता से सौ कदम आगे होता है, वह इतिहास नहीं बना सकता है और जो जनता के पीछे चलता है, वह तो कभी इतिहास बना ही नहीं सकता। नन्ददुलारे वाजपेयी, शान्तिप्रिय द्विवेदी आदि पन्त-निराला-प्रसाद के पीछे चलनेवाले थे। यही कारण है कि सारी सहानुभूति और समर्थन के बावजूद ये आचार्य रामचन्द्र शुक्ल का विकल्प उपस्थित नहीं कर सके। इनसे ज्यादा महत्त्वपूर्ण भूमिका आचार्य रामचन्द्र शुक्ल ने बावजूद अपनी अपूर्ण समझ के—मैं उसको सदोष समझ नहीं कह रहा—निभाई। अपूर्ण संलग्नता के कारण ही वह अपूर्ण समझ आई थी। इसका गहरा सम्बन्ध होना चाहिए इस बात से कि स्वयं उस दौर के राजनीतिक और सामाजिक आंदोलनों से उनका क्या सम्बन्ध था। प्रेमचन्द से उनकी तुलना की गई, निराला से भी उनकी तुलना की जाती है। अपने युग के जनजागरण में प्रेमचन्द, निराला और आचार्य शुक्ल की क्या भूमिकाएँ थीं ? उस युग के साहित्य-सृजन में उनकी क्या भूमिकाएँ थीं ? इसी से इतिहास-दृष्टि निर्धारित होती है, भले इतिहास अतीत का ही क्यों न हो। इसलिए समाज और साहित्य के निरूपण में, अतीत में कोई त्रुटि हुई है आचार्य शुक्ल से, तो वह केवल जानकारी की कमी या तथ्यों की कमी नहीं है, बल्कि स्वयं अपने वर्तमान इतिहास में उनकी साझेदारी कैसी थी, कितनी थी, वह इससे सम्बन्धित है। यह चीज आचार्य की महिमा को घटाती नहीं है, यह ध्यान रखें। यह जब मैं कहता हूँ, तो मैं स्वयं अपने बारे में भी सोचता हूँ।

आज के युग की सामाजिक विच्छिन्नता के दौर में एक विश्वविद्यालय का अध्यापक न सामाजिक आन्दोलनों में योग देता है और न नई-से-नई पीढ़ी के रचनाकारों से उसका सम्बन्ध जुड़ पाता है। इसको अनुभव के धरातल पर जब जाँचता-परखता है कोई आदमी, तब वह समझता है कि आचार्य शुक्ल की सीमाओं को बताना आसान है, लेकिन वे ऐसी हैं, ऐसी विवशताएँ हैं, जिनसे स्वयं उबरना मुश्किल है। इसलिए मैंने कहा कि आचार्य शुक्ल की समीक्षा आत्म-समीक्षा के रूप में हमारे सामने उपस्थित होनी चाहिए। इस आत्म-समीक्षा के बिना आचार्य शुक्ल की समीक्षा जो आदमी करता है, वह आलोचक नहीं, मूर्तिभंजक है (तालियाँ) और जो इस समझ के बिना प्रशंसा करता है, वह श्रद्धालु नहीं, मूर्तिपूजक है।

ऐसी स्थिति में जब मैंने कहा कि आचार्य शुक्ल का इतिहास कालजयी है, तो इसका मतलब है। पहले भी मैंने कहा है कि बड़ा आलोचक वह होता है, जो जहाँ सही होता है, वहाँ सिखाता है। उससे भी बड़ा आलोचक वह होता है, जो जहाँ गलत होता है, वहाँ और ज्यादा सिखाता है। इसलिए अपार सम्भावनाएँ भरी होती हैं उसमें। मैं निवेदन करूँ आपसे, किसी भावोच्छ्वास में मैं नहीं कह रहा, 'रेटोरिक', 'डेमागॉगी' नहीं है यह। बार-बार नई अन्तर्दृष्टि मुझे मिलती है शुक्ल जी के भक्ति-आन्दोलन के विवेचन से; आधुनिक युग पर जो उन्होंने विचार किया, उससे। फिर नये रास्ते, नये तथ्यों की खोज करने निकलता हूँ। आज तक यह बात नहीं समझ में आई कि ऐसा क्यों है।

किसी इतिहासकार के लिए केवल एक और चुनौती का जिक्र करके अब मैं अपना भाषण समाप्त करूँगा।

आचार्य शुक्ल ने भक्ति-आन्दोलन को विशाल जन-आन्दोलन कहा। यह बहुत बड़ी बात है। यह समझ है आचार्य शुक्ल की! लेकिन हिन्दी साहित्य के इतिहासकार के लिए पहला प्रश्न उठता है कि संस्कृत के महान साहित्य के रहते हुए, प्राकृतों-अपभ्रंशों के साहित्य के रहते हुए हिन्दी में साहित्य-रचना क्यों शुरू हुई ? यह न भूलिए कि हिन्दी साहित्य का जब उदय हुआ, उस समय संस्कृत की कविता भी लिखी जा रही थी; संस्कृत के बड़े-बड़े आचार्य उस समय मौजूद थे। यह साहित्य-दर्पणकार और पंडितराज जगन्नाथ का युग था। कविता समाप्त नहीं हो गई थी। हिन्दी साहित्य का जब आरम्भ हुआ था, तो श्रीहर्ष लिख रहे थे नई शैली में। प्राकृतों-अपभ्रंशों का महान साहित्य मौजूद था। इसके रहते हुए यह देशी भाषा, जो बहुत दिनों से चली आ रही थी (हिन्दी उसी दसवीं सदी में नहीं पैदा हुई थी!); कैसे कविता का, एक सर्जनात्मक माध्यम बन गई? इसके पीछे वह कौन-सा जनजागरण हो सकता था? जब तक इसकी व्याख्या नहीं होती है, तब तक यह माना जाता रहेगा कि चारणों के काव्य के रूप में हिन्दी साहित्य का आरम्भ हुआ, जैसे कुछ चारण राजस्तुति कर रहे थे! यह वह प्रश्न है, जिसका जवाब केवल हिन्दी क्षेत्र से नहीं दिया जा सकता है, क्योंकि दसवीं-ग्यारहवीं शताब्दी के आसपास सम्पूर्ण भारत में एकसाथ आधुनिक भाषाओं में सर्जनात्मक साहित्य शुरू हुआ—अपनी-अपनी संस्कृतों, प्राकृतों और अपभ्रंशों के समानान्तर। कोई न कोई लोक-जागरण होना चाहिए, कोई शक्ति होनी चाहिए, जिसका उन्मोचन हुआ हो किन्हीं कारणों से। किन कारणों से हुआ था, यह भारतीय इतिहास का प्रश्न है। कोसम्बी ने इसका जवाब देने की कोशिश की है, 'कल्चर एंड सिविलिजेशन इन एंशिएंट इंडिया' में नहीं, 'एन इंट्रोडक्शन टु दि स्टडी ऑफ एंशिएंट इंडियन हिस्ट्री' के शुरू में यह सवाल उठाने की उन्होंने कोशिश की है। लेकिन जवाब संतोषप्रद नहीं है। प्राचीन भारत समाप्त होता है और जिसे मध्यकालीन भारत कहते हैं—'अर्ली मेडिएवल पीरियड', यह शुरू होता है। इधर डॉ. रामविलास शर्मा ने कहा

है कि सच पूछिए तो भारतीय इतिहास में आधुनिक युग की शुरुआत यहीं से होती है। इसका मतलब है कि जब तक 'भारतीय सामंतवाद' का इतिहास नहीं लिखा जाता है, तब तक दसवीं-ग्यारहवीं शताब्दी के आसपास कोई सचमुच गुणात्मक परिवर्तन हुआ था कि नहीं, यह नहीं जाना जा सकता। यह परिवर्तन सामाजिक ढाँचे में हुआ था, केवल अधिरचना में (Superstructure) के स्तर पर हुआ था, या आधार (Basic) में हुआ था—यह पेचीदा सवाल है। जब तक इसका उत्तर आप नहीं देते हैं, तब तक आगे चलकर निरूपण में कठिनाई होगी कि क्यों इस जनोत्थान की परिणति रीतिकालीन 'पुनरुत्थान' में हुई? इतिहास जैसे पीछे लौटता है और फिर भाषा साहित्य, संस्कृत काव्यशास्त्र की ओर चला जाता है।

यह एक प्रश्न मैंने आपके सामने रखा। ब्यौरे में जाने का न समय है, न जरूरत ही। आज हम लोग यदि ऐसे सवाल उठाते हैं, तो उसका कारण है। आचार्य रामचन्द्र शुक्ल का इतिहास और नया प्रगतिशील एवं मार्क्सवादी चिन्तन, दोनों का जब संयोग होता है, मिलन होता है, तब जाकर ऐसे सवाल उठते हैं। जहाँ यह मिलन नहीं है, वहाँ आप देखेंगे कि इतिहास-लेखन-पद्धति जैसे सवाल उठाए जाते हैं, किन्तु इतिहास-दृष्टि और इतिहास-दर्शनवाले सवाल नहीं उठाए जाते हैं। ये सवाल परेशान करनेवाले हैं। यदि ये सवाल उठते हैं और इनका उत्तर देने का प्रयास किया जाता है, तो उसे स्वयं आचार्यश्री का प्रसाद मानना चाहिए। अगर वह प्रस्थान न होता, तो आगे का विकास सम्भव ही न हो सकता था। इसलिए उनका 'इतिहास' हमें अतीतगामी नहीं बनाता है, पीछे-देखू नहीं बनाता है, बल्कि वह 'इतिहास' धक्का देकर हमको इस वर्तमान से जूझने के लिए और भविष्य के निर्माण के लिए प्रेरणा देता है।

मित्रो, आचार्य शुक्ल हमारे दादागुरु कहे जाएँगे। बहुत सारी चीजें मेरी विवादास्पद बन जाती हैं। मैं नहीं जानता कि मेरी इन बातों की व्याख्या आचार्य शुक्ल के मूर्तिभंजक के रूप में की जाएगी अथवा मूर्तिपूजक के रूप में ! किन्तु इन गोष्ठियों पर, खास तौर से प्रगतिशील लेखक संघ ने जिनका आयोजन किया है, चिन्तन-क्रम चलते रहना चाहिए। मैं निवेदन करना चाहूँगा कि समूचे हिन्दी साहित्य का इतिहास कोई एक आदमी लिखे, इसकी अपेक्षा प्रगतिशील लेखक, आलोचक अलग-अलग काल खंड का इतिहास प्रस्तुत करें। एक दौर होता है कि एक ही आदमी सारा इतिहास लिखता है। राजनीतिक इतिहास लिखनेवालों में समूचे भारत का इतिहास लिखनेवाला कोई इतिहासकार आज नहीं है, दावा भी नहीं करता है कोई, पूर्ण इतिहास कहलाता भी नहीं है कोई। प्रगतिशील लेखक अलग-अलग खंडों को लेकर, समग्र परिप्रेक्ष्य को ध्यान में रखकर, अगर लिखने का काम करें, तो सम्भव है कि आचार्य रामचन्द्र शुक्ल की परम्परा का हम विकास करें और इन संगोष्ठियों और विचार-चर्चाओं से कोई रचनात्मक कार्य हो सके। यह काम डॉ. रामविलास

शर्मा ही करें या उनके पीछे चलनेवाले लोग, अनुसरणकर्ताओं में मैं ही करूँ, कोई जरूरी नहीं है। हम तो मानते हैं कि यह विशाल वाहिनी जो प्रगति की चल रही है, उसमें से शायद आप लोग उस काम को ज्यादा कर सकेंगे। थके हुए बूढ़ों को न देखिए, नौजवान आगे आएँ और इतिहास-चर्चा के सिलसिले में बराबर याद रखें निराला की पंक्ति :

*आराधन का दृढ़ आराधन से दो उत्तर,*
*तुम वरो विजय संयत प्राणों से प्राणों पर।*

आराधन का उत्तर आराधन से दिया जाता है, साधना का उत्तर साधना से दिया जाता है, केवल हवाई बातों से नहीं।

*[13 अक्टूबर, 1984 को पटना में बिहार प्रगतिशील लेखक संघ के तत्त्वावधान में आचार्य शुक्ल जन्मशती समारोह के अन्तिम सत्र में अध्यक्ष-पद से दिया गया व्याख्यान]*"

*[आलोचक के मुख से, पृ. 86-91]*

"यहाँ मैं व्यक्तिगत अनुभव से केवल एक ही बात कह सकता हूँ। ऐसा नहीं है कि सारे-के-सारे राजनीतिकर्मी साहित्यकारों के प्रति और साहित्य के बारे में वैसी ही अवज्ञा या अज्ञान रखते हैं। मैं जानता हूँ कि ऐसे अनेक राजनीतिकर्मी हैं, जो साहित्य के और साहित्यकारों के प्रति कहीं अधिक विनय भाव रखते हैं; बल्कि लेखक कहीं-कहीं ज्यादा क्रूर पाए जाते हैं। एक मार्क्सवादी लेखक और एक मार्क्सवादी नेता, इन दोनों के बीच अक्सर मैंने यह भेद पाया है। मैंने राजनीति के क्षेत्र में लगे हुए बी.टी. रणदिवे और ई.एम.एस. नम्बूदरीपाद को साहित्य के प्रति अधिक विनीत पाया है, स्वयं उन्हीं की विचारधारा को मानने वाले लेखकों की अपेक्षा। और मेरा यह खयाल है, यह परम्परा पहले भी रही होगी। स्वर्गीय पूरनचन्द्र जोशी शमशेर के प्रति या ऐसे ही दूसरे लेखकों के प्रति कैसा भाव रखते थे! शायद साहित्य के क्षेत्र में, आलोचना कर्म में प्रवृत्त रामविलास जी शमशेर के प्रति उतने सहिष्णु-सहनशील नहीं थे जितने कॉमरेड पी.सी. जोशी थे। इसलिए यह एक सिरे से समझ लेना कि सारे-के-सारे राजनीतिकर्मी साहित्य और साहित्यकारों के प्रति विनय का भाव नहीं रखते या अज्ञ होते हैं, उपेक्षा करते हैं और साहित्यकार को अनुचर बनाना चाहते हैं, गलत है। अनुभव से मैंने देखा है, उन लोगों में सम्मान और विनय का भाव कहीं अधिक है, उनकी अपेक्षा जो स्वयं साहित्यकर्म में प्रवृत्त हैं। यह विनय-कर्म के दौरान, संघर्ष के दौरान, राजनीति के दौरान पाया जाता है। यह आकस्मिक नहीं है, जैसा वात्स्यायन जी (अज्ञेय) ने कहा कि साहित्यिक क्षेत्र के बाहर श्री पूरनचन्द्र जोशी और श्री सुधीरचन्द्र में जो भाव पाया गया, वह लेखकों में नहीं है। कभी-कभी होता है कि एक कर्म में प्रवृत्त रहनेवालों में ज्यादा टकराहट पाई जाती है, अपेक्षया उसके

जो बाहर के लोग होते हैं। मेहमान का व्यवहार कभी ज्यादा विनयशील हुआ करता है और भाई-भाई, बच्चों और माँ-बाप में ज्यादा लड़ाई हुआ करती है। मेरा खयाल है कि उसे कटुता के रूप में न देखें बल्कि एक परिवार के अन्तर्गत आपसी सम्बन्धों के माधुर्य और कटुता का एक स्तर है, और बाहर के अतिथियों के व्यवहार या विनयशीलता की वही 'क्वालिटी' नहीं रहती। इनमें अन्तर रखने की जरूरत है।"

*[आलोचना और विचारधारा, पृ. 207-8]*

"मैं कहना चाहूँगा कि जो छद्‌म शिष्टाचार है, उसकी अपेक्षा खुले मन से शिष्टाचार का उल्लघंन करना ज्यादा अच्छा है। हरबर्ट मारकूजे ने एक बड़ा अच्छा शब्द इस्तेमाल किया है–Repressive tolerance. सहिष्णुता रिप्रेसिव हुआ करती है। यह कला देखनी हो तो अंग्रेजों को देखिए। गांधी जी के साथ इन्होंने सबसे ज्यादा इसी का उपयोग किया। सहिष्णुता हमेशा निरापद नहीं हुआ करती है, बल्कि मारक ही हुआ करती है। खुला हुआ विवाद आलोचना में जहाँ-जहाँ जब-जब हुआ है, रोचक रहा है। पंडितराज जगन्नाथ ने मम्मट की आलोचना करते हुए उन्हें ध्वस्त कर दिया है। मार्क्स की एक किताब का नाम है–A Critic of Critical Reason. इसलिए ही आलोचना निर्मम होती है कि वह मुँह देखी नहीं कहती। जब तक यह काम नहीं किया जाएगा, कोई भी पाठ, रचना खुलकर नहीं आ सकती। लेकिन सबके लिए छूट है। प्रगतिशील आन्दोलन के भीतर कितना द्वन्द्व हुआ है? मैं नहीं समझता कि रामविलास शर्मा ने बाहर के लोगों के खिलाफ उतना कटु लिखा है जितना कि भीतर के लोगों के खिलाफ। यह बात उर्दू, हिन्दी, बंगला, मराठी–सब जगह हुई है। वहाँ खुलकर विवाद हुए हैं। रहे होंगे कम्यूनिस्ट पार्टी के बहुत बड़े लीडर, पर डी.डी कोसम्बी ने, उनकी पुस्तक 'Primitive Communism' पर जो आलोचना लिखी है, उसे पढ़िए। मार्क्सवाद बेहतर मिसाल है। दूसरों की आलोचना करने से पहले खुद अपनी आलोचना देखनी चाहिए। बावजूद इसके एक जगह है जहाँ समानता है, स्वतन्त्रता है, कॉमरेडशिप का सवाल तो है ही। इसलिए आलोचना के भीतर का लोकतन्त्र किस तरह का होना चाहिए, विचार के स्तर पर या निजी सम्बन्धों के आधार पर, इस पर विचार होना चाहिए।"

*[आलोचना और विचारधारा, पृ. 185-86]*

"विचित्र बात है कि बाद की नई कविता के आते ही छायावाद का वह 'कैनन' बदल गया और निर्विवाद रूप से निराला छायावाद के सर्वश्रेष्ठ कवि माने गए, जयशंकर प्रसाद की 'कामायनी' के बावजूद। विश्वविद्यालयों में, खास कर दिल्ली विश्वविद्यालय

में 'कामायनी' की बड़ी महिमा रहती है। उसके ऐतिहासिक कारण हैं। लेकिन अन्यत्र निराला छायावाद के सर्वश्रेष्ठ कवि हैं। इसके बारे में लगभग हिन्दी में धारणा स्थिर हो गई है। और दूसरे कवियों का यानी पन्त का तो बुरा हाल है, बहुत नीचे हैं ज़बकि एक जमाने में पन्त सर्वश्रेष्ठ कवि थे। बाद के कवियों में आप देखें। नई कविता में एक जमाने में सर्वश्रेष्ठ कवि अज्ञेय समझे जाते थे। यह माना जाता था 1964-65 तक, अब यह स्थिति नहीं है। शिक्षा-संस्थाओं में ही नहीं बल्कि स्वयं कवियों की दुनिया में अज्ञेय के योगदान को स्वीकार किया जाता है लेकिन मुक्तिबोध की कविता जितनी ज्वलन्त, सार्थक और उद्वेलित करनेवाली और आज के मानस के लिए जितनी रेलिवेंट लगती है, उतनी अज्ञेय की कविता लोगों को नहीं लगती। लगता है कि अज्ञेय भद्र यानी कि शिष्टजन के संक्षिप्त लोगों, जिसको मुक्तिबोध कहते थे—जड़ीभूत सौन्दर्याभिरुचि के कवि हैं। जिसमें दुनिया को अगर देखा जाए, दोनों के संसारों की तुलना करें तो अज्ञेय की कविता बड़े सुरक्षित जीवन की कविता है, जैसाकि रामविलास जी ने कहा है और उसमें कुछ खास फूलों का ज़िक्र है। कुछ खास अनुभूतियों का ज़िक्र है। प्रणय ही प्रणय है, प्रकृति ही प्रकृति है। इसके बाहर जीवन में और भी कुछ होता है, यह देखने से नहीं मालूम होता। इसलिए जीवन के अन्य दूसरे पक्ष अज्ञेय के यहाँ नहीं दिखते। अज्ञेय की प्रेमिका को ऐसा लगता है, कभी भूख-प्यास लगती ही नहीं। वह चन्द्रमा की किरणों से, समुद्र के फेन खानेवाली कोई अप्सरा या परी रही होगी, जिसको सामान्य जीवन के कष्ट कभी सताते नहीं थे। जिसके काव्यनायक को भी कभी ऐसी वेदना नहीं होती थी। मुक्तिबोध ने 'अँधेरे में' के नायक को कहा है—रक्तालोकस्नात पुरुष, जो आता है, उसको खाना कौन देता था, वगैरह-वगैरह। इन चिन्ताओं का अज्ञेय में कहीं जिक्र दिखाई नहीं पड़ता। अब आप कहेंगे कि यह जो मानदंड हैं, वे क्या होंगे? इसमें रस कितनी दूर तक सहायक होगा? कुल मिलाकर इसीलिए कहना पड़ता है कि पुराना रसविवेचन जिस रूप में मिलता है या अलंकार अपने वर्तमान रूप में आजकल अच्छी-बुरी, गलत-सही या भली-बुरी कविता के निर्णय में बहुत दूर तक मदद नहीं कर सकता। इस मामले में हमारे मानदंड आधुनिक मनुष्य की जो अपनी चिन्ताएँ हैं, जो द्वन्द्व हैं, उनके आधार पर ही अन्तिम निर्णय होगा। उस रूप में वे यहाँ तक कि रोमांटिक कविता के लिए लागू नहीं हो सकते। इसलिए इधर के कवियों का फिर से नये सिरे से मूल्यांकन करने की जरूरत है।"

*[साहित्य की पहचान, पृ. 20-21]*

"यह जो साहित्य से मार्क्स ने लिया, उसके बारे में विद्वानों ने कहा है कि मार्क्स ने साहित्य के बारे में जो कुछ कहा, वह बहुत महत्त्वपूर्ण है। लेकिन उससे किसी कदर

कम महत्त्वपूर्ण नहीं है वह भावबोध, जिसका निर्माण मार्क्स ने साहित्य को आत्मसात् करके किया था।

साहित्य से प्राप्त होनेवाली यह भाव-सम्पदा है—साहस, धैर्य, करुणा और क्रोध की मानवीय शक्तियाँ। जब तक मनुष्य में ये गुण न हों, तब तक वह क्रान्तिकारी नहीं हो सकता। केवल विचारों से अगर क्रान्तिकारियों का निर्माण हुआ करता, तो जैसा डॉ. रामविलास शर्मा ने एक जगह लिखा है, क्रान्तिकारियों की भीड़ लग जाती। केवल विचारों से ही यदि क्रान्तिकारी बनते होते, तो अनेक व्यक्ति द्वन्द्वात्मक भौतिकवाद की पोथियों को पढ़कर, उसके जानकार बनकर क्रान्तिकारी के रूप में गली-गली मारे-मारे फिरते। वे मानवीय गुण-अवगुण हैं, वह भाव-सम्पदा है, जो क्रान्तिकारी के व्यक्तित्व का निर्माण करती है, जिस व्यक्तित्व के निर्माण के द्वारा वह विचार वस्तुतः कार्य में प्रवृत्त हुआ करता है, क्रान्तिकारी अमल का रूप लिया करता है। प्रायः मनुष्य की भाव-वृत्ति उसे प्रेरित करनेवाली शक्ति हुआ करती है, स्रोत हुआ करती है और वह स्रोत अक्सर साहित्य से आया करता है।"

*[आलोचक के मुख से, पृ. 19-20]*

"1967 में मैंने 'आलोचना' पत्रिका का पुनः प्रकाशन किया था। चौथा आम चुनाव हुआ था और पहले अंक में लम्बी चर्चा मैंने छापी थी—'चौथे आम चुनाव के बाद का भारत'। डॉ. रामविलास शर्मा से मैंने अनुरोध करके उसमें लिखवाया। वे अग्रणी हैं, बड़े अनुभवी, पढ़े-लिखे, विद्वान और इस समय हिन्दी आलोचना के शीर्ष पुरुष हैं। उनका एक वाक्य उसमें छपा था और मेरे मन में आज फिर गूँजने लगा है। उन्होंने लिखा : 'इस देश में अगर कभी फासिज्म आएगा तो उसकी जिम्मेदारी मुख्यतः वामपंथ की होगी।' यह 1967 में रामविलास शर्मा ने कहा था। आपके सामने मैं फिर दोहराना चाहता हूँ कि इस देश में यदि फासिस्ट शक्तियाँ केन्द्र में सत्ता में आई हैं, उसकी बहुत बड़ी जिम्मेदारी वामपंथ पर है। एक वामपंथी नेता, एक बड़ी वामपंथी पार्टी के महासचिव की छवि मीडिया के जरिये किस रूप में आई है? जोड़-तोड़ करनेवाले आदमी के रूप में यानी वह कम्यूनिस्ट नहीं है। एक दलाल या एजेंट की, 'जोकर' की छवि किसने बनाई? किसी वामपंथी पार्टी का महासचिव इस छद्म वाला कभी नहीं रहा है। आप कहते हैं कि हम इसे आने नहीं देंगे। इस वाक्य ने सच पूछिए तो बहुत व्यापक सहानुभूति इन पार्टियों को दी। क्यों नहीं आने देंगे आप? लोकतांत्रिक तरीके से न आने दीजिए। आप अपनी संख्या बढ़ाएँगे नहीं, आम जनता की सहानुभूति आपके साथ आएगी नहीं। आप इतनी जल्दी भूल गए कि संयुक्त मोर्चा आप बना सकते हैं, वह नहीं बना सकते। उन्होंने बना के दिखा दिया कि वे आपसे ज्यादा बड़ा संयुक्त मोर्चा बना सकते हैं। उन्होंने किसी समय कहा था

कि सात आदमियों की कमी है वरना हम तो 1998 से पहले, इस चुनाव से पहले सरकार बना लेते। उन्होंने कहा कि उसी मोर्चे से हम तोड़ेंगे, और आपके मोर्चे का एक हिस्सा तोड़ दिया—आन्ध्र प्रदेश में।"

*[जमाने से दो दो हाथ, पृ. 34-35]*

"प्रेमचन्द पर एक अरसे से अनेक कारणों से विचार होता रहा है और उनके साहित्य के सभी पक्षों पर कुछ-न-कुछ कहा जाता रहा है। ऐसा प्रतीत होता है कि उनके उपन्यासों की चर्चा अधिक होती है, कहानियों की अपेक्षाकृत कम। कुछ आलोचकों की तो यहाँ तक राय है कि प्रेमचन्द साहित्य में अपने उपन्यासों के लिए ही अमर रहेंगे, कहानियों के लिए नहीं। यह वक्तव्य किसी सामान्य आलोचक का नहीं बल्कि हिन्दी साहित्य के एक मूर्धन्य प्रगतिशील आलोचक का है।

कभी-कभी मैंने यह भी पाया है और प्रेमचन्द उन साहित्यकारों में से हैं जिन पर बड़े-बड़े विद्वान और आचार्य गुरुगम्भीर भाषा में जो कुछ कहते हैं, उससे ज्यादा चुभती हुई मौलिक समीक्षा वे लोग कर जाते हैं जिन्हें हम आलोचकों की कोटि में नहीं रखते। ऐसे ही लोगों में मेरे मित्र हरिशंकर परसाई हैं। उनका 'प्रेमचन्द के फटे जूते' नाम का एक लेख सम्भवतः आप लोगों ने पढ़ा होगा। प्रेमचन्द का एक फोटो मिलता है, जिसमें वह मुस्कराते हुए दिखाई देते हैं, लेकिन ध्यान से देखें तो उनके जूते फटे हुए हैं और उससे अँगुलियाँ झाँक रही हैं। परसाई की नजर उस जूते पर गई है। बहुत से लोगों की नजर प्रेमचन्द की मूँछों पर जाती है। किसी की ठहाकों पर जाती है। परसाई की नजर फटे हुए जूते से झाँकती अँगुली पर गई और कहा कि ये तुम्हारे जूते फटे क्यों हैं और फिर उन्हें कुम्भन दास याद आते हैं। 'आवत जात पनहियाँ टूटीं, बिसरि गयो हरिनाम। सन्तन को कहाँ सीकरी सो काम।' लेकिन परसाई देखते हैं कि ये जूते घिसे नहीं हैं। चलने से जूते घिसते हैं, फटते नहीं हैं। तुम्हारे जूते घिसे नहीं हैं। तुम कुम्भन दास नहीं हो, तुम्हारे जूते फटे हैं। लगता है, जरूर तुमने कहीं ठोकर मारी है। चाहते तो बच के भी निकल सकते थे। तुमने ठोकर मारी, और वह चीज इतनी सख्त थी, परत-दर-परत सदियों से जमा कोई ऐसी चीज थी, जिसे तुमने ठोकरों पर ठोंकरें मारीं। वह कितनी टूटी, कितनी फूटी, यह तो नहीं मालूम लेकिन हम देखते हैं कि तुम्हारी अँगुलियाँ घायल हुई हैं और जूते फटे हैं। इसके बाद भी तुम रोए नहीं बल्कि तुम्हारे चेहरे पर एक खास तरह की मुस्कान दिखाई पड़ती है—व्यंग्य बुझी हुई मुस्कान, दर्द से भरी मुस्कान, पीड़ा से भरी मुस्कान! परसाई ने उस निबन्ध में केवल उस मुस्कान की व्याख्या की है। मैं समझता हूँ कि प्रेमचन्द की उस मुस्कान की व्याख्या डॉ. रामविलास शर्मा भी नहीं कर सके हैं। मैं भी नहीं कर सका हूँ। मैं सिर झुकाता हूँ कि कभी-कभी आलोचकों की नजर से जो बात छूट

जाती है, वह एक कथाकार या रचनाकार कह जाता है। हरिशंकर परसाई का लेख ऐसा ही है। मुझे प्रेमचन्द पर आलोचनात्मक लेखों का संकलन करना हो तो मैं 'प्रेमचन्द के फटे जूते' सबसे पहले रखूँ और बहुत सारे मोटे-मोटे शोध प्रबन्धों को न रखूँ।"

*[प्रेमचन्द और भारतीय समाज, पृ. 91-92]*

"इस दौर के उपन्यासों की रूमानियत इस बात में भी है कि प्रायः सभी सुखान्त हैं। प्रेमचन्द-युग के सदन और आश्रम तो यहाँ नहीं हैं किन्तु सबका अन्त एक प्रकार की आशा के साथ होता है जो इस दौर के मिजाज का स्पष्ट प्रतिबिम्ब है। उदाहरण के लिए 'मैला आंचल' के अन्त में तहसीलदार साहब का सहसा हृदय-परिवर्तन हो जाता है और वे अपनी जमीन किसानों में बाँट देते हैं। 'बूँद और समुद्र' के अन्त में भी सज्जन और वनकन्या अपनी आस्था पर डट जाते हैं। इस दौर की विशाल ऐतिहासिक गाथा पेश करनेवाला यशपाल का विराट उपन्यास 'झूठा सच' (1958-60) भी खलनायक की पराजय तथा नायक-नायिका के सुख के आश्वासन के साथ समाप्त होता है। कुल मिलाकर इस दौर के प्रायः सभी उपन्यासों से असन्तोष के बीच आशा और आस्था का सन्देश सुनाई पड़ता है। ऐसा प्रतीत होता है कि इस दौर के साहित्यकारों को राष्ट्र नेता जवाहरलाल नेहरू द्वारा दिये गए समाजवाद के आश्वासन में काफी आस्था थी और वे राष्ट्र-निर्माण के प्रति आशावान थे।

आलोचकों ने हिन्दी साहित्य के इस दौर को उपलब्धियों से भरा-पूरा माना है। नये साहित्य की गतिविधि से पूर्ण सन्तुष्ट न होनेवाले आलोचक रामविलास शर्मा ने इस बीच जैसे अपने प्रतिमान को लचीला बनाते हुए स्वीकार किया कि जैसे सन् '20 से '40 तक के दो दशक हिन्दी साहित्य में अभूतपूर्व उत्थान के दशक थे, वैसे ही '52 से '62 तक का यह दशक भी साहित्य में नये प्रयत्नों, नये उत्कर्षों का दशक है।' यह कथन इस बात का प्रमाण है कि इस दौर के रचनाकारों की तरह आलोचक भी इस दौर की असंगतियों को अधिक महत्त्व न देकर आशावादी और आस्थावादी मनःस्थिति के साझीदार हो रहे थे।"

*[हिन्दी का गद्यपर्व, पृ. 71-72]*

"जनकवि नागार्जुन की जीवन्तता काव्योपयोगी विषयों के चयन से लेकर काव्य-रूपों के सृजन की विविधता तक में प्रकट हुई है। यदि वे एक ओर 'मेघ बजे', 'घन-कुरंग', 'फूले कदम्ब' जैसे चुस्त-दुरुस्त गेय गीत रचते हैं, तो दूसरी ओर 'वह कौन था' और 'प्रेत का बयान' जैसी नाट्य कविताएँ भी लिखते हैं; दोहे और कुंडलियाँ जैसे पुराने

छन्दों को नई अन्तर्वस्तु से संवलित करके पुनर्नवता देते हैं तो 'चना जोर गरम' शैली की अनेक लोकधुनों को संस्कार देकर लोककाव्य को जनकाव्य का दर्जा देते हैं। प्रयोगवादियों ने तो प्रयोग का नारा भर दिया था, वस्तुतः अकेले नागार्जुन ने कविता के रूपविधान में जितने प्रयोग किए हैं, सारे प्रयोगवादी मिलाकर भी उसका दशमांश कर दिखाने में असमर्थ साबित हुए हैं। कविता में वाचिक परम्परा का गुणगान करनेवाले और हैं, जबकि नागार्जुन से वह वाचिक पुनर्जीवित हुई है बेहतर रूप में।

जनकवि के रूप में नागार्जुन की सबसे बड़ी उपलब्धि है—कविता के कलात्मक सौन्दर्य की बलि चढ़ाए बिना कविता को सर्वजन सुलभ बना देना। जैसाकि डॉ. रामविलास शर्मा ने कहा है, 'नागार्जुन ने लोकप्रियता और कलात्मक सौन्दर्य के सन्तुलन और सामंजस्य की समस्या को जितनी सफलता से हल किया है, उतनी सफलता से बहुत कम कवि—हिन्दी से भिन्न भाषाओं में भी—हल कर पाए हैं।' "

*[आलोचना : जनवरी-मार्च, अप्रैल-जून, 1981]*

*[जमीन की कविता और कविता की जमीन, पृष्ठ 173]*

"मैं चाहता हूँ कि मेरे विचारों से जो असहमत हों, वे भी कम-से-कम मेरे गद्य को तो पसन्द करें क्योंकि मेरा विश्वास है कि मैं उस भाषा में लिख रहा हूँ जिसमें आचार्य रामचन्द्र शुक्ल का गद्य मेरे सामने है, जिसमें हजारीप्रसाद द्विवेदी का गद्य मेरे सामने है, सरलता और सहजता में रामविलास शर्मा का गद्य मेरे सामने है। मुक्तिबोध की एक साहित्यिक डायरी का गद्य मेरे सामने है। लोगों को नहीं मालूम है, पुस्तक लिखने में मुझे कम समय लगा है। एक लेख लिखने में पुस्तक लिखने से ज्यादा समय लगता है, यह नहीं मालूम लोगों को। मैंने जितनी भी किताबें लिखी हैं—एक हफ्ते या दस दिन में लिखी हैं। लिखने के पहले सारी सामग्री इकट्ठा कर लेता हूँ। लिखते समय कभी-कभी अपने नोट्स देख लेता हूँ। बस। 'छायावाद' पुस्तक मैंने कुल दस दिन में लिखी। 'कविता के नए प्रतिमान' इक्कीस दिन में लिखी हुई किताब है। 'दूसरी परम्परा की खोज' दस दिन में लिखी हुई किताब है। बाकी कुछ लेख धारावाहिक या अन्तराल के साथ लिखित हैं। अभी 'आलोचना' में एक लेख मैंने रामविलास जी पर लिखा है—'इतिहास की शव-साधना'। बहुत-से लोगों की चिट्ठियाँ आई हैं। इस अकेले लेख को लिखने में, सोचने में, विचारने में कितना समय लगा, इसका अन्दाजा नहीं होगा लोगों को। पर—लिखा तो रात दस बजे से शुरू किया और सुबह दस बजे खत्म किया। मैं इसी तरह एक साँस में लिखता हूँ; उसमें बाधा नहीं आती और वह मेरे लिए एक साधना है।"

*[बात बात में बात, पृ. 11-12]*

"दावा किया जाता है कि उर्दू हिन्दुओं और मुसलमानों के मेलजोल से पैदा हुई है और वह इस मेलजोल को मजबूत करनेवाली भी है। लेकिन इस बीच वह जितनी तेजी से अरबी-फारसी शब्दावली की ओर झुक रही है, उससे मेल-जोल में कितनी मदद मिलेगी? उर्दू की इस प्रवृत्ति को देखकर डॉ. रामविलास शर्मा ने 'भाषा और समाज' (1960) में लिखा था कि उर्दू को 'अगर बारहवीं-तेरहवीं सदी में मेल-जोल के लिए पाँच फीसदी अरबी-फारसी शब्दों की जरूरत थी तो 1947 के आसपास यह जरूरत बढ़कर पचासी फीसदी तक पहुँच गई है यानी ज्यों-ज्यों मेलजोल बढ़ा, त्यों-त्यों हिन्दी-उर्दू का अलगाव बढ़ता गया। मर्ज बढ़ता गया ज्यों-ज्यों दवा की। यदि कोई कहे, हिन्दी गढ़ी हुई भाषा है इसलिए अलगाव है तो हम कहेंगे कि उर्दू और भारत की शेष सभी भाषाओं का अन्तर बढ़ा है।' "

*[जमाने से दो दो हाथ, पृ. 107-8]*